지식인을 위한

한·중·일 4000년

2020년 5월 22일 초판 1쇄 발행

글쓴이	백범흠
펴낸곳	(주)늘품플러스
펴낸이	전미정
책임편집	최효준
디자인	윤종욱 정윤혜
출판등록	2004년 3월 18일 제2-4350호
주소	서울 중구 퇴계로 182 가락회관 6층
전화	02-2275-5326
팩스	02-2275-5327
이메일	go5326@naver.com
홈페이지	www.npplus.co.kr
ISBN	979-11-88024-38-4 03910

값 17,000원

ⓒ 백범흠, 2020

지식인을 위한

한·중·일
4000년

들어가는 글

시골 개포초등학교 고학년 시절부터 우리 숙명宿命의 이웃 일본과 중국에 관심이 많았다. 1974년 초등학교 6학년 때 읽은 『대망大望』과 『삼국지연의三國志演義』의 영향이 컸다. 살아계신다면 금년 104세가 되실 아버지께서 태평양 전쟁 시 일제에 의해 요코하마横浜 등으로 강제징용 당하고, 그 이전 생계를 위해 함경북도 고무산古茂山을 거쳐 중국 헤이룽장성 우창吳常과 산시성 타이위안太原에 거주하기도 했던 가정사도 영향을 미쳤다. 1989년부터 독일에서 유학하다가 외무고시를 거쳐 외교부에 입부하고 난 이후인 1994년 가을, 처음으로 업무 차 일본의 도쿄, 삿포로, 오사카, 나라, 교토, 나가사키, 가고시마, 휴가, 미야자키를 방문한데 이어 1998년 겨울 처음으로 중국의 베이징, 하이커우, 상하이, 쑤저우를 업무 차 방문했다. 이후에도 업무 차 일본과 중국을 방문할 기회가 매우 많았다. 일본이 APEC 의장국이던 2010년 요코하마, 삿포로, 히로시마, 센다이, 후쿠오카, 벳푸 등 여러 도시를 방문했으며, 2011년부터 2016년까지 5년 이상 중국 베이징과 다롄에서 근무하기도 했다. 중국의 경우 간쑤甘肅, 장시江西, 푸젠福建, 티베트 등 몇 성과 자치구를 제외하고는 거의 다 가 보았다. 만주와 네이멍구, 산둥, 구이저우를 특히 자주 찾았다. 2003년 초부터 2005년 초까지 약 2년간은 중앙아시아의 우즈베키스탄 타쉬켄트에서 근무했다. 이 책 여기저기에 필자의 일본과 중국, 우즈베키스탄 방문·근무 경험이 녹아있다.

우리 한민족韓民族 8000만 명은 남·북으로 분단된 약 22만1000㎢ 면적의 한반도, 그리고 북간도北間島와 해외에서 고유 언어와 문화를 지키면서 살아가고 있다. 이는 고구려와 발해, 거란, 여진, 몽골, 만주 등이 유사有史 이래 2000여 년 이상 만주 지역을 점거하여 한족漢族의 사회·문화적 팽창을 막아주었기 때문이다. 1949년 10월 신중국, 즉 중화인민공화국이 창건된 이후 6·25전쟁 시 중국군 파병 포함 한족의 파고波高가 서해 넘어 한반도에 수시로 밀려들고 있다. 중국의 최근 영향은 일부 긍정적 측면이 있지만, 미세먼지와 COVID-19코로나 바이러스 감염증와 같은 부정적 측면도 아울러 갖고 있다. 중국은 한족西漢, 明에 의해서든, 선비족唐이나 만주족淸 등 새외민족塞外民族에 의해서든 통일 시기에는 언제나 공격적 현실주의offensive realism를 추구했다. 지금은 일대일로一帶一路로 나타나고 있다. 우리 민족국가들은 중국이 분열되면 흥興·rise하다가 중국이 통일되면 쇠衰·fall하는 일정한 사이클cycle을 보여 왔다. 예외는 통일신라, 조선과 같이 우리 민족국가들이 당唐이나 명明 같은 중원 국가의 안보우산 아래로 들어갔을 때였다. 이때는 중원 국가의 쇠퇴衰退가 곧 우리 민족국가의 쇠퇴로 이어졌다. 일본도 마찬가지이다. 16세기 도요토미 히데요시에 의한 전국시대戰國時代 종식은 곧 임진왜란으로 나타났으며, 19세기 메이지 유신明治維新 성공은 바로 조선 침탈로 이어졌다.

한민족은 14세기 말 고려 때까지는 중원과 만주, 몽골 등에서 기원한 민족, 국가들의 도전挑戰을 받으면서도 강하게 응전應戰하여 민족 정체성을 지켰던 반면, 조선 건국이후에는 명나라 중심 동아시아 조공질서에 정치·경제적으로뿐만 아니라 정신적으로도 종속되어 활력과 정체성을 잃어갔다. 조선 사대부 지배층의 정신적 조국은 조선이 아니라 성리학의 종주국 명나라였다. 이에 따라 조선은 중기 사림세력士林勢力 집권이후 외부로의 발전은 고사하고, 임진왜란과 병자호란 등 외침에도 제대로 대응하지 못하는 무기력한 나라로 전락했다. 이는 결국 20세기 초 일본에 의한 조선 식민지화colonization로 이어졌다. 성리학적 질서에 대한 우리 지배층의 정신적 의존은 조선이 멸망하고, 일제 지배기를 거쳐 분단된 오늘날까지 이어지고 있다. 우리가 정체성을 되찾고, 통일을 달성하는 등 외부세력에 의한 억압의 시대를 하루빨리 끝내기 위해서는 무엇보다 먼저 우리 자신이 누구인지를 정확하게 알아야 한다. 조선 고조선부터 한반도 분단 시대까지 우리 역사의 흐름을 정확히 알아야 우리가 나아가야 할 길도 제대로 찾을 수 있다.

이 책은 필자가 독일 지역 총영사로 근무하던 2016년 9월부터 2018년 12월까지 28개월 간 월간지 '신동아新東亞'에 장기 연재한 한·중 관계 관련 기고문의 일부 오류를 바로잡고, 특히 한국사와 일본사 부분을 증보增補한 결과물이다. 이 책은 한족漢族 만이 아니라 신장新疆에 살던 월지土하라인, 흉노, 선비, 유연, 돌궐, 위구르, 티베트, 거란, 여진, 몽골, 만주는 물론, 한민족과 일본 민족에 이르기까지 한국·중국·일본 역사의 흐름에 영향을 미친 유라시아 중요 민족 모두의 관점을 반영하고 있다. 이러한 측면에서 특히 우리 한민족 역사에 매우 중요하지만 기존 역사서가 소홀히 취급한 사실史實에 포커스focus를 맞추었다. 이 때문에 기존 역사서에 익숙한 역사 애호가들에게는 어색하게 느껴지는 부분도 있을 것이다. 특히 기원전 7~기원전 4세기 이후 남부시베리아와 북만주에서 남하한 한민족 선조가 한반도 중남부에 살던 일본인의 선조야요이인를 축출했으며, 축출당한 일본인의 선조가 일본열도로 이주하여 그곳 원주민조몽인과 혼화混化되어 오늘날의 일본인으로 발전해 갔다는 주장 등에 동의하지 않는 분들도 있을 것이다. 그 외에도 통일신라가 국가 주도로 해적선단을 운용하였으며 이성계가 여진 혼혈의 몽골 지방군벌 출신이라는 사실도 부담스러울 것이다. 조선시대 성리학 사대부들의 사고방식, 행동과 관련해서도 독자들이 읽기에 불편한 부분도 있다.

　이 책은 특정 왕조나 문명 중심이 아니라 시대별로 힘과 세력power& influence의 중심을 이룬 국가나 민족, 사건 중심으로 기술되어 있다. 파워 power라는 큰 강이 흘러간 대로 설명한 것이 이 책의 중요한 특징이다. 이는 필자가 외교관이라는 것과 무관하지 않다. 이에 따라 한족과 한민 족, 일본은 물론, 흉노·갈, 선비, 유연, 돌궐, 위구르, 티베트, 거란, 여진, 몽골, 만주족 등의 활약상이 비교적 자세히 기술되어 있다. 그 결과 간 략하게나마 전쟁 이야기가 자주 나온다. 한국과 중국, 일본의 길고 긴 역사를 크게 간추린 만큼 국명, 종족명, 인명, 지명 등이 매우 많이, 그리 고 자주 나온다. 아마 수 천 개도 넘을 것이다. 책을 쓰면서 종종 역사의 장면을 스쳐간 수많은 인물들이 '나도 제발 책 내용에 포함시켜 달라'고 필자에게 호소하는 듯이 느껴졌다. 처음 읽을 때에는 중요한 것 위주로, 그야말로 대략 이해하기 바란다. 꼭 당부 드리고 싶은 것은 일부 역사학 자들로부터 영향 받아 월지와 흉노, 돌궐, 위구르, 티베트, 거란, 몽골 등 의 역사를 중국만의 관점으로, 중국 역사의 일부분으로만 보지는 말아 달라는 것이다. 우리나라의 거시정책 수립에도 도움이 되기를 기대한다.

1989년 4월 결혼 이후 31년 간 늘 곁을 지켜준
아내 임정민任貞玟에게

2020년 5월
북한강이 굽이쳐 흐르는 봄내에서
白範欽

목 차

01

알타이 민족의 젖줄 요하遼河·랴오허, 한족의 요람 황허黃河

중국의 통일적 다민족 국가론

/

1949년 10월 건국된 중화인민공화국People's Republic of China, 신중국은 1982년 이래 영토와 국민 통합을 위해 현재 중국 영토 안에서 일어난 역사적 사실을 모두 중국사로 간주하는 '통일적 다민족 국가론'을 채택하고 있다. 110여 년 전만 해도 '중국'은 '만주족을 멸망시키고 한족을 부흥시키자'는 멸만흥한滅滿興漢을 부르짖던 한족 유일주의唯一主義 국가였다. 그런 나라가 국가적 필요에 따라 기존 역사관을 하루아침에 뒤집어 버린 것이다. 한국과 몽골 등을 겨냥해 동북공정東北工程, 자국 내 티베트를 겨냥해 서남공정西南工程, 신장-위구르를 겨냥해 서북공정西北工程이라는 역사전쟁을 벌인다. 중국어로 공정

工程은 '프로젝트Project'라는 뜻이다. '통일적 다민족 국가론'과 역사 공정은 역사 측면에서의 공격적 현실주의Offensive Realism의 발현이라 할 수 있다. 조선고조선과 부여, 고구려, 발해 등 한국 역사는 물론 몽골, 베트남 역사 일부도 중국사에 포함시켰다. 한때 강력한 제국帝國을 건설한 적이 있으나 중국의 일부로 편입된 티베트Tibet와 신장−위구르Uyghur의 역사도 같은 처지다.

중국의 논리대로라면 흉노의 한족 서진西晉 침공, 저족 전진前秦의 한족 동진東晉 침공, 수·당의 고구려 침공, 당나라 시기 터키계 위구르의 뤄양洛陽 대학살, 여진족 금金, 몽골족 원元, 만주족 청淸의 중원 침공전은 내전으로 성격이 바뀐다. 남송南宋의 악비岳飛와 맹공孟珙, 그리고 문천상文天祥은 각각 여진과 몽골의 침공에 저항한 민족 영웅이 아니라 통일을 방해한 인물로 바꾸어 설명해야 한다. 몽골 고원에서 시작, 중앙아시아를 거쳐 소아시아로 이주하여 발칸반도−남러시아−중동−북아프리카에 걸친 대제국 오스만터키를 건설한 터키공화국의 역사도 산산조각 난다. 한국이 중국의 역사 논리를 차용하면 함경남·북도와 평안북도 대부분을 영토로 했던 거란족의 『요사遼史』, 여진족의 『금사金史』는 물론, 몽골족의 『원사元史』까지 한국사의 일부라고 주장할 수 있다. 더구나 거란, 여진, 몽골은 한짱漢藏·Sino-Tibetan 계열이 아니라 우리와 같은 알타이 계열 민족이 아닌가. 금나라는 왕족 완안完顔 가문에 한반도고려 출신 함보의 피가 섞여 있으며『金史』, 발해 대씨大氏는 종종 왕비를 배출했다. 백제와 일본 왕실은 피를 나누었으며, 충선왕과 공민왕 등 고려 후기 왕들에게는 칭기즈칸의 피가 섞여 있다. 영국 왕실은 독일 출신이며, 스페인과 스웨덴 왕실은 프랑스 출신이다.

중국의 영토 욕구

/

1953년 신중국은 한漢나라 이후 중국인이 줄곧 활동해 온 지역이라는 '역사적 권리' 등을 근거로 베트남, 필리핀, 말레이시아, 인도네시아나투나 군도 등에 둘러싸인 남중국해에 가상의 U자형 9단선南海九段線, 암소가 혀를 늘어뜨린 모양 같다고 해서 '우설선(牛舌線)'이라고도 함을 긋고, 그 선 안쪽 바다는 모두 중국에 속한다고 주장했다. 중국은 최근 들어 남중국해 파라셀西沙, 스프라트리南沙 군도의 크고 작은 암초 주변을 매립한 후 활주로와 대공對空 미사일 기지, 대잠對潛 헬기 기지 등 군사시설과 항만, 등대 등 각종 시설을 조성했다. 중국은 베트남, 필리핀 등의 반대에도 불구하고 2012년 7월 24일 파라셀 군도의 융싱다오永興島를 중심으로 파라셀西沙, 스프래트리南沙, 메이클스필드中沙 3개 군도를 관할하는 싼사시三沙市 출범식을 개최했다. 싼사시 출범 5일 전인 7월 19일 남중국해를 관할하는 싼사 군사 경비구역도 설치했다. 남중국해 영유권을 두고 중국과 대립해 온 필리핀은 2013년 1월 헤이그 상설중재재판소PCA에 중국을 제소했다. 상설중재재판소는 지난 7월 12일 9단선 등 중국의 주장을 거의 대부분 배척한다고 판결했다. 중국의 해양굴기海洋崛起 정책이 중대한 장애에 부딪힌 것이다. 중국은 1949년 중화인민공화국新中國 수립 이후 동서남북 거의 모든 인접국가들과 영토 문제로 갈등을 빚어 왔다. 한국도 △미국의 사드THAAD·

고고도미사일방어체계 배치, △배타적경제수역EEZ 경계 획정, △고대사 문제 등을 두고 중국과 갈등한다. 고대사 문제는 우리 민족의 정체성과도 관련 있다.

한족과 중화주의中華主義

/

한족漢族은 인종적 개념이 아니다. 동일한 언어와 문자, 즉 만다린과 하카어客家語, 광둥어廣東語, 민어閩語, 오어吳語 포함 여러 계통의 한어漢語와 함께 한자漢字를 사용하는 이들을 가리키는 문화적 개념이다. 보하이만渤海灣 유역 랴오닝遼寧, 허베이河北, 산둥山東성 한족과 창장長江 이남 저장浙江, 푸젠福建, 광둥廣東성 한족은 혈연적으로는 거의 관계가 없다. 한족 숫자가 14억 명 넘게 늘어난 것은 4000년 중국 역사가 한족과 이민족 간 이질혼합을 통한 팽창의 연속이었기 때문이다. 춘추전국시대기원전 770~기원전 221년 예니세이 계열 언어를 사용한 것으로 보이는 백적족白狄族·원시 터키족 선우부鮮虞部는 허베이성 성도 스쟈좡石家莊 일대를 중심으로 중산中山이라는 나라를 세워 조趙나라와 위魏나라, 연燕나라 사이에서 버티다가 기원전 296년 조나라의 공격을 받아 멸망했다. 기원전 13~기원전 12세기에 시작된 주周나라 시기 황허黃河 이북 상당 부분은 적狄, 융戎, 맥貊, 원시 선비족鮮卑族 등 북방민족이 거주하던 땅이었다. 즉, 북방민족인 적족이 조와 제齊, 연燕 등 한족 국가 사이에 나라를 세운 것이 아니라, 화하족한족의 원형이 북방민족이 살던 땅을 야금야금 침탈하여 한족 국가를 건설한 것이다.

중국, 즉 중화문명은 세 갈래 방법으로 팽창했다.

첫째, 주周 이후 역대 왕조가 유력한 제후를 변경에 분봉하여 이민족을 정복하게 했다. 한족은 이민족 거주 지역에 성읍城邑이라는 거점을 마련하고 세력을 확장해 나갔다. 지배민족인 한족의 수가 상대적으로 적었으나 시간이 지나면서 수적으로는 다수이나 경제·문화적 조건이 열악한 주변 민족이 한족에 동화되었다. 산둥성 동부의 제齊가 황해 연안 래이萊夷, 허베이성 북부의 연燕이 원시 선비족 일부를 흡수하고, 산시성의 진晉이 적족狄族을 흡수한 것이 이 같은 경우다. 스페인과 포르투갈, 루마니아다키아 등을 라틴화한 로마인, 중동과 북아프리카 대부분을 아랍화한 메카-메디나 아랍족의 팽창도 한족과 팽창 방법이 유사하다. 둘째, 진秦이나 초楚, 오吳와 같은 웨이수渭水 상류, 창장長江 유역 토착세력이 스스로 한족화했다. 셋째, 진晉이나 연과 같이 문화적으로 우월한 한족이 원시 선비나 원시 터키, 티베트-버마 계열 등 이민족과 섞여 살면서 이들을 동화시켰다.

주周나라와 한족漢族의 탄생

/

기원전 1052년 싼시陝西를 근거로 한 무왕武王 희발姬發과 군사軍師 강상姜尙 태공망이 지휘하는 주周나라와 소방召方·Zhaofang, 강羌, 촉蜀, 용庸, 팽彭, 미微 등의 동맹군 40만 명이 황허의 흐름을 타고 내려가 황허 중류 나루터인 허난성河南省 맹진孟津까지 진출했으나 상商나라군에 패해 회군했다. 소방은 상나라의 침략을 받아 영토 일부를 빼앗긴 적이 있으며, 오늘날까지 쓰촨성四川省과 칭하이성靑海省 등에 잔존해 있는 강족은 상나라에 노예로 잡혀 인신공양의 제물祭物이 되곤 하던 부족으로 주나라 왕실의 외가였다. 희발의 증조모는 태강太姜이라 하는데 강족 출신이다. 오늘날의 시안西安 근교 풍豐을 수도로 한 주나라는 상나라 말기 왕 제을帝乙과 제신帝辛·紂이 화이허淮河 유역 등 선진 동남방에만 관심을 쏟고 있는 약점을 노렸다. 하지만 주나라군은 아직, 고도로 발전한 청동무기로 무장한 상나라군의 상대가 될 수 없었다.

주나라군은 일단 후퇴했다가 2년 후인 기원전 1050년, 오늘날 쓰촨성과 후베이성 등 창장 중상류 지역에서 번성한 삼성퇴·금사三星堆·金沙 문화라는, 황허 유역에 버금가는 청동기 문화를 배경으로 한 촉, 용, 팽 등 부족들과의 동맹을 강화하여 다시 상나라 정복에 나섰다. 맹진에서 회맹會盟한 주나라 동맹군 50만 명은 이번에는 황허 도하에 성공했으며, 허난성 서북부에 자리한 상나라 수도 은殷의 교외 목야牧野까지 진격했다. 주나라 동맹군은 목야에서 상나라 70만 대군과 회전會戰을 벌여 상나라군을 대파하고 은을 점령했다. 노예가 대부분이던 상나라군이 창을 거꾸로 잡았기 때문이다. 상나라 왕 제신紂·紂은 자결했으나, 그의 아들들인 무경武庚·祿父과 개開는 살아남았다. 상나라의 군사력이나 경제력도 큰 손실 없이 유지되었다.

상나라가 번성하던 기원전 14~기원전 13세기 무렵 조선고조선도 랴오허-다링허-롼허 유역에서 번영을 누렸다. 조선은 랴오시遼西를 영역으로 한 백이·숙제伯夷·叔弟의 고죽국孤竹國도 세력범위 안에 두었다는 주장이 있다. 고죽국은 기원전 7세기까지, 베이징 부근을 흐르는 융딩허永定河와 롼허灤河 이동 영지令支·허베이성 탕산을 중심으로

주나라의 상나라 정벌

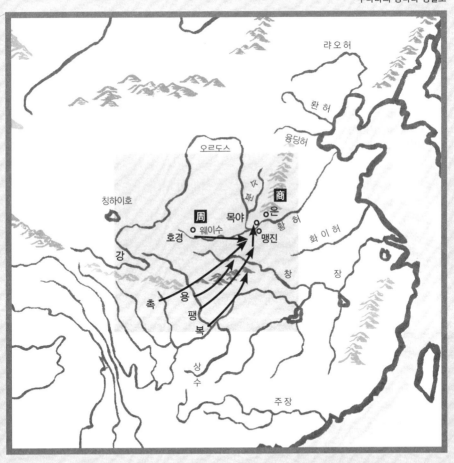

주나라의 상나라 정벌도

실존한 나라이다. 고죽국 영역에 속한 다링허 연안 커좌현喀左縣 꾸산孤山 북동촌에서 1973년 발굴된 청동기는 은허 발굴 청동기보다 기술 수준이 높다. 화하족과는 다른 동이족東夷族이 산둥, 장쑤, 저장성 등 황해 연안 일대에 분포해 있었는데, 이는 이 지역에 존재하는 한반도–랴오둥식 고인돌의 존재로 증명된다.

　　주周 부족은 원래 간쑤성甘肅省 동부 빈邠 지방에 거주하다가 원시 티베트계 혹은 원시 터키계로 추정되는 융족戎族의 압박을 받아, 3세기 촉蜀漢의 제갈량이 진출한 적 있는 싼시성 기산岐山 기슭 주원周原으로 이동하여 성곽을 건축하고 국가 형태를 갖춰 나갔다. 돼지를 의미하는 '시豕'가 2개나 들어간 글자로 미뤄볼 때 주나라 사람들은 목축을 하고 산돼지 같은 짐승을 사냥하면서 살아가는 반목반렵半牧半獵 부족으로 추측된다. 주나라는 희발의 아버지 희창姬昌, 즉 문왕文王 시대에 이르러 황허 유역의 패자霸者 상나라도 무시하지 못할 정도의 세력으로 성장하여 황허 상류 지류인 웨이수渭水 유역 최강자가 되었다. 희창은 싼시陝西 중심에 위치한 풍을 점령하고 그곳으로 도읍을 옮겼다. 풍경豊京은 주원보다 더 동쪽에 위치했는데, 이를 통해 주나라는 동쪽의 선진 상나라 문화를 더 쉽게 수용할 수 있었다. 기원전 1384년 상나라 중흥의 영주英主 제19대 반경盤庚은 수도를 산둥성 취푸曲阜 엄奄에서 허난성河南省 황허 북안北岸에 자리한 안양安陽 '은殷'으로 옮겼다. 상나라는 이후 주나라에 멸망당할 때까지 13대 270년간 은을 수도로 삼았다. 상나라를 은나라라고도 하는 것은 상商의 마지막 수도가 은殷이었기 때문이다.

고속 팽창의 말로末路

/

상나라가 멸망한 가장 주요한 원인은 황허 상류 지역, 즉 후진적인 서방에 대한 관심 부족이었다. 상나라가 이 지역에 큰 관심을 두지 않았던 것은 주와 소방召方을 포함한 이 지역 부족들은 문화적으로 후진적인 동시에 빛깔이 아름다운 조개 등 재보財寶로 사용되는 산물을 산출하지 못했기 때문이다. '재財'와 '보寶', '화貨'처럼 조개 '패貝'가 들어간 글자에서 알 수 있듯 색깔과 무늬가 아름다운 조개는 당시 보물이었다. 상나라군은 무늬가 아름다운 조개와 노예奴를 획득하고자 동방으로 자주 출정했다. 마지막 왕 제신帝辛·紂은 재물이 많이 산출되는 동방 정복에 전념하다가 주나라 동맹군의 기습에 나라를 잃고 말았다. 상나라군이 동방으로 출정한 사이 주나라군에게 배후를 찔린 데다 노예제를 채택한 터라 국민 통합이 제대로 이뤄지지 않았다. 동방으로의 지나치게 급속한 팽창이 멸망의 주요 요인으로 작용한 것이다. 급속하고도 과도한 팽창이 국가(또는 조직)의 해체나 쇠퇴를 야기한 것은 진秦나라, 수隋나라, 나폴레옹 제국, 히틀러 제국, 소련Soviet Union을 비롯한 국가들뿐만 아니라, 대우와 STX 등 우리 기업들의 예에서도 찾아볼 수 있다. 싼시성 구석 주周라는 조그만 핵核이 허난성의 상나라를 병합해 더 큰 핵이 되고, 춘추전국-진·한秦·漢-삼국시대를 거치면서 구심력까지 갖춘 더욱 크고 강력한 핵이 되었다. 크고 단단해진 핵은 외부 이민족의 공격에 의해 깨지기는커녕 오히려 공격한 이민족을 흡수하면서 더욱더 커져갔다.

'국國'과 '가家'

/

주나라는 유력한 동맹 부족들과 함께 상나라의 대규모 영토를 갑작스럽게 획득했기 때문에 일방적으로 전후 처리戰後處理를 할 수 없었다. 그래서 친족이나 상商의 후예를 포함한 유력 부족들로 하여금 지방을 다스리게 하는 방식봉건제도을 취했다. 주紂의 아들 무경, 즉 녹보에게 상나라 수도 은殷 통치를 맡긴 것이 대표적이다. 주나라 희씨姬氏 왕실은 이성異姓 제후국인 제나라 강씨姜氏 출신만을 왕비로 맞았다. 최고통치자인 주나라 왕이 △왕가와의 친밀도, △군공軍功, △봉토封土의 군사전략적 중요성 등을 고려해 공公, 후侯, 백伯, 자子, 남男 등 작위와 봉토를 나눠주었다. 그중 후작侯爵이 가장 많았던 까닭에 나중에 제후諸侯라는 말이 통용되었다. 제후는 훗날 정鄭, 괵虢, 진晉, 연燕, 노魯, 제齊, 위衛, 송宋 등으로 알려지게 된 '국國'을 받았다. 진晉과 같은 제후도 조趙, 위魏, 한韓 등의 공신을 책봉했는데, 그들은 경卿 또는 대부大夫로 불렸으며 '가家'를 받았다. 이렇게 해서 '국가國家'라는 말이 생겨났다.

화하족華夏族과 동이족東夷族

/

4세기부터 흉노·갈匈奴·羯, 선비, 저氐, 돌궐터키 계열, 거란, 여진, 몽골, 만주 등 이민족이 계속 중국을 침공했지만, 이들은 한족이라는 눈덩이를 더 키워주는 구실을 했다. 한족이라는 눈덩이는 왕조와 시대를 거치면서 더 커지고 커져 마침내 지금처럼 세계 최대 규모로 성장했다. 주 부족周部族 중심 서방 동맹국들의 동이계통東夷系統 상나라 정복은 한문명과 한족 형성을 가져왔다. 이는 동이족의 위축은 물론, 한문명과 한족의 확대로 이어져 아주 멀리는 랴오허遼河·요허-다링허大凌河 유역을 근거로 하던 조선고조선에게, 가까이는 현재의 우리에게까지 정치, 경제, 문화, 인종적 압력으로 작용하는 씨앗이 되었다.

상나라 시대와 그 이전 중국 기후는 오늘날과 많이 달랐다. 황허 유역은 아열대 내지 열대 기후로 비가 많이 왔다. 코끼리象, 코뿔소, 물소도 살았다. 황허 유역 사람들은 강과 샘 주변에서 농사를 짓고, 가축을 키우며, 채집과 사냥을 했다. 교류도 했다. 기원전 5000년경 탄생한 신석기 양샤오仰韶 문화가 허난河南, 싼시陝西, 산시山西 등지로 퍼져 나갔다. 양샤오 문화 시기 황허 유역 부족 간 격렬한 전투가 자주 벌어졌다. 땅과 하천, 목초지, 숲을 빼앗고자 죽고 죽이는 전투가 도처에서 일어났다. 전쟁과 함께 종족, 부족 간 연합도 활발히 이루어졌다. 대체로 황허 상류를 따라 거주하던 사람들이 교류와 전쟁을 통해 화하족을 형성해 갔다.

황허 중하류는 화하족華夏族과는 다른 계통의 동이족이 지배했다. 『맹자孟子』 이루편離婁篇에 의하면, '(오제五帝의 마지막인) 순舜은 동이 사람이라 한다. 용뱀으로 상징되는 황허 치수治水에 성공한 우禹는 '순'으로부터 선양禪讓받아 하왕조夏王朝를 열었다.' 한다. 사회·문화적 실체나 왕조 교체 과정 등 하나라와 관련하여 분명하게 밝혀진 것은 없다. 우禹에 '벌레 충虫'이 포함되어 있으므로 우는 용龍이나 뱀蛇 토템 집단의 수장으로 보인다. 우禹의 성姓은 사姒로 알려져 있다.

신석기 랴오허홍산 문명 탄생

/

일부 중국학자들은 뤄양낙양 부근에서 발견된 청동기 얼리터우二里頭 유적지를 기원전 2070년경 건국되었다는 하나라의 수도로 본다. 그들은 하나라가 우禹부터 걸傑까지 17제帝 472년간 지속되었다고 말한다. 이 지역에서 초기 형태의 국가가 존재한 것을 보여주는 유적은 발견되었지만, 대규모 성벽이나 문자가 확인되지 않아 그것이 하나라의 유적인지는 불확실하다. 또한 인접 지역에서 하나라와 다른 성격의 유적도 발견되는 것으로 보아 하나라가 이곳에 존재했더라도 지배 범위와 규모는 협소했을 것으로 보인다하나라 면적 6~7만㎢.

양샤오 문화보다 1000여 년이나 빠른 기원전 6000년경 이전부터 쯔펑赤峰, 푸신阜新, 샤쟈뎬下家店, 신러新樂, 샤오주산小珠山 포함 보하이만渤海灣 유역 일대에서 적석총積石塚, 빗살무늬토기, 곰 형상, 용龍을 형상화한 곡옥曲玉 등 신석기 홍산 문화紅山文化를 중심으로 한 랴오허 문명이 탄생, 확대되었다. 한반도에서 자주 발견되는 적석총이나 빗살무늬토기 같은 것은 황허 문명권에서는 발견되지 않는 랴오허 문명 고유의 유물이다. 쯔펑 일대에서 홍산 문화가 장기간 꽃피웠다는 것은 이곳이 해발 600~700m의 고원지대이기는 하지만 농경도 하는 정주생활이 가능했다는 뜻이다. 농경을 했다는 것은 이 지역에 비가 적절히 내렸고, 날씨 또한 따뜻했음을 말해준다. 기원전 1300년경부터 쯔펑 일대에 유목문화가 등장하기 시작했는데, 이는 기후변화가 일어나 이 지역이 건조해지고 추워졌음을 말한다. 기원전 2333년 건국되었다는 조선古朝鮮도 랴오허 문명 샤쟈뎬 문화의 영향을 받은 것으로 보인다.

랴오허 문명은 △계층 분화 미약, △도시화 미약, △문자 미사용未使用이라는 측면에서 '문명'이라고 부를 만한 수준에는 도달하지 못했다는 주장도 있으나, 황허 문명 형성에 큰 영향을 주었다는 것은 분명하다. 양샤오 문화와 비슷한 시기 창장 하류에는 새끼무늬繩文 흑도黑陶와 벼농사를 특징으로 하는 허무뚜河姆渡 문화가 발달했다. 허무뚜 문화는 쌀농사를 전파傳播하는 등 한반도와 일본열도의 발전에도 영향을 미쳤다.

동이족 국가 상나라

/

하나라가 뤄양 지역을 통치할 때 성姓을 '자子'로 하는 상商 부족이 뤄양 동북지방에서 세력을 강화했다. 상 부족은 이주를 거듭하다가 허난성 상추商邱, 즉 박亳에 정착한 이후 하나라에 공납을 중지할 정도로 강대해졌다. 기원전 1751년, 태양의 화신化身으로 추정되는 탕湯이 물의 화신化身으로 추정되는 이윤伊尹의 도움을 받아 하나라의 마지막 왕 걸傑을 멸하고 상나라를 세웠다. 상나라가 하나라를 멸망시켰다는 것은 동이족이 황허 하류에서 점차 세력을 확장하여 황허 중류까지 장악했다는 것을 의미한다상나라 면적 60만㎢. 상나라는 탕왕에서 주왕紂王까지 32대나 이어졌다. 상나라가 하나라를 멸망시켰지만 체제 변혁은 일어나지 않았다. 상나라와 하나라는 크게 차이 나지 않는 문화를 가졌던 것으로 추정된다. 하나라의 실존 여부가 의문시 된다. 지금까지 발견된 갑골문에는 하夏에 대한 언급이 없기 때문이다.

동이족이 갑골문자를 만들다

/

'탕湯'은 음가音價로 볼 때 '양陽'과 동일하며, 태양신으로 해석된다. 탕이 태양신을 상징하는 데 비해 이윤은 수신水神을 상징한다. 상나라 건국설화는 태양신의 아들 해모수解慕漱가 수신水神 하백河伯의 딸 유화柳花와 야합野合하여 알卵의 형태로 추모鄒牟를 낳고, 추모가 고구려를 건국했다는 고구려 건국 설화와 유사한 점이 있다. 탕의 선조인 설契, 쇠의 어머니 간적簡狄은 제비알을 삼키고 설을 나았다고 한다. 상나라는 고구려와 같이 새鳥를 토템으로 하는 부족이었음을 알 수 있다. 새 토템은 태양 숭배사상과 통한다는 점에서 상나라 건국 설화는 추모설화는 물론 신라의 박혁거세弗矩內·밝은 누리, 김알지 설화와도 통하는 점이 있다. 또한 상나라는 태양빛과 통하는 흰색을 숭상했다(『孔子』). △태양 △흰색 △난생卵生설화가 모두 나타나는 점들로 비추어볼 때, 상나라는 동이족이 주체가 되어 건국한 나라가 분명하다.

    상나라가 한자의 기원이 된 갑골문자를 만들었다는 점에서 "동이족이 한자를 만들었다."라는 주장은 맞다. 그렇다 해서 동이족 모두가 한민족의 직계 조상이라는 말은 아니다. 한국인이 한자를 만들었다는 말은 성립되지 않는다는 뜻이다. 랴오허 문명이 황허 문명에 큰 영향을 주었으며, 랴오허 유역에 살던 신석기인들 일부는 황허유역의 화하족과 이질혼합異質混合되어 한족으로, 일부는 몽골족으로, 나머지 일부는 예·맥족 등과 혼화되어 한민족韓民族으로 발전해 갔다. 심지어 일본열도 민족들의 형성과 발전에도 영향을 미쳤다. 스키타이塞·샤카, 토하라, 선비, 소그드, 돌궐, 켈트갈리아 등 고대 유라시아 민족들이 수많은 현대 민족의 구성요소가 된 것과 같다.

상나라와 인도-유러피언Indo-European 토하라 간 교류

/

상나라는 제한된 범위 내이기는 하지만, 서역신장의 유목민족 토하라인그리스, 라틴, 켈트, 게르만과 같은 켄톰 계열 인도-유럽어를 사용한 고대 민족과도 교류했다. △'꿀 밀蜜', '탈 승乘' '바퀴 궤軌', '재 성城', '마을 리里'와 같은 식품이나 마차·바퀴, 또는 건축과 관계된 갑골문자와 △1934년 신장-위구르 지역 롭노르호湖 인근에서 발견된 유라시아Eurasian 혼혈 '샤오허Xiaohe 공주 미라'에서 상商과 토하라 간 교류의 흔적을 찾아 볼 수 있다.

진秦-초楚 쟁패

/

싼시성 시안 인근 호경鎬京을 수도로 하던 서주西周 마지막 왕 유왕幽王은 총애하는 후궁 포사褒姒가 낳은 왕자 백복伯服으로 하여금 세자

의구宜臼를 대신하게 하려다 의구의 외가 신申나라의 저항에 직면했다. 기원전 771년 유왕이 의구를 세자 자리에서 폐하자 신후申候는 견융犬戎, 서이西夷, 증繒나라 제후 등과 함께 거병하여 유왕을 축출했다. 원시 티베트계(또는 원시 터키계)로 추정되는 견융의 군대가 수도 호경을 약탈했다. 견융군은 수도를 탈출한 유왕 일행을 추격한 끝에 호경 근처 여산驪山에서 붙잡아 그와 백복 모두를 죽였다. 주나라는 이때 사실상 멸망했다. 신후를 비롯한 여러 제후에 의해 옹립된 의구, 곧 평왕이 기원전 770년 낙읍뤄양으로 도피해 나라를 이어 갔다주나라 면적 70만㎢. 낙읍洛邑 천도遷都 이후의 주나라東周는 제후들을 통제할 힘을 상실한 명목상 종주국에 불과했다. 정鄭, 위衛, 노魯, 채蔡, 우禹, 괵虢 등 중원의 제후국보다는 오히려 외곽인 동부 산둥의 제, 산시山西의 진晉, 싼시陜西의 진秦 등이 더 강대해졌다. 후베이의 초楚, 충칭의 파巴, 쓰촨의 촉蜀, 창장 하류의 오吳, 월越 등은 외곽에서 별도로 발전해 가고 있었다.

기원전 600년을 전후한 춘추시대 중기 이후 진晉과 제 등 큰 제후국들은 군대를 동원하여 인근 약소국들을 멸망시킨 뒤 그곳에 군·현郡縣을 설치하여 영역을 확대하기에 이르렀다. 진晉, 진秦, 제, 초 등의 대국들은 군현제를 도입하면서 영토국가로 발전했다. 성읍城邑 몇 개 정도가 아니라 수만~수십만㎢에 달하는 영토를 확보한 이들 대국은 지방을 군과 현으로 나누어 장악력을 높여 나갔다. 새로 설치된 군·현은 유력한 가신들에게 분배되었다. 가신들은 새로 설치된 군·현을 거점으로 삼아 무력 기반을 갖추었기에 약소국의 멸망이 진행될수록 그들의 세력도 커져갔다. 특히, 진晉과 제, 노 등에서 이러한 현상이 두드러졌다. 가신들은 잦은 전쟁을 계기로 군권을 장악하면서 권력의 전면에 등장했다. 권력과 경제력을 이용하여 봉토를 확대하고, 봉토 내에서 토지제도, 조세제도, 군사제도를 개혁하여 세력을 강화했다. 기원전 403년 산시山西의 초강대국 진晉이 유력한 가신 조趙, 위魏, 한韓 3가家에 의해 분할되어 멸망하고 말았다. 진晉이 멸망함으로써 중원 통일은 변경에 위치한 비화하적非華夏的 강대국 진秦과 초楚의 쟁패로 판가름 나게 되었다.

텡그리撑犁와 단군
/

춘추시대인 기원전 7세기, 동으로는 만주와 한반도 북부, 서로는 아랄해, 남으로는 산시성 중북부-오르도스-기련산祁連山·치롄산을 경계로 하는 흉노Xiongnu·Qunnu·Khunnu가 유라시아 초원지대를 주름잡던 이란계 유목민족 스키타이塞, 샤카로부터 철기를 받아들이면서 강력해졌다. 스키타이 문화는 오르도스 포함 북중국, 한반도, 일본열도에도 영향을 미쳤다. 흉노는 하나의 종족을 말하는 것이 아니라, 몽골을 중심으로 건국된 터키계 중심 고대 유목국가를 말한다. 흉匈은 슝Xiong에서 따온 음차音借로 슝은 원시 터키어로 사람이란 뜻이며, 노Nu는 나那, 내內와 같이 물가에 있는 땅을 의미한다. 흉노란 '물가에 사는 사람'이라는 뜻인데, 한족이 '슝누'를 음차하면서 나쁜 뜻을 가진 흉匈과 노奴를 갖다 붙인 것이다. 한족은 이민족과 관련된 것에는 의도적으로 나쁜 뜻의 문자를 음차했다. '뱀蛇으로 감긴 사람'이란 뜻의 이夷, 개라는 뜻의 견융犬戎, 벌레라는 뜻의 남만南蠻이 대표적이다.

흉노의 수장首長 선우單于의 정식 명칭은 탱리고도선우撐犁孤塗單于로 음차音借되는데, '하느님Tengri의 아들Gudu인 지도자선우' 즉, 천자天子라는 뜻이다. 한자 '천天, 톈'은 텡그리의 '텡'에서 나왔다 한다. 우리 한민족도 텡그리하느님를 섬겼다. 단군檀君은 텡그리檀 임금君, 즉 '천자'라는 뜻이다. 흉노와 선비, 고구려, 말갈, 백제, 신라 포함 비한족非漢族 대부분은 독자 문자를 가지지 못했다. 이에 따라 그들과 관계된 인명이나 지명 대부분은 음차된 한자로 남아 있다. 음차된 인명, 지명 대부분은 들어서 이해가 되지 않을 정도로 원음과 큰 차이가 난다. 표준 중국어만다린로 맥도날드는 마이땅러麥堂蘆, 코카콜라는 커쿠커러可口可樂, 켄터키는 컨더지肯德基, 데이비드는 따웨이大衛로 음차된다. 우리 발음으로는 각각 '맥당로', '가구가락', '긍덕기', '대위'이다. 한자 음차를 거칠 때 원음 McDonald맥도날드, Coca Cola코카콜라, Kentucky켄터키, David데이비드가 얼마나 다른 음으로 변하는지 알 수 있다. 우리는 이를 감안하여 위의 '탱리고도선우' 포함 비한족非漢族 관련 고대 이후 인명과 지명을 이해해야 한다.

흉노는 물과 풀을 찾아 자주 옮겨 다녀야 하는 유목생활의 특성상 가까운 혈연끼리 적당한 규모로 집단을 형성했다. 한족은 이것을 '부部'라고 불렀다. 연제부, 도각부, 호연부, 수복부, 난부, 철불부 등이 그것이다. 선비족鮮卑族도 부로 나누어졌다. 우문부, 모용부, 탁발부가 바로 그것이다. 1부는 5000~1만 5000명 규모로 이루어졌다. 부 아래에는 더 작은 규모인 게르Ger, 즉 '락落·Luo'이 있었다. 부와 락을 합해 오늘날에도 사용되는 '부락部落'이라는 말이 만들어졌다. 춘추전국시대 이후 한문명과 한족의 외연은 더욱더 확장된다. 한문명과 한족은 황허 유역을 넘어 동북의 융딩허永定河, 롼허灤河, 다링허, 랴오허 유역으로 밀려들기 시작했다. 오늘날의 베이징을 도읍으로 하는 연燕의 등장은 롼허 이동 조선에 큰 시련을 안겨 주었다. 중국식 도씨검桃氏劍과는 다른 비파형 동검, 다뉴세문경多紐細紋鏡, 명도전 등을 사용하던 고조선은 일단 롼허를 경계로 하여 연나라에 맞섰다. 조선도 연燕, 제齊, 조趙 간 싸움에 끼어들었다. 조선은 이 나라들에 공세를 펴기도 했다.

진나라의 통일과정

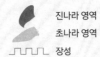
진나라 영역
초나라 영역
장성

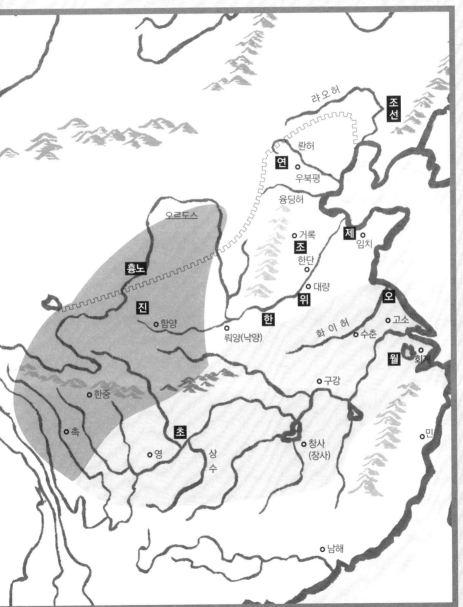

라오허

조선

연

란허

우북평

융딩허

오르도스

흉노

거록

제

임치

조

한단

위

진

대량

함양

오

한

고소

뤄양(낙양)

화 이 허

수춘

월

회계

구강

한중

초

민

촉

영

상
수

창사
(장사)

남해

02

한漢과 흉노匈奴,
조선朝鮮

서방의 변경국가 진秦의 중국 통일

/

춘추시대 최강국은 산시성山西省을 중심으로 한 진晉나라였으나, 기원전 403년 진나라가 조趙, 위魏, 한韓 3국으로 분열하면서 천하통일은 서방 강대국 진秦과 남방 강대국 초楚의 손으로 넘어갔다. '창을 잘 쓰는 오랑캐戎'라는 말을 듣던 서방의 진秦나라는 상앙, 범저, 이사 등 위衛와 한韓을 비롯한 중원의 상商나라 고토故土 출신 법가사상을 가진 인사들을 대거 기용하여 법가식法家式 개혁을 추진했다. 25명의 재상 중 외국 출신이 17명, 평민 출신이 9명이나 되었다. (평민 출신 외국인도 있었다는 뜻이다.) 진나라 재상 대다수는 기득권층 출신이 아니었던 관계로 국왕의 정치적 지원 하에 제대로 개혁을 추진할 수 있었다. 진은 장의의 각개격파 전략, 즉 연횡책連衡策을 채택하여 라이벌 초나라의 대진對秦정책을 무력화했다. 반면 왕족들의 반대로 인한 개혁 부진에다가 진나라의 연횡책에 농락당해 내분에 빠진 남방 초나라의 국력은 크게 기울었다. 반진파反秦派로 장편 서사시 '이소離騷'로 유명한 굴원屈原은 친진親秦 반대파에 의해 조정에서 추방당하고 후난성 창사長沙를 흐르는 창장長江 멱라수汨羅水에 몸을 던져 자결했다. 왕전 부자가 이끄는 진의 대군은 기원전 221년까지 초와 연, 제를 잇달아 정복하고 중국을 통일했다면적 170만㎢.

문명의 십자로 오르도스Ordos·河套

/

통일제국 진의 적은 북방의 흉노였다. 진은 중원 통일의 여세를 몰아 흉노와 흉노의 왼팔 격인 조선朝鮮, 그리고 우이武夷산맥 이남 월족百越을 압박했다. 진시황秦始皇은 통일 6년 후인 기원전 215년 대장군 몽염蒙恬에게 30만 대군을 주어 조선을 랴오허遼河 이동으로 몰아냈으며 태자 부소扶蘇와 함께 하투河套, 즉 오르도스로부터 흉노 세력을 축출하고 장성을 수축케 했다. 오르도스에서 쫓겨난 흉노는 하서회랑의 인도–유럽계Indo-European 월지月氏를 톈산 너머로 몰아냈다. 켄툼 계열 토하라어를 사용한 월지는 우즈베키스탄 페르가나 계곡을 거쳐 옥수스강아무다리야 유역의 아프가니스탄 발흐로 남진하여, 알렉산더 대왕기원전 356~기원전 323년의 페르시아–트랜스옥수스 원정 결과 생겨난 그리스계 박트리아大夏·기원전 246~기원전 138년를 멸망시켰다.

월지는 나중 파키스탄과 북인도도 포함한 쿠샨 제국貴霜帝國·30~375년을 세웠다. 오늘날 파키스탄의 페샤와르를 수도로 한 쿠샨 제국은 375년 알타이 산록에서 남하해 온 터키-토하라 혼혈 에프탈Ephthalite에 의해 멸망당한다.

오르도스는 황하가 북으로 크게 호弧를 그리는 만리장성 이북의 황하 중상류 대규모 스텝 지대를 가리킨다. 오르도스는 인류가 유목민족과 농경민족으로 분화하기 이전 번성하던 문명의 발상지 가운데 하나로 유목문화와 농경문화가 교차하는 문명의 십자로였다. 오르도스의 오원五原은 오늘날 네이멍구 바오터우Baotou·鹿城로 『삼국지연의』의 맹장 여포呂布의 고향이기도 하다. 동북아 인류가 농경민족과 유목·삼림민족으로 분화한 이후 오르도스는 농경민족과 유목민족 간 생사를 건 전쟁터이자 문물이 교환되는 장터였다. 한족은 때로는 공세적 방어의 수단으로, 때로는 증가한 인구로 인한 토지 부족을 타개하고자 오르도스로 진출했다.

농경사회와 유목사회

/

진시황이 30만 대군을 주둔시킨 지 약 100년 후인 기원전 127년 한무제漢武帝는 위청, 곽거병 등을 시켜 오르도스의 흉노를 황허 이북으로 축출하고, 산둥과 허난河南 등지로부터 10만여 명의 백성을 이주시켜 흉노에 대항케 했다. 이주한 한족 농경민은 농사를 짓고자 오르도스의 땅을 파헤쳤다. 건조 지역 농업은 표토表土 상실로 이어지기 십상이다. 기름진 표토를 잃어버린 초원에는 풀도 잘 자라지 않는다. 흉노와 선비, 돌궐, 거란, 몽골 등 유목민은 땅을 갈아 표토를 망치는 한족 농경민을 증오했다.

　위에서도 말했지만, 흉노는 하나의 종족을 말하는 것이 아니라 '흉노'라는 종족은 없다 몽골고원을 중심으로 동으로는 만주, 서로는 중앙아시아 아랄해Aral Sea까지를 영토로 한 터키계 중심 고대 유목제국을 뜻한다. 농경민이 유목민을 소와 말, 양이나 키우는 냄새나는 야만인이라고 경멸했듯이 유목민은 농경민을 엎드려 땅이나 가는 땅강아지라고 멸시했다. 흉노로부터 도입한 신기술, 즉 '바지를 입고 말을 탄 채 활을 쏘는 호복기사胡服騎射'의 나라 조趙에게 멸망당했으며, 고대 예니세이어를 사용한 것으로 보이는 타이항산맥太行山脈 인근 백적족白狄族 나라 '중산中山'의 예에서 보듯, '적狄'이라고 불리던 터키계 유목민들은 기원전 7세기 이후 스키타이塞·샤카와 주周로부터 자극받아 국가체제를 갖추어 나갔다. 흉노는 문자 기록은 남기지 못했으나, 바지와 등자鐙子, 반월도, 버클 등 많은 문명의 이기利器를 전해 주었다. 농경민의 나라와 마찬가지로 유목민의 나라도 통합과 분열을 반복했다. 열악한 자연환경에서 살아가야 하는 유목사회는 지도자의 역할이 특히 중요한데, 영명한 지도자를 추종하면 의식주가 쉽게 해결되었기 때문이다. 유목사회는 뛰어난 지도자가 나오면 급속히 통일되었다가 그가 죽으면 쉽게 분열되곤 했다.

농경제국 한西漢의 등장

용략으로 군주를 떨게 한 자는 생명이 위태로우며,
공로가 천하에 널리 퍼진 자는 상을 받지 못한다.

/

기원전 210년 진시황贏政 사망 이후 진나라는 안으로부터 무너져 내렸다. 어리석은 아들 호해胡亥가 시황 영정을 계승했는데, 정권을 장악한 이사와 조고는 오르도스에 주둔하던 부소와 몽염을 속여 자살로 몰아갔으며, 권력투쟁을 계속해 진을 위기에 빠뜨렸다. 진나라의 법가식 혹정酷政에 시달리던 초, 제, 조, 한 등의 제후국 백성들 불만은 진시황이 죽은 이듬해 진승과 오광, 항적항우과 유계유방 등의 반란으로 터져 나왔다. 진나라는 그로부터 3년 후인 기원전 206년 항우와 유방에게 멸망당했다. 이로써 북방의 흉노와 동방의 조선은 부흥의 기회를 잡았다. 조선은 랴오허를 넘어가 연나라 장군 진개秦開에게 빼앗겼던 영지令支 포함 다링허大陵河-롼허灤河 유역 랴오시를 되찾았다. 진개가 활동하던 기원전 3세기 초는 연나라의 전성기이던 소왕昭王, 재위 기원전 311~기원전 279년 시기였다. 하지만 조선은 연의 본거지 어양漁陽과 우북평右北平 등 오늘날의 베이징 지역까지 깊숙이 뻗어나가지는 못했다.

진나라를 멸망시킨 항우와 유방은 황제 자리를 놓고 다투었다. 유방의 한군漢軍은 형양滎陽 전투를 포함하여 항우의 초군楚軍과 벌인 여러 전투에서 맥貊을 포함한 북방 기마군단으로부터 도움을 받았다. 유방은 기원전 202년 12월 최후의 안휘성 쑤저우시 '해하垓下 전투'에서, 산둥의 제齊에서 별동대를 이끌던 대장군 한신韓信의 지원에 힘입어 항우를 사면초가四面楚歌의 자결로 몰아넣고 중국을 다시 통일했다. 산동성 정도定陶를 중심으로 제齊를 점거하고 있던 한신은 유방과 항우 사이에서 균형자Balancer 역할을 하고 있었는데, 제3의 세력으로 독립하라는 괴철蒯徹의 충고를 무시하고 유방을 지원했다가 나중 비참한 최후를 맞게 된다. 이때 나온 괴철의 말이 '용략진주자신위勇略震主者身危 공개천하자불상功蓋天下者不賞' 즉, '용략武勇과 計略으로 군주君主를 떨게 한 자는 생명이 위태로우며, 공로가 천하에 널리 퍼진 자는 상을 받지 못한다.' 이다.

유라시아 유목제국 흉노

/

몽염과 부소에게 쫓겨 오르도스를 상실한 흉노의 선우單于·군주는 만호장萬戶長이라는 뜻의 두만頭曼·Tumen이었다. 선우의 성姓은 '연제攣鞮·Luandi'라 했다. 두만은 한때 흉노의 라이벌 월지月氏에 볼모로 잡혀 있기도 했던 아들 묵돌冒頓·Mete에게 시해 당했다. 메테묵돌 선우는 흉노 최전성 시대를 열었다. 그는 동쪽의 동호東胡와 서쪽의 토하라계 월지月氏, 샤카계 오손을 정복하고, 오르도스의 루번樓煩과 백양白羊을 합병했다. 이어 연燕·허베이성 북동부과 대代·산시성 북부를 침공했다. 묵돌은 영토를 중, 동, 서 등 3부분으로 나누고 중부를 직접 다스렸다. 남정南廷은 오르도스-인산陰山이었으며 북정北庭은 외몽골 오르콘강셀렝가강 지류 유역 외튀켄산Mt. Ötüken으로 막북왕정이라고 했다. 막북왕정이 수도 역할을 했다. 오르콘강 유역은 흉노제국 이후 역대 유목제국의 수도 역할을 한다. 동부는 상군上郡·허베이성 중북부 동쪽으로 조선과 접경했으며, 제2인자 좌현왕左賢王이 통치했다. 이렇듯 흉노가 번영하자 통일제국 한나라 황제가 된 유방도 흉노의 침공을 우려하지 않을 수 없었다. 유방의 눈에 들어온 흉노 방어의 적임자는 한왕 신信이었다. 신대장군 한신과는 다른 인물은 춘추전국시대 한韓나라 왕족 출신으로 유방의 측근은 아니지만 초한전쟁 때 군공軍功을 많이 세운 인물이다. 한나라는 신의 주둔지를 산시성 진양晉陽으로 옮겨 흉노를 막게 했다. 한왕 신의 관할 지역 진양은 흉노가 자주 공격해 오던 위험한 곳이었는데, 신은 흉노 방어가 보다 용이한 서북쪽 마읍馬邑으로 주둔지를 옮기기를 원했으며 유방은 이를 허락했다. 기원전 200년 가을, 묵돌은 4만 기병을 이끌고 마읍으로 향했다. 흉노의 선우가 대군을 이끌고 친정한 것이라 이전의 산발적 공격과는 수준이 달랐다. 흉노군의 기세에 눌린 한왕 신은 묵돌에게 여러 차례 사자를 보내 휴전을 이끌어내려 했다.

상투 튼 위만, 동쪽으로 패수를 건너다

/

한나라 군대가 한왕 신信을 구출하기 위해 출전했다. 그런데 강화講和 목적이었다고는 하나 신이 너무 자주 흉노에 사절을 보낸 것이 문제 되었다. 유방은 신이 흉노에 항복하려 한 것은 아닌지 의심했는데, 신은 모반 혐의로 소환되어 죽음을 당할까 두려워 흉노에 투항했다. 신에 이어 유방의 고향 친구 연왕燕王 노관도 나중 흉노로 망명한다. 노관이 흉노에 망명할 무렵인 기원전 195년 그의 부장으로 '상투를 튼' 연나라 사람 위만衛滿은 요새遼塞를 나가 '동쪽으로 패수浿水를 건너' 조선에 투항했다(패수가 청천강이라면 위만은 1000~1100㎞를 이동하여 조선에 투항했다는 말이 된다).

흉노와 조선의 공세를 막기 위해 유방이 특별히 점찍은 인물이 배신했으니 그 충격은 엄청났다. 유방은 직접 군대를 이끌고 흉노를 치러 나섰다. 흉노의 묵돌은 좌현왕과 우현왕을 보내 1만여 기병을 진양까지 남하게 했는데, 유방은 이 부대를 격파했다. 흉노군은 도망치기 시작했고, 한군은 기세를 타고 흉노군을 추격하여 산시성 이석離石에서 또다시 흉노군을 무찔렀다. 한군은 기병을 앞세워 오르도스의 루번에서 또 다시 흉노군을 격파했다. 흉노의 잇따른 패배는 묵돌의 유인책이었다. 날씨가 추운 데다 눈비까지 내려 많은 한나라 병사가 동상에 걸렸다. 32만 한군은 보병 위주로 구성되었는데, 병력은 많았지만 아직 한곳에 집결하지 못했고 지독한 추위로 지쳐 있었다.

서한, 흉노에 조공하다

/

묵돌은 기회를 놓치지 않고 4~5만 기騎를 동원하여 산시성 따퉁大同 부근 백등산白登山에서 한군을 포위했다. 포위 기간이 1주일 이상으로 길어지자 추위에 시달리던 한군의 식량도 떨어져 갔다. 이대로 가면 한군 모두 굶어죽을 판이었다. 유방의 한나라는 흉노에게 항복하고 조공을 바치기로 결정했다. 한나라군은 천신만고 끝에 평성으로 철군할 수 있었다. 그 이후 2000년 이상 계속된 한족 농경민과 북방 유목민의 대결 구도는 바로 이 유방과 묵돌Mete의 전투에서 출발한다. 흉노는 물자를 얻고자 한나라 변경을 지속 유린했다. 유방이 죽고 난 다음에도 상황은 마찬가지였다. 유방의 자손들인 문제文帝와 경제景帝 때도 한나라는 흉노에 저자세를 보였다. 한나라는 흉노에 황가皇家와 가까운 여인을 바치고 비단, 무명, 쌀, 술 등 물품을 조공해야 했다. 문제가 흉노에 파견한 연燕 출신 중항열中行說은 노상, 군신 선우 조정에 참여하여 흉노의 발전에 기여했다. 경제 시대를 지나면서 흉노와 한나라 간 관계가 역전되기 시작했다. 농경민의 엄청난 생산력이 유목민의 조직력을 압도하기 시작한 것이다.

문제와 경제 집권기를 거치면서 한나라의 국력은 일취월장한 반면 흉노는 기원전 174년 묵돌 선우가 사망한 이후 노상, 군신, 이치사 선우를 거치면서 약화되었다. 한나라는 흉노 정벌과 관련해 '쉬운 문제부터 먼저 해결한다.'는 선이후난先易後難 전략을 채택했다. 고가품인 비단의 대對서역 수출을 증대시키려면 흉노가 장악한 하서회랑 탈취 등 실크로드 확보도 필요했다. 경제景帝를 뒤이은 무제武帝 유철은 기원전 139년 신장新疆 이서 중앙아시아 지역에 대한 정보를 수집하고, 흉노의 숙적 월지와 대흉노對匈奴 군사동맹조약을 체결하고자 장건張騫을 파견했다. 서한은 월지와의 동맹에는 실패했으나 공주烏孫公主를 시집보내는 등의 방법으로 월지의 동북부에 자리한 스키타이塞계 오손烏孫·Asvin과 동맹하는 데는 성공했다. 오손은 서북 측방에서 흉노를 견제했다. 한나라군은 흉노군 수준의 철제 무기를 개발·보유했으며 유목민 고유의 군사 기술과 조직도 파악했다. 전쟁을 뒷받침할 재정은 경제전문가 상홍양桑弘羊의 아이디어를 채택하여 생필품인 소금과 철의 전매를 통해 해결했다. 무제는 기원전 129~기원전 119년 10년간 6차례에 걸쳐 위청, 곽거병, 이릉, 이광리 등으로 하여금 흉노를 치게 했다. 한나라군대가 장성을 넘어 흉노 영역으로 돌입한 것은 무제의 처남 위청衛靑 부대가 처음이다.

무제의 한군漢軍, 장성 넘어 몽골로 진군

/

무제는 기원전 129년 위청, 공손하, 공손오, 이릉 등 네 장군에게 기병 1만 씩을 내주고 흉노를 공격케 했는데, 뛰어난 기동성을 갖춘 기병 위주 흉노군은 전쟁 초기 한군의 공격을 효과적으로 격퇴했다. 기원전 127년 흉노가 상곡上谷과 어양漁陽·베이징에 침입하여 랴오시遼西 태수를 살해하고 백성 2000여 명을 포로로 잡아가자 한나라군은 반격에 나섰다. 위청 부대는 오르도스에 주둔하던 흉노군을 공격해 병사 수천 명을 사로잡고, 100만여 마리의 소와 양을 노획하여 흉노에 큰 손실을 입혔다. 위청은 오르도스를 점령했다. 기원전 124년에도 위청이 지휘한 3만 기병이 흉노군을 공격하여 우현왕을 죽이고, 수십만 마리의 소와 양을 빼앗았다. 기원전 121년에는 곽거병이 이끈 1만 기병이 흉노 영토이던 하서회랑河西回廊으로 쳐들어가 흉노 병사 3만 명을 죽이고 2500명을 포로로 잡았다. 그해 가을 하서회랑을 통치하던 흉노 혼야왕渾邪王은 패전에 대한 문책이 두려워

4만여 부중部衆을 이끌고 한나라에 투항했다. 한나라는 하서회랑에서 흉노를 축출한 후 군현郡縣을 설치했다. 기원전 119년 무제는 위청, 곽거병에게 각각 5만 기병을 내주어 흉노를 공격하게 했다. 위청은 이치사 선우를 상대로 격전을 벌여 흉노군을 격파했으며, 곽거병은 외몽골 오르콘강까지 쳐들어가 흉노 병사 7만여 명을 포로로 잡았다. 이치사가 한나라에 사신을 보내 관계 개선을 제의하자 한나라는 한-흉노 관계를 군신관계로 전환하고, 이치사 선우를 외신外臣으로 격하하는 조건을 내걸었다. 격분한 이치사는 화친을 포기했다.

흉노와의 전쟁에서 한나라도 큰 피해를 입었다. 특히 전마戰馬 상실이 격심했다. 전마 14만 필 중 3만 필만 수습되었다. 식량 공급 및 수송도 어려웠다. 원정 일수를 300일로 가정하면 군사 1인당 150kg의 식량과 수송용 소 1마리당 400kg의 여물을 운반해야 했기 때문에 흉노 정벌전이 100일을 넘기는 경우는 거의 없었다. 때로는 완전 격파를 눈앞에 두고도 포기해야 했다. 이런 사정 탓에 기원전 119년 위청과 곽거병이 출정한 후 20년간 한과 흉노 사이에 대규모 충돌은 발생하지 않았다. 곽거병은 하서회랑전투河西回廊戰鬪에서 하서회랑을 다스리던 흉노 휴저왕休屠王의 왕비閼智·연지와 14세의 왕자를 포로로 잡았다. 장안으로 잡혀와 마구간 일꾼으로 전락한 흉노 왕자는 우연히 무제의 눈에 들어 노예 신분에서 풀려나 마감馬監으로 임명되었으며, '김일제金日磾'란 이름을 하사받았다.

신라 김씨 왕실은 흉노의 후예?

/

김일제는 함께 포로가 된 일족 망하라의 무제 암살 기도를 저지한 공로 등으로 훗날 군부 최고위직 중 하나인 거기장군車騎將軍까지 승진하고 투후秺侯에 봉해졌다. 김일제는 그를 따르는 흉노인을 모아 분봉지인 산둥성 금성金城을 도읍으로 하여 제후국인 투국秺國을 세웠다. 김일제의 후손들은 서한西漢 시대에는 번영했으나, 왕망의 서한 찬탈에 협력한 탓에 광무제 유수劉秀에 의해 투국이 폐지되는 등 동한東漢 시대에는 쇠락했다. 그런데 신라 문무왕릉비에는 '투후제천지윤전칠엽이…秺侯祭天之胤傳七葉以…, 십오대조성한왕十五代祖星漢王, 강질원궁탄영산악조림降質圓穹誕靈山岳肇臨'이라는 구절이 있다. "투후김일제 이래 7대를 이어갔으며, (문무왕의) 15대조 성한왕김세한, 신화적 인물인 김알지와 동일인으로 추정은 신령한 산에 바탕을 내리고, (신라 김씨 왕실의) 시조가 되었다"는 뜻이다. '김알지' 자체가 김金·gold+알지알티·알타이·gold, 즉 gold+gold 중의어이다. 신라 김씨 왕실은 흉노 왕자이자 서한西漢 거기장군 투후 김일제의 후손이라는 것이다.

  4세기 무렵 경주평야에 등장한 적석목곽분돌무지덜널무덤으로 스키타이의 대형무덤 쿠르간과 유사과 금관문화는 스키타이-흉노 계열 문화로 해석된다경주의 적석목곽분이 스키타이-흉노 계열이 아니라는 설도 있다. 현대 예니세이추바쉬어와 유사한 것으로 추정되는 흉노말로 신라의 초기 국명 '사로斯盧'는 'Shi-lar실라'로 발음된다 한다. 우연히도 김일제가 분봉 받은 투국의 도읍 '진청Jincheng·金城'과 신라의 수도 '금성서라벌·金城'의 한자가 같다. 김일제의 후손이 주축이 된 산둥성의 한화漢化된 흉노 일족이 서한-신-동한이 교체하는 혼란기에 산둥반도에서 출발, 한반도 해안가를 따라 남하하여 당시 후진 지역이던 경주 일대에 유입된 것으로 보인다. 문무왕-신문왕 시대 신라 김씨 왕실이 모화사상慕華思想에 젖어 오제五帝의 하나인 순舜 임금에 대한 언급과 함께 서한의 고위관료 김일제를 조상으로 끌어들였을 것이라는 주장도 있다. 하지만, 선비계열 대야씨大野氏인 당나라 황실도 한족 명문 농서隴西 이씨 후예라고 주장하는 당시 상황에서 신라 왕족 김씨들이 굳이 북방 오랑캐 흉노 출신을 직접 조상으로 끌어들일 이유가 없다는 점 등에서 이는 타당성이 부족하다.

서한의 조선 침공

/

황허 중심 한나라와 몽골고원 중심 흉노 간 길고도 거대한 전쟁 분위기가 무르익어 가면서 흉노의 동쪽 날개 조선과 부여 등 한민족 국가들에도 도전과 함께 변화의 세찬 물결이 밀려들었다. 한족이 일으키는 황허의 거센 물결을 맞은 조선은 한나라의 침공 가능성에 대비하기 시작했다. 진-한 교체기에 중국 동북부 연燕·조趙·제齊 등의 유민이 조선으로 대량 유입되었다. 기원전 2세기 초, 연나라 출신 위만衛滿은 이들을 조직하여 기존 조선 왕조를 찬탈했다. 마지막 왕 준準은 한반도 남부로 망명했다. 농·목업을 주업으로 한 조선은 비단을 생산하고 금속화폐 명도전明刀錢도 널리 사용했다. 조선은 보하이만과 서한만 등을 무대로 해상활동도 활발히 했다. 위만조선의 마지막 군주 우거왕 이전부터 조선은 서북방 흉노와의 교류를 통해 확보한 강력한 군사력을 배경으로 한西漢, 만주, 한반도, 일본열도 간 중계무역 이익을 독점했다. 한나라의 정치·군사적 압박이 심해지자 우거왕은 흉노와의 동맹을 더 강화했다.

서한西漢은 기원전 111년, 전매專賣 품목이던 철강 밀수 등을 핑계로 복파장군 노박덕 휘하 육군과 누선장군 양복이 지휘하는 해군으로 하여금 광저우 인근 번우番禺를 수도로 한 남월南越을 침공, 점령하게 했다. 서한은 남월 땅에 9군을 설치했다. 진秦나라 용천현령 출신 조타趙佗·Trieu Da가 기원전 203년 월족 등이 거주하는 광둥廣東과 광시廣西, 송코이紅河 유역을 영역으로 나라를 세운지 92년 만이었다. 이어 서한은 기원전 110년부터 조선 원정을 준비했다. 그리고 기원전 109년 가을 육·해군을 동원하여 조선을 침공했다. 누선장군 양복은 산둥 해군 5만 명을 거느리고 산둥반도와 랴오둥반도 사이에 위치한 메이산眉山 열도를 따라 보하이만을 건너 조선의 수도 왕검성으로 진격했으며, 좌장군 순체는 지금의 베이징인 어양漁陽−우북평右北平 지역 병사 5만 명을 거느리고 육지로 진군했다. 양복은 주력인 육군의 진격이 지체되자 7000명을 선발해 단독으로 왕검성을 공격하다 조선군에게 대패했다. 순체의 육군도 한나라와 조선 간 국경을 이루던 패수浿水에서 조선 육군에 격퇴되었다. 흉노군이 한나라 군의 배후를 노릴 상황이 조성되었다. 무제는 위산을 사신으로 파견하여 조선과 강화를 추진했으나 협상이 결렬되었다.

패수浿水는 어디인가? 왕검성王險城은?

/

이후 한나라는 산둥반도의 지난齊南 태수 공손수를 파견하여 조선을 다시 침공했다. 2년여에 걸친 전쟁에서 조선 지배층 사이에 분열이 발생, 우거왕이 피살되고 화친 세력은 한나라로 망명했다. 흉노가 지원하고, 대신大臣 성기成已가 최후까지 항전했으나 조선은 결국 기원전 107년 멸망하고 말았다. 기원전 107년 함락당한 왕검성, 그 1년 전인 기원전 108년부터 설치된 한군현漢郡縣의 중심지 등을 두고 많은 논란이 있다. 조선과 한의 국경을 이루었다는 패수가 오늘날 어느 강江을 말하는지도 문제된다. 조선–한나라 전쟁 당시 살이 있던 사마천의 『사기史記』를 포함하여 중국과 한국의 모든 사료를 살펴보아도 명쾌한 답이 나오지 않는다. 유적과 유물 조사 결과도 마찬가지다.

왕검성이 오늘날의 평양대동강 북안에 있었다는 주장은 『사기』의 해륙海陸 서한군西漢軍 진군 과정과 전쟁 상황 기술에 비추어볼 때 타당하지 않다. 그리고 낙랑군의 중심이 오늘날 평양에 있었다고 하여 왕검성이 바로 평양에 있었을 것이라는 주장 역시 옳지 않다. 북방 흉노군을 의식해야 하는 상황에서 보급부대輜重部隊 포함 한나라 육군 5만 명이 베이징 부근에서부터 진군하여 조선군이나 흉노군의 저항 한 번 받지 않고 베이징에서 무려 1200㎞나 떨어진 청천강 유역까지 진군할 수 없었으리라는 점에서 패수浿水가 청천강이라는 일제日帝 시대부터의 주장 역시 사리에 맞지 않다. 보병 1일 행군거리가 약 20㎞라는 점에서 여하한 문제도 발생하지 않을 경우에라도

1200㎞를 행군하기 위해서는 2~3개월이 소요된다. 그리고 흉노 기병대의 공격에도 대비해야 한다. 도중 대규모 하천들인 롼허, 다링허, 랴오허, 압록강도 건너야 한다. 6세기 말 이래 70여 년간이나 간헐적으로 지속된 수·당의 고구려 침공시에는 흉노와 같은 강력한 북방세력이 없었다. 5만 대군이 필요로 하는 식량과 장비는 당시 기준으로 천문학적 규모였을 것이다. 369년 동진東晉의 장군 환온桓溫은 5만 대군을 이끌고 화이허 유역 고숙姑熟에서 600여㎞ 떨어진 황허 유역 전연前燕 영토 방두枋頭로 진격하다가 식량 부족으로 인해 패퇴했다. 5만 대군에게 먹일 식량 공급이 얼마나 중요하고 어려운 일인지 잘 알 수 있다. 허베이성 중북부는 '유주幽州', 즉 '멀고 먼 땅'으로 불릴 정도로 변두리 중의 변두리였다. '유幽'에는 저승이란 뜻도 있다. '유명幽明을 달리한다.'가 바로 그것이다. 변두리 중의 변두리로부터 청천강까지 1200㎞, 2100여 년 전인 당시로는 상상하기 어려운 먼 거리이다.

동한동부과 흉노동남부, 조선서부 3개국의 국경을 이루었다는 하천河川 패수는 청천강보다 훨씬 서쪽에 위치했을 가능성이 크다. △기원전 195년 연인燕人 위만衛滿의 망명 상황동쪽으로 패수를 건넘이나 △조선을 공략할 때 서한西漢 해군의 항해 방향위로 나아감 포함 전쟁 상황 묘사, △지리 분석 결과 등에 비춰볼 때 패수는 북쪽에서 남쪽으로 흐르는 롼허나 다링허 또는 랴오허훈허 등 지류 포함로 추측된다. 동쪽에서 서쪽으로 비스듬히 흐르는 청천강은 조선과 서한, 흉노 간 국경이 될 수는 없다는 뜻이다. 랴오허의 지류였던 훈허渾河 이동에는 흉노 관련 유물이 발견되지 않는다. 흉노의 세력 범위가 훈허를 넘지 않았다는 뜻이다. 왕검성은 랴오허-다링허 유역 어딘가에 위치했을 것으로 보인다. 남월南越 수도였던 번우도 베트남 내지內地인 송코이 유역 하노이가 아닌, 주장珠江 유역 광저우 인근에 있다. △지리, △사서 기록, △위만의 망명 상황, △당시의 정치·군사 상황 등을 종합 검토해 보면 왕검성이 대동강 북안北岸에 위치했다거나 패수가 청천강이라는 주장은 명백한 오류이다.

동한 말-조위曹魏 초 인물 장안張晏은 '조선에는 열수, 습수, 산수가 있으며, 이 세 강이 모여 열수를 이룬다朝鮮有洌水濕水汕水, 三水合爲洌水'라고 했다. 롼허부터 대동강까지 여러 개 강 가운데 세 개 이상의 물줄기가 한 개의 큰 물줄기를 이루는 강은 랴오허遼河 밖에 없다. 이를 통해 볼 때도 조선-서한 간 국경을 이루었다는 패수는 청천강이 아니라는 것을 알 수 있다. 랴오허 유역 랴오양타완촌에서 비파형동검과 함께 '상투를 튼' 조선인의 얼굴이 양각陽刻된 거푸집이 발견되었다. 184년 황건적의 난 이후 50여 년간 랴오둥과 랴오시, 대동강 유역 등을 근거로 세력을 유지했던 공손연公孫燕의 도읍도 랴오허 유역 양평襄平이었다. 랴오허 유역이 대동강 유역보다 더 선진적이고 인구도 많았다는 뜻이다. 가장 발달한 지역에 한 나라의 수도를 두는 것이 일반적이다. 낙랑군의 위치에 대해서는 △대동강 유역설, △랴오허 유역설, △롼허 유역설 등이 있는데, 낙랑군은 어느 한 곳에 고정된 것이 아니라 대동강 유역을 중심으로 하다가 국제상황 변화에 따라 점차 서쪽으로 이동해 갔다는 설명교치설이 맞다. 강 이름이나 지명은 이동하기도 한다. 패수浿水나 낙랑樂浪, 현도玄菟, 대방帶方, 영주營州 등 지명은 여러 차례 이동했다.

조선 전쟁의 결말

/

『사기』조선전朝鮮傳에 나오는 조선-한나라 전쟁 이후의 관계자 처리 결과 등을 살펴보면 한나라의 조선 원정은 실패한 전쟁이었다. 양복은 서인庶人이 되고, 순체는 기시형棄市刑에 처해졌으며, 위산과 공손수 또한 참형을 당한 것을 보아도 그렇다. 조선에서는 한나라와의 화친을 주장하던 세력이 새로운 중심 세력으로 부상했으나, 토착세력의 지배라는 기본 성격은 유지됐다. 한군현漢郡縣은 조선 고토故土와 부여, 고구려, 백제, 동예 등 토착사회에 대한 통제가 목적이었으나 토착사회의 반발에 의해 곧 축출됐으며, 존재하던 기간에도 토착사회와 병존하면서 한족 유이민流移民의 통치조직 겸 중계무역 기지 역할을 수행했다. 옛 조선 영토 내 한군현은 중국 내지의 군현과는 지위와 기능이 달랐다.

서한, 흉노 전쟁 중단

/

한무제는 기원전 104년 또 다른 처남李夫人의 동생 이사장군 이광리李廣利로 하여금 신장의 소월지계小月氏系 오아시스 도시국가들과 페르가나 계곡 대완국大宛國을 정복하게 하여 실크로드에 대한 한나라의 패권을 확립했다. 이 무렵 흉노에서 탈출해 온 조파노趙破奴도 흉노 전쟁에서 명성을 떨친다. 흉노 또한 전쟁이 일어나지 않은 소강 기간에 힘입어 국력을 회복했다. 흉노는 한나라 변방 침공을 재개하여

물자를 보충하고, 실크로드 지분도 차지하려고 했다. 무제는 남월, 조선, 대완국을 정벌한 여세를 몰아 다시 흉노를 치고자했다. 기원전 99년 이광리가 이끄는 20여 만 병력이 흉노로 진격했다. 이광리는 이후 10여 년간 수십 차례에 걸쳐 흉노를 공격했지만 큰 승리를 거두지는 못했다. 이광리는 한때 흉노군을 쫓아 바이칼호 부근 셀렝가강 하류까지 진격했다. 기원전 90년 벌어진 흉노군과의 몽골 연연산 전투에서 이광리가 이끄는 7만 서한군西漢軍은 전멸하고, 이광리는 흉노에 항복했다. 무제는 오랫동안 흉노를 군사적으로 제압하려 했지만 확실한 성과를 거두지는 못했다. 서한의 국력은 눈에 띄게 약화되었다. 대규모 원정을 감행하는 것이 어려워졌다. 한나라의 재정이 파탄 상태에 이르면서 무제는 기원전 89년 '윤대輪臺의 조칙'을 발표하여 흉노와의 전쟁을 중단한다고 선언했다. 장기간의 전쟁으로 인해 흉노도 인명人命은 물론 심각한 경제적·군사적 타격을 입었다. 무제가 죽은 후 흉노가 적극적으로 한과 화친하려 한 배경에는 이 같은 사정이 숨어 있다. 흉노가 19년 동안이나 억류했던 소무蘇武를 무제 사후 즉시 돌려보낸 것은 화친이 절실히 필요했기 때문이었다.

03

한漢흉노匈奴
전쟁의 여파餘波

'텡그리'의 나라 부여

/

서한西漢과 흉노·조선 간 갈등이 첨예화하던 기원전 3~기원전 2세기 '단군檀君', 즉 '텡그리 임금'의 나라인 부족국가 탁리국橐離國에서 떨어져 나와 남하한 일단의 무리가 만주땅 쑹화松花강 유역 지린吉林창춘長春 지역의 예족濊族을 흡수하여 부여를 건국했다(『논형論衡』). 농경문화를 대표하는 한漢과 유목문화를 대표하는 흉노匈奴가 전쟁을 통해 남부시베리아북만주에까지 자극을 준 결과였다. '탁리橐離'는 '텡리 또는 텡그리Tengri·하느님'를 음차音借한 것으로 부여의 원류는 '하늘의 신하느님' 텡그리를 신봉하는 부족이다'탁리'가 아니라 '고리'라는 소수 주장도 있다. 부여는 물론 부여를 기원으로 한 고구려도 '하늘의 신'을

섬겼다는 것은 시조 추모鄒牟의 아버지가 하늘에서 내려온 해모수解
慕漱로 알려진 데서도 잘 알 수 있다. 부여의 주류를 형성한 부족이
외부에서 이주해 왔다는 사실은 부여 건국설화 '동명왕東明王 이야
기'에도 잘 나타나 있다. 즉, 동명왕 설화는 남부시베리아−북몽골·
북만주 일대에 거주하던 부족의 남하 사실을 반영한 것이다.

　　부여는 기원전 107년 한나라에 멸망당한 조선보다 동아시아 역
사에 더 긴 그림자를 드리웠다. 부여에서 고구려가 나왔고, 고구려
에서 백제가 잉태되었으며, 백제는 왜倭와도 연결된다. 선양瀋陽과
창춘 사이에 금강 유역 '부여扶餘'와 같은 이름의 도시 '푸위扶餘'가 있
다. 왜 금강 유역 부여로부터 북쪽으로 1000㎞ 넘게 떨어진 쑹화강
유역에 부여라는 도시가 하나 더 있는 걸까. 강원 강릉江陵과 양양襄
陽, 경남 함양咸陽과 경북 예천醴泉은 통일신라 이후 각각 중국 후베이
성湖北省의 장링江陵과 샹양襄陽, 싼시성陝西省의 셴양咸陽과 예천방醴泉坊
에서 이름을 따온 것으로 보이는 데 비해 금강 유역 부여는 훗날 부
여족의 원류가 되는 탁리국 출신 한 무리가 남南시베리아 일대를 출
발하여 쑹화강과 훈허비류수, 압록강, 한강을 거쳐 금강 유역까지 수
천㎞에 걸친 민족 이동의 결과로 생겨났음이 분명하다. 남시베리
아−북만주에서 기원한 부여족이 만주 쑹화송가리강 유역과 금강 유
역에 각기 '부여'라는 이름의 도시를 남긴 것이다. 지린·창춘의 부
여와 마찬가지로 서울·부여공주의 백제한때 남부여도 '동명왕 사당'에서
제祭를 지냈다.

부여를 계승한 두막루달말루

/

중국 역사서 『삼국지』 위지 동이전에 따르면 부여는 '초기에는 오랫동안 어느 나라에도 패배해 본 적이 없다.' 한다. 고구려가 융성하기 시작한 3세기 중엽 이전까지 부여는 만주 최강국이었다. 부여는 보기步騎 몇 만을 동원하여 다링허大凌河 유역으로 진출, 고구려군이나 동한군東漢軍과 싸울 정도였다. 『삼국사기』 고구려 본기에 의하면, 부여왕이 121년 12월 왕자 위구태구태로 하여금 2만 대군을 인솔하여 고구려 태조왕 군대에 포위된 동한東漢의 현도성玄菟城을 구원했다 한다. 부여는 3세기 이후 모용선비慕容鮮卑와 고구려에 밀려 국세가 위축되어 갔다. 285년 부여는 모용외慕容廆의 침공을 받아 국왕 부여의려扶餘依慮가 자결하고 1만여 명의 백성이 포로로 잡혀갔다. 잔여 세력은 두만강 하류 북옥저로 이주하여, 이 지역을 부여화 했다. 부여는 이때 서진西晉의 지원으로 겨우 나라를 이어갈 수 있었다. 346년 부여는 모용외의 손자이자 모용황의 아들 모용준, 모용각 등이 이끄는 모용선비군 1만 7000기의 침공을 받아 수도가 함락되고, 국왕 부여현扶餘玄 포함 5만여 명이 포로로 잡혀가는 등 멸망에 가까운 타격을 입었다. 그럼에도 불구하고 부여는 동북의 읍루挹婁, 이어 물길勿吉·Wuji과도 싸워가면서 494년 고구려 문자왕文咨王에게 멸망당하기까지 무려 700여 년간이나 나라를 유지했다. 나라가 멸망한 이후 부여 지배층 대부분은 고구려로 이주했다. 부여의 흔적은 쑹화강 상류 백금보-한서2기 문화 및 지린 일대 서단산 문화에서 찾아볼 수 있다.

원거주지에 잔류한 부여인은 쑹화강 유역 하얼빈哈爾濱을 중심으로 몽골계 부족과 힘을 합쳐 '두막루豆莫婁·達末婁'를 세웠다. 달말루를 국토회복주의irredentism, 즉 '다물多勿'로 해석하는 견해가 있다. 두막루는 250여 년간 나라를 이어가다가 726년 발해 2대왕 대무예大武藝에게 멸망당했다. 헤이룽장성 동북방 삼강평원三江平原 연토령滾兎嶺·봉림鳳林 문화를 두막루 문화로 보는 견해가 제기된다연토령·봉림 문화를 읍루-물길 계통으로 보는 시각도 있다.

만주-한반도-일본열도 민족 이동
/

러시아 출신 미국 언어·문헌학자 알렉산더 보빈Alexander Vovin에 의하면, 기원전 7세기 초~기원전 4세기 말 흉노, 오손 등의 기마민족들로부터 기마전투기술을 습득하고 세형동검細型銅劍으로 무장한 남부 시베리아-북만주의 한국인 선조가 한반도로 남하하여 현대 일본인의 주류가 된 한반도 중남부 벼농사 중심 야요이인彌生人을 정복했다 한다. 『총·균·쇠Guns, Germs, and Steel』의 저자 다이아몬드Jared Diamond도 보빈과 같은 견해를 갖고 있다. 다이아몬드는 한국인과 일본인 DNA 검사 결과를 인용하여 보빈의 가설을 뒷받침 했다. △기원전 3세기 초 전국시대 연나라 장군 진개秦開의 조선 침공, △기원전 2세기 초 위만조선 성립, △기원전 2세기말 위만조선이 멸망한 것도 랴오허-다링허 유역 일대에 거주하던 맥계인貊系人들이 대거 남하하는 주요한 계기가 되었다. 한국인의 선조는 경기강원 일부 포함→ 충청→ 전라→ 경북→ 경남 순서로 한반도 중남부의 일본인 선조야요이인를 몰아냈다 한다. 『삼국지』 위지 동이전이 특정 시점 마한과 진·변한 언어가 서로 다르다 한 것은 이 상황을 설명한 것이라 한다. 즉, 한국인의 선조가 특정 시점까지 한반도 남서지방은 정복했으나, 남동지방까지는 정복하지 못하여 남서지방 마한과 남동지방 진·변한의 언어가 서로 다른 때가 있었다는 것이다. 이로 인해 고대 일본어의 흔적은 평야지대로 개방적인 백제보다는, 산악지대로 야요이인들이 북방 기마군단에 좀 더 장기간 버틸 수 있었던 폐쇄적인 신라경상북도나 가야경상남도 지역에 더 많이 남아 있다.

　　일본인의 선조야요이인 일부는 한국인 선조들에 의해 동화되고, 나머지 수십~수백 만여 명은 수백 년간에 걸쳐 차례로 일본열도로 이주했다. 일본열도로 이주한 야요이인들은 1세기까지는 남부 큐슈와 오키나와, 7세기까지는 도쿄 지역까지 야요이화 했다. 청동기와 벼농사로 상징되는 야요이 문화弥生文化가 일본 토착 아이누인의 조몽 문화繩文化를 대체해 나갔다. △'아모'일본어로 어머니를 의미, 전북 남원 또는 △'토라'일본어로 호랑이를 의미, 경북 상주, △'탐라'타니(골짜기) 또는 타미(백성)+무라(마을) 등의 지명과 '지지더럽다는 뜻', '우에ㅅ' 등의 표현이 여전히 한국어사투리에 남아 있다. 이에 따라, 신라 경덕왕재위 742~765년 시기 한자음으로 바꾸기 이전 지명에는 고대 일본어의 흔적이 남아 있을 수밖에 없다. 고구려와 백제 등 우리 고대 국가 귀족들의 성은 중국 한족과 달리, 그리고 오늘날 일본인과 같이 명림, 흑치, 사택, 을지, 고이, 재증, 목협 등의 예에서 알 수 있듯이 일반적으로 2음절 이상의 복성複姓이었다. 우리의 본질은 비화하非華夏, 즉 오랑캐라는 것이다. 요약하면, 기마騎馬에 익숙한 예·맥계 등 한국인 선조들이 특히 기원전

4세기경 이후 집중적으로 한반도 중남부에 살던 일본인의 선조야요이인를 몰아냈는데, 이들이 일본열도로 건너가 기존 조몽인아이누을 대체했다는 것이다.

하늘에서 내려온 자의 아들 추모

/

한무제漢武帝의 공격적 대외정책은 북방의 흉노는 물론, 동방의 선비鮮卑·오환烏桓, 예맥濊貊, 서방의 저·강氐羌, 월지月氏, 남방의 월越 등 주변 부족에 큰 영향을 주었다. 기원전후 문화와 문화, 부족과 부족이 혼화混化했으며, 발전이 뒤처지던 여러 부족이 한나라와 흉노에 자극받아 스스로 나라를 세우는 등 새로운 세계가 열렸다. 특히 만주와 한반도에서 이러한 경향이 두드러졌다. 기원전 1세기 부여를 이탈한 일단의 무리가 '하늘에서 내려온 자해모수의 아들'로 알려진 추모를 지도자로 하여 랴오닝성遼寧省 동남부 환인桓仁 지역으로 남하하여, 맥계貊系 원주민을 흡수한 후 졸본Chorbon, '새벽별·금성'이라는 뜻의 고대 터키어을 근거로 고구려를 세웠다. 고구려의 수도가 'Chorbon'으로 불렸다는 것은 고구려에 원시 터키적 요소가 포함되어 있음을 말한다. 추모의 가까운 부하 가운데 '오이'와 '마리'가 있다. 원시 터키어로 오이는 '달Moon', 마리는 '우두머리Head'를 의미한다고 한다. 돌궐突厥은 고구려를 뵈클리Bökli로, 토번吐蕃은 무쿠리Mukuli로 불렀다. '맥인貊人의 나라'라는 뜻으로 보인다.

해양국가 백제百濟

/

고구려가 고대국가 체제를 갖추어 가는 과정에서 시조 추모의 후처後妻로 알려진 소서노召西奴·Zhaoxinu와 의붓아들친아들이라고도 함 비류沸流·Feiliu, 온조溫祚·Wenzuo가 이끄는 세력이 이탈했다. 이들은 압록강 하구–서해 뱃길을 타고 내려왔다가강을 건너왔다는 설도 있음 한강을 거슬러 올라가 서울 일대와 인천 지역을 점거하고 '100개의 나루항구를 가진 나라'百家濟海'에서 유래했다는 등 10개 이상의 다른 주장도 있음'라는 뜻의 백제百濟를 세웠다. 기원전 1세기 대동강, 예성강 유역에는 낙랑樂浪 포함 중국 세력이 건재하고 있어 대규모 집단의 육지 이동은 어려웠을 것이다. 한편, '온조溫祚'가 바로 '백제'라는 견해도 있다. 우리말 '온'은 '백百'을 가리킨다. 사서는 랴오둥 동부를 본거지로 하는 일단의 세력이 한강 유역으로 들어왔다 한다. 사서는 온조설과 비류설, 우태위구태설 등 백제의 기원을 다양하게 설명하고 있다. 백제의 건국 세력은 그만큼 다양하다. 백제가 부여, 고구려로부터 영향 받은 것은 분명해 보인다. 2대 다루多婁, 3대 기루, 4대 개루, 8대 고이왕과 '어라하於羅瑕'라는 왕의 호칭에서 부여적扶餘的 요소가 발견된다. 일반 백성들은 왕을 건길지鞬吉支라고 불렀다. 백제를 세운 세력은 어느 일정한 시점까지 만주에도 근거지를 유지하면서 여러 차례에 걸쳐 남하해 온 것으로 추측된다. 이와 관련, 고이왕–책계왕–분서왕과 계왕은 온조계溫祚系가 아닐 것이라는 주장이 있다. 고구려와 백제는 건국한지 얼마 지나지 않아 동아시아 국제사회에 두각을 나타냈다.

고구려와 백제 건국을 전후하여 낙동강 동안, 경주에는 사로신라,

의성에는 조문, 경산에는 압독, 영천에는 골화骨伐 그리고 낙동강 흐름을 따라 김해, 함안, 창녕, 함창咸昌 등에는 70여 개의 가야伽耶 성읍국가들이 출현했다. 신라가 탄생한 경주평야는 오늘날에도 영남지역 산출 미곡의 8%를 생산하는 큰 들판이다. 당시까지 김해, 부산, 울산 일부 지역은 바다였다. 신라의 경우 박씨는 기마민족계, 석씨는 남방해상계, 김씨는 (몽골이 아닌) 중국에서 유래한 흉노계로 보인다. 백제와 신라, 가야의 출발 모두 북방에서 남하한 부족과 한계韓系 원주민야요이인(의 선조)이 혼화한 결과였다. 알렉산더 보빈에 의하면, 북방민족의 침략을 받은 한반도 중남부의 야요이계 원주민은 다수가 일본열도로 이주하여 토착 조몽인을 정복, 일부 혼화되어 오늘날 일본인의 조상이 되었다 한다.

허황옥許黃玉과 김수로

/

갠지스恒河 유역 출신 인도계라는 허황옥 일가의 해상도래海上渡來를 사실로 받아들일 경우, 한국과 중국 역사서 기록을 분석해 보건대 금관가야 왕비족 허씨는 인도아대륙Indian subcontinent이 원향原鄕인데, 전란을 피해 아삼Assam 지방을 거쳐 중국 윈난雲南에 진입했다가 창장 상류 물줄기를 타고 올라가 쓰촨四·촉의 창장 중상류 보주普州에 정착했던 것으로 보인다. 허씨는 '황옥黃玉'이라는 중국식 이름을 갖고 있으며, '보주태후普州太后'라고 불리기도 한다. 허씨 일족은 1세기 서한西漢-신新-동한東漢 교체기에 창장을 타고 내려가 바닷길로 김해에 도착하여 북방에서 내려온 김수로계와 연합, 원주민 세력을 제압하고 금관가야를 세운 것으로 보인다. 김해는 항구이자 평야지대이며, 또한 양산 물금勿禁 등 부근에 철산지鐵産地를 끼고 있어 국제교류 중심으로 발전하기에 적합한 입지조건을 갖고 있었다. 허황옥의 출신지로 거론되어온 인도 동북부의 '아요디아Ayodhya'는 7세기 이후에야 문서에 나타난다. 1세기 허황옥 출생 당시에는 동북 인도에 '아요디아'라는 지명이 없었다. 허황옥 일행은 인도에서 출발하지 않았다는 뜻이다. 허황옥이 장기 항해 기간 동안 배의 평형平衡 유지 목적으로 싣고 왔다 하며, 현재 김해의 허왕후릉 한편에 놓인 파사석탑 주요 재료가 창장 하류 저장성 포함 중국 동부와 베트남 등에서만 산출되는 '엽랍석을 함유한 사암砂巖'인 것을 볼 때 이 견해는 상당한 타당성을 갖고 있다.

서흉노西匈奴의 멸망, 훈족 출현
/

무제의 증손자인 선제宣帝, 재위 기원전 74~기원전 49년 유병이劉病已는 무제가 남긴 부정적 유산, 즉 심각한 경제난을 극복하고 흉노에 공세를 취하는 등 중흥의 시대를 열었다. 흉노는 한나라군의 잇단 공격, 불순한 기후에 따른 기아饑餓, 선우 계승 문제가 겹친 끝에 서로 죽이고 죽는 내전을 치러 기원전 55년경 동·서로 분열했다. 동부동흉노를 대표하는 호한야呼韓耶 선우가 한나라에 항복하는 등 흉노는 존망의 위기에 내몰렸다. 호한야는 2차례에 걸쳐 한나라 조정을 찾아가 내부內附를 맹세했다. 서흉노를 대표하는 질지郅支 선우는 탈출구를 찾아시베리아 예니세이강 상류의 정령터키족의 원류과 서쪽의 견곤터키족의 한 갈래로 키르기스인의 조상을 정복했다. 또한 카자흐스탄 동남부 일리강 유역의 강거를 복속시킨 후 오손샤카 계통으로 나중 터키계와 혼혈을 합병하여 키르키스의 추Chu강으로부터 우즈베키스탄·카자흐스탄 서부의 아랄해에 이르는 제국을 건설했다.

서흉노는 기원전 41년 키르키스스탄의 추강과 탈라스강 사이에 큰 성질지성을 쌓았다. 서흉노에 대한 한나라西漢의 공격은 집요했다. 기원전 36년 서역도호 감연수甘延壽와 부도호 진탕陳湯이 지휘하는 한나라-동흉노-서역 연합군 4만여 명이 질지성을 에워싸고 공격해 왔다. 흉노는 공격하는 데는 능했으나, 수비에는 능하지 못했다. 1만여 강거군의 지원에도 불구, 질지성은 함락되고 질지 선우 등 서흉노 지도부 1500여 명이 살해당했다. 남은 서흉노인들은 더 서쪽으로 이주했다. 한나라西한도 선제를 마지막으로 쇠퇴기에 접어들었다. 고구려, 백제, 신라 건국은 바로 서한이 위기에 처한 때였다. 서한은 선제의 아들이자 유교적 이상주의자인 원제元帝와 방탕한 쾌락주의자 성제成帝를 거치면서 난숙기爛熟期의 퇴락을 경험하고, 기원후 8년 외척 왕망王莽의 신新, 8~24년에게 나라를 빼앗기고 말았다.

개혁주의자 왕망王莽과 전통주의자 유수劉秀

/

한나라西漢를 찬탈한 왕망은 부족한 정통성을 보완하고자 유교적 이상주의에 입각하여 '서주西周에서 시행됐다.'는 정전제井田制를 도입하는 한편, '한나라의 모든 것'을 부정하는 방향으로 나아갔다. 기존 정부 기관명과 지명 또한 거의 다 바꿨다. 흉노 선우를 비하하고, 동호^{선비}·오환에게는 흉노에 대한 조공을 중단할 것을 요구했다. 고구려를 '하구려下句麗'라고 부르기도 했다. 화천貨泉 등 왕망전王莽錢을 도입하는 등 여러 차례 화폐개혁을 실시했으며 왕토사상王土思想에 입각하여 토지와 노비의 매매를 금지하고, 소금과 철, 술을 비롯한 중요 물품 모두를 정부 통제 하에 두었다. 왕망의 사회주의식 경제·사회 개혁은 사회혼란을 가중시켰으며, 호족豪族은 물론 그가 보호하려던 소상인과 농민도 불만을 품게 만들었다. 정권 정통성 보완을 위해 개혁을 실시하려다가 경제·사회를 혼란시켜 민심만 잃고 만 것이다.

왕망의 실패는 이전 왕조王朝의 것은 덮어놓고 부정한 데서 출발했다. 과도한 이상론이 이에 기름을 부었다. 농민의 불만은 '녹림적綠林賊의 난', '적미赤眉의 난' 등 전국 규모의 반란으로 이어졌다. 왕망은 왕읍王邑과 엄우嚴尤 등에게 40만 대군을 주어 막 국가 체계를 갖추기 시작한 갱시제更始帝 유현劉玄의 녹림 반란군을 토벌하게 했다. 공격 목표는 녹림군의 장수 왕봉王鳳과 유수劉秀가 수비대장으로 있던 허난성 곤양성昆陽城·핑딩산시이었다. 유방의 방계 후손인 유수는 포위된 곤양성에서 13기騎만 거느리고 가까스로 탈출하는 데 성공했다. 유수는 성 부근에서 구원병 7000명을 모아 다시 곤양성으로 향했다. 유수의 탁월한 지휘와 병사들의 일당백 전투력에 힘입어 녹림군은 곤양 전투에서 신나라 40만 대군을 괴멸시켰다. 이 전투로 인해 신나라는 사실상 멸망했다. 이때가 23년이다. 승세를 탄 갱시제 군은 신나라의 수도 낙양뤄양을 점령한 데 이어 장안시안도 손에 넣고,

장안을 새 정권의 도읍으로 삼았다. 왕망은 24년 장안에서 부하에게 피살되었다. 갱시제 유현은 유수를 경계했다. 유현은 기주冀州와 유주幽州 즉, 허베이河北 지역이 안정되지 않았다는 이유로 유수를 허베이 지역에 파견했다. 유현과 그의 측근들은 유수가 사라지자 권력의 맛에 도취했다.

군웅할거와 '득롱망촉得隴望蜀'

/

유수의 군대가 허베이 지역을 떠돌 무렵 서한 성제成帝의 아들이라고 주장하는 왕랑유자여이 이끄는 세력이 황허 중하류에 위치한 춘추전국시대 조나라의 수도 한단邯鄲을 중심으로 봉기했다. 유자여 세력은 급격히 불어났다. 유수는 허베이 지역 최강자가 유자여의 도당徒黨 유양이라고 판단한 후 그에게 접근했다. 유수는 유양의 생질녀甥姪女 곽성통을 아내로 맞이했다. 유수는 유양을 후원자로 두면서 그가 거느린 10만 대군을 확보했다. 유수의 인품과 능력을 눈여겨보던 어양漁陽, 운중雲中, 상곡上谷 등의 강력한 군대를 보유한 지방관들이 휘하에 모여들었다. 어양은 지금의 베이징시 일원, 운중과 상곡은 산시성과 허베이성 중북부 일대로 흉노, 선비, 부여, 고구려 등 북방민족 나라들에 접한 곳이다. 유양의 지지를 확보한 유수는 유자여를 손쉽게 격파했다. 유양은 나중 유수와의 사이가 틀어져 유수에게 주살된다.

유현은 유자여가 제거된 것을 기뻐하기보다 유수의 세력이 커진 것에 불안을 느꼈다. 유수의 군대는 지방 호족과 옛 한나라 관리의 군대까지 흡수하여 수십만 명에 육박했다. 유수는 25년 광무제光武帝로 등극했다. 중국 패권의 향방은 ①유수와 ②갱시제 유현, ③번숭樊崇과 유분자劉盆子가 주도하는 산둥의 적미군으로 좁혀졌다. 광무제 유수는 유현을 압박했으며 세가 불리해진 유현은 적미군에 투항했다. 유수는 적미군과 천하를 건 일전을 준비했으나 거듭된 한발과 기아로 인해 오합지졸이 되어 버린 적미군은 27년 제대로 싸워 보지도 않고 광무제에게 항복했다. 광무제 유수는 적미군의 항복을 받은 후 독자정권을 수립하고 있던 간쑤성 롱隴의 외효隗嚣와 쓰촨성 촉蜀의 공손술公孫述 세력을 34년과 36년 차례로 멸滅했다. '한가지를 이루고 나면 또 한가지를 바라는 인간의 끝없는 욕망'을 의미하는, 즉 롱을 얻고도 만족할 줄 모르고 또 그 남쪽의 촉을 노린다는 뜻의 '득롱망촉得隴望蜀'이라는 말이 여기서 생겨났다.

고구려의 유주베이징, 병주타이위안 침공

/

광무제 유수의 한나라, 즉 동한東漢이 36년 모든 적대 세력을 제압하고 다시 중국을 통일했다. 유수의 동한 건국은 왕망에 협조적이었던 투후秺候 김일제의 후손들에게는 재앙으로 다가왔다. 그들은 김세한성한왕의 지도 하에 산둥반도의 고향 투국을 떠나 동쪽 바다서해로 향했다. 유수군과 갱시제 유현군, 적미군, 왕랑유자여군 등이 얽히고 설킨 내전이 지속되었지만 약화될 대로 약화된 흉노는 큰 위협이 되지 못했다. 흉노가 약화되고, 한나라 멸망에 이은 신나라 왕망 정권의 실정으로 인해 20여 년간이나 내전이 지속되는 등 중원이 혼란에 빠져들자 만주와 한반도, 일본열도 등에서 새로 일어난 부여, 고구려, 백제, 신라, 가야, 왜倭 등은 자기들끼리는 물론, 한족과 선비·오환족 등과도 전쟁을 벌였다. 고구려는 건국 초기부터 부여, 동예, 옥저 등 인근 부족은 물론 한나라 포함 외부 세력에 대해 공격적 정책을 취했다. 2대 유리왕은 부분노로 하여금 인근 선비부족을 공격하게 했다. 3대 대무신왕은 부여와 낙랑 등을 공격했다.

5대 모본왕慕本王은 49년, 동한이 아직 안정되지 않은 틈을 노려 선비·오환족 기병과 함께 멀리까지 휘몰아 쫓아가長驅하여 장성 이남의 북평, 어양, 상곡, 진양 등을 침공·약탈하는 등 동한에 대해 공세를 펼쳤다.『동한서후한서』 광무제 본기에 따르면, '모본왕이 49년 북평, 어양, 상곡, 태원진양을 침공했다.'고 한다.『삼국사기』도 '모본왕이 49년 장수를 보내 한나라의 북평, 어양, 상곡, 태원을 습격했다.'고 기록한다. 북평, 어양은 오늘날의 베이징 일대, 진양은 산시성山西省 성도省都 타이위안이다. 한족과 북방 민족이 혼거하던 베이징과 타이위안 일대는 북방 민족의 작전 범위 안에 들어가 있었다. 3세기 익주-한중에 촉한蜀漢을 세우는 유비가 베이징 부근 고향 탁군涿郡 지역 오환족 기병의 도움을 받았다는 것은 잘 알려진 이야기이다. 반농·반렵의 전쟁국가 고구려가 초기부터 선비·오환과 함께 다링허와 롼허를 넘어 베이징과 타이위안 등 중국 내지內地 깊숙이 군사를 보낸 것을 특별한 일로 볼 필요가 없다. 선비·오환 일부의 거주지가 바로 베이징, 타이위안 인근이었다.

호족연합체제豪族聯合體制 동한 정권

/

유수가 왕망 시대의 혼란을 수습한 끝에 재건한 동한은 일종의 호족연합체제豪族聯合體制 국가였다. 유수는 고향 허난성 난양南陽 인근 출신인 음陰, 등鄧, 래來, 양梁씨와 허베이성 진정眞定 출신 유劉, 곽郭씨 등 호족의 협조에 힘입어 동한을 창건하는 데 성공했다. 동한은 '난양 유씨 회장' 밑에 호족이 지분을 가진 '호족주식회사' 형태의 나라였다. 동한은 광무제에 이어 명제明帝와 장제章帝 때까지 융성했으며, 흉노에 대해 공격적 정책을 취했다. 장제를 계승한 소년황제 화제和帝도 동흉노와 고구려 등 북방민족에 대한 공격을 계속했다. 동한의 정치 공작과 심각한 한발이 야기한 내전 탓에 동흉노는 48년 남·북으로 분열했다.

흉노, 카스피해海 거쳐 다뉴브도나우로

/

북흉노가 재기하자 동한 명제明帝는 73년 두고竇固와 경병耿秉을 시켜 흉노 전쟁을 재개했다. 동한은 북흉노의 영향 아래 있던 차사車師와 누란나중 선선 등 서역신장의 소월지小月氏, 신장에 잔류한 토하라인계 오아시스 도시국가들을 정복했다. 이어 반초班超를 시켜 실크로드를 장악하게 하는 등 통상로를 망가뜨리는 방법으로 북흉노의 경제력을 고갈시켜 나갔다. 동한은 화제 시기인 89년 흉노 통일을 시도한 남흉노 돈도하 선우의 사주를 받고 거기장군 두헌竇憲의 지휘 아래 남흉노,

정령, 선비·오환과 함께 북흉노를 공격했다. 연합군은 몽골 계락산 전투에서 북흉노군을 대파했으며, 20만 명 이상의 북흉노인을 포로로 잡았다. 북흉노는 90년에도 하서회랑에서 출격한 동한군의 공격을 받았다. 다음 해인 91년 알타이산 부근에서 유목하던 북흉노는 두헌竇憲의 연이은 공격을 받아 세력을 거의 잃고 잔여 10여만 호가 선비에 합류했다. 단석괴檀石槐가 몽골을 중심으로 선비제국鮮卑帝國을 세우자 몽골 지역에서 흉노의 존재는 거의 사라지고 말았다. 선비에 항복하지 않은 북흉노 본류는 키르키스의 탈라스강 유역 동족들과 합류하여 서천西遷 했다. 이들은 아랄해와 카스피해, 남부 러시아 킵차크 평원을 거쳐 4세기 무렵 훈족Huns의 모습으로 로마 동북부 변경 도나우다뉴브강 유역에 모습을 드러냈다. 남흉노는 남천南遷 했다. 몽골 고원 남쪽의 한지漢地로 이주한 남흉노는 산시山西, 싼시陝西, 간쑤甘肅, 닝샤寧夏 등지에 자리 잡았다. 이들은 동한 말과 삼국 시대, 서진西晉을 거쳐, 5호 16국 시대에 민족 최후의 불꽃을 피웠다. 이들은 사마의司馬懿의 손자 사마염이 세운 서진을 멸망시키고 화북에 한漢, 도각씨, 전조前趙, 도각씨, 후조後趙, 석씨, 하夏, 혁련씨, 북량北凉, 저거씨 등을 세웠다.

동한 지배체제의 해체
/

화제 이후 (남양) 유씨 황실은 계속 약화되고, 외척을 포함한 호족 세력은 강화됐다. 등鄧, 염閻, 양梁씨 등 외척이 득세하면서 동한은 구심력보다는 원심력이 더 강하게 작용하는 나라가 되었다. 유소년 황제 질제質帝는 외척 양기梁冀에게 독살 당했다. 질제를 이은 환제桓帝 시기에 이르러서는 양기를 타도하는 데 주도적 역할을 한 환관宦官이 호족을 능가하는 권력 집단이 되었다. 환제를 이은 영제靈帝 때는 이들이 국가권력을 장악했다. 영제는 십상시十常侍를 포함한 환관들에게 절대적으로 의존했다. 그는 환관 장양을 아버지, 환관 조충을 어머니라고 부르기도 했다. 십상시를 비롯한 일부 환관들은 친인척을 대거 관리로 기용했으며, 수탈과 탐학貪虐으로 날을 새웠다. 환관들의 행태는 일반 백성뿐 아니라 호족의 이익 또한 심각하게 침탈하는 것이었다. 동한 호족과 사대부 관료들이 십상시를 포함한 환관을 얼마나 증오했는지는 천대 받던 량주西涼의 소수민족 강족羌族 군단을 배경으로 한 서량 군벌 동탁董卓 집권 초기 호족들이 그를 전폭 지지한 데서도 알 수 있다. 원씨袁氏, 순씨荀氏, 진씨陳氏 등 대호족들이 동한 조정에 등을 돌림으로써 동한의 지배 체제는 뿌리째 흔들리기 시작했다.

고구려와 동한東漢 군현郡縣 간 전쟁

/

화제和帝 이후 동한이 약화되자 흉노를 대신하여 저氐·강羌, 오환烏桓-선비鮮卑, 고구려高句麗 등 새외민족이 수시로 동한을 침공했다. 안제安帝 시대 동한은 고구려의 거듭된 침공에 대응하여 121년 봄 허베이 북부와 랴오시遼西를 관할하는 유주자사幽州刺史 풍환으로 하여금 고구려를 선공게 했다. 풍환은 요동태수 채풍, 현도태수 요광과 함께 3만 대군을 동원해 고구려를 공격했다. 고구려 태조왕太祖王의 아우 수성次大王은 동한군에 포위당한 예맥성을 구원하러 가던 중 이미 성이 함락됐다는 소식을 듣자 항복하는 척하여 풍환을 방심하게 한 후 예맥성 탈환에 나섰다. 유인책에 걸려든 풍환은 고구려군의 매복공격에 패하고 달아나다가 예맥성을 빼앗기고 도망쳐 오던 채풍과 만났다. 풍환과 채풍은 랴오시의 요수현遼隧縣으로 후퇴하여 반격을 준비했다. 태조왕은 선비 병사 8000명을 포함한 정예군을 이끌고 수성의 부대에 합류했다. 태조왕이 지휘한 고구려군은 즉각 공세를 취해 다시 동한군을 격파했다. 채풍은 전사하고 요광은 달아났으며, 풍환은 나중 랴오둥遼東의 몇 개현을 넘겨주는 조건으로 고구려와 화친조약을 맺었다.

단석괴의 '선비제국'

/

흉노가 약화되자 터키-몽골계 선비鮮卑가 흥기興起하여 흉노의 빈자리를 메웠다. 족장 단석괴137~181년는 2세기 중엽 지금의 네이멍구자치구 수도 후허하오터呼和浩特 서쪽 탄한산彈汗山, 텡그리칸의 산이라는 뜻을 중심으로 선비 무리를 모아 남쪽으로는 동한의 변경을 공략하고 북쪽으로는 남시베리아의 터키계 부족 정령丁零, Tegräk을 공격했다. 또한 동쪽으로는 지린-창춘의 부여, 서쪽으로는 시르다리야 유역의 오손을 제압하는 등 흉노가 다스리던 땅 거의 전부를 평정하여 동서 5600㎞, 남북 2800㎞에 달하는 강대한 선비제국을 세웠다. 단석괴는 156년 장성 이남에 위치한 산시山西 운중을 공격했으며, 158년 이후에도 허베이, 산시와 랴오둥, 랴오시 지역을 끊임없이 공격했다. 단석괴는 나라를 3부로 나눈 후 각부에 대인을 두어 다스리게 했다. △우북평베이징 동쪽 이동 부여·고구려 접경 지역의 우문부宇文部, 단부段部를 포함한 20여 개 부를 동부, △우북평 이서 상곡허베이성 중북부까지의 모용부慕容部 등을 중부, △상곡 이서 탁발부拓跋部 등을 서부로 나눴다. 하서회랑간쑤성과 칭하이 지역에는 독발禿髮, 걸복乞伏, 을불乙弗 등 선비족이 거주했다. 원래 남흉노에 속하였으며 터키계에 보다 가까운 우문부는 훗날 탁발선비Tabugachi의 북위北魏를 대신하여 북주北周를 건국하고, 관동의 북제北齊를 멸망시켜 화북을 통일함으로써, 뒤를 이은 수隋가 서진西晉 이후 350년 만에 다시 중국을 통일할 수 있는 기반을 구축했다.

단석괴가 이끄는 선비 세력의 부상浮上에 위협을 느낀 동한 조정은 177년 오환교위烏丸校尉 하육, 선비중랑장 전안, 흉노중랑장 장민 등으로 하여금 3~4만 명의 동한–남흉노 연합군을 지휘하여 산시성 안문雁門에서 장성을 넘어 선비군을 공격했지만, 단석괴의 전술에 말려 대패하고 병력 대부분을 잃고 말았다. 단석괴가 사망한 후 선비 연맹은 곧 와해됐다. 단부, 우문부, 모용부, 탁발부, 독발부, 걸복부, 독고부, 하란부, 을불부 등 많은 선비부족은 이합집산하면서 각자 생존의 길을 찾아 나섰다. 환관의 발호라는 내우內憂와 단석괴가 야기한 외환外患에 시달리던 동한은 분열과 혼란에 빠져들었다.

04

중국의 분열과
오호 五胡·다섯 오랑캐 의 중원 침공

황건군 봉기와 동한東漢의 해체

/

영제靈帝가 재위하던 184년 도교 계통의 태평도 교주敎主 장각張角의 주도로 허베이 거록鉅鹿에서 시작된 황건군 봉기는 허베이와 허난, 산둥 지역 대부분을 휩쓸어 동한東漢 통치체제와 경제·사회질서를 붕괴시켰다. 농민 저항운동 성격을 지닌 황건군의 봉기는 뿌리째 흔들리던 동한 정권의 마지막 숨통을 끊어 놓았다. 장각 3형제가 사망한 후에도 황건군의 봉기는 이어졌다. 장각 추종자들은 동한 지배층의 수탈에 분노한 농민들을 이끌고 동한 정권에 대한 저항을 계속했다. 동한은 혼란을 더해 갔으며 그 틈을 타 조조, 유비, 손책·손권, 원소, 공손찬, 유장, 마등 등의 군벌이 호족豪族과 북방민족北方民族의 무력을 배경으로 새 질서 구축을 위한 축록전逐鹿戰에 뛰어들었다. 이 중 조조, 유비, 손권 3명만 나라를 창건하는 데 성공했다.

　동한의 정치·경제 중심지는 수도 뤄양낙양이 위치한 황허 중류 허난河南이었다. 싼시 서부, 충칭-쓰촨巴·蜀, 창장長江 이남 지역은 각기 티베트계 저·강氐·羌과 동남아계 무릉만武陵蠻, 묘苗, 먀오, 월越, 남南 등 이민족이 산재했다. 또한 산시山西, 싼시陝西, 오르도스, 간쑤하서회랑, 닝샤, 허베이 등에는 한족과 흉노·갈, 선비·오환 등 여러 북방민족이 혼거했다. 조조의 위魏, 유비의 촉蜀, 손권의 오吳가 각각 황허와 창장 중상류, 창장 중하류를 중심으로 분열·정립한 것도 이 같은 중국의 지리 및 사회·문화적 차이에서 기인한다. 위나라가 건국된 220년 전후 무렵 중국 인구는 약 1400만 명으로 황건군의 봉기가 발생하기 전의 3분의 1 정도로 줄어 있었다. 내란 와중에 많은 백성이 죽임을 당하거나 조정의 행정력이 미치지 못하는 오지로 숨어든 것이다. 사람이 사람을 잡아먹는, 야수野獸들이 횡행橫行하는 야만의 시대였다. 광대한 영토와 인구를 가진 중국은 인구밀도가 지나치게 낮아지면 중앙집권체제가 무너져 분열로 이어지는 경향을 보인다. 황건군 봉기 이후 나타난 삼국시대 및 5호 16국 시대와 당나라 황소黃巢의 난 이후 찾아온 5대 10국 시대가 대표적이다.

조조, 유비, 손권의 중국 분할

/

동한東漢 말 흉노와 선비 등 새외민족의 화북 유입은 한층 더 늘어났다. 선비족은 랴오닝에서 네이멍구를 거쳐 칭하이까지 동·서로 길게 띠를 두르고 거주했다. 남흉노와 갈족羯族은 선비족보다는 남쪽인 산시山西, 병주, 싼시陝西, 관중, 간쑤 중서부하서회랑에 흩어져 살았고, 저·강족氐羌族은 싼시 서부와 간쑤 동남부롱에서 쓰촨파촉을 거쳐 윈난남중까지 이어지는 서부 벨트에 주로 살았다. 후난, 저장, 푸젠을 비롯한 창장長江 이남 지역에는 산월山越·百越과 무릉만武陵蠻 등 좡족壯族, 투자족土家族, 먀오족苗族, 바이족白族, 타이족傣族, 둥족侗族 등의 조상이 거주했다. 이런 상황에서 황건군이 봉기하자 동한 조정을 비롯한 한족 지배체제는 약화됐다. 위魏, 촉蜀, 오吳 삼국의 건국자는 공히 황건군 토벌과 깊은 관계를 가졌다. 위나라 창건자 조조155~220년는 환관宦官의 손자로 황건군 토벌을 통해 지위와 명성이 높아졌으며, 촉을 세운 유비161~223년는 한미寒微한 가정 출신인 터라 황건군 토벌전에 가담하지 않았더라면 군벌로서의 입지조차 구축할 수 없었을 것이다. 오나라 건국자 손권182~252의 아버지 손견은 황건군 토벌을 통해 아전衙前 신분에서 일약 군벌로 성장했다. 조조는 항복한 청주 황건군을 흡수하여 도겸, 원소, 유표, 여포, 마초, 장로 등 군벌과 오환족烏桓族, 저족氐族 등을 제압하고 화북을 통일했다. 이 같은 조조의 동정서벌東征西伐에도 불구하고 중국은 분열을 피할 수 없었다. 조조는 죽을 때까지 파촉의 유비와 강남의 손권은 멸망시키지 못했다.

화북과 파촉은 친링秦嶺산맥, 화북과 강남은 화이허淮河와 창장 등 하천으로 분리되어 지역 간 왕래가 무척 어려웠고 종족·사회·문화적 차이도 매우 컸다. 화북인이 밀을 주식으로 한 데 비해 파촉인巴蜀人과 강남인江南人은 쌀을 주식으로 했다. 당시 창장 유역은 인구밀도가 낮아 화북 거의 전부를 장악한 위나라가 절대 강자일 수밖에 없었다. 위, 촉, 오는 국력 측면에서 10:2:3.5의 비율로 차이가 났다. 위는 촉과 오는 물론이고 선비족, 공손씨公孫氏의 연燕, 그 동쪽의 고구려와도 맞서야 했다. 삼국이 정립하던 3세기 초 몽골고원은 선비족의 땅이었다. 단석괴 사망 이후 분열된 중부선비를 장악한 가비능軻比能 선우는 동부선비마저 손에 넣고, 제갈량의 관중 침공에 호응하기도 했다. 가비능의 선비 세력에 위협을 느낀 위나라는 산시山西로 이주한 남흉노를 통해 북쪽 국경 방어를 강화하고, 제갈량이 죽은 다음 해인 235년 자객을 보내어 가비능을 암살했다. 구심점을 잃은 선비세력은 단段, 우문, 모용, 탁발, 독발, 걸복 등 부족별로 사분오열四分五裂되었다.

제갈량의 농隴-촉蜀-전滇 통일 전략

/

제갈량은 원말~명초의 인물 나관중이 『삼국지』를 기초로 창작한 『삼국지연의』에서 남만南蠻으로 소개한 윈난 정벌을 통해 획득한 인적·물적 자원을 동원한 229년 3차 북벌전에서 저족氐族이 주로 거주하던 무도, 음평 포함 룽시隴西·간쑤성 동남부 일부를 평정했다. 제갈량은 간쑤-쓰촨-윈난, 즉 롱隴-촉蜀-전滇으로 이어지는 티베트계 민

삼국 정립도

주요 군벌

국경

족들의 거주지인 저·강 벨트를 장악하여 국력을 키우고 저·강 기마군단을 활용하여 장안시안과 낙양뤄양을 점령할 계획이었다. 유비와 제갈량이 소수민족 강족羌族과 관계있는 마초와 마대, 그리고 강유 등을 중용한 것은 그들이 강羌 포함 티베트계 민족을 배경으로 하고 있었기 때문이다. 그는 위 정벌의 전제 조건인 장안을 차지하고자 여러 차례 위에 도전했으나, 조진과 사마의, 장합, 장기 등 위나라 장수들의 저항으로 인해 실패했다. 제갈량은 234년 위나라 영토 오장원陝西省 寶鷄市 岐山縣에서 병사했다. 제갈량이 사망하면서 촉이 위에 가해 온 압력이 크게 줄어들었다.

손권, 동천왕을 선우單于로 책봉

/

동한東漢 관리 공손도公孫度는 황건군 봉기와 뒤이은 삼국 분열 시기 롼허灤河-다링허大凌河-랴오허遼河 유역에 나타난 힘의 공백을 이용하여 독자세력을 구축했다랴오둥의 공손씨가 한화된 선비족이라는 설이 있다. 이후 공손씨의 연燕은 고구려와 백제, 선비·오환 세력 등을 직·간접 통제하는 한편, 오의 손권, 촉의 제갈량과 연결하여 위에 대항하면서 190년경부터 238년까지 약 50년간 나라를 유지했다. 공손도는 해군을 파견하여 랴오둥 반도 대안對岸 산둥반도 동래東萊 인근까지 확보하는 등 연나라를 해상국가로 만들었다. 아들 공손강은 대방군을 신설하는 등 한반도 서북부에 대한 통제를 강화했다. 공손강은 고대국가 체제를 갖춘 백제와의 관계를 강화했다. 공손강의 아들로 숙부 공손공을 타도하고 집권한 공손연公孫淵은 232년 서쪽의 강적 위나라를 견제하고자 강남의 오나라에 사신을 보냈다. 오吳와 연燕이 손잡는 것을 우려한 위는 234년 연의 배후에 위치한 고구려에 사신을 보내 통교通交했다. 위가 고구려와 통교한 것은 그해 촉한 제갈량이 오장원에서 죽어 장안 방면으로의 압력이 줄어들자 고구려와 동맹하여 오와 연결될 가능성 있는 랴오둥의 연燕을 선제공격하기 위해서였다. 한편, 오나라는 233년 동북 배후에서 위나라를 견제해 줄 수 있다고 판단된 연나라에 장미張彌와 허안 등 고위 사절과 함께 대량의 선물, 그리고 군사 1만을 딸려 보냈다.

공손연은 위나라가 고구려와 동맹하여 연燕을 공격해 올 경우 위나라에 비해 약체인 오나라가 바다 건너 연나라를 도와줄 수 없으리라고 판단하여 위에 아부코자 장미와 허안을 죽이고, 해안가에 머물던 오나라 병력을 공격했다. 진단과 황강 등 오나라 사신 일부는 탈출하여 고구려로 달아났다. 고구려 동천왕위궁, 재위 227~248년은 이들을 잘 대접하여 오로 돌려보냈다. 손권은 이에 대한 답례로 사신을 보내 동천왕을 흉노 포함 새외국가塞外國家 추장酋長을 뜻하는 '선우單于'로 책봉했다. 동천왕은 위와 오에 접근하여 공손씨가 지배하는 랴오허 유역을 탈취하려 했다. 동천왕은 부친 산상왕연우 초기인 197년 백부 발기發岐가 일으킨 고구려 왕위 계승 전쟁에 개입한 공손씨의 연燕을 결코 좋게 볼 수 없었다. 고구려는 위와 오를 놓고 저울질하다가 위를 선택했으며, 위의 환심을 사기 위해 오나라 사신의 목을 베어 위나라에 보냈다. 오의 손권은 연에 이어 고구려에도 배신당했다. 위나라 외교가 승리했다. 한편, 백제는 건국 초기부터

낙랑·대방과 쟁투爭鬪했다. 고이왕재위 234~286년은 랴오둥의 공손씨公
孫氏 출신 보과부인寶菓夫人을 아들 책계왕의 배필로 맞이했다. 책계왕
재위 286~298년과 아들 분서왕재위 298~304년은 한군현漢郡縣, 그리고 말갈과
의 충돌 과정에서 희생되었다.

사마의, 238년 공손연 토멸

/

위는 랴오둥 공손씨의 연나라를 골칫거리로 여겼다. 공손씨를 위나
라의 대촉對蜀, 대오對吳 정책의 걸림돌로 본 것이다. 위나라 2대 명제
조예는 237년 베이징 일대를 관할하는 유주자사幽州刺史 관구검毌丘儉
으로 하여금 공손씨를 치게 했다. 관구검은 다링허 유역 요수까지
진격했으나, 계속되는 장마로 인해 더 이상 진군할 수 없었다. 이듬
해인 238년 위나라 군권을 총괄한 태위 사마의司馬懿가 직접 공손씨
정벌에 나섰다. 사마의는 모용선비와 고구려의 지원을 확보한 후
보기步騎 4만 대군을 이끌고 장마로 물이 불어난 랴오허를 도하하여
연燕의 수도 양평랴오양 부근으로 추정을 점령하고 공손연 부자를 사로잡
아 참斬했다. 위는 사마의의 랴오둥 출정에 앞서 선우사와 유흔으로
하여금 서해 건너 각기 낙랑과 대방帶方을 장악하게 했다. 공손연이
멸망하고 고구려와 위나라가 직접 국경을 접하면서 고구려-위의
관계는 험악하게 변했다. 연이 무너지자 고구려까지 위험하게 된 것
이다.

위魏의 고구려 공격, 일본의 고대국가 형성 촉진

/

고구려는 242년 랴오둥의 요충지 서안평을 선제공격했으나 점령에 실패했다. 고구려의 선공에 자극받은 위나라 관구검은 244년과 245년 오환·선비족이 포함된 2만 연합군을 이끌고 고구려를 침공했다. 서전緖戰에서 잇달아 승리하여 위나라 연합군을 얕잡아 보게 된 동천왕은 5000기騎를 직접 지휘하여 방진方陣을 친 위나라군을 공격했으나 기병 대부분을 잃고 말았다. 위나라 연합군 본대는 동천왕 부대를 구원하러 온 재상 명림어수의 대군까지 섬멸했다. 위나라군은 기세를 타고 고구려 수도 환도성을 함락했으며, 관구검은 현도태수 왕기를 보내 두만강 유역 북옥저北沃沮까지 도망한 동천왕을 추격케했다. 관구검은 또한 낙랑태수 유무와 대방태수 궁준으로 하여금 고구려에 복속되어 있던 동해안 지역의 동예東濊를 공격하게 했다. 백제 고이왕은 낙랑이 동예를 공격하는 틈을 타 낙랑을 습격했다. 246년 동천왕은 밀우·뉴유의 기책奇策으로 왕기를 물리치는 데 성공했다. 『삼국사기』 고구려 본기 동천왕조에 따르면 위나라 군대는 '낙랑을 통해 퇴각했다遂自樂浪而退'고 한다. 위나라군은 침공로를 되돌아간 것이 아니라 일부러 먼 남쪽 길을 돌아 퇴각했다는 뜻이 된다. 고구려를 멸망시킬 생각을 가진 조위曹魏가 고구려의 서남쪽에 위치한 낙랑군을 고구려 공격을 위한 발진發進 기지로 이용하지 않은 것도 이상하다. 고구려의 중심지 랴오닝성 동부 지역환도성을 공략하기 위해서는 서쪽 랴오허 유역뿐만 아니라, 남쪽 대동강 유역에서도 발진하여 협공을 가하는 것이 군사적으로 유리했을 것이기 때문이다. 이 무렵 낙랑군 중심이 과연 대동강 유역에 자리하고 있었을지 의문을 던져주는 사실들이다.

사마의의 랴오둥^{공손씨} 공략과 관구검의 고구려 침공은 만주와 한반도는 물론, 북큐슈를 포함한 일본열도에까지 영향을 미쳤다. 미국의 언어·문헌학자 알렉산더 보빈에 의하면, 남부시베리아−북만주 등에서 남하한 한반도인 일부가 2~3세기경 일본열도로 재이주하여 신공^{神功}·진구 황후, 응신^{應神}·오진 천황 등의 선조가 되었다 한다. 그에 의하면, '신공'^{2~3세기이}나 '응신'^{3~4세기}은 야요이어^{고대 일본어}가 아닌 고대 한국어라 한다. 이주인^{도래인}들은 북큐슈나 혼슈섬 기나이 일대에 이미 정착해 있던 야요이인들을 제압하고, 일본열도의 지도층이 되었을 것이나 영국을 침공한 노르만이 영국화되었듯이 시간이 지나면서 소수였던 이들도 일본화 되었을 것이라 한다. 한편, 히미코^{卑彌呼} 여왕의 야마타이국은 위나라 사마의가 랴오둥을 침공한 238년 유주^{幽州}의 속군^{屬郡} 대방에 사신을 파견했다. 북큐슈의 야마타이국을 중심으로 야마토국^{大倭國}이 발전해 갔다^{야마토의 중심이 혼슈의 기나이라는 설도 있다}. 한편, 관구검은 고구려의 재흥을 막고자 고구려인 포로 3만여 명을 뤄양^{낙양} 부근 형양^{滎陽}으로 강제 이주시켰다. 공손씨가 패망하고 고구려가 크게 위축되자 시라무렌^江 일대에 거주하던 모용선비 세력이 랴오허 유역으로 밀고 내려왔다. 모용선비는 한족과 우문선비족, 그리고 고구려인과 부여인 일부를 통합하여 급속히 국가체제를 갖추어 나갔다.

촉과 오의 전략적 실패

/

촉은 오와 연합하여 위에 대항하는 것이 중국을 통일할 수 있는 유일한 길이었는데도 222년 유비가 7만 대군을 동원하여 오나라를 공격하다가 창장 중류 이릉전투에서 지장智將 육손에게 대패함으로써 쇠락의 길로 들어서고 말았다. 오나라 지도부 또한 촉과 화친할 때만 나라를 보존하고, 천하 제패의 작은 기회나마 엿볼 수 있음을 망각했다. 손권이 219년 벌인 촉과의 형주 전투에서 유비의 의제義弟인 관우 부자를 처형한 것은 전략적 실수였다. 오의 권력은 손권182~252년 중기 이후 강고한 군벌연합체제로 변했다. 육陸, 주朱, 장張, 고顧, 제갈諸葛 등 주요 가문의 힘이 손씨 황실을 압박했다. 오는 방대한 영토에 비해 인구가 지나치게 적었다. 손권이 인구부족 문제를 해결하고자 영토 내 이민족인 산월과 무릉만을 평지로 강제 이주시키는가 하면 위온과 제갈직에게 1만 대군을 주어 타이완과 오키나와의 원주민을 잡아오게 할 정도였다. 오나라가 확보한 영토 중 통제 가능한 주민들이 살던 지역은 창장 유역과 동남 해안 일부에 불과했다. 손권은 보즐步騭에 이어 여대呂岱를 파견, 원주민 월족越族과 거의 일체화된 한족 사섭士燮·Si Nhiep, 137~226년 일가를 제압하고 광둥·광시 해안과 송코이홍하 델타지역을 확보했다.

서진西晉 8왕의 난과 저氐, 흉노의 기병起兵

/

사마의司馬懿의 아들 사마소가 권력을 장악한 위나라는 263년 등애鄧艾와 종회鐘會가 지휘하는 대군을 파견하여 강유와 제갈첨 등의 저항을 제압하고 촉을 멸망시켰다. 환관 조등의 양손자인 조조는 출신 가문보다 능력을 우선시했다. 조조의 호족豪族 경시 태도는 순욱, 최염, 공융, 모개 등 호족 출신 인사들과의 관계를 벌려 놓았다. 이는 위나라가 호족 출신 사마씨 가문에 찬탈당하는 원인의 하나가 된다. 사마소의 아들 사마염은 265년 위나라를 빼앗아 진晉을 세웠다. 위나라는 강남에 오, 파촉에 촉한이라는 도전 세력이 있으며, 조씨曹氏 세력이 뿌리내리지 못했는데도 조식과 조창 등 방계傍系를 지나치게 억압하여 조씨 왕실을 약화시키는 바람에 사마씨에게 나라를 내주었다. 280년 진晉·서진은 촉나라의 멸망으로 창장 상류라는 옆구리가 텅 비게 된 데다 손권 말년 이후 거듭된 실정으로 쇠약해진 오나라를 쉽게 정벌했다. 184년 황건군 봉기 이후 지속된 약 100년간의 분열 시대가 종지부를 찍었다. 불행히도 사마염을 포함한 진나라 지도부는 새로운 국가체제를 만들어 나갈 만한 비전이나 능력을 갖고 있지 못했다.

당시 가장 큰 문제는 새외민족 문제였다. 등애와 곽흠, 강통 등이 흉노, 선비, 저·강, 고구려인 등이 내포한 위험성을 지적하고, 그들을 중국 내지로부터 추방할 것을 주장사융론·徙戎論했지만, 조위曹魏와 서진西晉 조정은 이들의 말에 귀를 기울이지 않았다. 진나라의 오나라 정벌 이전인 270년 하서회랑에서는 독발선비족禿髮鮮卑族 수장

독발수기능이 거병하여 촉을 정벌하는 데 공을 세운 호열과 견홍을 죽이고 량주姑臧·우웨이를 점령하는 등 맹위를 떨쳤다. 사마염은 위나라 조씨가 방계를 지나치게 약화시켰다가 나라를 빼앗긴 전례를 거울로 삼아 자식 등 황족에게 군사를 주어 수도 뤄양을 지키는 요충지 산시의 평양平陽과 진양, 허베이의 업鄴 등에 주둔시켰다. 그런데 통일제국 서진西晉 황제 사마염의 백치白癡 아들 혜제 사마충司馬衷 즉위 후 진나라 조정이 혼란에 빠지자 군사력을 가진 방계 황족들은 자기 군대는 물론, 흉노와 오환·선비 등 북방새외민족 병력들까지 동원하여 축록전逐鹿戰·정권 쟁탈전에 나섰다. 이른바 8왕의 난이 일어난 것이다. 산시山西와 싼시陝西 등 중국 내지로 이주해 있던 60만 남흉노는 반反독립 상태를 유지하면서 진의 황족과 장군들의 용병으로 활약했다. 성도왕 사마영, 하간왕 사마옹, 조왕 사마륜, 동해왕 사마월 등이 일으킨 8왕의 난은 남흉노에 독립국을 세울 절호의 기회를 제공했다. 그 직전인 296년 저족氐族 추장酋長 제만년齊萬年이 지휘하는 7만 대군이 싼시관중에서 봉기하여 진나라 장군 주처를 죽이는 등 맹위를 떨쳤다.

남흉노南匈奴 유연의 봉기蜂起

/

성도왕 사마영의 주둔지는 한단邯鄲 외곽 업이었다. 사마영은 남흉노의 힘을 빌리고자 인망 높은 남흉노 왕족도각부 출신 유연劉淵, 252~310년에게 흉노 장병을 징발하는 일을 맡겼다. 한학漢學을 수학한 유연은 진나라 조정이 한때 독발수기능 토벌이나 오나라 정벌전 수장으로 기용하려 했을 만큼 유능한 인물이었다. 유연은 이 기회를 이용하여 중원에 흉노의 나라를 세울 것을 결심했다. 유연은 봉기하면서 "진이 무도하여 우리를 노예처럼 부렸다晉爲無道 奴隷御我."라고 비난했는데, 이는 당시 한족과 흉노 등 새외민족 간 갈등이 매우 심각했음을 말해 준다. 유연은 304년 11월 황하 북쪽 지류 분수汾水 유역 이석離石의 좌국성左國城에서 대선우 한왕大單于漢王에 등극했다. 그리고 5만 대군을 모아 흉노 건국의 대업을 시작했다. 유연은 진서晉書가 표현한 대로 남흉노 모두가 의지한 영걸이었다. 유연은 세력이 확대되자 308년 10월 포자에서 황제에 등극하고, 국호를 한漢으로 정했다. '황제'의 통치 대상은 한족이며, '선우'의 통치 대상은 새외민족胡族이었다. 흉노 유연은 사상 최초로 한족과 호족 모두를 아우르는 통합국가 수장을 지향했다. 한나라는 309년 1월 분수 유역 평양平陽으로 천도하고, 본격적으로 서진을 공격했다. 유총과 유요, 석륵, 왕미 군단이 서진 각지를 집요하게 공격했다. 유연의 아들 유총, 손자 유찬, 조카 유요로 이어진 흉노의 한나라前趙·전조는 유총 시대에 낙양과 장안을 함락하여 서진을 멸망시키고, 화북을 통일했다. 유찬과 유요 등 일족과 흉노 별종인 갈족羯族 석륵, 한족 왕미 등이 이끄는 한군漢軍이 311년 뤄양을 함락했다. 이른바 '영가의 난'이다. 중원 전역이 아수라장에 빠졌다. 한족은 창장長江 이남, 쓰촨익주 등으로 대거 이주해 갔다. 당시 서역신장을 거쳐 진나라에 진출해 있던 중앙아시아의 소그드인 상인조합은 남흉노Xwn·Huna·훈의 뤄양, 시안장안 점령 등 화북 정세를 사마르칸드 본부에 상세히 보고했다.

고구려의 랴오허 유역 공격

/

고구려 미천왕재위 300~331년은 진晉이 흉노에 유린당하는 등 화북이 혼란영가의난에 처하자 311년 서진으로부터 랴오둥의 요충지 서안평을 빼앗았다. 313년 낙랑군, 314년에는 대방군도 점령했다. 백제도 군대를 동원하여 대방 남부까지 영토를 넓혔다. 백제는 북으로는 낙랑·대방과 말갈, 남으로는 마한 세력과 싸우면서 성장해 간다. 모용외慕容廆를 수장으로 하는 모용선비족은 다링허白狼水·백랑수 동안左岸 극성棘城·랴오닝성 푸신 일대에 자리 잡고 고구려를 견제했다. 한편, 미천왕은 여러 차례의 전쟁을 통해 모용선비 세력을 멸하지 않고서는 랴오허 이서以西 진출이 어렵다는 것을 깨닫고, 외교책략을 동원하여 모용선비를 제압하고자 했다. 미천왕은 319년 12월 진나라서진 평주자사 최비崔毖로 하여금 모용선비를 적대하던 시라무렌강 유역의 우문선비와 베이징 일대의 단段선비를 설득해 모용선비를 협격協擊하게 만들었다. 고구려와 우문선비, 단선비, 서진西晉 평주군 등 4개국 연합군은 모용선비의 수도 극성을 4면에서 포위했다. 모용외는 반간계를 썼다. 즉, 우문선비 군대에는 음식과 술을 보내는 한편, 모용외와 밀약을 맺기 위해 최비의 사자가 한밤중 극성에 들어왔다는 헛소문을 퍼뜨려 고구려와 단선비로 하여금 우문선비와 최비를 의심하게 했다. 고구려군은 단독으로 철군했으며, 고립된 평주자사 최비는 고구려로 망명했다. 4국 연합군을 계략으로 물리친 모용외는 아들 모용황을 시켜 우문선비를 격파하고, 또 다른 아들 모용인에게는 고구려에 반격을 가하게 했다. 미천왕은 이후에도 랴오허-다링허 유역을 계속 공략했으나, 결국 다링허를 넘지 못했다.

4분分된 중국

/

저족 이웅李雄은 촉한이 망한지 불과 41년 뒤인 304년 쓰촨익주에서
서진西晉 세력을 몰아내고 청두成都를 수도로 성成을 세웠다. 파저巴氐
는 동한말 조조에 의해 충칭 일대, 곧 파巴에서 간쑤성 동남부무도·음평
로 이주당해 살다가 296년 저족 추장 제만년의 난과 이후 발생한 서
진 팔왕의 난으로 인해 간쑤, 쓰촨 일대가 혼란에 처하자 이특, 이류,
이웅을 중심으로 봉기하여 청두 일대를 점거했다. 이특의 아들 이
웅은 익주파촉와 남중남만, 한중을 영토로 성나라를 세웠다. 유연의 일
족 유요劉曜는 312년, 316년 두 차례에 걸쳐 장안을 점령하고, 산시
山西와 싼시陝西·관중 일대를 평정했다. 유요는 산시 일대를 정벌하다
가 서진군을 지원한 탁발선비 족장 탁발의로와의 전투에서 패하여
죽을 고비를 넘기기도 했다. 흉노 한나라군의 포로가 된 서진 황제
회제와 민제는 한漢의 수도 평양平陽으로 압송되어 처형당했다. 강남
으로 도피해 있던 서진 낭야왕 사마예가 317년 산둥의 명문거족 낭
야 왕씨와 강남 토착 호족들의 도움을 받아 건업난징에서 진東晉을 재
건했다. 한편, 한나라는 318년 유총이 사망한 다음 내분으로 인해
급속히 와해됐다.

  유총이라는 구심점이 사라지자 각기 반독립된 군단을 거느리
던 유요, 석륵, 왕미 등이 자립할 태세를 취했다. 수도 평양平陽 조정

에서는 외척 근씨斲氏 세력이 증대되어 황실을 압박했다. 유총 사망 후 유찬이 즉위했는데, 권력을 장악한 근씨는 황음荒淫하다는 이유로 유찬을 기습 살해했다. 평양의 정변 소식을 접한 유요劉曜와 석륵石勒 등 일선 장군들은 각기 평양으로 진군했다. 그들이 평양에 도착하기도 전에 근준, 근명 포함 근씨 일족은 반대파에 의해 처형당하고 난은 진압되었다. 유요는 국명을 조趙로 고치고 자기의 근거지 장안으로 수도를 옮겼다. 석륵은 한족 출신 전략가 장빈의 갈피대책葛陂大策을 받아들여 세력권이 겹치던 왕미王彌를 속여 살해하는 한편, 허베이와 산둥, 산시 일부를 점거하고, 319년 허베이의 양국襄國·싱타이에 도읍하여 조趙나라를 세웠다. 관중陝西에 위치한 유요의 조나라前趙, 관동에 자리한 석륵의 조나라後趙, 강남의 동진東晉, 파촉의 파저족巴氐族 성나라로 중국이 4분 되었다.

스러진 유요와 석륵의 꿈

/

유요는 323년 서부로 공세를 가하여 하서회랑 일대를 다스리던 한족 출신 전량왕前涼王 장무의 항복을 받았다. 이어 저족 구지仇池 왕국의 항복도 받아냈다. 유연의 후계자 자리를 놓고 흉노 출신 유요와 갈족 출신 석륵 간 격렬한 싸움이 벌어졌다. 유요는 328년 낙양뤄양 전투에서 초전에는 승리했으나 크게 취한 채 군대를 지휘하다가 낙마, 석륵의 조카 석호에게 사로잡혀 포로가 된 끝에 처형당했다. 329년 태자 유희도 석호에게 생포당해 살해당했다. 유희의 친모가 서진 혜제의 후비後妃였던 당대의 명문거족 태산泰山 양씨羊氏 출신 양헌용羊獻容, 286~322년이다. 전조前趙는 멸망했다. 석호는 흉노 왕족을 대거 학살했다. 유요는 조선고구려에 망명한 적도 있으며, 독서인이자 빼어난 용장으로 유연으로부터 '우리 집안의 천리구千里駒'라는 말을 들은 준걸이었으나, 수도 장안이 융성하게 된 이후 타락했다.

미천왕은 모용선비를 압박하고자 330년 후조後趙 천왕天王 석륵石勒에게 사신을 보내어 전조前趙를 멸망시킨 것을 축하하면서 싸리 나무 화살 호시楛矢를 선물했다. 이때 (아마도 모용선비와의 전쟁에서 살아남은) 우문선비 지도자 우문옥고宇文屋孤, 하서회랑 전량前涼의 왕 장준, 서역신장의 우전于闐과 선선鄯善·누란, 페르가나 계곡의 대완大宛과 함께 북만주의 숙신肅愼도 사신을 보냈다. 우문선비는 명마名馬를, 숙신은 고구려와 같이 호시를 선물했다(『晉書 石勒 載記』). 미천왕이 중원의 강대국 후조에 사신을 파견한 것은 후조와 연결하여 모용선비를 동·서 양면에서 공략하기 위해서였다.

석륵의 아들 석홍을 죽이고 자립自立한 석호는 전량의 수도 량주姑藏·고장·우웨이와 모용선비의 수도 극성棘城을 포위하고, 탁발선비가 산시 북부에 세운 대代, 310~376년를 네이멍구로 축출하는 등 한때 화북을 통일하는 기세를 보였다. 338년 5월 후조는 고구려, 단선비의 지원을 받아 10만 대군을 인솔하여 모용선비의 수도 극성棘城·푸신을 포위했다. 이런 상황이 되자 롼허−다링허 유역 많은 성읍들이 석호에게 항복했다. 모용선비 수장 모용황은 모여근과 아들 모용각 등의 도움을 받아 화공을 써서 후조군을 가까스로 물리쳤다. 이후 모용황은 석호에게 항복한 장수들을 처벌하기 시작했는데 봉추, 송황, 유홍 등은 고구려로 달아났다. 석호는 한 번 더 모용선비를 치기 위해 도료장군渡遼將軍 조복으로 하여금 산둥반도에서 랴오둥반도 사이에 위치한 메이산열도를 경유하여 고구려에 양곡 30만석을 실어다 주게 했다. 하지만, 고국원왕은 모용선비군을 두려워하여 뉴벽紐檗과 조문祖文으로 하여금 3만 대군을 이끌고 전선으로 나가되 후조와 모용선비 간 전쟁 동향을 지켜보면서 행동하게 했다. 석호와 석수, 석선, 석도 부자간 내분에다가 석호 사후 격렬한 왕위 쟁탈전, 그리고 모용선비의 저항으로 인해 후조後趙의 천하통일 꿈은 사라지고 말았다.

호천상제胡天上帝 아후라마즈다

/

349년 석호가 죽자 석호의 자식들 간 내란이 일어났다. 석호 사후 10세에 불과한 태자 석세전조 황제 유요의 외손자가 등극했지만 즉위 33일 만에 군권을 장악하고 있던 한족 출신 염민冉閔의 사주를 받은 석준에게 살해당했다. 염민은 석호의 양자로 한 때 석민으로 불렸었다. 석감이 석준을 죽였으며, 석감은 염민에게 나라를 빼앗겼다. 염민은 나라 이름을 위魏로 바꾸었다. 염위冉魏는 영역 내 흉노·갈족을 학살하는 등 극단적 정치로 세력을 모두 잃고 장수漳水 유역 수도 업鄴 주변 일부분만 확보할 수 있었다. 한나라와 전조·후조를 세운 흉노·갈족의 인적 구성은 피정복 부족을 포함해 매우 복잡했다. 흉노의 언어는 알타이어의 일종으로 볼가강 유역 사마라와 카잔 사이에 거주하는 추바쉬인의 말예니세이어과 유사했을 것으로 추측된다. 유연이 세운 한漢나라 장군 중 하나는 몸에 털이 많고, 빨간 머리에 푸른 눈을 지녔다. 중국 사서들은 각기 한과 전조를 세운 유연과 유요 모두 장신이며, 털이 많고 머리카락이 붉은 것으로 기술한다. 이로 미루어 남흉노 왕족 도각부는 토하라-터키계 인종이었을 것으로 추정된다. 한편, 호천상제胡天上帝·아후라마즈다를 섬긴 갈족은 페르가나 계곡 일대에 거주하던 조로아스터교도인 소그드인또는 남부 시베리아 거주 케트인과 연관 있는 것으로 보인다. 케트인은 유럽인종과 몽골인종의 혼혈이며, 청동기 시대 예니세이강-오비강 유역에서 기원한 것으로 추측된다.

종실적 군사봉건제

/

새외민족이 세운 나라들은 부락部落 제도를 유지하면서 점령지 한족을 통치해야 했다. 흉노의 한漢은 황제가 한족을 직접 다스리고, 황태자에게 대선우大單于 직책을 주어 새외민족을 통치하게 했다. 새외민족은 한족만큼 정교한 행정체계를 갖고 있지 못했다. 지방에 대한 지배는 불철저했으며, 국가권력의 중핵을 이룬 것은 군대였다. 군대는 부락 전통에 따라 종실에 분배되었다. 이를 종실적 군사봉건제라한다. 군대는 부락제의 전통을 충실히 유지했으며 자급자족했다. 이러한 봉건적 군사체제는 건국 초기에는 위력을 발휘하지만, 지배권이 확립된 뒤에는 권력을 둘러싼 내분이 발생할 소지가 크다. 후조

석호와 석수, 석선, 석도 등 부자간, 아들들 간 싸움이 대표적이다. 후조는 석호의 생전, 사후 군사력을 가진 종실宗室 간 싸움으로 인해 멸망했다. 성成, 전조前趙, 후조後趙, 전·후연前·後燕, 전진前秦, 후진後秦 등의 사례에서 알 수 있듯이 새외민족 왕조는 대부분 단명했다.

05

선비족鮮卑族의 중원 제패,
고구려의 한만韓滿 통합

북방민족의 남진과 오·보·벽塢·堡·壁

/

서진 멸망 후 정치·사회적 혼란 속에서 한족이 대이동을 시작했다. 강남으로 이주한 한족이나 화북에 남은 한족 모두 살아남고자 자위단自衛團을 조직하여 향촌 질서를 유지했다. 자위단이 촌락 단위로 출현한 것은 184년 황건군 봉기와 관계가 있다. 자위단은 흉노·갈, 선비 등 북방민족이 화북 각지를 유린하기 시작한 서진 말에 급증했다. 자위단 구성원들은 지도자를 추대했으며 농지를 개간해 자립 기반을 갖추었다. 지도자인 주공主公은 소규모 독립국가의 지도자 역할을 했다. 자위단이 형성된 곳은 산간벽지였으며 성벽을 쌓아 외부 침공에 대비했다. 한족은 성벽으로 둘러싸인 곳을 오塢, 보堡, 또는 벽壁이라고 일컬었는데, 한족을 공격하려던 북방민족은 각지에서 오, 보, 벽의 저항에 직면했다. 북방민족은 오, 보, 벽 일부는 함락했지만, 대부분의 경우는 오·보·벽주塢堡壁主에게 지방관직을 주어 향촌질서를 유지하게 했다. 주민 자치를 인정한 것이다. 북방민족 국가 내 한족 백성에 대한 지배는 이렇듯 불철저했으며, 그로 인해 지배집단 내부의 작은 문제가 집단 전체의 존망과 직결된 사안으로 확대되는 사례가 많았다.

강남과 쓰촨으로 피난한 한족은 교인僑人이 되어 동남아계 원주민과 섞이거나 원주민을 높은 산지 또는 더 남쪽으로 쫓아내고 한족 농경문화를 퍼뜨렸다. 일부는 랴오허 유역모용선비이나 네이멍구탁발선비, 또는 하서회랑한족 전량으로 피난하여 그곳의 새외민족과 혼거混居했다. 모용선비의 왕 모용준慕容儁, 모용황의 아들은 갈족의 후조後趙 멸망 후 화북으로 진출하여 랴오시·랴오둥과 함께 허베이, 허난, 산시, 산둥, 화이허 유역을 포함한 제국을 세웠다.

'100개의 나루' 백제

/

미국은 군사력과 기축통화 발권력을 통해 패권을 유지해 왔으나 경제력이 중국에 비해 상대적으로 약해지는 추세이다. 경제력 약화는 군사력 약화와 함께 기축통화 발권력 상실로 이어질 수도 있다. 이를 잘 아는 트럼프 행정부는 국방 부문 '연방 예산 자동 삭감 조치시퀘스트'를 폐기하고 △군함270척→350척, △해병대23개 대대→36개 대대, △전투기1100대→1200대, △전투 병력49만 명→54만 명 증강을 추진하고 있다. 미국이 해군력 증강에 특히 관심을 기울이는 것은 중국의 팽창을 저지하려면 해군력 강화가 필수라고 명백하게 인식하고 있기 때문이다.

백제百濟는 21세기의 패권국 미국처럼 제해권을 중시했다. '100개의 나루항구'라는 나라 이름이 의미하듯 전성기에는 서해와 남해의 제해권을 장악한 해상왕국이었다다른 설도 있음. 톈진, 다롄, 후루다오, 탕산, 옌타이, 웨이하이 등의 항구를 품은 보하이만은 예나 지금이나 요충 중의 요충이다. 한성백제는 강력한 해군력을 배경으로 한강, 예성강, 임진강, 재령강, 금강 유역 등을 확보한 데서 나아가 보하이만 연안 랴오시遼西 일부도 점령했다. 백제는 경기도 남부→충청도→전라도 방향으로 남진하는 과정에서 해안과 하안河岸을 확보하고 난 다음 내륙으로 진격, 점령하는 방법을 택했다. 백제인들은 2~3세기경부터 가야인들과 함께 남해 바다를 건너 북큐슈와 세토나이카 연안 등 일본열도에도 진출했다. 『송서宋書』, 『양서梁書』, 『위서魏書』, 『남사南史』, 『통전通典』 등 중국 역사서는 한결같이 4세기 이후 백제가 랴오시에 진출했다고 기술한다. 해상왕국 백제가 383년 저족氐族의 전진前秦과 한족漢族의 동진東晉 간 '비수전淝水戰' 이후 전진이 해체되고 모용선비족 후연後燕이 아직 고토故土를 회복하지 못했을 무렵 보하이만渤海灣 연안 일부를 점령했다는 것이다. 백제는 해상 근거지를 가진 남만주의 부여계 부족이 한강 유역으로 진출하여 세운 나라로 서해와 보하이만 연안에서 해군력을 과시했다.

모용선비의 이스마엘, 모용토욕혼

/

모용섭귀의 서장자이자 모용외의 서형庶兄 모용토욕혼慕容土谷渾,
246~317년은 유목용 초지풀밭 소유권 문제로 모용외와 다툰 끝에 가까
운 무리 1700여 호를 이끌고 네이멍구와 하서회랑을 거쳐 칭하이靑海
로 옮겨갔다. 모용섭귀는 사마의의 공손씨 정벌전에 지원병력을 파
견했던 막호발의 손자이자, 관구검의 고구려 정복 전쟁에 참전했던
모용목연의 아들이다. 성경聖經 아브라함의 서장자庶長子 이스마엘
의 출가와 같은 사건이 일어난 것이다. 모용토욕혼은 285년 칭하이
호 유역 부사伏俟를 중심으로 선비족과 부근의 강족을 통합하여 유
목·농경·상업의 나라 토욕혼을 세웠다. 토욕혼은 전진前秦·저족, 서진
西秦·걸복선비족, 동진 등과 교류했다. 토욕혼은 431년 철불흉노 혁련씨
의 하夏나라 3대왕 혁련정을 사로잡는 등 탁발선비 북위와 철불흉노
하나라赫連夏간 전쟁에도 개입했다. 토욕혼은 446년 후계 다툼으로
인해 북위의 개입을 초래하여 일시 티베트쪽으로 밀려났다. 토욕혼
은 몽골고원의 유연柔然이나 티베트 고원의 나라들과도 활발히 교섭
하였으며, 북위와 북주 등 북조北朝는 물론 송나라 포함 남조南朝와도
외교관계를 맺었다. 토욕혼은 전진前秦, 후진後秦, 북위, 서위, 북주 등
에 막혀 국세를 떨치지 못하고 663년 티베트 고원에서 흥기한 토번
제국에게 멸망당한다. 칭하이성에 거주하는 소수민족 투족土族이 토
욕혼의 후예라 한다.

유목민·농경민 이원체제二元體制

/

전연 황제 모용준의 조부 모용외慕容廆, 269~333년는 동아시아 최초로 유목민을 대상으로 한 부족적 군사조직과 농경민인 한족을 대상으로 한 관료적 행정조직을 분리한 이원체제二元體制에 기초해 국가를 다스렸다. 모용선비족이 만든 이원체제는 거란遼, 여진金, 몽골元, 만주淸 왕조를 거치면서 군산복합적軍産複合的 통치체제로 완성되었다. 상황 판단이 빠르고 혁신적이던 북방민족이 중원을 점령한 후 중국식 관료제도의 효율성을 고유의 군사적 장점과 결합하여 백성을 통치한 것이다. 모용외의 아들 모용황은 갈족의 후조後趙는 물론, 고구려와 우문선비·단선비 등 여타 선비족, 부여 등과 싸우면서 세력을 키운 끝에 337년 다링허 유역 용성龍城·차오양을 수도로 전연前燕을 세웠다.

백제의 굴기와 약화

/

낙랑·대방 등 중국 군현과의 접촉을 통해 선진 문물을 수입한 백제는 근초고왕재위 346~375년 시기 고구려와 모용선비가 랴오허-다링허 유역을 놓고 다투는 틈을 타 남쪽으로는 전라도 해안, 낙동강 우안까지 세력을 넓혔다. 근초고왕의 '근近'은 'Junior'를 의미한다. 즉, 근초고는 'Jr. 초고'라는 뜻이다. 경기도 지역에 정착한 백제의 부여계 지배세력은 전라도 해안지방 주민들을 '만蠻'이라고 부를 정도로 당시 한강 유역과 전라도 해안 지역 간 문화 발전 정도 차이는 컸다.

근초고왕은 366년 왜倭의 군사지원도 확보하여 동쪽으로 소백산맥을 넘어 가야연맹 소국들을 무릎 꿇렸으며, 남쪽으로는 영산강 유역 토착세력을 제압했다. 근초고왕의 아들 근구수 태자는 고구려가 전진-전연 전쟁에 몰두하는 틈을 타 북진하여 371년 대동강 유역 평양성 전투에서 고국원왕을 패사敗死시켰다. 백제는 고구려로부터 황해도와 강원도 일부도 탈취했다한반도 영토 7만여㎢. 백제는 보하이만 포함 중국 해안지역으로도 진출했다.

백제는 근초고왕 시대를 전후하여 각종 유교 경전經典은 물론 칠지도七支刀 등 문물을 왜에 전수했다. 양국 간 인적 교류도 매우 활발했다. 근초고왕은 왜계倭系 인사도 고위관료로 등용했다. 한성백제 후기 왕들인 아신왕재위 392~405년과 전지왕재위 405~420년은 왜에 가 있다가 왜병들의 호위 하에 귀국, 즉위했다. 전지왕은 왜의 왕녀팔수부인를 왕비로 맞았다. 아신왕, 전지왕 이후 고구려의 거대한 압력에 직면한 한성백제는 왜의 경제적·군사적 지원을 확보할 필요도 있고 하여 (5세기 중엽 이후 왜식 전방후원분의 영산강 유역 출현을 볼 때) 왜 세력의 영산강 유역 침식浸蝕을 힘이 달려, 어쩔 수 없이 묵과했을 것이라고 조심스레 추측해 본다.

고구려의 팽창
/

고구려는 5세기 이후 랴오허-다링허 유역과 한강 유역으로 팽창했다. 고구려가 서쪽과 남쪽 2개 방향으로 거의 동시에 영토를 넓

힐 수 있었던 것은 중국에서 317년 서진西晉 멸망을 전후하여 흉노·갈, 선비, 저·강 등 5개 북방민족이 주도하는 5호 16국五胡十六國 시대가 시작되었으며, 백제는 침류왕재위 384~385년 시기부터 약해지고, 신라는 아직 성읍국가城邑國家 수준으로 제대로 된 나라 형태를 갖추지 못한 상황이었기 때문이다. 고구려가 광개토대왕374~413년 시대 이후 확보한 서해 제해권도 후연, 거란, 물길, 백제, 가야, 왜 등에 대한 고구려의 공격적 정책에 큰 도움을 주었다. 근초고왕-근구수왕 시대 백제와 광개토왕-장수왕대 고구려가 팽창정책을 취할 수 있었던 것은 중원이 1차로 흉노·갈, 2차로 선비와 저·강 같은 수많은 부족에 의해 점령되는 등 중국 전역이 혼란에 처했기 때문이다. 이 시기 수많은 나라가 짧은 기간 화북과 하서회랑 등 각지에서 흥망을 되풀이했다. 이 무렵의 역사를 제대로 이해하려면 서술이 복잡하더라도 인내하면서 정독할 필요가 있다.

모용선비 전연前燕, 저족氏族 전진前秦의 흥망

/

모용선비 전연前燕의 왕 모용준재위 348~360년은 갈족羯族 후조가 내란에 처하여 화북이 혼란에 빠지자 350년 수도를 용성차오양에서 베이징 근교 계薊로 옮기고 황제를 칭했다. 그는 염민冉閔이 세운 염위冉魏의 수도 장하漳河 유역 업鄴을 점령하여 염위를 멸망시키고, 업으로 천도했다. 356년 모용준의 동생 모용각慕容恪은 이전 근거지 베이징 지역으로부터 산둥성 청주青州와 광고廣固로 옮겨가 있던 단선비段鮮卑

세력을 제압했다. 357년 모용준의 또 다른 동생 모용수慕容垂는 8만 대군을 지휘하여 막북漠北의 정령과 칙륵勅勒을 공격, 10만여 명을 도륙하고 말 13만 필과 수많은 소와 양을 노략했다. 모용준의 사후 황제 모용위의 보정輔政이 된 모용각은 365년 뤄양을 점령했으며, 366년 동진東晉으로부터 연주兗州 등 화이허 이북을 모두 빼앗았다. 고구려 고국원왕은 후조가 멸망한 과정을 꿰뚫고 있었는데 모용선 비의 중원 진출이 지나치게 빠른 것을 보고는 모용선비 전연도 곧 후조의 전철을 밟을 것이라고 전망했다 한다. 이에 앞서 갈족의 후 조가 석호石虎 사후 혼란에 처하자 저족 수장 포홍은 경쟁 부족인 강 족의 수장 요익중·요양 부자를 제압한 다음 삼진왕三秦王을 칭하고 도참설에 따라 성을 부苻로 바꿨다. 부홍의 아들 부건은 부족을 이 끌고 원주지인 싼시陝西·관중로 복귀하여 옹주자사雍州刺史를 칭했으며 352년 황제에 즉위해 전진前秦을 세웠다. 부건이 죽은 후 맹장으로 이름난 그의 아들 부생이 황위를 계승했으나 재위 3년 만에 사촌 부 견338~385년에게 시해당했다. 부견은 지모원려智謀遠慮의 인물 한족 왕 맹王猛을 재상으로 기용해 법과 제도를 정비하면서 국력을 키웠다.

부견이 국력을 키워나갈 무렵 동진의 장군 환온을 상대로 한 황 하 연안 '방두枋頭 전투369년' 전공 문제도 있고 하여 숙부 모용평의 견 제에 시달리던 모용수가 전진으로 망명했다. 전연의 기둥 태부太傅 모용각이 죽은 후 모용평과 공동 집정하던 모용수는 방두 전투 승 리라는 큰 공을 세웠는데도 불구하고 시기심 많은 모용평과 황제 모 용위의 모후인 가족혼可足渾 태후로부터 생명의 위협을 받았다. 모용 수 등을 통해 전연의 약점을 파악한 부견은 고구려와 동맹을 맺은 다음 370년 9월 왕맹과 곽경에게 6만 대군을 주어 전연을 공격하게 했다. 왕맹은 전연 제1의 군사기지인 진양타이위안을 점령한 다음 모용평이 지휘하는 30만 전연군을 격파하고 전연의 수도 업을 포위했다. 371년 1월 업은 함락되고 황제 모용위는 곽경에게 생포되어 장안으로 압송되었다. 모용평은 고구려로 망명했다. 왕맹과 곽경이 업을 함락할 때 부여울扶餘蔚이 부여·고구려·갈족 인질 500여 명과 함께 성문을 열어 전진 군사를 맞아들였다. 부여울이 이끈 부여·고구려인 포로는 주로 모용황 시대에 포로가 된 자들이다.

383년 비수대전淝水大戰

/

전진은 373년 저·강 티베트계 민족이 다수 거주한 쓰촨파촉과 윈난남만을 동진으로부터 탈취했으며, 378년 창장長江 북쪽 지류인 한수漢水·한장 연안 요충지 샹양襄陽을 점령하여 동진에 치명타를 가했다. 전진은 또 탁발선비족의 대代, 백항저족의 전구지국前仇池國, 한족의 전량前涼도 멸해 화북을 통일했다. 후진後秦을 세우게 되는 요장姚萇의 강족羌族 군단이 하서회랑의 전량을 정복했다. 전진은 촉한을 멸한 후 오吳 정벌을 앞둔 서진西晉과 비슷한 상황으로 승승장구했다. 화북을 통일한 부견은 모든 민족을 인의로 대하고 은신으로 회유하면 결국 융합될 것이라는 신념을 갖고 있었다. 383년 11월 부견은 모용수와 요장 등의 부추김을 받아 부족연합군部族聯合軍 87만 명을 이끌고 동진 정벌에 나섰으나 화이허 남쪽 지류인 비수淝水 전투에서 동진 북부군北府軍 장군

유뢰지 등에게 대패했다. 비수전 패전의 영향으로 전진 원정군이 붕괴되자 전진에 강제로 복속됐던 부족들은 하나같이 독립을 시도했다.

(터키계) 정령족丁零族의 위나라

/

예니세이강 상류를 원주지로 하며, 석호와 전진 부견에 의해 뤄양 근처로 강제 이주당해 있던 터키계 정령족도 행동을 개시했다. 정령 Töles은 고차高車, 철륵鐵勒, 위구르족 등의 선조이다. 383년 비수전투 이후 저족이 세운 전진前秦이 붕괴되자 정령족의 우두머리 적빈翟斌은 황허 하류 지역을 근거로 세력을 형성했다. 그의 뒤를 이은 조카 적요翟遼는 386년 여양黎陽 태수 등념지를 죽이고 여양을 점거했다. 적요는 후연後燕과 동진에 번갈아가며 항복했다가 산둥의 노루를 근거로 자립하여 388년 2월 위魏를 세우는데, 이것이 적위翟魏, 388~392년다. 적위는 후연과 동진의 변경을 공략하면서 세력을 유지해 나갔다. 하지만, 적위는 오래 지탱하지 못하고 모용수의 후연에게 멸망당했다.

부여울에 의한 부여 재건

/

모용선비가 다링허 유역 용성을 수도로 하고 있던 시기 모용황은 342년 동쪽의 고구려 공격을 계획했다. 동생 모용한이 동쪽의 고구려를 정벌한 다음에야 서쪽의 후조를 도모할 수 있다고 건의한 까닭이다. 모용한은 고구려를 격파한 다음 시라무렌강 유역의 우문선비를 정벌하고 중원으로 진공하자고 말했다. 모용황은 55000 대군 중 40000명의 주력부대는 남쪽 산길로, 15000명의 보조부대는 북쪽 평지로 진군하는 방법으로 고구려군을 속였다. 소수 병력으로 남쪽 산길을 방어하던 고구려 고국원왕은 모용황에게 대패한 끝에 단기로 달아났다. 모용황은 고구려의 수도 환도성을 점령한 후 왕대비 주씨와 왕비 등 5만여 명의 포로와 함께 회군했다. 고구려를 제압하는 데 성공한 모용황은 344년 우문선비를 정벌했다. 우문선비 추장會長 우문일두귀의 아들 중 하나인 우문릉은 500여 기를 이끌고 성락후허하오터의 탁발선비로 망명했다. 우문릉은 나중 북주北周를 세우는 우문태의 선조이다. 우문선비 일부는 모용선비에 편입되었으나 다른 일부는 고구려로 이주하거나 시라무렌 강 유역에 남아 거란족의 모태가 되었다.

　　모용선비는 중원 진출 이전인 346년 부여를 공격하여 국왕 부여현 이하 5만여 명을 사로잡아 돌아갔다. 모용황은 부여현을 사위로 삼았는데, 왕맹과 곽경이 모용선비 전연의 수도 업을 함락할 때 부여·고구려·갈족 인질들과 함께 성문을 연 부여울은 부여현의 아들 중 하나로 추정된다. 부여울은 전연에 의해 부여가 멸망했기에 전진前秦 군대가 업을 공격할 때 같은 처지이던 고구려와 갈족 인질을 모아 내응한 것으로 보인다. 부여울은 비수전투383년 이후 장인丈人 모용수가 세운 후연에 투항하여 고구려인 포로가 집단 거주하던 뤄양 부근 형양 태수로 임명되었으며, 정동장군征東將軍 부여왕에 봉해졌다. 부여가 재건되었다. 부여울은 396년 삼공三公의 하나인 태부까지 승진했다. 그가 모용외와 모용황에 의해 랴오시로 잡혀온 부여족을 대표하고 있었기 때문으로 보인다.

불경 한역漢譯의 천재 구마라습

/

부견은 동진 정벌을 떠나기 전 중신重臣 여파루의 아들 표기장군 여광呂光에게 서역신장 원정을 명했다. 여광은 383년 봄까지 서역 30여 개국을 정복했다. 여광은 385년 토하라계 오아시스 도시국가 쿠처龜玆를 정복한 후 계속 서진할 것인지 고민하다가 회군하기로 했다. 이것이 후량저, 북량저거흉노, 서량한, 남량독발선비, 서진걸복선비 등 하서회랑의 분열로 이어졌다. 여광은 쿠처에서 학승學僧 구마라습을 찾아내 함께 후퇴했다. 구마라습鳩摩羅什은 불교 삼론종三論宗의 조사祖師로 불리며, 인도 출신 귀족과 쿠처 공주 사이에서 태어나 처음에는 후량의 수도 량주武威·고장, 나중에는 후진의 수도 시안장안에서 수많은 불교 경전을 한역漢譯했다. 여광은 385년 9월이 되어서야 전진의 비수전 패배와 장안의 혼란, 부견의 죽음을 알았다. 여광은 주천공酒泉公을 칭하고 이듬해 후량後凉을 건국했으며 387년까지 하서회랑 전역을 제압해 서진말西晉末 한족 장무가 세웠던 전량前凉 영토 대부분을 확보했다.

강족羌族 후진後秦의 흥망

/

전진 황제 부견에 의해 장안으로 끌려왔다가 비수 전투이후 반란을 일으킨 모용선비족 서연西燕 세력을 진압하는 데 실패한 강족 지도자 요장姚萇은 부견의 질책이 두려워 384년 진왕秦王을 칭하고 반란을 일으켰다. 요장은 386년 거듭된 전란으로 인해 텅 빈 장안에 무혈 입성하여 황제를 칭하고 후진後秦을 건국했다. 요장의 아들 요흥은 부등 포함 전진前秦 잔존 세력과 서진걸복선비, 남량독발선비, 후량저 등을 모두 굴복시키고 싼시와 하서회랑을 통일했다. 후진은 399년 10월 동진이 지배하던 뤄양을 점령하여 창장 북쪽 지류인 한수漢水·漢江 이북 장악을 완료했다. 이때가 후진의 최전성기다. 후진은 이후 탁발선비와의 황허 북쪽 지류인 분수汾水 유역 시벽전투에서 패하고, 왕족 간 극심한 분란으로 인해 쇠약해져 417년 3대 요홍姚泓, 388~417년 시대에 동진이 파견한 유유劉裕에게 멸망당했다. 유유는 416년 8월 부장 왕진악王鎭惡, 왕맹의 손자과 단소·단도제 형제를 선봉장으로 삼아 황허 흐름을 타고 올라가 뤄양과 동관, 장안을 차례로 점령하고 417년 7월 후진을 멸했다. 유유는 동진 선단의 황허 항행 시 황허 북안에 초승달 모양의 각월진卻月陣을 쳐 북위군의 개입을 막아내었다. 장안은 동진東晉에 이어 철불흉노 혁련발발이 세운 혁련하赫連夏로 넘어갔다가 최종적으로는 탁발선비 북위北魏 탁발도의 손에 들어갔다.

모용선비의 재기再起와 멸망

/

모용수326~396년는 385년 전진군을 이탈한 후 모용선비군 7만을 이끌고 허베이의 중산딩저우과 업한단을 중심으로 후연을 세웠다. 이 때 모용수의 아들 모용농은 후조後趙와 염위冉魏의 공격에서 살아남은 흉노 도각부와 오환족 고녹관씨庫傉官氏 병력도 끌어들여 모용선비 재건 전쟁에 활용했다. 후연과 탁발선비의 북위는 원래 후연 우위優位의 연합관계였다. 북위는 387년 7월 후연의 도움을 받아 오르도스를 근거로 하던 철불흉노를 격파했다. 후연과 북위는 391년 7월부터 국경을 접하면서 충돌했다. 후연은 394년 8월 산시의 장자長子를 근거로 한 서연을 멸망시키고 산둥과 화이허 이북 대부분을 차지했다. 이때가 후연의 최전성기이다.

후연 세력과 부견의 아들 부비苻丕의 전진前秦 세력이 업鄴을 중심으로 치열한 전투를 벌이던 385년 7월 후연 건절장군建節將軍 부여암扶餘巖이 베이징 근처 무읍에서 4000여 명의 군사를 이끌고 모용수에게 반기를 들었다. 부여암은 전연의 수도이던 오늘날의 톈진 북방 계薊를 점령한 다음 수천 호戶를 포로로 삼고 롼허 하류 영지令支로 이동해 웅거했다. 이 소식을 들은 모용수는 그해 11월 모용농에게 보기步騎 3만 병력을 주어 부여암을 공격하게 했다. 영지성은 모용농의 맹공에 곧 함락되었으며 부여암은 참살斬殺됐다. 바로 앞선 384년 산둥 칭저우靑州에서는 단선비 출신으로 보이는 벽려혼辟閭渾이 전진의 칭저우 자사 부랑을 축출하고 후연 세력에 맞섰다. 동진은 벽려혼을 유주자사로 임명했다. 벽려혼은 한 때 제수齊水 상류 평원까지 북진하여 후연군의 남하를 저지했다. 벽려혼은 후연의 거듭된 공격을 잘 막아내고, 399년 모용수의 아우 모용덕이 세운 남연南燕 세력에 의해 축출될 때까지 약 14년간 산둥에서 세력을 유지했다. 모용덕에게 패한 벽려혼은 탁발선비 북위로 달아나다가 모용덕의 부장 유장에게 사로잡혀 처형당했다.

초원의 기린아麒麟兒 탁발규

/

북위를 세운 탁발선비는 터키-몽골 계통이다. 탁발선비어와 현대 터키어 사이에 상당한 공통점이 발견된다. 다싱안링大興安嶺 알선동 동굴을 고향으로 하는 탁발선비는 1세기 중엽 원주지를 떠나 3세기에는 대택大澤·후룬호와 페이호 초원을 거쳐 네이멍구 인산陰山 지역까지 남하했다. 탁발선비는 이동하는 동안 흉노, 정령, 오환 등 터키계와 몽골계 여러 부족을 흡수하여 큰 세력으로 성장했다. 311년 영가의 난으로 중원이 혼란에 빠지자 탁발선비는 남흉노, 단선비와 싸우는 한편, 서진과의 주종관계에서 벗어났다. 338년 부족장 탁발십익건은 선비족, 철불흉노족, 그리고 귀순해 온 한족을 모아 산시의 평성따퉁을 중심으로 대代를 세웠다. 그러나 대나라는 부견이 보낸 전진군前秦軍에게 멸망당했다. 북위를 세우는 탁발규371~409년는 당시 6세의 아이였는데, 전진군의 포로가 됐다. 탁발선비는 비수전 이후 초원으로 돌아온 탁발규를 중심으로 불꽃처럼 다시 일어났다. 탁발규는 386년 외가 하란부賀蘭部의 도움을 받아 대代를 부흥시켰다. 탁발규는 후연의 지원을 받아 철불흉노를 격파하여 나라의 기초를 세웠다.

395년 북방의 비수전淝水戰 참합피 전투
/

탁발규는 395년 5월 후연 태자 모용보慕容寶와 종실 모용농, 모용덕, 모용린 등이 지휘하는 후연 10만 대군이 산시山西의 탁발선비 중심 도시 평성大同·따퉁을 점령하고 황허 건너 오르도스의 오원五原·바오터우까지 침공해 오자 멀리 인산陰山 방면으로 도주한 다음 관중의 강족羌族 왕조 후진後秦에 사신을 보내어 불가침을 확보했다. 탁발규는 칠순七旬의 후연 황제 모용수가 수도 중산에서 노환으로 죽어간다는 소식을 퍼뜨려 모용보군을 교란했다. 탁발선비군은 교란작전에 넘어가 후퇴하던 후연군을 그해 12월 평성 동북방 참합피參合陂에서 따라잡아 대파했다. 모용보는 종군한 중앙아시아 월지月氏 출신 승려 지담맹支曇猛의 경고에도 불구하고 북위군의 기습에 제대로 대비하지 않았다. 10만 후연군 가운데 4~5천 명만 살아 돌아갔다. 참합피 전투는 북방의 비수전淝水戰이었다. 후연-북위 관계는 단번에 북위 우위로 바뀌었다. 탁발규는 396년 국호를 위魏로 고치고 황제를 칭했다. 탁발규는 모용수 사후 극단적인 내분에 빠진 후연 세력을 업과 중산 등에서 연이어 격파하고 다링허 유역 용성朝陽·차오양으로 축출했다. 후연後燕은 3대 난한蘭汗, 4대 모용성, 5대이자 마지막 황제 모용희를 거쳐, 고운과 풍발, 풍홍의 북연으로 몰락해 간다. 모용희는 부용아, 부훈영이라는 저족 출신 자매를 배필로 맞이하는데, 이를 통해 볼 때 랴오둥의 선비족 모용씨와 관중의 저족 부씨 간 혼인 등 민족 혼화가 광범위하게 일어났다는 것을 알 수 있다. 모용선비의 흔적은 칭하이土족, 몽골공화국탕가스족과 러시아연방 다게스탄공화국아바르족에 일부 남아 있다.

유목민의 시대이념 균전제

/

탁발규는 군사적 재능과 정치적 수완을 겸비한 인물이었다. 그는 인구수에 따라 토지를 지급하는 방법으로 화북의 농업생산력을 회복하는 데 주력했다. 이를 계구수전計口授田이라 한다. 계구수전에서 발전한 균전제에 따라 각 농가는 7.7ha의 토지를 지급받았다. 유목민의 토지 공유 사상이 중국의 토지제도에 적용된 것이다. 균전제 도입으로 생산력이 회복되자 북위의 인구는 급증했다. 균전제는 위魏의 창건자 조조가 꿈꾸던 토지제도를 구현한 측면이 강하다. 군현제가 한족 농경민의 시대이념이었다면 균전제는 북방 유목민의 시대이념이라고 할 수 있다. 북위는 탁발규의 손자 탁발도 시대에 화북을 통일했다. 탁발도는 외몽골 오르콘강까지 출정하여 유연柔然을 격파함으로써 북쪽 국경을 안정시켰다. 탁발도는 428년 오르도스 통만성統萬城을 수도로 하는 철불흉노 하夏를 공격하여 황제 혁련창을 사로잡았으며, 431년 잔존 혁련정 세력까지 토멸하여 하나라를 멸망시켰다. 탁발도는 또한 하서회랑의 북량저거흉노, 룽시隴西의 백항저족 후구지後仇池도 정복했다.

광개토대왕의 한·만韓滿 통일

/

고국양왕은 랴오둥성, 남소성 등 랴오허 유역을 놓고 후연後燕과 쟁투했다. 고국양왕을 계승한 광개토대왕은 391년 즉위 이후 후연後燕 외곽의 시라무렌강 유역 거란족 공격을 감행했다. 광개토대왕비에는 거란 정벌 기사가 다음과 같이 적혀 있다. '태왕은 패려몽골계 부리야트족의 선조로 추정가 노략질을 그치지 않으므로 395년 군사를 이끌고 의무려산富山을 지나 염수변鹽水邊 언덕에 이르러 패려稗麗 3개 부락部落을 격파하고, 수많은 소, 말, 양을 노획했으며 돌아가는 길에 유성차오양 인근과 북풍 등 토경土境을 순수巡狩했다.' 고구려의 거란 공격은 변경 지대 약탈 저지와 양마良馬 확보 등 다목적이었을 것이다. 현재 러시아 투바공화국에 다수 거주하는 온달Ondar 씨족 일부가 고구려에 들어온 것도 아마 이 무렵이었을 것이다. 모용수의 사후 그의 자손, 외척 간 극심한 내란에 휘말린 서쪽의 후연後燕이 약화된 틈을 타 광개토대왕은 399년 말~400년 초 보기步騎 5만을 동원, 동해안을 따라 남해안까지 남하하여 백제와 신라, 가야, 왜 모두를 굴복시켰다. 미국의 언어·문헌학자 알렉산더 보빈에 의하면, 금관가야인들은 한반도 내 최후의 야요이 언어 사용자들이었을 것이라 한다. 그는 400년 고구려 광개토왕의 남진으로 인해 사서에서 (한반도) 왜로 표현된 야요이 언어 세력이 소멸되었을 것으로 본다. 광개토왕은 백제아신왕를 항복시켰으며, 신라의 요청으로 금관가야와 왜의 경주 포위를 해소한 후 신라를 속국광개토대왕 호우 하사으로 만들었다. 신라는 고구려의 도움을 받아 금관가야와 왜에 의한 국가 소멸의 위기에서 일단 벗어났다. 이때를 전후하여 고구려의 해군력이 강화되었다.

고구려는 한반도 남부 진공작전 직전 후연後燕에 사신을 보내어 서부 국경 불가침을 확보했다. 하지만 후연 황제 모용성은 고구려의 뒤통수를 쳐 고구려군이 남진한 직후인 400년 2월 15세의 숙부叔父 표기장군 모용희를 시켜 랴오허의 지류인 소자하蘇子河 유역 신성과 남소성 등 랴오둥의 고구려 영토 700여 리280㎞를 탈취해 갔다. 고구려는 402년 5월 후연에 반격을 가해 신성과 남소성을 회복한 것은 물론 다링허 유역 후연後燕 수도 용성차오양 외곽의 숙군성까지 점령했다. 고구려는 404년 용성 서부의 연군燕郡도 공격했다. 후연은 고구려와 북위 양쪽으로부터 압박 받아 국세가 크게 위축되었다. 한편, 백제와 신라, 금관가야 등 한반도 남부세력 모두가 약해지자 낙동강 중류의 대가야반파국와 함께 다시 왜倭의 활동이 활발해졌다. 고구려는 404년 대방 지역까지 쳐들어온 왜와 배후의 백제 세력을 몰아냈다. 왜는 5세기 초·중엽부터 영산강 유역을 활동 터전으로 삼은 것으로 보인다. 영산강 유역에 5세기 말~6세기 초엽에 축조된 것으로 보이는 거대 규모의 왜식倭式 묘제 전방후원분前方後圓墳·장고형 무덤이 대거 나타났기 때문이다. 왜倭가 중국 남조南朝와 교류하기 위해서는 해류 흐름으로 보아 중간 기착지로 영산강 유역이 필요했을 것이다. 왜의 지배를 받던 영산강 유역은 백제 동성왕재위 479~501년과 무령왕재위 501~523년 시기에 다시 백제에 통합된 것으로 보인다.

장수왕과 정복군주 탁발도

/

고구려와 북위는 후연 잔존 세력이 세운 북연北燕 영토와 백성을 놓고 충돌했다. 장수왕은 425년 사신을 파견하여 북위의 의도와 군사력을 파악한 후 427년 압록강 중류에 자리한 국내성에서 평양성으로 천도했다. 장수왕이 천도한 평양성의 위치를 두고 대동강 유역설다수설과 랴오허 유역설소수설이 맞서는데 고구려가 당시 북위에 수세적이었다면 대동강 유역설, 공세적이었다면 랴오허 유역설이 맞을 것이다. '평양平壤'은 고유명사가 아니라 보통명사로 사용되었다. 랴오허 유역 랴오양, 대동강 유역 평양, 한강 유역 남양주 등이 평양平壤으로 불렸다. 장수왕은 북위를 견제하기 위해 모용덕慕容德, 모용황의아들이자 모용수의 동생이 산둥성 광고를 중심으로 세운 남연南燕과도 통교했다.

　　장수왕은 435년 다시 북위北魏 수도 평성에 사신을 파견하여 북위의 동정을 살폈다. 436년 4월 북위의 북연 침공이 시작되자 장수왕은 장군 갈로와 맹광으로 하여금 대군을 거느리고 북연이 파견한 사신 양이를 따라 북연의 수도 용성차오양으로 가서 북연 황제 풍홍 일행을 맞아 오게 했다. 장수왕의 이 같은 결정은 북위와의 충돌을 각오한 끝에 나온 것이다. 장수왕은 몽골고원의 유연柔然과 강남의 송나라를 의식할 수밖에 없는 북위 황제 탁발도가 결코 다링허-랴오허를 넘어 대군을 보낼 수 없으리라고 계산했다. 장수왕 붕어崩御 시 효문제, 문자왕 붕어 시 효명제 등 북위 황제들이 지극한 예를 표할 정도로 전성기 고구려는 북위北魏, 남제南齊 등과 대등한 국제 지위를 누렸다. 북위에 파견된 고구려 사신은 남제南齊 사신과 동렬同列에 자리했다.

고구려와 송宋

/

갈로와 맹광은 용성의 재화 일체와 백성을 확보하여 고구려로 돌아왔다. 고구려군은 북연 백성의 앞뒤를 호위하면서 장방형으로 행군했는데 그 길이가 32㎞에 달했다. 풍홍은 고구려에 피난해 있으면서도 데리고 온 북연 백성에 대한 상벌을 행사하려 하고, 강남의 송宋으로 갈 뜻도 내비쳤다. 장수왕은 송나라와 교통할 수 있는 해안가에서 멀리 떼어놓고자 풍홍을 내륙 깊숙한 북풍선양 부근으로 옮기게 했다. 나중 영양왕 시대에 크게 활약하는 을지문덕 일가도 이때 고구려로 들어온 것이 아닐까 한다. (다른 설도 있다.) 고구려가 풍홍의 아들 풍왕인을 인질로 삼자 풍홍은 강남의 송에 밀사를 보냈다. 송나라가 438년, 왕백구가 이끄는 7000여 명의 군사를 보내 풍홍을 넘겨줄 것을 요구하자 장수왕은 손수와 고구로 하여금 풍홍을 살해케 했다. 그러자 왕백구가 고구려군을 공격해 고구를 죽이고 손수를 사로잡았다. 장수왕은 즉시 대군을 동원해 송나라군을 격파한 뒤 왕백구를 사로잡아 송나라로 추방했다. 송나라는 고구려와의 관계를 악화시키지 않는 것이 좋다고 판단하여 왕백구를 일단 옥에 가두었다가 풀어 주는 것으로 사태를 매듭지었다. 북연의 국세國勢는 몽땅 고구려에 흡수됐다.

고구려의 보호국 신라

/

북위와의 서북부 국경선을 안정시킨 장수왕은 475년 육·해군으로 구성된 3만 대군을 이끌고 남진하여 백제의 수도 한성을 점령하고 개로왕蓋鹵王·扶餘慶을 사로잡아 참斬했다. 고구려군은 남한강 흐름을 따라 계속 진격하여 충주와 단양도 점령했다. 이어 고구려군은 소백산맥을 넘어 영주, 청송까지 남하했다. 당시 고구려의 해군력은 중원의 북위北魏가 백제에게 사신조차 마음대로 파견할 수 없을 정도로 막강했다. 전쟁에서 승리한 고구려는 충주에 척경비중원고구려비를 세웠다. 고구려는 척경비에서 '아우 동이매금신라왕이 무릎을 꿇었다.'라고 표현하는 등 종주국의 입장에서 신라를 오랑캐 속국으로 취급했다. 고구려계 지명은 소백산맥 이남 경상북도 예천에까지 남아 있다. 예천군 용궁면 금남리는 살미살매라고도 하는데, 살매는 고구려어로 청천靑川·푸른 물이라는 뜻이다. 문경시 동로면에서 출발한 금천錦川이 금남리 서쪽을 흐른다. 고구려의 한성 점령으로 인해 백제인의 일본열도 이주가 가속화되었다. 479년 장수왕은 몽골고원의 혼혈선비계 왕국 유연과 함께 다싱안링 서쪽 산록의 거란계 지두간地豆干·地豆于을 분할했다. 고구려와 유연이 지두간지두우을 분할한 것은 고구려에 적대적이던 퉁구스계 물길勿吉·Wuji 등 지두간 인근 부족들이 적국 북위 및 백제와 통하는 것을 차단하려는 의도에서였다. 북위와 백제 견제라는 공통의 이해를 가진 터라 고구려와 유연에 의한 지두간 분할이 이루어진 것이다고구려 면적 62만㎢. 백제와 신라가 고구려에 심하게 압박 받자 그 기회를 활용한 대가야반파국의 국력은 일시적이나마 절정에 달했다면적 2만㎢. 이 무렵 대가야의 국력은 신라를 능가했다. 대가야는 소백산맥을 넘어 진안고원 일대와 섬진강 하구河口 및 (일시적으로) 정읍, 광주 등을 확보하고, 강남의 남제南齊에 사신을 파견했다. 고구려와 대가야, 그리고 왜에 압박 받은 신라의 실성마립간재위 402~417년은 고구려에 복호, 왜에 미사흔 등 김씨 왕족을 인질로 보냈다.

멸망 위기에 직면한 신라

/

고구려는 장수왕대에 영주와 안동, 청송 등 신라 영토 내에 군대를 주둔시켰다. 눌지마립간재위 417~458년 이래 신라가 반反고구려 정책을 취하자 고구려는 신라에 지속적으로 군사압력을 가했으며, 소지마립간 시기인 481년 동해안을 따라 포항까지 남진해 왔다포항 일대에서 고구려계 유물 발굴. 포항에서 수도 경주까지는 30㎞에 불과하다. 신라는 멸망의 위기에 전율했다. 불과 6년 전 한강 유역 수도 한성이 무너지고 왕개로왕이 참살당한 백제와 함께 대가야도 신라의 다음 차례가 될까봐 어쩔 수 없이 지원군을 파견했다. 신라-백제-대가야 연합군은 고구려군을 울진蔚珍까지 밀어냈다. 이 무렵 백제계와 가야계 인사들의 왜 조정 진출이 더 활발해졌다. 켈트갈리아, 로마라틴, 게르만앵글로·색슨, 노르만족이 대거 이주한 영국과 같이 당시 일본 열도도 신천지에 가까웠다. 한편, 다수 사서史書는 광개토왕과 장수왕 시기 고구려의 압력으로 인해 수세에 처해 있던 백제가 동성왕재위 479~501년 시기 세력을 회복하여 488~490년간 탁발선비 북위의 대군을 격파했다고 기술한다. 동성왕은 무진주^{광주} 지역과 함께 탐라^{耽羅}도 복속시켰다. 동성왕, 무령왕 이후 백제와 고구려는 한강 유역을 놓고 일진일퇴의 공방을 거듭했다. 고구려는 문자왕 말년 백제에 밀려 한강 이북 영토 일부를 상실했다. 영산강 유역 왜^倭의 활동이 약화되었다.

06

고구려,

제국^{Empire}의 길을 잃다

권력 조작 놀음으로 지샌 북제^{北齊}

/

정치가 어지러우면 참요^{讖謠}가 유행한다. 조선 숙종 때 유행한 '미나리는 사철이고 장다리는 한철이라~'는 노래는 참요, 즉 조짐을 예언하는 민요의 대표적 사례다. 미나리는 노론 출신 인현왕후 민씨, 장다리는 남인 출신 희빈 장씨를 뜻하는데, 민씨에게 유리한 가사를볼 때 인현왕후가 속한 노론집단이 만들어 유행시켰음을 미루어 짐작할 수 있다. 탁발선비족이 세운 북위^{北魏}는 선무제 이후 쇠퇴하기시작한다. 선무제는 한화^{漢化}의 군주 효문제와 고구려 출신 문소황후사이에서 태어났다. 북위는 선비족 출신 하륙혼, 즉 고환^{高歡}이 세운관동의 북제^{北齊}와 우문선비족 우문태^{宇文泰}가 세운 관중의 북주^{北周}로 분열했다. 국력은 북제550~577년가 북주557~581년를 2배 이상 압도했으나, 북제는 황실 포함 지도층의 끊임없는 권력조작 놀음과 잦은 권력 교체로 정치가 불안정했다. 고환의 장남 고징이 부하에게 암살당하고, 뒤를 이은 고양과 고연은 요절했으며, 고담은 무용은 뛰어났으나 혼정昏政을 자행했다. 고담의 아들 고위 시대에 북제는 막장의 끝을 보여 주었다. 북주는 참요를 퍼뜨려 북제의 혼란을 부추겼다. 북주의 명장 위효관韋孝寬이 북제 군부의 중핵 곡률광斛律光·Hulüguang을 제거하고자 북제 수도 업성鄴城에 첩자를 심어 퍼뜨린 참요의 가사는 다음과 같다.

百升飛上天 明月照鄴城
백승은 하늘 위로 솟아오르고, 명월은 업성을 비추네

곡斛은 곡식을 계산하는 단위다. 100승百升이 1곡斛이므로 '백승'은 곧 곡률광을 뜻한다. 또한 '명월明月'이 곡률광의 자字였으니, 곡률광이 황제 고위를 대체하리라는 암시를 참요에 담은 것이다. 무능과 음학淫虐의 군주 고위高緯는 결국 이 참요에 의해 쓰러졌다. 청소년 황제 고위는 572년 곡율광 일족을 살해한데 이어 다음해인 573년 종실 출신 명장 고효관高孝琯에게 사약을 내렸다. 자신의 팔다리를 스스로 자른 것이다.

유목 민족의 남천南遷과 혼혈 선비 유연柔然

/

오르도스河套를 포함한 네이멍구內蒙古·넓게는 만주까지 거주 부족이 남하하여 중원으로 이주하고, 그 빈자리를 몽골고원북만주 포함에 거주하는 부족이 채우는 현상은 흉노→ 선비→ 유연→ 돌궐→ 위구르→ 키르키스→ 거란→ 여진→ 몽골에 이르기까지 되풀이된다. 4세기 말 탁발선비가 국가의 중심을 화북華北으로 옮기자 네이멍구 등 몽골고원은 일시적으로 권력 진공상태에 들어갔다. 이때 등장한 국가가 혼혈 선비족 유연柔然이다. 유연은 한때 탁발선비에 속했던 유연족을 중심으로 흉노 발야계족, 고차 부복라족과 돌궐 아사나족 등이 결합된 다종족 연합국가였다. 유연족은 탁발선비 북위北魏에 흡수되지 않고 남은 모용, 독발, 걸복 선비 세력 등으로 구성되었다. 유연은 4월 축제 전통을 가진 탁발선비와는 달리 10월 제천행사를 거행했다. 영토는 외몽골 오르콘강 유역카라발가순 부근을 중심으로 동으로는 랴오허, 서로는 타림분지와 알타이산맥, 이르티시강에 이르렀다. 남으로는 오르도스까지 지배했다.

유연의 지배층은 터키-몽골계로 보이나 구성원 다수는 인도-유럽계 토하르인Tocharian으로 추정된다. 유연의 수장郁久閭·욱구려은 터키 계통 '선우'가 아니라 몽골 계통 '한汗·가한' 칭호를 사용했다. 유연의 군사 체제는 100명을 1당幢으로 편성하는 당幢 제도였다. 10당을 1군軍으로 편성하고 군에는 장將을 뒀다. 유연의 십진법적 군사편제는 몽골제국까지 계승된다. 신라도 군사제도로 대당大幢, 관직으로 각간角干·GaKahn, 대각간大角干을 두었다. 김유신은 태대각간太大角干까지 승진했다. 각간은 원래 유목민 최고지도자, 추장酋長을 의미하는 '가한可汗·칸·Kahan'에서 온 말이다. 신라는 진흥왕534~576년 시기 대당大幢을 편성했으며, 삼국통일 이후 고구려인, 백제인, 말갈인흑금서당 등을 포함한 9서당誓幢을 운영했다. 북위는 초기에는 유연에 대해 방어적 정책을 구사하다가 태무제 탁발도408~452년 시대에는 유연의 외몽골 본거지셀렝가강 유역를 공략하는 등 공격적 정책으로 전환했다.

돌궐제국the Göktürks의 탄생

/

북위가 끊임없이 유연 원정에 나선 이유는 물자 공급을 차단하여 유연이 제국으로 성장하는 것을 막기 위해서였다. 북위의 대對유연 정책은 강남 왕조 및 고구려에 대한 정책과 밀접한 관계를 갖고 있다. 북위는 신장-중앙아시아의 터키화된 부족국가 오손烏孫, 고차高車와 동맹을 맺었다. 고구려 동북쪽의 퉁구스계 물길勿吉과도 우호관계를 유지했다. 유연은 이렇듯 동서로 포위된 상황에서도 북위에 강하게 맞섰다. 북위의 유연에 대한 공격적 정책은 결국 실패로 끝났다. 강남의 역대 왕조들과 동쪽의 고구려가 북위를 노리던 터라 유연 토벌에만 전력을 다할 수 없었기 때문이다. 유연을 멸망시킨 것은 북위가 아니라 유연에 속한 부용附庸 부족 터키계 돌궐突厥이었다. 아사나씨 중심의 돌궐은 철기 제작에 능한 부족이었다. 돌궐은 유연에 속해 있으면서도 독자성을 유지하다가 552년 부민Tumen·투멘 가한 시기 서위西魏와 연합하여 유연을 무너뜨렸다. 돌궐제국은 흉노, 유연과 같이 수도를 셀렝가강의 지류인 오르콘강 유역 오르두 발리크카라 발가순로 정했다. 소그드어가 돌궐 제국 공용어로 사용되었다.

한족의 남천南遷, 하카客家의 탄생
/

311년 '영가의 난' 이후 남흉노에 화북을 빼앗긴 한족 상당수가 창장 하류 양저우揚州와 중류 형주荊州 방면으로 남하했다. 남하한 인구는 당시 화북 핵심 지역 인구의 약 8분의 1로 100만여 명에 달했다 한다. 낭야 왕씨와 진군 사씨 등 교인僑人, 타향에서 임시로 머무는 중국인들이 장씨張氏, 주씨朱氏, 육씨陸氏, 고씨顧氏 등 강남 토착호족과 함께 사마씨를 지원하여 동진東晉을 세웠다. 이들은 동진을 계승한 송-제-양-진 시대에도 중심 세력으로 살아남았다. 강남 역대 왕조들은 황무지 개간에 몰두했다. 한족의 황무지 개간으로 인해 쫓겨난 산월山越, 파巴, 요獠 등 원주민들은 끊임없이 봉기를 일으켰다. 일부는 한족에 동화되었다.

강남 마지막 왕조 진陳의 건국은 토호와 장군들이 주도했는데, 이들의 원류는 강남의 원주민이다. '귀거래사'의 시인 도연명의 증조부로 동진에서 군사령관 격인 태위太尉를 지낸 도간陶侃 역시 무릉만 출신이다. 사마씨의 동진東晉은 전진前秦 부견의 남하를 저지하면서 한문명漢文明을 유지·발전시키는 구실을 한 다음 유유劉裕, 363~422년가 세운 송宋에 역사의 자리를 넘겨주었다. 동진 북부군北府軍 출신 유유는 410년 모용선비 모용덕이 산둥을 중심으로 세운 남연南燕,

413년 한족 초종焦縱이 쓰촨에 세운 촉蜀, 417년 강족 요장이 장안시안을 중심으로 세운 후진後秦을 멸망시키는 등 혁혁한 전공을 바탕으로 420년 동진을 찬탈했다.

선비족의 북방, 한족의 남방

/

송은 서한西漢 재상 소하蕭何의 후예라고 주장한 소도성의 제齊에, 제는 소도성의 종질從姪 소연蕭衍의 양梁에 멸망당해 역사의 뒤안길로 사라졌다. 송, 제, 양 왕조에는 송나라 문제와 양나라 무제 등 영명한 황제도 있기는 했지만, 유자업과 소보권 등 도를 넘은 음란淫亂과 끝없는 골육상쟁 등 문제를 일으킨 황제들이 많았다. 양나라 무제는 초반 치세가 대단히 좋았으나 후반기로 가면서 부패, 몰락해 갔다. 빈부격차가 지나치게 커지면서 황족과 귀족에게 적개심을 품은 백성이 늘어갔다. 북제의 전신 동위東魏의 실력자 고징高歡의 아들에게 대항해 반란을 일으켰다가 고징이 보낸 장군 모용소종慕容紹宗에게 패한 끝에 양나라로 망명한 갈족羯族 출신 허난 담당 사령관 후경侯景이 양梁 무제에 대해 반란을 일으키자 수도 건강 부근에서만 10만여 명이 동조할 정도였다. 소씨蕭氏 황족들이 서로를 견제하는 틈을 타 건강성을 함락한 후경은 무제를 유폐했다. 후경은 이후 한漢을 세웠으나 광둥에서 봉기하여 북상한 진패선에게 패망했다. 진패선은 557년 자신이 옹립한 양나라 경제로부터 선양을 받아 진陳을 세웠다.

북위의 뤄양 천도

/

동진-송-제-양-진으로 이어진 강남 왕조들은 문벌 귀족사회였으며 화북중원의 북조에 비해 경제력은 월등했으나 정치체제의 효율성은 떨어졌다. 남·북조 간 군사력 격차는 인구 차이에서도 비롯했으나, 선비족이 지배하는 북방과 한족이 주력을 이룬 남방 간 조직력과 전투력 차이가 더 큰 원인이었다. 취약한 군사력에도 불구 강남 왕조들이 상당 기간 유지된 데는 유연과 돌궐, 고구려 같은 북방 국가가 북위, 북제, 북주 등 화북 왕조의 배후를 위협했기 때문이다. 화북을 통일한 탁발선비는 지배 민족인 선비족과 피지배 민족인 한족 간 갈등을 해소해야 했다. 북연北燕 출신 풍태후馮太后의 지원을 받아 즉위한 효문제 탁발굉은 정치체제의 안정을 위해 선비족의 한화漢化를 추진했다. 효문제는 493년 풍태후의 간섭도 피할 겸 수도를 산시성 북부 평성따퉁에서 허난의 낙양뤄양으로 옮겼다. 그는 조정에서 선비어를 사용하는 것을 금지하고, 호한胡漢 모든 가문의 격을 정하는 성족상정姓族詳定 조치를 취했다. 선비-흉노계 목穆, 육陸, 하賀, 류劉, 루婁, 우于, 해奚, 울蔚씨와 함께 한족 청하 최崔, 범양 로盧, 농서 리李, 형양 정鄭, 태원 왕王씨 등을 탁발씨 황실과 혼인할 수 있는 최상위 성姓·귀족으로 인정했다. 황족 성 '탁발'도 한족식 '원元'으로 바꾸었다. 이 시기 이란계 소그드인의 활약도 증가했다. 지支, 사史, 안安, 강康 등을 성으로 가진 중앙아시아인들은 북위의 뒤를 이은 북주, 북제 시대에도 크게 활약한다.

육진六鎭 진민의 난

/

효문제의 한화 정책은 일정한 성과도 있었으나, 결국 탁발선비가 비극적 운명을 맞는 것으로 끝났다. 뤄양으로 수도를 옮긴 지 2년 만인 495년 선비 귀족 목태의 반란이 일어났다. 524년에는 북위 최초의 수도인 네이멍구 성락후허하오터 우측에 위치한 옥야진沃野鎭 소속 병사 파락한발릉의 주동으로 이른바 '육진의 난'이 일어났다. 육진은 네이멍구를 동서로 가로지르는 옥야진, 무천진武川鎭, 회삭진懷朔鎭, 무명진撫冥鎭, 유현진柔玄鎭, 회황진懷荒鎭을 말한다. 육진의 진민鎭民은 원래 ①직업으로는 군인, ②사회적으로는 귀족, ③종족적으로는 선비라는 특성을 갖고 있었다. 진민鎭民은 낙양 천도 30년이 지난 후 북위 조정으로부터 버림받아 천민화했다. 병참 중심선이 북부 네이멍구 전선에서 남부 화이허淮河 전선으로 전환되면서 이들에 대한 처우가 나날이 나빠졌다. 진민의 반란이 육진 전체로 확산되어 북위 전역이 혼란에 빠졌다. 한족을 어떻게 통치할지를 두고 일어난 선비족 내부 갈등은 탁발선비가 세운 제국북위의 분열이라는 역류를 부르며, 화북을 혼란으로 몰고 갔지만, 이 혼란은 새 공동체인 호한체제胡漢體制로의 전환 과정이었으며, 흉노에 의한 '영가의 난311년'과 같은 아수라장은 아니었다.

무천진 군벌의 탄생

/

북주와 수·당을 창업하는 무천진 군벌의 싹이 이즈음 돋아났다. 온 갖 나라 이름이 등장하는, 중국 역사상 손꼽히게 혼란스러웠던 시대가 저물기 시작했다. 무천진 진민 중에는 북주를 세우는 우문씨宇文氏, 수隋를 세우는 보륙여씨普六茹·Puliuru, 당唐을 세우는 대야씨大野氏가 포함되어 있었다. 이들이 수·당 지배계층인 관롱집단關隴集團을 형성한다. 육진 반란군은 산시山西의 갈족 이주씨爾朱氏 수장 이주영爾朱榮이 이끄는 북위 관군과 북위군을 지원한 유연군柔然軍에 패했다. 519~559년 40년 동안 화북에서는 북위 황실 금군禁軍의 난519년, 육진의 난524년, 막절염생의 난527년, 갈영의 난과 하음학살528년, 양나라 장군 진경지의 침입527~529년, 동·서위 분열535년, 북주−북제 간 전쟁 등 극도의 혼란이 되풀이되었다. 화북의 대혼란이라는 호기好機에 고구려가 허베이유주와 기주 지역으로 진출하지 못한 것은 고구려 또한 장수왕−문자왕 전반기의 전성기를 지나 안장왕−안원왕−양원왕 시대519~559년의 혼란기였기 때문이다. 안원왕 말기 고구려는 추군麤君과 세군細君 세력 간 수도 평양에서 수천 명이 죽고 죽이는 등 격렬한 내전에 돌입했다. 양원왕 시기인 557년에는 국내성의 귀족 간주리干朱里가 주도하는 반란이 일어났다. 이로 인해 이 시기 고구려가 군사 개입 등 화북 정세에 거의 영향을 미치지 못한 결과로 나타난 것이 수나라의 고구려 침공이다.

돌궐강突厥江 인산陰山 아래

/

회삭진 출신으로 본명이 하륙혼賀六渾인 고환高歡, 496~547년은 처음에는 갈족 수장 이주영과 이주조를 받들었으나 곧 허베이의 중심 업성에서 자립하고, 관동허베이, 산동 지방의 한족 호족들과 연합하는 데 성공했다. 하음학살이주영이 북위의 실력자 호태후와 한족 대신 등을 황하에 수장시킨 사건 이후 관동의 한족 호족豪族 모두 이주씨에 등을 돌렸기 때문이다. 고환은 531년 군사기지 진양으로부터 추격해 온 이주조의 군대를 업성 근교에서 격파한 후 업성에 승상부를 설치했으며, 효무제 원수元脩를 추대했다. 고환과 사이가 나빠진 효무제는 535년 장안의 우문선비족 출신 장군 우문태505~556년에게로 도망쳤다. 고환은 원수를 추격했으나 잡지 못하자 효정제 원선견을 옹립했다. 이로써 동위535~550년가 성립됐다. 우문태는 원수를 받아들였다가 나중 독살하고, 원보거를 옹립하여 서위535~556년를 세웠다. 동·서위는 각기 북제와 북주의 그림자에 지나지 않았다. 서위西魏의 문제와 동위東魏의 제왕齊王 고환은 몽골고원의 강국 유연柔然의 지원을 확보하고자 유연의 공주욱구려씨를 황후왕후로 맞이했다. 유연에 대해 신종臣從하는 자세를 취한 것이다. 쾌도난마快刀亂麻의 주인공 고양高洋이 동위를 빼앗아 세운 북제는 선비족과 한족, 돌궐족 등이 섞인 나라였다. 고양은 북으로는 거란과 고막해庫莫奚를 정벌하고 유연과 돌궐 간 분쟁에도 개입했으며, 남으로는 양梁-진陳 교체기의 남조南朝 영토 화이허 이남을 점령하는 등 북제를 강국으로 만들었다. 돌궐 철륵부 출신 곡률씨斛律氏는 북제 군부에 크나큰 영향력을 갖고 있었다. 북제北齊 군부의 중핵 곡률광의 부친

곡률금斛律金이 한어漢語로 번역한 돌궐 노래 '칙륵가勅勒歌'를 소개한
다. 중국 초등학교 교과서에도 소개되어 있다. 칙륵이나 철륵Töles은
고대 터키어를 한자로 음차한 것으로 '연맹聯盟'이라는 뜻이다.

勅勒川 陰山下
돌궐강 음산 아래

天似穹廬 籠蓋四野
하늘은 마치 천막처럼 사방의 들판을 덮고

天蒼蒼 野茫茫
하늘은 짙푸르고 들판은 가없이 넓네

風吹草低 見牛羊
바람 불어 풀이 눕는데, 아아 멀리 소떼, 양떼가 보이네

세계제국 당唐의 뿌리 우문씨의 북주

/

북위의 실력자 산시 갈족羯族 출신 이주영은 싼시관중 반란 진압을 위
해 일족 이주천광을 파견했는데, 무천진 출신 하발악賀拔岳이 이주천
광의 부장으로 관중에 부임했다. 북주를 세우는 우문태를 비롯한 무
천진 출신 장교들은 대부분 하발악을 따라 종군했다. 하발악이 고환
의 사주를 받은 후막진열侯莫陳悅에게 암살당한 후 동료 장군들의 추
대를 받은 우문태는 스스로 새 질서를 만들어 내기로 결심했다. 우
문태는 위무제魏武帝 조조를 능가하는 인물이다. 그가 태동시킨 호한

체제胡漢體制가 세계제국 당唐을 탄생시키고, 중국 문화의 동아시아화를 가능하게 했기 때문이다. 서위의 실권을 장악한 우문태는 소작 등 한족 유학자들을 등용하여 행정과 군사제도를 일신했다. 우문태는 543년 고환이 이끄는 동위군과의 뤄양 북망산 전투에서 패배한 다음 동위에 비해 턱없이 부족한 선비족 병력을 보충하려면 관중의 한족 장정을 징집할 수밖에 없다고 판단했다. 그는 8주국柱國 12대장군大將軍 아래에 의동부儀同府를 두어 한족 장정 징집을 담당하게 했다. 서위→북주의 군사제도는 선비족 고급장교들이 한족 하급장교와 병사들을 지휘하는 체제였다.

선비족의 조조 우문태의 개혁

/

이렇듯 서위西魏에서 시작해 북주와 수나라를 거쳐 완성된 부병제는 토지를 기반으로 했으며, 우리 조상 나라들에도 큰 영향을 미쳤다. 당나라가 고구려와의 전쟁에서 패하는 등 대규모 전쟁에서 연거푸 패배했음에도 국력을 회복한 이면에는 부병제가 있다. 우문태는 이吏, 호戶, 예禮, 병兵, 형刑, 공工 6부제를 만들었다. 이 6부제는 한국과 베트남 등 동아시아 국가에 전파되어 1300년 넘게 지속됐다. 우문태는 '노성재행虜姓再行'이라는 북방민족 성씨 회복 조치도 시행했다. 북위 효문제가 강행하여 바꾸었던 한족성漢族姓을 원래의 선비 또는 흉노성鮮卑·匈奴姓으로 환원하게 했다. 우문태는 이 같은 조치를 통해 관중의 사회질서를 재편하여 우문씨에 충성하는 신 귀족집단을 만들어 내었다.

우문태는 군사 측면에서도 뛰어났다. 상대적으로 약한 군대를 갖고 동위의 공세를 잘 막아냈다. 위효관을 기용하여 546년 분수汾水 하류 요충지 옥벽玉璧을 공략해 온 동위 고환高歡의 군세를 막아낸 것은 압권이다. 그는 강남의 양梁으로부터 쓰촨四川과 한수漢水 유역 샹양襄陽을 빼앗았으며, 괴뢰국 후량後梁을 세우는 등 서위의 국력을 크게 신장시켰다. 우문태는 534년 동쪽의 북제와 북쪽의 유연의 침략을 방어하고자 유연의 종속 부족이던 돌궐의 수장 부민土門·투멘 가한과 제휴했다.

유대교의 서돌궐 하자르, 이라크 모술까지 진출
/

유연은 아나궤 가한과 그의 삼촌 바라문 간 충돌로 크게 약화되었다. 550년경 서위–돌궐 연합군이 유연군을 격파했으며, 이는 아나궤를 자결로 몰아넣었다. 나라를 잃은 2만여 유연인들은 6세기 중엽 아랄해와 카스피해를 거쳐 남러시아 평원을 거쳐 발칸으로 진출하여 훈Huns과 이란계, 터키계 부족을 규합해 아바르Avar를 세웠다 터키-토하라계 에프탈(백훈) 제국 후손들이 아바르를 세웠다는 주장도 있다. 아바르는 남부러시아와 발칸의 게르만계, 슬라브계 부족도 통합하여 다민족 연합국가로 재탄생했다. 아바르는 592년, 619년, 626년 3차례에 걸쳐 단독 또는 사산조 페르시아와 함께 비잔틴 제국 수도 콘스탄티노플을 공략했다. 아바르의 전성기는 592년 바얀 가한이 베오그라드를 점령한 후 남진하여 콘스탄티노플 입구 초를루에 진입했을 때다.

564년 서위를 계승한 북주는 돌궐과 함께 동위를 계승한 북제를 공격하여 북제의 군사도시 진양타이위안을 약탈했다. 567년 투멘의 후계자 무한木汗 가한은 사산조 페르시아와 연합하여 타지키스탄 바다흐샨 고원에서 기원한 아프가니스탄 발흐박트리아 중심 에프탈 제국을 멸망시키는 등 중앙아시아 방면으로도 진출했다. 무한 시대의 돌궐은 랴오허−몽골−아랄해를 영토로 하는 유라시아 최강국이 되었다영토 600만㎢. 572년 거행된 무한의 장례식에는 북주, 북제, 토번, 비잔틴, 아바르, 거란, 고구려 등 동·서 여러 나라 사절이 조문했다. 무한의 뒤를 이은 타파르他鉢 가한이 북제와 북주를 '남쪽의 효성스러운 두 아들'이라고 칭할 만큼 돌궐은 전성기를 이어갔다. 그만큼 북제와 북주는 상대국에 승리하기 위해 돌궐에 경쟁적으로 조공했다. 아래에서 상세 설명하겠지만, 돌궐은 타파르 가한 이후 동족상잔 끝에 582년 톈산을 경계로 동·서로 분열했다. 서돌궐 일부는 서천西遷하여 7세기 볼가강 유역을 중심으로 유대교Judaism를 국교로 하는 하자르Khazar를 세웠다. 하자르는 사라센 제국의 북진을 저지하여 동유럽 기독교 세계를 지켜냈다. 652년 하자르군은 카스피해 연안 다르반드 전투에서 사라센군을 격파했으며, 722~737년에는 하자르 기병대가 다르반드 관문을 돌파해 사라센 영토로 쳐들어가 모술이라크 북부과 디야르바키르터키 남동부까지 진격했다.

북주 우문호宇文護의 권력 집중

/

우문태의 조카 우문호는 우문태로부터 정권을 인수받은 지 2개월 후인 557년 서위 공제恭帝로 하여금 우문태의 아들 우문각에게 선위하게 하여 북주를 개국했다. 우문호는 16년간 집권하면서 1대 우문각, 2대 우문육 등의 황제를 세운 동시에 폐살廢殺한 제1의 권력자였다. 우문호는 572년 무제 우문옹에게 제거당할 때까지 독고신, 을불귀즈귀, 보륙여충수나라 문제 양견의 아버지 포함 여러 숙장宿將, 공로가 많은 장수들을 살해하는 등 권력을 집중시켰다. 우문태가 구축한 집단지도체제로는 국가의 지속적 발전이 불가능하다는 것을 깨달았기 때문이다. 오늘날 중국 국가주석 시진핑이 권력 집중을 시도하는 이유도 우문호의 전례와 비슷하다. 미국, 일본 등과의 대결에서 중국이 제대로 힘을 발휘하려면 권력집중이 필요하다는 것을 깨우친 것이다. 우문호는 돌궐과 연합하여 북제를 공격했으나 실패했다. 무제 우문옹은 이를 기회로 삼아 친위 쿠데타를 일으켜 우문호를 살해하고 친정을 시작했다. 576년 우문옹의 동생 우문헌을 사령관으로 하는 북주군이 북제의 요충지 진양으로 쳐들어갔다. 북제 황제 고위는 총비寵妃 풍소련을 옆에 끼고 독전했으나 진양은 함락됐다. 고연종, 고개, 고효형 등 북제 종실 장군들은 생포되었다. 고위는 패배한 군대를 버려두고 타이항太行산맥을 넘어 업성으로 도주했으나 577년 산동에서 생포되어 처형당했다. 북주가 퍼뜨린 참요에 속아 곡률광 일족을 제거한 대가代價였다.

고구려, 추군麤君·세군細君 내전

/

고구려는 519년 안장왕 즉위 후 국내성, 평양성 세력 간 갈등이 격화되어 내전 상태에 돌입했다. 돌궐, 신라, 백제, 그리고 물길勿吉이 국경 지방을 호시탐탐 노렸다. 그 와중에도 고구려는 백제에 반격을 가하여 한강 유역 일부를 다시 빼앗고, 6진의 난 등 내란으로 인해 혼란에 처한 북위의 용성차오양을 공격하기도 했다. 531년 안장왕이 시해되고 그의 아우 안원왕이 즉위했다. 안원왕도 545년 벌어진, 왕비족들인 추군, 세군 세력 간 왕위 쟁탈전 와중에 시해되었다. 왕위 쟁탈전에서 승리한 추군 세력은 양원왕을 즉위시키고, 세군 세력 2000여 명을 처형했다. 양원왕 시대에도 고구려는 내우외환에 시달렸다. 북제 문선제 고양은 552년 양원왕에게 사신을 보내 북위 말 내전 시기 고구려로 흘러들어간 유연계柔然系 주민을 송환하라고 압박했다. 안장왕 후기 이후 거듭된 내전으로 인해 약체가 되어버린 고구려의 양원왕은 북제 사신에게 굴욕적으로 굴복하여 유연계 주민 5000여 명을 북제에 돌려보냈다.

북제 멸망 시 북제의 영주차오양 부근 자사 고보녕은 끝까지 투항을 거부했다. 북주군이 고보녕 군대를 공격했으나 랴오시遼西 배산전투에서 고보녕을 지원한 평원왕평강왕의 사위 온달의 고구려군에게 패퇴했다. 온달은 고구려에 복속된 지 얼마 안 된 유목부족오늘날의 투바 출신으로 추측해 본다. 고구려와 우호관계를 유지해 온 유연이 부속 부족 돌궐에 밀려 약화하면서 고구려의 서쪽 국경선시라무렌 강 방면에 긴장이 고조되었다. 돌궐은 동진하여 고구려의 통제를 받던 거란 부족 일부를 복속시켰다. 백제-신라-대가야 연합군이 한강유역으로 북진해 온 551년 양원왕은 장군 고흘高紇을 파견하여 시라무렌강을 넘어 신성新城, 백암성白巖城을 침공해 온 부민Tumen·투멘 가한의 돌궐군을 물리치고 1,000여 급을 참수했다. 하지만, 돌궐은 유연을 멸망시킨 후 더 강성해져 555년경 거란을 포함한 시라무렌강 유역 부족 대부분을 합병했다.

신라의 발전, 대가야 멸망
/

고구려의 내정 혼란과 함께, 돌궐의 동진을 막고자 고구려의 군사력이 서북방에 집중된 틈을 타 신라의 김이사부는 532년 낙동강 하구 평야지대의 금관가야를 정복했다. 신라는 551년 동맹국 백제대가야군포함와 함께 북진하여 고구려 영토이던 한강 상류 지역을 점령했다. 이 무렵 백제는 대가야에 군대를 주둔시키는 등 대가야를 사실상 지배하고 있었다. 신라는 한강 유역으로 진출하는 과정에서 금관가야계 주민들을 충주·단양 포함 남한강 유역으로 사민徙民, 지배집단이 피지배집단의 주거지를 강제로 옮기는 것하여 전투와 보급 부대로 활용했다. 김거칠부金居柒夫의 신라군은 북한강과 동해안을 따라 북진하여 영서지방과 안변, 원산, 함흥 일대 고구려의 10여 개 군을 빼앗았으며, 568년 함흥평야에서 개마고원으로 넘어가는 황초령과 마운령에 진흥왕 척경비拓境碑를 세웠다면적 7만㎢.

고구려는 신라와 밀약을 맺어 신라-백제 간 싸움을 붙였다. 고구려는 한강 하류 지역을 놓고 벌어진 신라–백제·대가야·왜 간 553년 관산성 전투 전후 신라와 백제가 서로 싸우는 틈을 이용하여 주력을 서북부 국경에 집중하여 돌궐의 침공에 대응할 수 있었다. 관산성 전투 불과 9년 후인 562년 거듭된 패전으로 인해 국력이 소진된 대가야는 김이사부와 김사다함이 이끄는 신라군의 기습 공격을 받아 멸망했다. 신라군은 장구長驅하여 창녕 이서以西까지 쳐들어갔다. 백제–왜 연합군의 지원도 대가야의 멸망을 막지 못했다. 왜왕倭王 킨메이欽明는 대가야를 멸망시킨 신라에 대해 분노를 쏟아냈다. 대가야 귀족 대부분은 왜야마토로 도피하고, 남은 백성 상당수는 삼척·강릉 지역으로 이주 당했다. 대가야의 멸망으로 인해 백제는 신라에게 옆구리를 내어주는 형세가 되었다. 백제와 신라는 이후 대야성합천 등 옛 가야 영토를 놓고 치열하게 경쟁했다. 한반도의 대표적 평야지대 한강과 낙동강 유역을 놓고 벌인 신라와의 경쟁에서 패배한 백제는 대가야가 망한지 불과 1세기 뒤에 멸망한다.

07

동아시아 버전의 세계대전,
고구려-수·당 전쟁

조조의 위魏와 우문태의 북주北周

/

선비족 우문태宇文泰가 세운 북주北周는 삼국시대 위魏와 비슷한 형태로 멸망했다. 우문태는 정치·행정·군사적 재능을 포함한 여러 측면에서 조조曹操를 빼어 닮았다. 위나라가 권신 사마씨氏 일가에게 나라를 빼앗겼듯 북주도 권신 양견보륙여견, 양견은 동한 재상 양진의 후예라고 하면서 성을 '보륙여(버드나무)'에서 '양(楊·버드나무)'으로 바꿈 일가에 의해 나라를 잃었다. 위나라가 촉나라를 멸했듯 북주도 북제를 멸했으며 위나라를 대체한 서진西晉이 강남의 오吳를 멸하고 중국을 일시적으로 통일했던 것과 마찬가지로 북주를 대체한 수隋도 강남의 진陳을 멸해 중국을 통일했다. 서진이 30여 년 만에 멸망했듯 수나라도 30여 년 만에 멸망했다.

그만큼 위-서진과 북주-수는 유사한 점이 많다. 위-서진이 한족 왕조인 반면 북주-수는 선비족 왕조라는 점만 다르다. 30대에 요절한 화북 통일의 영웅 무제 우문옹을 계승한 선제 우문윤은 성적性的 환락歡樂을 추구한 폭군이었다. 580년 우문윤이 22세의 나이로 급서하자 양견은 외손자인 유소년幼少年 황제 우문천을 대신하여 권력을 장악했다. 유방劉昉을 포함한 관중關中의 한족 호족豪族들이 우문윤의 유조遺詔라고 속이고 양견을 승상으로 밀어 올렸다. 양견이 황족 우문씨를 포함한 반대파 숙청을 시작하자 황실 우문씨의 인척 울지형尉遲迥이 북제의 수도이던 업鄴에서 봉기했다. 후베이 총관 사마소난司馬消難과 익주益州 총관 왕겸王謙, 저족氐族 음평국왕陰平國王 양법침 등 유력자들이 동조하여 한때 국가의 절반이 울지형에게 복속되었다.

양견의 궁정 쿠데타

/

양견은 이간책을 써 북제의 명장 곡률광 일가를 궁지로 몰아 죽게 만든 적 있는 노장 위효관509~580년을 기용하여 울지형의 봉기군을 제압했다. 울지형은 580년 9월 토벌군에 패해 자결했다. 양견은 업鄴 주민 모두를 인근 안양으로 옮기고 업을 철저하게 파괴했다. 노령의 위효관도 곧 사망했다. 양견이 황제로 가는 길에 놓인 두 골칫거리가 한꺼번에 제거되었다. 울지형의 봉기를 평정하자 양견의 아내 선비족 독고씨獨孤氏는 양견에게 제위帝位를 차지하라고 종용했다. "일이 이미 이렇게 된바, 맹수의 등에 올라탄 것과 같으니, 여기서 내릴 수 없습니다大事已然, 騎獸之勢, 必不得下." 여기서 '기호지세騎虎之勢'라는 말이 나왔다. 양견은 그해 12월 수왕隨王에 책봉됐으며 이듬해인 581년 제위에 올랐다. 그는 수隨에서 급히 사라지는 것을 의미하는 '착辶'을 빼고, 새로 만든 글자 '수隋'를 국호로 정했다. 문제 양견은 우문천을 포함한 우문씨 일족을 이 잡듯 뒤져 모조리 죽였다. 우문씨는 인맥·혼맥이 중첩된 무천진 군벌의 중핵이었다. 무천진 출신으로 북주 황실과 인척 관계인 대신, 장군이 많았다. 양견 일족은 무천진 출신 주국柱國, 대장군 집단으로부터 고립되었다. 훗날 당고조唐高祖가 되는 이연李淵의 처妻 선비족 출신 두씨竇氏는 어릴 적 외삼촌인 무제 우문옹에 의해 양육되었는데, 양견이 우문씨 황족을 학살한다는 소식을 듣고 '여자로 태어나 우문씨 집안을 구해주지 못해 한스럽다.'고 통곡했다. 양견은 무천진 집단을 대신할 새로운 지지 세력을 만들고자 과거제도를 도입하여 무천진 군벌의 약화, 황권 강화를 가져오게 했다. 또한 그는 율형법·령행정법·격행정명령·식시행세칙을 다듬었으며, 균전제에 기초한 부병제, 조·용·조租庸調라는 세稅·역役 체계, 지방행정 체계도 발전시켰다. 양견의 개혁으로 수나라의 재정이 풍족해졌으며 군사력은 더욱 강해졌다.

수나라의 중국 통일

/

양견은 580년 룽시隴西의 백항저족 국가 음평국陰平國을 멸하고, 584년경 몽골고원의 돌궐을 신종臣從, 신하로서 따라 좇음시켰으며, 587년 창장 중류 장링江陵을 수도로 하는 위성국 후량後梁을 병합하여 대진對陳 전 초기지로 삼았다. 수나라가 돌궐을 제압한 과정은 아래에서 상세 설명한다. 수나라는 279년 서진이 그랬던 것처럼 약 400년 만에 다시 대규모 함대를 익주쓰촨로부터 창장의 흐름을 따라 진나라 수도 건강建康·난징으로 내려 보낼 수 있게 되었다. 진陳은 오吳가 그랬던 것처럼 서쪽과 북쪽 양면에서 수나라군을 맞이해야 했다. 강남 정권이 중원 정권의 공격을 막으려면 ①형주샹판 방어선과 ②쓰촨 방어선, 그리고 ③하류의 허페이合肥쪽 방비를 단단히 해야 하는데, 수나라는 이미 3개 요충지 모두를 점령하고 있었다. 수나라의 진나라 정복 준비는 587년 시작되었다. 산둥반도, 형주의 한장漢江, 그리고 쓰촨益州의 영안永安까지 전함이 곳곳에서 건조되었다. 대장군 양소楊素는 영안에 머물면서 함선 건조 상황을 보고받았다. 588년 가을 문제는 오나라를 치던 서진의 사마염처럼 원정군 출병을 명했다.

진나라 원정군 사령관은 차남 양광양제이었고, 군대 규모는 51만 8000명이었다. 수나라 8개 군단이 쓰촨부터 서해에 이르기까지 창장 북안에 길게 배치되었다. 진나라 군대는 전선의 서쪽 끝 우창武昌과 수도 건강 부근에만 집중적으로 배치되었다. 수나라의 전략은 창장 상류의 양소 군단이 진나라 수군을 묶어두어 건강을 마주보는 곳에 진치고 있던 양광의 육군 주력이 창장을 쉽게 도하할 수 있는 시간을 벌어 주는 것이었다. 진나라 수군이 건강 방어를 위해 이동하는 상황이 벌어지더라도, 쓰촨에 자리한 양소의 수군은 창장의 흐름을 따라 내려가 수나라 육군의 건강 공격을 지원할 수도 있었다. 수나라 장군 하약필과 한금호가 창장 하류를 교묘하게 건너 건강의 외곽도시 경구를 점령하고 건강으로 진격했다. 건강에는 10만의 진나라 군대가 집결해 있었으나, 황제 진숙보는 출전한 장군 소마가의 후처를 범하는 등 난행亂行을 거듭했다. 수나라군은 589년 큰 저항 없이 진나라 수도 건강에 입성했다. 184년 황건군 봉기로 분열된 지 무려 400년 만에 중국이 다시 통일되었다. 양견은 597년 명장 사만세史萬歲를 윈난雲南·남만에 파견하여 서남이西南夷 찬완의 찬씨爨氏 왕국을 토멸했다.

582년 돌궐의 동·서 분열

/

우문씨의 북주北周가 양씨의 수나라로 대체될 무렵 동·서 돌궐 간 갈등이 격화했다. 부민투멘 가한의 동생 이스테미室點密 야브구돌궐 제국 제2인자를 뜻함를 계승한 서돌궐 타르두 야브구는 동돌궐의 우위를 인정하지 않았다. 외몽골 셀렝가강 유역을 근거로 한 동돌궐과 키르기스의 탈라스 강 유역에 자리 잡은 서돌궐 사이의 갈등은 전쟁으로 비화했다. 부민의 아들 타파르 가한은 양견이 북주를 찬탈한 581년 사망했다. 가한 자리를 두고 타파르의 동생 다로빈과 아들 안로가 분쟁을 벌였다. 타파르는 다로빈을 다음 가한으로 지명했으나, 돌궐 의회 Toy는 다로빈의 생모가 돌궐족이 아니라는 이유로 다로빈의 가한위 계승을 거부했다. 장로들이 안로를 후계자로 지명하자 이번에는 다로빈이 안로의 가한 계승을 반대하고 나섰다. 결국 안로는 또 다른 삼촌 이쉬바라沙鉢略·샤폴라에게 양보하고 제2 가한 칭호에 만족한 채

정치에서 물러났다. 가한이 된 샤폴라는 다로빈에게도 아파 가한이라는 칭호를 주어 내정의 안정을 기하고자 했다.

  양견은 강남의 진陳을 정벌하려면 먼저 북방의 돌궐 세력을 꺾어놓아야 한다고 판단했다. 양견은 서돌궐 타르두 야브구에게 접근하여 그를 돌궐 가한으로 칭하고 동돌궐 샤폴라 가한에 대항하는 동맹을 모색했다. 돌궐과의 외교에는 토하라계, 이란계, 터키계 등의 언어에 능통한 소그드인들이 맹활약했다. 소그드 출신 사물사 표기장군와 하조태부승는 고관으로 승진했다. 샤폴라를 고립시키는 데 성공한 양견은 583년 종실 양상楊爽을 사령관으로 대군을 동원하여 동돌궐군을 격파했다. 유주 총관 음수陰壽는 보기步騎 수만 명을 이끌고 노룡새盧龍塞로 나가 북제의 유장遺將으로 영주를 근거로 동돌궐과 결탁해 있던 고보녕을 격파했다. 고보녕은 도망하다가 거란땅에서 부하에게 피살당했다. 장손성長孫晟은 샤폴라 가한과 갈등하던 아파 가한 다로빈을 꾀어 수나라에 항복시켰다.

  샤폴라는 다로빈이 수나라에 항복하자 군대를 보내 다로빈의 근거지를 쑥대밭으로 만들고, 그의 어머니를 죽였다. 다로빈은 서돌궐로 도망하여 타르두와 함께 샤폴라를 공격했다. 타르두는 582년 샤폴라의 가한 지위를 더 이상 인정하지 않는다고 선언했으며, 이에 따라 돌궐은 동·서로 완전 분열했다. 동·서 내전 끝에 서돌궐의 타르두에게 패한 샤폴라는 584년 수나라에 항복하고 칭신稱臣, 스스로 신하라고 자처했다. 수나라는 마음 놓고 진陳나라를 공격할 수 있게 되었다. 수나라가 중국을 통일한 이후인 601년 서돌궐의 타르두가 대군을 이끌고 장안을 위협했으나, 장손성이 격퇴했다. 서돌궐은 603년 철륵부의 반란을 계기로 다시 분열했다. 타르두는 다로빈 가한에게 근거지를 빼앗기고 칭하이青海 지역으로 도주했다. 툴란都藍에 이어 동돌궐 가한이 된 야미계민는 서돌궐의 공격이 계속되자 부족 모두를 이끌고 수나라에 투항했다.

수-고구려-동돌궐 간 세력균형

/

당시 롼허–다링허–랴오허로 이어지는 랴오시–네이멍구 동남부 일대는 수, 고구려, 거란·해奚, 돌궐 등 여러 세력의 각축장이었다. 수나라는 거란·해족을 수나라 세력권 내에 끌어들이는 등 랴오시에 대한 영향력을 강화했다. 이에 따라 돌궐뿐 아니라 고구려도 위축되었다. 돌궐이 동·서로 분열582년된 후 동돌궐 이쉬바라沙鉢羅 가한은 고구려에 동맹을 요청했다. 고구려와 동돌궐은 이해관계가 일치하자 수나라를 공동의 적으로 삼고 협조체제를 유지했다. 그 결과 고구려–수–동돌궐 간 '힘의 균형'이 어느 정도 유지되어 고구려에 대한 수나라의 위협도 일정 기간 줄어들었다. 고구려는 평원왕재위 559~589년 시기에 국내성, 평양성 세력 간 벌인 내전의 상처를 치유하고 국력을 회복했다. 화북이 북주, 북제로 분열되어 있던 때다. 수나라는 589년 중국 통일 후 고구려가 장악하고 있던 시라무렌강 유역 거란 부족 일부를 고구려로부터 이반시켰다. 거란 출복부가 수나라에 투항했다. 속말말갈 추장酋長 돌지계신라의 통일전쟁 시기 신라에 쳐들어온 이근행의 아버지도 1천여 호를 이끌고 수나라에 투항했다. 고구려의 서북부 국경이 위험해졌다. 고구려는 더 이상 수나라의 팽창을 바라보고만 있을 수 없었다. 598년 2월 영양왕재위 589~617년은 1만여 말갈靺鞨 기병을 직접 지휘하여 다링허 유역 요충지 영주營州·차오양를 공격했다. 수나라는 랴오허 유역을 공략하는 것으로 대응했다. 양제煬帝, 재위 605~616년가 즉위한 다음, 고구려와 수는 한 동안 우호관계를 유지했으나 607년 8월 양제가 동돌궐 계민啓民 가한의 장막에서 고구려 사신과 조우한 것을 계기로 고구려와 수나라 간 갈등이 고조되었다. 고구려 사신과 조우한 양제는 우홍牛弘으로 하여금 고구려 사신에게 백제, 신라에 대한 공격 중단과 함께 영양왕의 입조入朝를 요구하고, 이를 거부할 경우 정벌도 불사하겠다고 위협하게 했다. 고구려는 수나라의 협박을 무시하고 백제와 신라를 계속 공격했다.

말갈과 우리의 역사 공간

/

한편, 말갈靺鞨·Mohe은 고구려와 백제, 신라 관련 사서에도 자주 나온다. 『삼국사기』에 의하면, 백제와 신라는 건국 초기 말갈과 종종 충돌했다 한다. 이들은 맥말갈貊靺鞨, 예말갈濊靺鞨 등으로도 표현된다. 예·맥과 말갈은 큰 차이가 없었다는 의미다. 백제의 주류를 이룬 부여인과 전라도 침미다례인이나 제주도 탐라인耽羅人 간 차이가 고구려의 평양과 두만강 유역 주민들 간 차이보다 작았을까? 통일신라는 말갈인으로 구성된 부대흑금서당를 별도로 두기도 했다. 일부 사가들은 『삼국사기』가 (한반도 내) 말갈로 표현한 세력은 함흥–원산지역 포함 오늘날의 함경도, 강원도 주민들이었다 한다. 말갈은 만주와 한반도뿐만 아니라 헤이룽장黑龍江 북안北岸 등 시베리아 지역에도 거주했다. 말갈은 동해안을 따라 경상도·강원도에서 연해주 이북까지 연결되어 있다. 말갈의 분포지가 워낙 넓어 한반도 인근 말갈과 헤이룽장黑水 유역 말갈은 특히 역사시대 이후 역할이 크게 다르다. 사할린과 홋카이도, 쿠릴열도, 캄차카 반도, 알라스카 알루샨 열도에도 아이누에조와 함께 말갈 유적도 발견된다. 고구려와 동부여, 옥저沃沮·Woju가 자리한 연해주 '악마문 동굴'에서 발견된 7700년 전 신석기인의 머리뼈에서 확보한 DNA를 분석한 결과 악마문 동굴 신석기인은 현대 한국인처럼 갈색 눈과 삽 모양 앞니 유전자를 갖고 있는 것으로 밝혀졌다. 악마문 동굴 인근에 사는 울치족 외에, 악마문인과 유전 정보가 가장 비슷한 인류는 한국인으로 확인되었다.

울치족은 러시아 연해주와 하바로프스크주 울치스키군郡에 거주하는 소수민족으로 퉁구스계에 속한다. 근대 이전 인종 기준으로는 이들을 읍루挹婁·Yilou와 물길勿吉·Wuji, 흑수말갈 또는 여진족으로 분류할 수 있다. 울치족에게는 곰 숭배 사상 원형이 그대로 남아 있다. 울치족과 같은 계통인 나나이족중국에서는 허저족으로 불림은 헤이룽장 유역에 많은 암각화를 남겼다. 이 암각화는 울산 천전리川前里 암각화와 유사한데, 이는 울치·나나이 계통 신석기인이 한반도 남부로 이동한 증거로 판단된다. 고구려와 발해가 멸망한 후 원산 이북 함경도와 청천강 이북 평안도에는 말갈의 후예인 여진족이 주로 거주했다. 함경도 해안지대 대부분은 원래 옥저의 땅이었다. 옥저인이 갑자기 말갈족으로 바뀌었다는 뜻인가? 이는 결국 압록강 중류 국내성과 대동강 유역 평양성을 제외한 대다수 지역 고구려 주민은 말 갈이었다는 의미이다. 나중 조선을 세우는 이성계 일가는 말갈과 연결되는 여진 혼혈이었다. 이성계의 친구는 여진족 이지란퉁두란이고, 김종서의 첩은 여진 여인이었다. '오랑캐꽃'의 시인 이용악1914~1971년도 여진의 피를 받았다 한다. 함경북도 회령, 온성, 부령 등에는 1960년대까지도 '재가승在家僧 마을'이라는 여진족 마을이 있었다. '두만하천명', '아오지지명', '주을지명'은 여진어에서 유래한다. 예·맥과 말갈은 종족적 차이가 크지 않았다는 뜻이다. 우리 역사에서 말갈을 제거하기 위해 발해 지도층은 고구려인, 기층 주민은 말갈인이었다는 식의 억지스런 주장은 문명과 오랑캐를 가르는 성리학적 모화사상慕華思想에 기초하여 우리의 역사 공간을 축소시키는 역할을 할 뿐이다.

동아시아판 세계대전 결과

/

수나라 양제는 고구려 정복에 나섰다. 수나라군 외에 거란·해흉노, 선비의 후예, 물길, 토욕혼, 고창高昌 등 제3국군도 고구려와의 전쟁에 동원되었다. 양제가 군사적 모험에 나설 수 있었던 것은 문제양견 이후 수나라의 경제력, 군사력이 급속히 팽창한 덕분이다. 인력을 효율적으로 활용, 투입할 행정 능력을 갖춘 것이 국력 상승의 뒷받침이 되었다. 호적에서 누락되었던 호구戶口를 등재하여 이전 통계로는 40만 명에 불과하던 장정 수가 200만 명까지 증가했다. 호구 수 증가에 따라 조세 수입도 급증세를 보였다. 호구 수는 문제 초기 400만

호에서 진나라의 64만 호를 흡수함으로써 464만 호에 이르렀다. 호구 수는 양제 즉위 초 다시 890만 호로 급증했다. 890만 호는 당 현종 시기 900만 호를 돌파하기까지 수-당대 최대 호구 수였다. 수나라는 진나라를 멸망시킴으로써 강력한 강남 해군도 손에 넣었다. 양제는 610년 해군력 증강의 성과를 시험해 보고자 류큐오키나와를 침공해 주민 7000명을 사로잡아 갔다. 백제 무왕은 이 같은 대륙 정세 변화를 읽고 국지모國智牟를 사신으로 파견하여 수나라의 고구려 정벌에 협력하겠다는 의사를 표명했다. 백제는 고구려와 수나라를 놓고 끊임없이 저울질했다.

612년 1월 수나라의 제2차 고구려 침공 시 원정군 규모는 우문술宇文述이 지휘한 좌군 52만 8000명, 우중문于仲文·柱國 于謹의 손자이 인솔한 우군 52만 8000명, 양제가 지휘한 중군 26만 4000명 등 총 132만 명에 달했다. 수나라 육군 집결지인 베이징 부근 탁군에 모여 출정을 하는 데만 40일이 걸렸으며, 랴오허 유역 고구려 국경까지의 행군 길이는 430㎞에 달했다. 수나라가 진나라를 칠 때 동원한 병력이 52만 명인데, 고구려 정벌 때는 그 두 배가 넘는 132만 명을 동원했다. 수나라는 왜 고구려 정벌에 전력을 기울였을까. 다음 3가지가 원인인 것으로 분석된다. 첫째, 수나라 지도부의 팽창 욕망이다. 선비족 군벌국가인 수나라는 정복국가였다. 수나라는 선비족이 한족을 정복하고, 한족에 동화되어 만들어진 나라다. 311년 흉노 유총劉聰, 재위 310~318년에 의한 '영가의 난' 이후 중국은 589년 수가 진을 멸망시켜 중국을 통일할 때까지 250여 년간 계속된 내전과 고구려, 유연柔然, 돌궐의 위협으로 인해 밖으로 팽창해 나갈 수 없었다. 이제

통일은 달성되고, 급증한 인구로 인해 힘은 넘쳐났다. 남은 것은 고구려밖에 없었다. 고구려인은 미천왕, 광개토대왕, 장수왕, 평원왕 등의 영토 확장으로 사기가 높았으며 사해四海, 천손天孫, 천문도天文圖로 상징되는 독자적 세계관을 갖고 있었다. 고구려는 또한 백제, 신라, 가야, 거란·해, 지두간, 두막루 등 행성行星을 거느린 항성恒星으로 자부했다.

수나라는 만주-한반도에 별도의 국제질서가 남아 있는 것을 허용할 수 없었다. 둘째, 수나라군은 북위군→서위군→북주군의 전통을 이은 강군으로 577년 북제를 멸망시키고, 584년 돌궐의 무릎을 꿇렸으며, 589년 진나라를 정복하고, 609년 칭하이青海에 자리한 모용선비의 나라 토욕혼도 굴복시켰다. 당시 수나라군은 선비족 육군과 강남 한족의 수군을 통합해 명실 공히 전략군으로 발전했다. 여러 전쟁을 치르면서 수나라군은 야전과 공성전, 해군을 동원한 합동작전 등을 성공적으로 수행해 자신감이 넘쳤다. 돌궐과 토욕혼의 굴복으로 인해 수나라의 배후는 비교적 안전해진 반면, 고구려는 평원왕 시대 이후의 적극적 남진 정책으로 적대관계에 들어간 백제와 신라에 배후를 찔릴 가능성이 있었다. 셋째, 국내 정치적·지정학적·경제적 이유도 작용했다. 북주 찬탈, 진나라 정복, 돌궐 정벌전 등에서 많은 공신이 탄생했다. 이들에게 땅을 충분히 배분하려면 고구려와 같은 큰 나라를 반드시 점령해야 했다. 고구려를 정복하면, 한강 이남의 백제나 신라는 수나라 대군의 공세 앞에 단 3개월도 버티어 낼 수 없을 것이기 때문에 고구려 점령은 곧 랴오허 이동 만주와 한반도 모두를 장악하는 것을 의미했다. 고구려는 △랴오둥의 철,

△대동강, 재령강과 랴오허, 쑹화숭가리강 유역의 농산물, △북만주 평원의 삼림자원에서 나오는 경제력을 바탕으로 대규모 군대를 보유한 동아시아 제2의 강국이었다.

을지문덕은 선비계인가? 말갈계인가?

/

수나라 해군은 육군과 합동작전을 전개했다. 내호아가 지휘한 해군은 산둥반도 라이저우萊州를 떠나 메이산열도眉山列島를 따라 동북진해 랴오둥 반도로 나아갔다. 수나라 해군은 고구려 해군으로부터 별다른 저항을 받지 않고 랴오둥 반도 동쪽 해안을 따라 계속 노를 저어 압록강 하구에서 남으로 진로를 바꿔 대동강 하구를 향해 항진했다. 수나라 해군이 사용한 항로는 중국과 한반도-일본 사이를 왕래하는 선박이 전통적으로 이용한 경로다. 수나라 육군은 살수 전투에서 을지문덕乙支文德·Yizhi Wende에게, 해군은 평양성 전투에서 영양왕의 동생 고건무영류왕에게 대패했다. 고구려 정복 전쟁 실패로 수나라는 멸망했다. 최소 50~60만 명의 병사가 죽어나간 제2차 고구려 원정 실패로 수나라는 패망의 길로 접어들었다. 50~60만 명을 현대 중국 14억 인구에 대입하면 약 1400만 명이라는 숫자가 나온다. 이 정도 숫자의 젊은이가 죽어나가고도 무너지지 않을 나라는 어디에도 없을 것이다. 수나라의 고구려, 백제에 대한 압력은 나카노오에中大兄로 대표되는 덴노가天皇家에 의한 대호족 소가씨蘇我氏 제압과 국가통합으로 나타났다. 바다 건너 일본도 수나라의 공세적 대외정책에 위기를 느낀 것이다. 백제와 왜간 관계도 한층 더 긴밀해졌다.

을지문덕과 비슷한 시대를 산 인물 중 당나라 장군 울지경덕蔚遲敬德·Yuchi Jingde이 있다. 조금 앞선 북위北魏 시대에는 물길勿吉 사신 을력지乙力支·Yilizhi가, 북주 시대에는 울지형蔚遲迥·Yuchi Jiong이라는 인물도 있다. 수 문제 양견의 우문씨 황족 숙청에서 살아남은 울지형 일가 일부가 고구려로 망명하여 을지씨가 되었을 것이라는 설도 있다. 새외민족의 성은 한자로 음차音借해 표기한다. 울지씨는 선비족으로 알려져 있다.『삼국사기』에 '가족 배경이 알려지지 않았다.'고 적힌 을지문덕은 어느 종족 출신일까. 아무르헤이룽강-우수리강 유역에 '울치Ulchi'라는, 우리와 유전적으로 가깝고 곰을 토템으로 하는 퉁구스계 종족이 살고 있다. 을력지는 물길, 즉 울치족과 같은 퉁구스계로 보인다. 그렇다면 을지문덕은 선비계일까 퉁구스계일까.

아스카飛鳥 시대 야마토大倭·大和의 발전

/

4세기 초 일본 혼슈섬 기나이畿內의 야마토大倭를 중심으로 연합왕국이 출현했다야마토의 중심지가 북큐수라는 설도 있음. 야마토는 통합을 강화하면서 혼슈 동부와 북큐슈 등으로 영역을 넓히기 시작했다. 세습 군주 오키미大君·大王가 통치했다. 오키미 밑에 귀족계급이 형성되어 성姓을 부여받고 광대한 토지와 함께 부속민을 소유했다. 이 시기 한반도와 중국으로부터 많은 사람들이 건너왔다. 4세기 말 백제에서 한자漢字와 유교가 전래되고, 6세기 중엽에는 불교가 전래되면서 야마토의 문화 수준이 크게 향상되었다. 아스카 시대安宿·飛鳥時代, 592~710년 대호족 소가씨의 외손外孫 쇼토쿠聖德 태자는 소가씨의 지원에 힘입어 중앙집권을 강화하고, 관위冠位 12계층을 제정하였으며 유교를 바탕으로 덴노의 지위를 명확히 했다. 아스카 문화는 한반도 문명의 연장이라고 할 만큼 백제와 가야 등 한반도로부터 많은 제도·문물이 도입되었다. 건축·조각·회화 등의 대부분이 한반도 출신 학자·승려 등에 의해 전수되었다. 쇼토쿠 태자는 수나라에 사절견수사을 파견하여 수나라의 선진 문물을 받아들이는 한편, 수-고구려, 수-돌궐 관계 등 국제정세도 파악코자 했다.

야마토왜는 600년 첫 번째 사절을 수나라에 파견한 이후 618년까지 5회에 걸쳐 사절을 파견했다. 제2차 사절은 수나라 양제煬帝가 왜에서 보낸 국서國書를 읽고 격분했던 일화로 유명하다. 국서 첫머리에 '해 뜨는 곳日本의 천자가 해 지는 곳의 천자에게 보낸다.'고 쓰여 있었기 때문이다. 수나라는 고구려와의 전쟁을 준비하고 있던 관계로 왜를 적대국으로 만드는 것을 원치 않았기 때문에 배세청裴世淸을 답사로 왜에 파견하는 등 왜와 친선관계를 유지했다. 608년 파견된 제3차 사절 때는 도래계渡來係 자손 8명이 유학생과 학승學僧 신분으로 수나라로 건너갔다. 수나라의 선진 문물을 경험한 이들은 나중 일본의 국정 전반에 큰 영향을 끼쳤으며, 645년 황자 나카노오에中大兄에 의해 단행된 다이카개신大化改新 때도 활약했다. 다이카 개신이후 덴노제天皇制가 확립되기 시작했다.

피비린내 나는 축록전

/

양제는 재위 14년 동안 △고구려 정벌, △대운하 공사, △양저우揚州 미루迷樓 건설 등으로 국고를 탕진했다. 중신重臣 양소의 아들 양현감의 반란 등 반란이 꼬리를 물었다. 결국 양제는 618년 양저우에서 최측근 우문술宇文述의 아들 우문화급化及, 우문지급智及과 사마덕감이 주도한 쿠데타군에 의해 교살絞殺당했다. 양제가 시해당한 후 수나라는 극도의 혼란에 빠졌다. 동돌궐은 이 틈을 타 수나라의 영향력에서 벗어나고자 했다. 동돌궐 시비始畢 가한은 이전 수나라가 고구려 침공에 몰두하던 615년부터 본격적으로 수나라 변경을 침공했다. 시비 가한은 북벌을 감행 중이던 양제를 공격해 산시山西 안문雁門에서 양제 일행을 포위하기도 했다. 양제는 야미 가한, 시비 가한에게 출가한 누이 의성공주의 도움을 받아 위기에서 벗어났다. 시비는 617년 수나라 황실에서 약탈한 재화를 갖고 도피해 온 양사도梁師都를 중국가한中國可汗에 임명했다. 양제의 이종사촌이자 대야호大野虎의 아들인 태원晉陽·진양 유수留守 이연李淵이 봉기하여 618년 당唐나라를 세웠다.

선비족 핏줄의 이연은 5호 16국 시대 서량西涼 농서 이씨의 후손을 자처했다. 이연은 아들 건성, 세민, 원길과 딸 평양공주 등과 함께 이밀李密, 두건덕竇建德, 왕세충王世充, 소선蕭銑, 유무주劉武周 등 강력한 경쟁자 모두를 물리치고, 10여 년에 걸친 피비린내 나는 축록전逐鹿戰, 사슴을 뒤쫓는 싸움이라는 뜻으로 제위나 정권 따위를 얻기 위한 다툼에서 최종 승리했다. 전쟁과 가뭄한발, 기아로 인해 수천만 명이 죽어 나갔다. 내전 시 당나라군대는 둘 이상의 적을 한꺼번에 상대하는 경우가 많았다. 둘 이상의 적과 마주쳤을 때 한쪽은 포위해두고, 다른 쪽을 공격해야 다소라도 승리할 공산이 있다. 당 태종이 되는 이세민은 수비를 위주로 하다가 적군의 보급로를 끊고 한꺼번에 몰아치는 전술을 주로 구사했다. 이세민은 설인고, 유무주·송금강, 왕세충·두건덕 격파 시에도 비슷한 전술을 사용했다.

소리小利와 대국大局

/

수비를 위주로 하다가 일순간에 적을 몰아쳐 승리한 사례는 이세민 외에도 많다. 칭기즈칸의 부하 수부타이가 지휘한 몽골군의 헝가리 침공, 금나라 태조 완안 아쿠타의 요나라 공격, 서한西漢 오초吳楚 7국의 난 진압 시 대장군 주아부가 오왕吳王 유비劉濞를 격파한 것, 유계유방가 항적항우을 격파한 것, 전국시대 진나라 장군 백기白起가 조나라 장군 조괄趙括을 상대한 장평대전 등이 모두 수비를 위주로 하다가 보급 문제 등 적이 허점을 보인 순간을 노려 일거에 몰아치는 방법으로 승리한 전쟁이었다. 이세민은 산시山西 일대의 군웅 유무주, 송금강, 울지경덕 등을 보급로를 끊는 방법으로 격파했다. 주로 방어만 하면서 교전을 피하고, 길어진 보급로만 집요하게 공격했다. 산시를 확보한 이세민은 왕세충원래 성은 지(支)이 지배하던 뤄양성을 포함한 허난의 식량창고도 노렸다. 이세민은 치열한 전투 끝에 왕세충군을 격파하고 뤄양성을 포위하는 데 성공했다. 적의 항복만 기다리면

되는 순간, 허베이의 군웅 두건덕이 왕세충을 구원하고자 뤄양으로 진군해 왔다. 두건덕의 병력은 무려 10만이나 되었다. 뤄양성의 왕세충을 포위한 3만여 이세민 군은 앞뒤로 적을 맞아 포위될 우려가 있었다. 이세민은 병력을 둘로 나누는 모험을 감행했다. 일부 병력을 부하에게 맡겨 뤄양성을 계속 포위하게 하고, 자신은 나머지 병력으로 두건덕을 막기로 한 것이다. 이세민은 우선 뤄양 부근의 요충지 호뢰관虎牢關에 들어가 버렸다. 1개월을 인내한 이세민 군은 두건덕의 10만 대군이 방심한 틈을 타 폭풍같이 밀고 나가 적의 절반을 죽이거나 포로로 잡았다. 포로 중에는 두건덕도 포함되어 있었다.

이연이 축록전을 승리로 이끈 요인은 다음과 같다. 첫째, 근거지이던 산시山西성 태원타이위안에서 싼시성 장안을 곧바로 공략했다는 점이다. 이는 전술·전략적으로 올바른 선택이었다. 장안 탈취는 '관중에 들어앉아 지형의 험준함을 이용해 세력을 키우고, 물고기를 낚듯이 정권을 공고히 하다가 기회를 엿보아 천하를 통일한다.'는 전략의 첫 번째 발자국이었다. 타이위안은 훗날 5대 10국 시대 사타돌궐沙陀突厥 출신 유숭劉崇이 세운 북한北漢의 도읍이자 20세기 전반 중화민국 시대의 군벌 옌시산閻錫山의 근거지가 되는 곳으로 할거하기는 쉬운 땅이지만, 천하 패권을 장악할 거점은 될 수 없는 곳이다. 둘째, 지도자 이연은 포용력이 큰 인물이었다. 이연의 포용력은 당시 최대 세력을 가졌던 이밀李密의 경계를 피해 장안에 입성하는 데도 큰 도움이 됐다. 셋째, 이밀과 왕세충 등 경쟁자들이 뤄양 근처 식량창고에 지나치게 집착했다는 것이다. 그들은 소리小利에 어두워 대국大局을 보지 못했다. 이연은 우수한 인적자원이 몰려 있던 관중

陝西·산시을 쉽게 장악할 수 있었다.

수성獸性이 판치는 비극의 시대

/

수많은 아이와 여자들이 비참하게 죽어나가고, 지독한 기근으로 인해 인육人肉까지 먹어야 했던 10년 내전이 지나갔다. 수-당 교체기는 수 천만 명이 죽어나간, 수성獸性이 판치는 극도의 잔인과 비극의 시대였다. 수말隋末-당초唐初의 시인 왕적王績은 야만이 지배하는 이 시대의 아픔을 그의 시 '야망野望'에서 절절하게 표현했다.

東皐薄暮望	해질 무렵 동쪽 언덕을 바라보며
徙倚欲何依	내 살 곳 도대체 어디인가
樹樹皆秋色	나무마다 가을빛이 물들고
山山惟落暉	봉우리마다 노을이 짙구나
牧人驅犢返	목동은 송아지 몰고 돌아오고
獵馬帶禽歸	말 탄 사냥꾼은 잡은 새 갖고 집으로 온다
相顧無相識	이리 저리 둘러보아도 아는 사람 하나 없으니
長歌懷采薇	길게 노래 부르며 고사리 캔 이들을 그린다

08

당나라의 동북아 제패,
토번吐蕃의 흥기

동·서 돌궐 멸망

/

시비 가한 통치 기간614~619년 중 동돌궐東突厥은 일시적으로 타파르 가한이 통치하던 전성기 국세를 회복했다. 처라출로 가한의 뒤를 이은 힐리頡利·실리는 현실 안주 성향의 인물로 타르두스, 바이쿠발야고, 위구르 부족의 반란과 거란의 이탈을 초래하는 등 동돌궐 제국을 파멸로 몰아갔다. 626년 7월 피비린내 가득한 현무문玄武門 쿠데타를 통해 형 이건성과 동생 이원길을 죽이고 계승 전쟁에서 승리한 태종 이세민598~649년은 동돌궐을 굴복시켰다. 중국 역사상 최고의 전략가 중 한 명으로 인정받는 이정李靖, 571~649년은 630년 2월 외몽골까지 원정하여 힐리의 동돌궐 대군을 격파하고, '후수後隋' 황제의 이름으로 동돌궐에 망명해 있던 양제의 손자 양정도와 양제의 황후 소씨蕭氏를 찾아내어 장안으로 압송했다. 이정은 동돌궐군을 계속 추격하여 1만여 명의 목을 베고 10만여 명을 포로로 잡는 등 큰 전과를 올렸다. 이정은 야미계민·시비·처라·힐리 가한의 카툰왕비 의성공주문제 양견의 딸를 잡아 죽이고, 힐리 가한마저 사로잡아 개선했다. 양견의 북제 황족 우문씨 학살이 수나라 양씨 일족에게 고스란히 되돌아온 것이다. 당 태종은 남·북 새외민족에 의해 천가한天可汗으로 추대되었다. 유목과 농경 2개 세계를 망라한 통합 수장 자리에 오른 것이다. 혈연적으로 북방 출신 선비족인 태종 이세민이 황제와 천가한을 겸한 것은 의미심장하다. 당나라는 고종 시기인 652년, 655년, 657년 세 차례에 걸쳐 정지절, 소정방, 임아상, 아사나 마사동돌궐인 등을 보내 서돌궐 수도인 수야브碎葉, 키르키스의 추Chu강 계곡 토크마크를 점령하고, 샤폴라Ishbara칸을 생포하여 서돌궐을 멸망시켰다. 당나라는 이제 북방으로부터의 위협을 걱정하지 않으면서 동북의 강국 고구려를 침공할 수 있게 되었다. 당나라는 고종 시대에 신라와 연합하여 백제-왜 연합세력을 격파하고, 고구려도 멸망시켰다.

동북아시아의 세력균형 종말

/

고구려가 수·당 교체기615~625년를 틈타 4세기 모용선비족의 전연·후연前燕·後燕처럼 화북으로 진출했다면 관동허베이, 허난, 산둥, 산시 등을 장악할 수 있었을 것이다. 허베이는 고구려 영토와 접했고, 거란·해,

돌궐, 말갈 등 새외민족 수도 많았으며, 산둥반도는 랴오둥반도와 지척의 거리로 고구려의 해군력으로 통제 가능한 범위 내에 있었다. 당시 고구려의 국력이나 국제정세에 비춰볼 때 고구려는 전연·후 연과 달리 점령지를 장기간 통치할 수 있었을지도 모른다. 또한 고 구려는 후방이 튼튼하지 못했던 모용선비족과는 달리 랴오허-압록 강-대동강-예성강 유역이라는 튼튼한 후방기지를 갖고 있었다. 그 럼에도 불구 고구려가 관동의 범위를 넘기는 어려웠던 것으로 판단 된다. 수백만 명에 불과한 고구려인 중 화북 점령과 통치를 위해 상 당수가 떠나고 나면 본거지가 돌궐, 백제, 신라 등의 공격을 받아 위 기에 처할 수 있을 것이기 때문이다. 고구려가 수隋와의 16년에 걸 친 전쟁으로 고통 받았고, 남쪽의 도전 세력인 백제와 신라에 대한 반격이 긴요했다 해도 수·당 교체기에 중원 내부 동향을 수수방관 한 것은 큰 실책이었다.

영류왕재위 618~642년을 비롯한 고구려 지도부는 중원에서 수십 년 간 전란이 지속되거나 최소한 3, 4개 나라로 분열될 것으로 예상한 것으로 보인다. 고구려는 중원의 전란에 개입하여 일부를 점령함으 로써 중국 정세에 영향을 미치고, 나아가 △고구려, △당나라, △설 연타薛延陀·철륵 등 몽골고원 터키계 유목국가 간 정족지세鼎足之勢의 세력균형을 유지했어야 했다. 고구려는 당나라 이정, 이적 군대의 침공에 시달리던 동돌궐 힐리 가한의 동맹 요청을 거절했다. 그들은 고구려가 당장 당나라-동돌궐 간 전쟁에 말려드는 것만 걱정했다. 영류왕 포함 고구려 지배층은 당-고구려-돌궐 간 세력균형, 순망치 한脣亡齒寒의 원리를 제대로 이해하지 못하고 있었다. 고구려의 지나치게 소극적인 대對중원 정책은 당에 틈을 내주었다. 고구려는 당나라의 분열정책과 지속적인 소모전消耗戰에 놀아나 연개소문의 아들들이 상잔相殘을 벌인 끝에 멸망당하고 말았다. 고구려는 수·당 교체기를 넋 놓고 바라보다가 630년 동돌궐을 제압한 당나라가 압박해 오자 631년 초가 되어서야 북부 부여성扶餘城에서 보하이만渤海灣에 이르는 천리장성을 쌓기 시작했다. 그해 7월 당唐은 고구려가 조성해 놓은 랴오시 경관景觀을 파괴했다. 랴오시 경관은 고구려 침공전에서 전사한 수나라 병사들의 해골骸骨을 모아 쌓은 것으로 일종의 전승탑이다. 고구려 지도부는 당나라의 도발에 크게 긴장했다. 백제 의자왕은 즉위한 641년부터 고구려, 왜와의 관계를 증진하는 한편, 신라를 집중 공격했다. 백제는 642년 대야성합천과 643년 당항성화성 등 신라의 요충지를 집중 공략했다.

멸망 위기에 처한 신라

/

의자왕은 642년 8월 부여윤충扶餘允忠에게 1만 병력을 주어 낙동강 서안右岸 신라의 요충지 대야성합천을 점령하게 했다. 대야성 함락과 함께 신라는 낙동강 서안 영토 대부분을 백제에게 빼앗기고, 낙동강 동안左岸 압량주경산에 최후의 방어선을 쳤다. 압량주에서 수도 월성경주까지의 거리는 60㎞에 지나지 않는다. 신라는 영동嶺東 고구려 전선에서도 밀려나 동해안 국경이 하슬라강릉까지 축소됐다. ①내물 마립간재위 356~402년 시기인 400년경 왜와 금관가야의 침공, ②소지마립간 시기인 481년 고구려의 침공에 이어 세 번째로 신라는 다시 한 번 멸망의 위기에 몰렸다. 백제의 공세로 인해 멸망의 위기에 직면한 신라는 김춘추를 고구려에 파견하여 군사 지원을 요청하는 한편, 김유신을 압량주 군사령관으로 임명하여 전열을 재정비했다. 642년 가을 영류왕을 죽이고 정권을 장악한 대막리지 연개소문이 군사지원을 거부하자 신라는 당나라에 매달렸다.

당나라는 태종이 직접 지휘한 645년 고구려 침공전에서 패했다. 연개소문은 몽골고원의 설연타를 설득하여 배후에서 당군을 공격하게 했다. 당나라군은 랴오둥의 안시성 전투에서 패한데 이어 설연타군의 남하로 인해 후퇴할 수 밖에 없었다. 당나라의 고구려 침공은 왜에도 큰 충격을 주었다. 당은 이간책을 써 설연타를 분열시켰다. 이세적이 지휘한 당군은 646년 분열로 약화된 설연타를 멸망시켰다. 동돌궐에 이어 잠시 몽골고원의 패권을 장악했던 설연타가 멸망함에 따라 고구려의 입지는 더 약화되었다. 당나라는 신라를 이용하여 백제를 멸망시키고, 랴오허와 한강 2개의 전선에서 고구려를 침공하기로 방침을 정했다. 당唐은 고구려-백제-왜의 남·북 동맹에 맞서, 신라를 끌어들여 동-서 동맹 구도를 만들었다. 645년 나카노오에덴지 덴노가 외척 소가씨에 대한 쿠데타를 통해 집권한 후 왜倭는 당나라 '정관의 치治'를 모델로 삼아 '다이카개신大化改新'을 추진하면서 당나라의 동맹국 신라와 다소 가까워졌다. 위기에 처한 신라의 김춘추가 직접 왜를 방문하여 교섭했지만, 왜를 고구려와 백제로부터 떼어놓으려는 계획은 실패로 끝났다.

급작스런 백제의 붕괴

/

백제 지도부는 신라-당 동맹 강화 등 국제정세 변화에 둔감했다. 백제는 신라를 침공하기 위한 육군력 증강에 치중하느라 해군력을 등한시했다. 660년 15만 대군을 실은 당나라 함선 1900여 척이 경기만京畿灣까지 남하하여 마중 나온 신라 함선 100여 척과 함께 덕물도德積島에 20여 일이나 기항했는데도, 고구려 정벌을 준비하는 줄로만 알 정도로 상황을 제대로 파악하지 못하고 있었다. 소정방의 당나라 군은 금강錦江 흐름을 타고 올라가 신라군과 합세하여 사비부여와 웅진공주을 빼앗고, 의자왕의 항복을 받아냈다. 김유신이 이끄는 신라군 5만은 고구려를 치는 것처럼 보이게 한강 유역으로 북진하다가 방향을 틀어 갑자기 남하하여 황산벌에서 부여계백扶餘階伯의 5천 결사대를 격파하고, 사비와 웅진 공략전에 합세했다.

660년 사비성·웅진성 함락 시 백제의 호수戶數는 76만 호로 나온다76만 명으로 보는 견해도 있음. 촉한蜀漢이 멸망한 263년 촉한의 호수는 90~150만 호90~150만 명였다. 백제가 한반도 남서부에만 있었다면 멸망 시 면적은 3~4만㎢에 불과했을 것이다. 촉한은 백제에 비해 약 20배인 60~70만㎢의 영토를 갖고 있었다. 백제와 촉한 모두 인구 감소를 야기할 수 있는, 전쟁이 일상화된 나라였다. 고대사회의 인구 증가율은 높지 않다. 400여 년의 시간 차이가 있지만, 20배 이상의 영토를 가진 촉한이 최대한으로 잡아 백제의 2배 정도 인구만을 갖고 있었다는 기록을 믿는다면 (백제의 랴오시 경략설과 관련) 백제가 한반도 남서부만을 영토로 했다는 주장에는 의문이 간다. 고구려는 멸망한 해인 668년 약 40만㎢ 면적에 69만 호의 인구를 갖고 있었다. 남쪽 백제와 북쪽 고구려의 인구밀도에 상당한 차이가 난다 하더라도 3~4만㎢ 면적의 백제가 약 12배인 40만㎢ 면적의 고구려보다 인구가 더 많았다는 것은 이해가 안 된다. 고구려의 중심지 평양과 국내성 인근의 호구만 계산된 것은 아닐까? 면적 1.7만㎢의 한국 강원도 인구가 160만 명에 불과하다.

왜倭, 전력을 다해 백제 부흥 지원

/

백제에서는 곧 복국復國 운동이 일어났다. 백제 부흥군이 지원을 요청하자 왜는 당과 백제 사이에서 난처한 입장에 빠졌다. 백제 부흥군 지도자 원로 왕족 귀실복신鬼室福信이 원병 지원과 함께 의자왕의 아들 부여풍의 귀국을 요청한 때가 660년 10월인데, 왜가 부여풍을 백제로 보낸 것은 거의 1년 뒤인 661년 9월이다. 왜는 결단을 내린 뒤에는 파격적으로 부흥군을 지원했다. 왜는 백제를 거의 동족국가처럼 대했다. 661년 모친 사이메이齊明 덴노가 급서한 뒤 나카노오에는 즉위를 미루면서까지 백제 부흥군 지원에 전력을 다했다. 백제계로 추정되는 귀족들도 전력을 다해 백제 복국을 지원했다. 왜는 662년 1월 화살 10만 개와 곡식 종자 3000석을 원조했으며, 2개월 뒤인 3월 피륙 300단을 추가로 보냈다. 왜가 백제 복국 지원에 나서기로 한 데는 662년 1월 연개소문이 평양 근처 사수蛇水에서 당나라 10만 대군을 전멸시키고, 2월에는 평양 근교에 고립된 당장唐將 소정방 군단이 신라군으로부터 군량 지원을 받은 후 간신히 퇴각할 수 있었던 것도 영향을 미쳤다. 귀실복신이 지휘한 백제 부흥군은 사비성 주둔 당군을 포위할 만큼 기세를 올렸으나 전권을 장악한 귀실복신과 국왕 부여풍 간 갈등이 격화되었다. 663년 6월 부여풍은 귀실복신을 살해했다. 부여풍은 그해 8월 왜와 고구려에 사신을 보내 다시 원병을 요청했다. 왜는 추가 파병했으며 고구려는 신라의 변경을 공략했다.

백제의 종말

/

백제 부흥군 내부에 혼란이 일어났음을 파악한 신라는 서둘러 출병했다. 당은 웅진에 주둔하던 유인원劉仁願의 증병 요청에 따라 해군 7000명을 추가 파병했다. 당의 손인사와 유인원, 신라 문무왕김법민이 이끄는 육군과 당나라 두상, 의자왕의 아들 부여륭扶餘隆이 이끄는 170여 척 함선에 나눠 탄 해군이 해륙 협공으로 백제 부흥군의 임시 수도 주류성두루셩으로 진격했다. 육지에서는 백제 부흥군 기병이 신라군과 맞섰으며, 바다에서는 왜에서 건너온 3만여 명의 병사를 태운 1000여 척의 왜 함대가 백강白江 강변에 정박했다. 탐라 함선도 왜국 함대에 가세했다. 왜국 선단은 셋으로 나뉘어 당나라 해군을 공격했지만 간조干潮 시간차 등으로 인해 수적으로 우세했음에도 불구하고 네 번 모두 패했다. 백강 하구에 집결한 왜국 함선 가운데 400척이 불탔다. 『구당서』와 『신당서』, 『자치통감』, 『삼국사기』 모두 백강 해전에 대해 "연기와 불꽃은 하늘을 붉게 물들였고, 바닷물마저 핏빛이 되었다."고 묘사한다. 야마토大倭·大和의 장수 에치노 다쿠쓰는 수십 명을 죽이며 분전했지만 끝내 전사했고, 북큐슈의 호족豪族 치쿠시노기미 사쓰야마는 당나라군에 잡혀 8년간 억류됐다가 귀국했다. 부여풍은 부하 몇 명만 거느린 채 고구려로 달아나고, 살아남은 왜군 함대는 흩어진 병사들과 부여풍의 동생 부여용 등 백제 유민들을 태우고 나·당 연합군에 쫓기면서 간신히 귀국했다.『일본서기』에는 백강 패전 후 백제계 관료들이 '더 이상 조상의 묘에 참배할 수 없게 되었다.'고 한탄했다는 기록이 나온다. 야마토大倭 조정은 북큐슈와 세토나이카 연안에 백제식 성을 쌓는 등 당과 신라의 침공에 대비했다. 백강 대해전은 중국과 한반도, 일본 모두가 관계된 동북아 최초·최대의 국제해전이었다.

백제와 일본은 영국-미국 간 관계처럼 백제를 세운 부여계가 일본열도 왜倭의 발전에 큰 영향을 미쳤다가 5세기 말 웅진·사비 시대를 전후하여 일본이 백제보다 더 강대해져 거꾸로 일본이 백제에 상당한 영향을 미친 것으로 추정된다. 백제 영토가 한반도에만 있었다는 설에 따를 경우 사비시대 기준 백제 영토는 3~4만㎢, 왜大倭·야마토 영토는 24만㎢ 정도로 추산된다. 이에 따라 인구수도 백제가 당시 일본의 1/4~5에 불과했을 것이다. 경제력과 군사력도 대체로 이에 비례했을 것이다. 한성시대 아신왕, 전지왕과 웅진시대 동성왕, 무령왕은 왜야마토에 거주하다가 왜병과 함께 귀국하여 왕으로 즉위했다.

랴오둥의 백제 공동체

/

육지에서도 당군이 백제 부흥군을 제압하고 백제 부흥군의 임시수도 두루주류성을 함락함으로써, 임존성의 지수신遲受信을 제외한 부흥군 세력은 궤멸했다. 이때 사타사택상여와 흑치상지, 야마토왜군, 탐라耽羅 사신 모두가 항복했다. 백제 멸망 후 당나라로 끌려간 백제 왕족과 귀족은 상당한 정치·사회적 입지를 구축했다. 당 황실 방계인 괵왕虢王 이옹李邕이 출세를 위해 의자왕의 증손녀 부여태비扶餘太妃와 재혼할 정도였다. 당나라로 끌려간 백제인 대부분은 당의 대對발해 정책에 따라 랴오허 하류 건안성잉커우으로 이주당하여 발해의 서진西進을 막는 역할을 맡았다. 백제인들은 당나라에 의해 오랑캐로써 오랑캐를 제압한다는 이이제이以夷制夷의 수단으로 이용당하기는 했지만, 그 과정에서 입지를 강화할 수 있었다. 건안성의 백제 공동체는 8세기 안록산-사사명의 난과 절도사 할거割據 시대에도 버티다가 9세기 초 선왕宣王, 재위 818~830년 시기 발해가 랴오둥 지역으로 세력을 확장하면서 소멸된다.

연개소문가家의 상잔

/

663년 백제가 멸망함에 따라 고구려는 랴오허와 한강 유역 2개의 전선에서 적군을 막아야 했다. 고구려는 당이나 신라 등 외적이 아니라 연개소문 아들끼리 벌인 권력투쟁 여파로 인해 몰락했다. 동생

들과의 권력투쟁에서 패배한 장남 연남생은 당나라에 투항했다. 당나라 정복군 대장 이적徐世勣은 668년 연남생을 향도로 삼아 신라, 거란 등의 지원하에 평양성을 함락하고 고구려를 멸했다. 보장왕과 연개소문의 아들들 뿐 아니라 고연복宦官 고력사의 양부, 이정기, 왕사례, 왕구루·왕모중 부자, 이인덕, 이타인, 옥소玉素, 고사계고선지의 아버지 등 수 많은 고구려인들이 당으로 끌려갔다. 당나라는 국력에 비해 과도하게 팽창했다. 백제를 멸망시킴으로써 한반도 남부에까지 세력을 뻗쳤으며, 고구려를 멸망시킴으로써 랴오허, 쑹화강松花江을 넘어 흑수말갈黑水靺鞨의 근거지 헤이룽장 유역까지 세력을 넓혔다. 키르기즈와 우즈베키스탄을 포함한 중앙아시아와 길기트小勃律를 포함한 파키스탄 동북부로까지 세력을 뻗쳤다. 당나라는 과도하게 팽창하면서 내외 모두의 저항에 부딪혔다. 과도한 전비 지출로 증세增稅가 불가피해짐에 따라 경제 중심지인 장화이江准를 비롯한 도처에서 민란이 일어났다. 거란과 발해의 공격에 대비해 설치된 허베이, 산시, 산둥 지역 절도사들의 할거는 당나라의 분열을 재촉했다. 티베트 고원의 토번, 만주의 발해, 윈난의 남조南詔, 중동-중앙아시아 사라센 압바스 왕조, 몽골 고원의 후돌궐後突厥, 위구르의 저항은 당제국의 분열을 가속화했다.

토번제국의 등장, 발해 독립, 신라의 삼국 통일

/

당唐의 강적은 7세기 초 티베트 고원을 통일한 송첸감포Songtsän-Gampo 찬보재위 629~649년의 토번제국이었다. 찬보贊普는 티베트어로 황제皇帝라는 뜻이다. 송첸감포는 부족 할거 상황을 완화하고 세제를 개편하며 도량형을 통일하고, 무역을 촉진하여 토번의 경제력을 증진하는 데 주력하였다. 그는 재상 투미 삼보타Thonmi Sambhota 등 학자들을 인도에 파견, 문자를 습득하게 하여 이를 바탕으로 티베트 문자를 창제했다. 송첸감포 시기 당나라문성공주와 네팔티쏜 공주을 통해 들어온 불교가 밀교密敎로 발전했다. 송첸감포는 새 수도 라싸에 라마불교의 본산이 되는 포탈라궁을 건설했다.

고구려가 멸망한 2년 뒤인 670년 가르첸링이 이끄는 토번군은 설인귀가 지휘한 당나라-동돌궐-토욕혼 11만 연합군을 칭하이호 남쪽의 따페이촨大非川에서 대파했다. 몽골고원의 후돌궐이 부흥하고, 만주와 한반도 북부를 영역으로 하는 발해가 독립했으며, 신라가 당군唐軍을 물리칠 수 있었던 것도 따페이촨 전투에서 당나라가 토번에 대패했기 때문이다. 400여 년의 역사를 가졌으며, 당과 토번 사이에서 완충 역할을 하던 모용선비족 토욕혼백란은 이 전투 패전으로 인해 멸망했다. 가르첸링의 토번군은 678년 이경현이 이끄는 당나라 18만 대군을 칭하이호 부근의 칭펑링承風嶺에서 대파했는데, 이로써 칭하이의 티베트화가 공고해졌다. 백제의 유장遺將 흑치상지가 이 전투에 참가하여 당나라군의 전멸을 막았다는 것은 잘 알려진 이야기이다.

신라의 통일전쟁과 대일본對日本 외교

/

당나라는 신라를 이용하여 고구려와 백제를 멸망시키고, 신라마저 당나라의 1개주로 만들 속셈이었다. 신라는 고구려 멸망 2년 뒤인 670년경부터 대당對唐 통일전쟁을 시작했다. 설오유가 이끄는 1만 신라군이 고연무의 고구려 부흥군과 함께 압록강 건너 오골성단둥 평황을 선공했다. 신라군은 이어 부여륭扶餘隆 휘하 당·백제군이 주둔한 한반도 남서부 82개성을 공격했으며, 671년 사비성을 함락하고 소부리주所夫里州를 설치하여 직속령으로 삼았다. 신라군은 672년 석문황해도 서흥 전투에서 말갈 기병을 앞세운 당나라군에 대패했으나, 3년 뒤인 675년 말갈계 이근행李謹行이 지휘한 4만 당나라 대군을 연천 매소성買肖城에서 격파했다. 이후 신라군과 당나라군은 한강유역을 중심으로 일진일퇴의 공방전을 벌였다. 김시득의 신라 수군은 676년 11월 신라를 측면에서 공격하기 위해 기벌포충청남도 장항 부근로 접근한 설인귀의 당나라 수군을 고전 끝에 격파했다. 신라의 도전에다가 토번제국군에게 수도 장안長安마저 위협받은 당나라는 신라 정복을 포기했다.

대당對唐 통일전쟁 시기 신라는 왜야마토와 당나라가 연결될 것을 우려하여 왜에 종종 고위 외교사절을 파견했다. 신라는 왜에 39회, 왜는 신라에 25회 사신을 파견했다. 눌지왕의 동생 미사흔이 왜에 볼모로 보내지고, 문무왕이 감포 앞바다 대왕암에 장사지내라는 유언을 남겼다는 말이 있듯이 신라는 늘 왜의 침공을 두려워했다. 한편, 왜는 그간 밀접한 관계를 가져온 한반도 남부가 분열된 상태로 유지되기를 바랐다. 그래야 자국 안보가 확고해질 수 있기 때문이다. 야마토는 670년 일본으로 국명을 바꾸었다. 일본은 710년 아스카에서 장안長安을 모방하여 건설한 인근 도시 나라奈良로 수도를 옮겼다. 신라의 대일본對日本 저자세 외교는 성덕왕 시기인 735년 당나라와의 관계가 회복신라의 대동강이남 영유 인정된 이후에야 정상화되었다. 성덕왕 시기인 720년 신라는 서부 큐슈 지역을 공략했으며, 일본은 731년 함선 300척을 동원하여 신라를 공격했다가 패퇴했다. 이후에도 일본은 신라의 일본 침공 가능성에 공포를 느껴 대규모 예방전쟁Preventive War을 계획했다.

돌궐의 재기再起

/

동돌궐이 멸망한 지 50여 년이 지난 679년 아사나阿史那 부족장 쿠틀룩Qutluk이 동생 카프간默啜, 명장 아사덕 톤유쿡Tonyukuk과 함께 돌궐을 재건했다. 가르첸링이 이끄는 토번군의 대대적인 당나라 공격은 돌궐 부흥군에게 숨 쉴 틈을 제공해 주었다. 몽골고원을 중심으로 돌궐제국을 재건한 쿠틀룩은 당나라에 공세를 취해 허베이와 산시, 간쑤성 변경을 주기적으로 약탈했다. 쿠틀룩을 계승한 카프간도 당나라에 대한 공세를 계속하여 전돌궐前突厥 전성기의 영토를 거의 회복했다. 이때 고구려 유민 10만여 명도 돌궐에 합류했다. 그중 고문간高文簡은 카프간의 사위가 되어 '고려왕막리지高麗王莫離支'를 칭했다. 고문간과 고공의, 고정부 등이 이끄는 고구려인은 716년 쿠틀룩과 카프간 후손 간 내분쿠틀룩계 승리이 일어나자 당나라에 투항했으며, 대부분 네이멍구 지역에 정주했다. 이들은 나중 거란화契丹化했을 것을 추측된다.

걸걸중상과 대조영
/

당나라가 토번티베트과 거란, 후돌궐의 공격에 시달릴 때 영주차오양 포함 다링허 유역으로 강제 이주당한 고구려 잔존 세력은 거란족이 봉기한 기회를 이용하여 국가 재건에 나섰다. 처음에는 걸걸중상과 걸사비우, 나중에는 대조영이 지휘한 고구려 별부別部 속말말갈 중심 세력은 고구려가 멸망한 30년 뒤인 698년 거란 출신 당나라 장군 이해고의 추격군을 격파하고 동모산성지린성 옌볜조선족자치주 둔화을 중심으로 발해渤海를 세웠다. 걸걸중상乞乞仲象과 걸사비우乞四比羽의 '걸걸乞乞' 또는 '걸乞'은 우리말 '클ㅋ다'을 음차音借한 것으로 추측된다. 대조영大祚榮, 대야발大野勃을 포함한 걸걸중상의 자손들이 대씨大氏를 칭한 것은 이에 따른 것으로 추측된다.

2대 무왕재위 719~737년 대무예는 720년 나라 시대의 일본이 사신을 보내오자 7년 뒤 일본에 답사를 보내 '발해가 부여와 고구려를 계승하여 여러 번국藩國들을 감독하는 나라로 성장했다.'고 알렸다. 대무예는 북방 흑수말갈 처리 문제로 당나라와의 사이가 틀어지자 732년 해군을 보내 당나라의 발해 공격 전진기지가 될 수 있는 산둥반도 덩저우를 선제공격했다. 그리고 733년에는 당나라에 맞선 거란에 지원군을 파견했다. 발해는 선왕재위 818~830년 대인수 시기 전성기를 맞이했다. 선왕은 발해의 경제발전을 도모하기 위해 당나라, 일본과의 무역을 활성화했다. 발해는 선왕 재위 시기에만 일본에 5차례나 사절을 보냈다.

이동하는 자만이 살아남을 수 있다
/

숙부 카프간의 아들 뵈귀Innel를 죽이고 가한칸 자리를 되찾은 후돌궐 가한 쿠틀룩의 아들 빌게재위 716~734년는 725년 당나라와 외교관계를 수립했으며, 위구르와 거란·해 등 복속 부족의 봉기를 평정하고 후돌궐을 안정시켰다. 빌게는 둘궐의 비스마르크로 알려진 톤유쿡을 시켜 종종 허베이와 산시, 하서회랑 지대를 유린하게 했다. 후돌궐의 역사는 731년 사망한 빌게의 동생 퀼테긴Kültegin의 업적을 기린 오르콘 비문Orkhon Inscription에 잘 나타나 있다. 퀼테긴의 장례식에는 비잔틴, 당, 거란, 토번, 소그드, 발해 등에서 온 조문사절이 참석했다. 한편, 돌궐어와 한문으로 새겨진 톤유쿡 비문은 전돌궐前突厥 패망의 원인을 첫째, 쇠퇴기 지도자들의 태만과 무지. 둘째, 돌궐 백성의 어리석음과 동족 간 대립. 셋째, 돌궐 문화 포기와 중국화 추종. 넷째, 중국 왕조의 내부 분열책동 등이라고 지적했다. 또한 "이동하는 자만이 살아남을 수 있으며, 돌궐을 약하게 만드는 불교와 도교 등 이질적인 종교를 받아들이지 말고 돌궐정신을 보존하자."는 말도 포함되어 있다.

유라시아의 수도 장안

/

당나라는 한문화漢文化를 기본으로 했으나 황실 포함 지배층이 선비족인 까닭에 선비적 요소가 곳곳에 남아 있었다. 당나라 이씨는 5호 16국五胡十六國의 하나인 한족 서량西涼의 농서 이씨 후예라고 주장하나, 실제는 북위北魏 무천진 출신 선비족 대야씨大野氏의 후손이다. 태종 이세민의 경우 할머니는 선비족 독고씨獨孤氏, 어머니는 선비족 두씨竇氏, 아내도 선비족 장손씨長孫氏이다. 태종은 '현무문의 정변'에서 살해된 친동생 이원길의 아내 양씨를 후궁으로 들였으며, 고종은 아버지 태종의 후궁이던 무조武照를 아내로 삼았고, 현종은 아들 수왕 이모李瑁의 아내 양옥진을 빼앗아 후궁으로 두었다. 당나라는 외국인이라 해도 능력 있는 자는 요직에 발탁하는 등 내·외국인 간 차별을 두지 않았다. 흑치상지백제, 고선지고구려, 왕사례고구려, 이정기고구려, 왕모중고구려, 고연복고구려, 부몽영찰토번, 가서한돌궐, 복고회은철륵, 이광필거란, 안록산소그드, 사사명소그드, 이해고거란, 돌지계·이근행·이다조 조祖·부父·손孫 3대말갈계 고구려, 아베노 나카마呂晃衡, 왜 등 수많은 외국 출신 인사가 고위직에 올랐다. 장안은 당나라의 수도일 뿐만 아니라, 동아시아와 중앙아시아-중동을 아우르는 세계의 수도 구실을 했다. 중앙아시아 소그디아나 출신 이란계 무희가 호선무胡旋舞를 추고, 의자결상와 침상, 빵 등 소그디아나식 의식주도 도입되었다. 당나라가 안정을 유지함에 따라 신라와 발해, 티베트, 일본, 후돌궐 등도 안정되고 발전해 나갔다. 인재와 물산이 장안으로 모여들었다.

태종 이세민의 후궁 무조측천무후는 655년 고종의 황후로 책봉된 이후 정권을 잡았다. 측천무후는 705년 사망할 때까지 50년간 절대 권력을 한 번도 놓지 않았다. 690년 국명을 아예 주周로 바꾸고, 낙양뤄양으로 천도하기까지 했다. 측천무후는 태종의 처남이며 무천진 인맥의 중핵인 재상 장손무기長孫無忌를 살해하는 등 서위→북주→ 수→당에 이르기까지 정권을 오로지한 선비족 무천진 인맥關隴集團 위주에서 벗어나 서위西魏−북제北齊 지역이던 관동의 한족 호족豪族 출신도 적극 기용했다. 측천무후는 자신에게 반대하는 자는 자손 이라 해도 용서하지 않은 냉혹 무자비한 정치인이었다. 아들 이홍, 손녀 영태군주를 포함한 황족과 중신들을 수없이 죽였다. 그러나 적인걸狄仁傑과 요숭姚崇, 장간지張柬之 등 필요한 인재를 키우고, 나라 를 효율적으로 통치하여 국부를 증대시키는 등 상당한 업적을 이룩 했다.

제지製紙 기술 유럽 전파

/

측천무후가 죽은 뒤 손자 이융기는 쿠데타를 일으켜 숙부 중종의 황후 위씨韋氏 일당을 제거했다. 그는 황제현종가 된 다음 적극적인 대내외 정책을 취했다. 현종 시대에도 당나라와 토번은 서역신장과 중앙아시아에 대한 패권을 놓고 전쟁을 계속했다. 당나라와 토번 간 전쟁에서 핵심 지역의 하나는 파키스탄 동북부 훈자족의 나라 소발률길기트이었다. 당시 소발률小勃律은 동쪽은 티베트, 서쪽은 아프가니스탄, 남쪽은 인더스강, 북쪽은 신장과 연결되는 요충지였다. 소발률은 사마르칸드康國, 부하라安國, 타쉬켄트石國, 샤흐리샤브즈史國 등 중앙아시아의 오아시스 도시국가들이 당나라로 가기 위해서 반드시 거쳐야 하는 목구멍咽喉 같은 곳으로 토번제국이 장악하고 있었다.

고구려 출신 안서도호부 부도호副都護 고선지는 747년 7000여 명의 병사를 거느리고 파미르 고원을 넘어 방심하고 있던 연운보의 토번군을 격파한 데 이어 빙하로 뒤덮인 해발 3800m 높이의 다르코트 고개를 넘어 소발률성을 함락시킴으로써 중앙아시아에 대한 당나라의 패권을 확립했다. 그로부터 3년 뒤인 750년 고선지는 다시 중앙아시아 원정길에 올랐다. 타쉬켄트가 사라센으로 기울어짐에 따라 중앙아시아에 대한 당나라의 영향력이 약화되던 시기다. 안서사진 절도사 고선지가 이끄는 당唐−서역西域 10만 연합군은 751년 1월 타쉬켄트성城을 포위했다. 고선지는 타쉬켄트왕 차비시를 속여 항복을 받아냈다. 당초 약속과 달리 장안으로 연행된 타쉬켄트왕은 처형당했으며, 이에 따라 중앙아시아의 많은 소국들이 당을 버리고 사라센 압바스 왕조로 넘어갔다. 당나라의 중앙아시아 지배가 뿌리째 흔들렸다. 사라센은 우즈베키스탄의 페르가나 계곡을 넘어 키르기스의 탈라스강까지 촉수를 뻗쳐왔다. 751년 8월 절도사 고선지가 지휘하는 당나라군은 탈라스 전투에서 사라센과 돌궐계 카를룩 연합군에 대패했으며, 이로써 당나라의 중앙아시아 지배는 종식되었다. 당나라군 진영에 있던 제지 기술자가 사라센군에 잡혀간 것이 제지 기술이 사라센中東과 유럽에 전파되는 기원이다.

일본 중심주의 탄생

/

일본은 631년 이후 당나라에 16차례 이상 사절遣唐使을 파견했다. 일본은 당나라의 책봉을 받지는 않았으나 대당對唐 외교는 기본적으로 조공 형식을 띠었다. 당은 일본을 조공국 또는 번국보다 먼 절역絶域으로 취급했다. 일본 사절은 당태종의 '정관의 치治'를 관찰하고 이를 일본에 전파하여 일본이 중앙집권화를 이루는 데 큰 역할을 했다. 겐메이 덴노는 794년 수도를 당唐의 장안을 모방한 도시, 나라奈良에서 동북쪽의 교토平安·헤이안로 이전했다. 당나라 전성기의 수도 장안, 신라의 수도 경주월성, 일본의 수도 교토헤이안가 동일 위도緯度상에 위치한 것은 특기할 만하다. 신라-일본 관계는 서로 당나라의 침공을 걱정해야 했던 한반도 통일 전쟁 시기를 제외하고는 대체로 좋지 못했다.

나라 시대 몬무 덴노는 701년 '다이호大保' 율령을 반포하여 제도 개혁과 함께 외국과의 관계도 정비했는데 당나라는 인국隣國, 신라는 일본열도 내 아직 평정되지 않은 혼슈섬 동북방, 홋카이도의 아이누蝦夷·에조 국가와 같이 번국藩國으로 규정했다. 신라 경덕왕은 742년과 753년 일본 사신이 가져온 문서가 예를 잃었다 하여 접수하지 않고 돌려보냈다. 일본은 779년을 마지막으로 견신라사遣新羅使 파견을 중단했다. 신라의 대일본對日本 사신 파견도 803년이 마지막이 된다. 일본이 신라를 번국藩國으로 보려 한데 반해 신라는 일본을 대등한 나라로 취급한 것이 사절 교류 중단 이유 중 하나였다. 이 무렵 일본과 신라 간 국력 차는 압도적이지 않다. (면적: 일본 23만㎢,

신라 15만㎢; 인구: 일본 700~800만 명, 신라 400~500만 명) 일본은 720년 발해 무왕 시기 발해에 먼저 사신을 파견하는 등 발해와 활발히 교류했다. 일본은 발해에게도 사대事大할 것을 요구했지만, 발해는 외교문서에 가독부可毒夫를 '천손天孫' 고려 국왕이라고 표기하는 등 일본과 인국관계隣國關係를 고수했다. 현실과 동떨어진 일본의 대외인식은 일본과 신라, 발해 간 외교관계를 여러 차례 위기로 몰아넣었다. 일본은 752년 발해 문왕이 보낸 국서가 예의에 맞지 않다고 질책하였으며, 이에 따라 발해는 상당 기간 일본과의 사신 교류를 중단했다. 일본의 견당사 파견은 당나라가 혼란에 처한 838년을 마지막으로 중단되었다.

헤이안 시대와 후지와라 가문

/

헤이안 시대 초기794~858년에는 덴노의 왕권강화와 함께 중앙집권이 이루어졌다. 중기858~1068년 들어 나라시대 말부터 외척으로 등장했던 후지와라씨가 셋쇼攝政와 간파쿠關白를 독점하면서 귀족정치로 변모했다. 894년 견당사 파견이 취소되고 북큐슈의 다자이후로 대외교류가 제한되면서 '국풍'이라고 불린 고유문화가 발달했다. 간무 덴노는 지방관제와 군제를 개혁하여 백성의 부담을 줄였다. 그런데, 율령제의 핵심인 왕토사상과 토지공령은 헤이안 초기부터 무너졌다. 권력자들이 간척지를 약탈하기도 했고, 국가의 수탈도 심해졌기 때문이다. 공식 관계는 끊어졌지만, 신라와 중국 상인의 일본

항구 입항은 계속되었다. 840년 신라의 실력자 장보고의 사절이 큐슈에 도착했으나, 일본 조정은 공식 사절이 아니라는 이유로 돌려보냈다. 9세기 무렵 사회 혼란과 기근을 피해 일본으로 이주하는 신라인이 증가했다. 이 시기 후지와라 가문에 거슬리거나 후지와라의 외손外孫이 아닌 덴노나 황태자가 폐위되는 등 후지와라 가문의 권력은 절정에 달했다. 셋칸케를 중심으로 가문에 따른 관위 임명이 고착화되었으며, 후지와라와 덴노 가문이 권력을 양분했다. 덴노가 권력을 회복한 인세이院政 시절에는 도바 조우고上皇때부터 조우고의 인院이 장원 소유주로 대두하여 사회문제를 악화시켰다. 토지 소유자들이 중앙권력에 저항하기 시작한 10세기 타이라노 마사카도와 후지와라 스미토모藤原純友의 반란이 일어났다.

바쿠후와 쇼군將軍의 등장

/

고케닌사무라이 씨족의 수장을 지방관이나 토벌대 장군으로 파견하였는데, 그 과정에서 토지 소유자인 지방 무사들과 지방 권력을 장악한 사무라이 출신 수장이 유착하여 봉건관계를 형성했다. 헤이지平氏나 겐지源氏 같은 사무라이 씨족들이 반란을 진압하여 공을 세우면서 성장했다. 귀족이나 중앙 사무라이 씨족들과 지방 유력가문이 징수관 역할을 수행한 고쿠시國司가 되면서 지방에 근거를 마련하고 지방 무사들과 봉건적 관계를 형성하게 되었다. 11세기에 도입된 고정세율 부과와 쿠니國별 수취 같은 세제 개편은 일본의 봉건화를 촉진했다. 이것이 지방 영주 다이묘大名의 시작이다. 혼슈 동북부에서는 중앙군과 원주민 아이누 간 갈등이 계속되었다. 강대한 에조아이누 씨족들이 독립적으로 존재하다가 8~9세기 점차 정벌되었지만, 아베씨나 데와씨를 비롯한 일부 세력은 살아남아 11세기까지 강력한 세력을 유지했다. 이들을 정벌한 장군직 중 하나였던 세이다이쇼군征夷大將軍은 훗날 바쿠후막부 정권 최고 관직이 되었다. 도쿄 등 일본 동쪽에서 아이누 전쟁을 총괄한 쇼군이 서쪽 교토의 덴노를 능가하는 최고 권력자가 된 것이다. 큐슈 남부의 하야토隼人가 나라 시대 초기인 720년 봉기했으나 곧 진압되었다. 일본 영토는 큐슈 남부 다네가시마와 아쿠시마 등 최남단 도서까지 확장되었다.

대제국 토번

/

치송데첸 찬보재위 755~797년는 티베트가 오늘날 중국 시짱티베트 자치구뿐만 아니라, 칭하이, 서부 쓰촨, 남동부 간쑤, 서부 윈난을 포괄하는 대티베트Great Tibet, 면적 220만㎢로 발전하는 초석을 놓았다. 안록산-사사명의 난755~763으로 인해 당唐이 혼란에 처한 763년 토번은 하서회랑 방면에서 남하하여 약 2주간 장안을 점령했다. 토번은 그 직전 하서회랑과 인근 농우隴右 일대를 확보했다. 토번은 780~790년경 장안으로 가는 통로가 차단되어 있던 서역신장의 당나라 안서사진安西四鎭 즉, △카라샤르언기, △쿠처구자, △호탄, △카슈가르소륵를 점령했다. 이 시기 토번은 747년 고선지에게 빼앗겼던 소발률길기트도 회복했다. 토번과 당나라는 784년 청수회맹淸水會盟 포함 무려 8차례에 걸친 회맹을 통해 국경을 확정했다. 토번은 790~791년 간 벌어진 위구르와의 전쟁에서 패하여 비슈발리크우루무치 인근 포함 북신장 일대를 상실했다. 토번은 치송데첸 찬보 재위 말기~치데송첸 찬보 재위 초기인 793~801년간 벌어진 사라센과의 전쟁에서 승리하여 페르가나 계곡과 사마르칸드, 와칸 계곡, 카불 등을 점령했다. 토번은 800년 남조윈난의 쿤밍을 점령하고 8만 대군을 주둔시켰다. 토번이 티베트 고원은 물론 신장 대부분과 칭하이, 쓰촨 서부, 하서회랑, 윈난 일부분, 네팔, 인도 일부분카슈미르, 아삼, 파키스탄 북동부, 페르가나 계곡과 사마르칸드, 아프가니스탄 대부분을 차지하여 대제국면적 700만㎢을 세울 무렵의 일이다.

토번은 815년경 사라센 압바스 세력에 의해 사마르칸드와 카불 지역 등에서 밀려났다. 820년경에는 위구르와의 전쟁에서 패하여 페르가나 계곡에서도 철수해야 했다. 817년 제위에 오른 치축데첸 찬보贊普는 살생 금지, 불교 승려에 대한 특권 부여 등 과도한 불교 옹호정책을 폈다. 평민의 주업인 농업과 목축업, 사냥에도 지장을 줄 정도였다. 이 정책은 토착 뵌교苯敎 승려와 대다수 귀족은 물론 평민의 지지도 상실하는 결과로 이어졌다. 치축데첸 찬보는 838년 뵌교파 귀족들에게 암살당했다. 이는 내리막길을 걷던 토번제국의 붕괴를 알리는 신호탄이었다. 치축데첸 찬보를 계승한 다르마 찬보는 거꾸로 티베트 불교 중심지 라싸의 조캉사원 폐쇄를 비롯하여 과도한 폐불 정책을 추진하다가 842년 불교 승려에 의해 암살당했다. 다르마 찬보 사후死後 뵌교파 윰텐 세력과 불교파 오숭 세력 간 대분열의 시대가 찾아왔다. 오숭 세력은 처음에는 야룽 계곡을 근거로 라싸의 윰텐 세력과 싸우다가 나중에는 서부 아리지역으로 이동하여 △라다크 왕국, △푸란 왕국, △구게 왕국을 세웠다. 토번제국은 849~851년 간 발생한 평민폭동으로 인해 완전히 붕괴되었다. 869년 라싸 주변에서 다시 평민폭동이 발생했으며, 봉기군은 877년 송첸감포 찬보의 왕릉을 제외한 여타 모든 왕릉을 도굴했다. 평민폭동은 불교파-뵌교파 간 갈등으로 인한 토번 지배층의 붕괴와 함께 귀족들의 평민에 대한 과도한 착취가 원인이었다. 토번은 송첸감포 찬보 이전 소왕국 할거시대로 돌아갔다. 토번제국 시대와 같은 영광은 다시 티베트에 찾아오지 않았다.

윈난南蠻 남조南詔의 발전, 당나라의 황혼

/

당나라는 750년 양귀비楊貴妃 일가인 재상 양쇠양국충와 검남절도사劍南節度使 선우중통의 지휘 하에 윈난남만의 백족白族 왕국인 남조南詔를 공격했으나, 각라봉閣羅鳳이 지휘하는 남조군과의 노남 전투에서 전사자 7만여 명을 내는 등 대패했다. 7세기 초 백족이 전지演池 호반 쿤밍昆明 서북부에 위치한 대리를 중심으로 몽수蒙嶲, 월석越析, 시랑施浪, 등섬邆睒, 낭궁浪穹, 몽사蒙舍 등 6개의 조詔, 나라라는 뜻를 건설했으나, 몽사를 제외한 5개 나라는 곧 서북쪽으로부터 침공해 온 토번제국에게 정복당하고 말았다. 토번과 적대관계이던 당나라는 각라봉의 아버지인 피라각皮邏閣을 지원하여 토번의 영향 하에 있던 여타 5개조를 멸망시키고 737년 윈난을 통일하게 했으나, 남조가 급성장해 나가자 위협을 느낀 나머지 남조를 침공한 것이다. 당나라는 753년 가권賈顓, 754년 이복李宓에게 대군을 주어 지난번의 패전을 설욕하게 했으나 거듭 남조군에게 참패하고 말았다. 안록산-사사명의 난 이후 토번이 장안까지 침공하자 국력을 강화한 남조도 구이저우貴州와 쓰촨을 잠식해 들어갔다. 남조의 최전성기를 가져온 이모심異牟尋이 재위하던 793년 남조는 윈난으로부터 토번세력을 1차로 몰아내었다. 남조는 당나라와 연합하여 800~802년 간 윈난南蠻 일대에서 벌어진 토번과의 전쟁에서 20만 토번 대군을 대파大破했다. 이전 페르가나 전투에서 토번군에 포로로 잡혔던 소그드인과 사라센인이 토번군에 종군하여 이번에는 남조군의 포로로 잡혔다.

　　권풍우勸豊祐가 통치하던 829년, 남조는 이번에는 토번과 연합, 당의 영토인 쓰촨으로 북진하여 일시 청두成都를 점령했다. 권풍우의 아들 세륭世隆도 청두를 포위 공격했다. 남조는 라오스, 태국, 북베트남 방향으로도 세력을 뻗어 나갔다. 미얀마버마로까지도 영향력을 넓혔다. 남조의 공세에 밀려 윈난 일대에 거주하던 버마, 타이, 샨 종족이 아래쪽 인도차이나 지방으로 밀려났다. 당나라는 남조에 대비해 구이저우貴州와 광시廣西 방면에도 수비군을 증강하지 않을 수 없었다. 남조에게마저 밀린 당나라의 황혼이 붉게 물들었다. 남조 역시 873년 북방 전진기지 청두를 상실한 다음부터 쇠락의 길을 걸었다. 혼란 끝에 902년 한족 출신 권신權臣 정매사가 정권을 찬탈해 대장화국大長和國을 세웠다. 927년에는 검남절도사 양간정이 대장화국을 멸하고 대의령국大義寧國을 세웠으며, 그로부터 10년 뒤인 937년 통해절도사 단사평段思平, 재위 937~944년이 바이족白族 포함 윈난 지역 여러 부족의 지지를 받아 대의령국을 멸망시키고 대리국Dablit Guaif, 938~1253년을 세웠다. 남조와 대리大理는 △민족 구성, △언어, △문화, △영토 등 많은 면에서 일치하기 때문에 단일체로 보기도 한다.

09

세계제국 당唐
멸망의 파편破片

위구르 제국의 시종始終

/

몽골고원의 후돌궐後突厥에서는 741년 오즈미시 샤드가 텡그리 가한을 죽이고 자립自立했다. 오즈미시에 반대한 후돌궐 지배층 대부분은 742년 당나라에 투항했다. 약체화된 후돌궐은 바스밀부와 카를룩부를 끌어들인 위구르에게 멸망당했으며, 이는 이미 흔들리던 당나라의 위기를 심화시켰다. 돌궐계 인구가 대거 톈산 이서 중앙아시아 쪽으로 이주함에 따라 권력공백이 생긴 몽골고원과 신장, 랴오허 유역이 일시에 불안정해졌다. 당나라를 멸망으로 이끈 것은 중앙아시아 출신 안록산-사사명의 난, 황소黃巢의 난과 함께 바이칼호 인근 셀렝가강 유역을 근거로 하는 사타돌궐족沙陀突厥族의 남하였다.

안·사의 난으로 카운터펀치를 맞은 당나라는 황소의 난과 뒤이은 주전충의 배반, 사타돌궐의 침공으로 인해 멸망했다.

쿠틀룩 빌게를 수령으로 한 위구르족은 745년 외몽골 오르콘 강 유역 카라발가순Kharabalgasun·카라코람 부근을 수도로 위구르 제국을 세웠다. 위구르 제국은 동으로는 다링허, 서로는 카스피해까지를 영토로 840년까지 번성했다. 747년 쿠틀룩 빌게 가한이 죽은 후 모옌 초르가 승계했는데, 모옌초르 통치기인 751년 고선지의 당나라군과 사라센군 간 탈라스 전투가 벌어졌다. 위구르 제국은 안·사의 난 755~763년 때 당나라를 지원했으며, 당나라가 약화된 틈을 타 하서회 랑간쑤성과 신장新疆으로 진출했다. 위구르는 790~791년간 당대 최강 토번제국과의 전쟁에서 승리하여 비슈발리크우루무치 부근 일대를 점령 했다. 위구르군은 805~809년간 신장의 쿠처에서 다시 토번군을 대파하고 북신장을 확고히 장악했다. 이어 820년경에는 토번으로부터 페르가나 계곡을 빼앗았다.

위구르는 '빛의 사도' 마니가 3세기 이라크 북서부에서 창시한 마니교를 국교로 받아들였다. 위구르족은 살생을 금하는 마니교 교리에 따라 점차 농경민화되어 갔다. 토번과의 거듭된 싸움에다가 기근과 내란으로 약화된 위구르는 840년 시베리아 예니세이강 유역 삼림森林에서 남하해 온 키르기스족에게 정복당했다. 키르기스족은 몽골고원에 정착하지 않고, 몽골고원 북부와 서부로 이산離散했다. 망국亡國 이후 하서회랑과 신장 일대로 대거 이주한 위구르인들은 점차 오아시스 농경민화했다. 이들은 신장 서부 카슈가르소륵를 중심 으로 카라한 왕조999~1232년를 세우는 등 신장 전역과 키르기스 지역

대부분을 위구르화하였다. 오늘날 신장-위구르 지역엔 1000만여 명에 달하는 이슬람계 위구르인이 거주하며 베이징의 중국 중앙정부와 대립한다.

소그드인 안록산의 봉기

/

당唐은 618년 이연李淵이 건국하여 907년 애제哀帝·소선제때 후량後梁 주전충朱全忠에게 멸망하기까지 290년간 20명의 황제가 통치했다. 당의 몰락을 재촉한 안·사의 난 전개 과정을 살펴보자. 신장과 중앙아시아는 인종이란과 터키계뿐 아니라 사회·문화적으로도 연결되어 있다. 현종에 맞서 반란을 주도한 안록산의 아버지는 부하라安國 또는 사마르칸드康國의 이란계 소그드인, 어머니는 돌궐인고대 터키인이었다. '록산Roxan·Rowsan'은 소그드어로 '빛나는光明'이라는 뜻이다. 마케도니아 알렉산더 대왕의 소그드인 부인 이름도 '록산'의 여성형 록산네Roxane이다. 중앙아시아 발흐 지역에서 시작된 조로아스터교拜火敎·祆敎를 신봉한 소그드인은 오늘날 우즈베키스탄 사마르칸드에 본부를 두고 동쪽으로는 신장-중국-만주에 이르는 강력한 상업 네트워크를 구축했다. 발해 성터가 있는 연해주 노보고르드예프카Novogordyevka에서 소그드 은화가 발견되었는데, 이는 소그드인들이 실크로드의 한 갈래인 '초피로貂皮路'를 이용하여 발해와의 무역에 종사했다는 것을 말해 준다. 소그드인은 발달된 국제 우편 네트워크를 갖고 있었다. 소그드인은 남·북조南北朝는 물론 수·당 시대에도 활약했다. 소그드인은 동족 안록산의 반란을 지원했다. 그들은 안록산을 통해 중국 내 각종 이권을 확보하려 한 것으로 보인다.

755년 11월 범양허베이·평로랴오시·하동山西·산시 절도사 안록산安祿山은 부장部長 사사명史思明과 함께 오늘날의 베이징인 어양漁陽에서 반기를 들었다. 안록산의 병력은 당나라 병력의 약 1/3인 15만 명에 달했다. 안록산은 동라Tongra, 5대 10국 시대의 주인공이 되는 사타족이 속한 터키계 부족, 거란·해奚, 실위室韋 등 북방민족을 포함한 15만 대군을 이끌고 12월 초 황허를 건너 12월 중순 장안으로 진군하다가 곽자의郭子儀와 이광필거란족 출신이 이끄는 다른 계열 돌궐군 주축 삭방군朔方軍에 패하자 일단 어양으로 후퇴했다. 이즈음 발해 문왕은 안록산이 당나라 공격에 실패할 경우 동쪽의 발해를 공격해 올 수도 있다고 판단하여 수도를 중경지린성 허룽에서 상경헤이룽장성 닝안으로 옮겼다. 문왕의 우려와 달리 756년 초 다시 서쪽으로 진군한 안록산군은 농우·하서 절도사 가서한哥舒翰이 이끄는 당나라군을 장안 동쪽 관문 동관潼關 밖에서 대파했다. 안록산군이 장안에 접근해 오자 현종은 쓰촨파촉으로 파천했다. 현종을 대신해 아들 숙종肅宗이 즉위한 후인 756년 8월 당나라는 위구르군의 지원을 받아들였다. 757년에 들어서면서 안록산군의 상황도 급변했다. 안록산의 큰아들 안경서安慶緒는 이복동생이 후계자로 지명될 가능성이 커지자 1월 안록산을 독살하고 황제에 등극했다. 안경서군은 그해 4월 당나라군을 격파했다.

위구르, 안·사의 난에 개입

/

당나라의 지원 요청을 받은 위구르의 카를룩 가한은 아들 타르두슈 빌게에게 4만 기騎를 주어 당나라를 구원하게 했다. 757년 9월 당-위구르 연합군은 안경서군을 공격해 6만 명을 참수斬首하는 대승을 거두고 해족奚族 군단이 지키던 장안을 빼앗았다. 장안과 뤄양낙양을 잃은 안경서는 허베이의 업鄴으로 후퇴했다. 758년 9월 곽자의와 이광필이 지휘하는 20만 당-위구르 연합군이 업으로 진격해 오자 안경서는 사사명에게 구원을 요청했다. 중앙아시아 샤흐리샤브즈史國 출신 사사명은 이때 13만 명의 대군을 거느리고 있어 안경서보다 세력이 컸다. 사사명은 안경서를 위기에서 구해 주었으나 이듬해 3월 안경서로부터 양위 받은 다음 그를 살해했다. 불과 2년 후인 761년 3월 사사명도 아들 사조의史朝義에게 피살되어 사조의가 황제로 즉위했다. 762년 4월 숙종이 환관에게 시해되고 아들 이숙이 대종代宗으로 즉위했다. 대종은 토벌군을 일으키면서 위구르를 설득하고자 사신을 보냈다. 위구르의 뵈귀 가한타르두슈 빌게이 사조의의 제안을 받아들여 오히려 당나라를 공격하기로 결정했기 때문이다. 대종은 발해에도 사신을 보내 발해군주를 왕王으로 정식 인정하는 등 발해와의 관계 개선도 도모했다. 당나라는 우여곡절 끝에 뵈귀 가한을 설득해 다시 동맹을 맺는 데 성공했으며 당-위구르 연합군은 사조의군을 대파했다. 그해 10월 뤄양낙양에 입성한 위구르군은 대거 약탈과 방화, 강간, 살육을 자행했다. 763년 1월 사조의는 달아나다가 안록산의 부하이던 이회선에게 죽임을 당했다자결했다는 설도 있다.

거란의 흥기興起, 시라무렌강

/

안·사의 난은 당나라의 내전인 동시에 위구르, 돌궐, 거란·해, 실위, 발해, 토번 등이 관계된 국제전이기도 했다. 안·사의 난으로 인해 당唐의 통제에서 벗어난 시라무렌강 유역 거란족이 급성장했다. 모용선비족에게 격파된 우문선비족을 중심으로 4세기경 형성된 거란족은 시라무렌강 상류에서 살다가 당이 멸망한 10세기 초 요나라를 세운다. 동류인 고막해庫莫奚와 습霫도 4세기 이래 시라무렌강 하류에서 살다가 나중 거란에 복속되었다. 시라무렌은 몽골어로 '누런 강'을 의미한다. 한자로는 '황수潢水'라고 쓴다. 거란요 수도 상경上京은 임황臨潢·빠린좌치이라 하는데, 시라무렌 강가에 위치한 도시라는 뜻이다. 시라무렌강은 네이멍구의 쯔펑, 커스커텅치旗에서 발원한다. 웡뉴터치, 린시현, 빠린여우치, 아루커얼친치를 가로질러 동쪽으로 흐르며, 웡뉴터치와 나이만치 경계에서 라오하허老哈河와 합류하여 서西랴오허가 된다. 길이는 380km, 유역면적은 3만km²이다.

고구려인 이정기, 산둥반도에 '제齊' 건국

/

안·사의 난 이후 덕종德宗, 헌종獻宗, 무종武宗, 선종宣宗 등은 당나라의 급속한 쇠락을 막는 데는 일단 성공했다. 덕종은 균전제에 기초한 조용조租庸調를 대신해 1년 2회 화폐로 세금을 걷는 양세법兩稅法을 도입하면서 재정을 재건하는 데 성공했다. 하지만 덕종 시기 절도사의 할거는 더 강화되었다. 주차의 난으로 인해 덕종이 한때 몽진해야 할 정도였다. 헌종은 819년 산둥의 고구려계 평로·치청절도사平盧淄靑節度使 이사도李師道의 난을 평정한 후 절도사의 권한을 대폭 줄이는 등 군사력을 재건하는 데 어느 정도 성공을 거두었다.

안·사의 난이 한창이던 761년 고구려계 장군 이회옥李懷玉은 안록산군의 공세를 피해 고종사촌 후희일과 함께 2만여 병력을 이끌고 다링허 유역평로에서 보하이渤海를 건너 산둥반도에 상륙해 10여 개 주를 확보하기에 이르렀다. 당 조정은 이회옥당 조정이 '정기'라는 이름을 하사을 평로·치청랴오시·산둥절도사에 임명했다. 이정기는 산둥齊의 경제·군사·외교권을 장악했으며 점차 반당反唐 노선을 걸었다. 이정기는 777년 강남과 화북을 연결하는 요충지 쉬저우徐州를 포함한 5개 주를 추가 점령해 제나라치청를 당 최강 번진으로 만들었다. 제齊는 발해, 신라와의 무역을 통해 세력을 키웠다. 이정기의 제나라와 발해는 상호 우호적이었다. 아들 이납李納을 거쳐 806년 서손자庶孫子 이사도가 제4대로 마지막 군주가 되었다. 헌종은 투항해 온 번진들을 앞세워 815년 12월 이사도의 제나라 공격에 나섰다. 이사도는 당나라가 군수물자를 저장해 놓은 운하 교통의 중심 하음창을 불사르는 등 선제공격을 감행했다. 하지만 장화이江淮와 허베이 번진 거의 전부가 당 조정에 가담하자 가운데에 끼인 이사도는 사면초가에 빠졌다. 협공을 받은 이사도는 819년 위박魏博 번진 전홍정과의 산둥성 서부 운주·동아 전투에서 대패했다. 측근 유오劉悟가 궁지에 몰린 이사도를 죽이고 당나라에 투항했다. 이로써 765~819년, 55년 간이나 지속되던 이정기의 제나라는 멸망했다.

당나라의 황혼

/

덕종, 헌종, 무종 등의 노력에도 불구 당나라는 무조武照·측천무후 초기나 현종 전반기와 같은 성세盛世를 회복할 수 없었다. 토번, 위구르, 거란, 남조, 발해 같은 인접국이 기울어가는 당나라의 빈틈을 노렸다. 이렇듯 극도의 위기상황이었음에도 불구 당에서는 우승유가 대표하는 신진 관료와 이덕유가 대표하는 보수 관료 간 대립인 우·이牛·李 당쟁이 나날이 격화됐다. 40년간 계속된 우·이 당쟁은 이보국과 정원진 등 대환관의 정권 장악을 야기했다. 현종 시기 고력사 때부터 영향력을 키워온 환관들은 궁을 지키는 부대인 금군禁軍을 배경으로 황제를 옹립하기도 하고 폐립·독살하기도 할 만큼 강력한 힘을 자랑했다.

황소黃巢·황차오의 봉기

/

새롭게 경제 중심지가 된 화이허-창장 유역 장화이와 허베이를 연결하는 쉬저우徐州의 번진들에서 종종 군란軍亂이 발생했다. 868년 남조와의 국경지대인 구이저우貴州에서 시작되어 화이허 유역까지 확산된 방훈龐勛의 난은 돌궐 사타부沙陀部와 글필부契苾部의 지원을 받아 겨우 진압됐다. 방훈의 난이 끝난 지 불과 7년 뒤인 875년 산둥 출신 황소黃巢는 농민을 선동해 반당反唐 봉기를 일으켰다. 소금과 차茶 밀매업자가 반란군의 핵심 역할을 했다. 당나라는 재정을 재건하고자 소금과 차에 대한 전매제도를 실시했으며, 이는 소금과 차 상인들을 파산으로 몰고 갔다. 황소는 북벌을 단행하여 880년 낙양과 장안을 점령하고 제齊를 세웠다. 황소는 기품 있는 인물이었으나 잡다한 배경을 가진 60만 대군을 통제할 능력은 갖지 못했다. 명나라 말기 순順을 세운 이자성과 같이 황소에게는 특히 인재가 부족했다.

황소가 통제력을 잃어감에 따라 할거하던 절도사들의 반격이 심해졌다. 황소는 부장 주온朱溫, 주전충의 배반과 사타돌궐족 출신 안문절도사雁門節度使 이극용李克用, 티베트계 탕구트족黨項族 수장 탁발사공拓跋思恭 등의 연합 공격을 받고 점령한 지 2년 4개월 만인 883년 4월 장안을 빼앗겼다. 진압군에 쫓기던 황소는 884년 고향 산둥의 낭호산狼虎山에서 자결했다. 황소의 난으로 절도사들의 독립은 이제 되돌릴 수 없는 지경에 이르렀다. 머슴 출신 주전충은 경쟁자이던 병졸 출신 봉상절도사 이무정李茂貞, 사타돌궐족 추장 이극용을 제압한 후 907년 당의 소선제昭宣帝·애제로부터 선양받아 카이펑開封을 수도로 하여 양梁·후량나라를 세웠다.

군진세력, 후삼국 시대를 열다

/

당나라에 밀착하여 남쪽에서 발해를 견제하던 신라도 당이 극도의 혼란기에 접어든 9세기 초 이후 위기에 봉착했다. 내물왕계에 밀린 무열왕계 김헌창金憲昌이 웅주公州에서 반란을 일으켰다가 중앙군에 진압되었다. 왕위 쟁탈전은 더 격화되어 민애왕이 시해된 희강왕을 이어 즉위하고, 신무왕은 민애왕을 죽인 후 왕위에 올랐다. 왕권 불안정은 신라의 혼란을 가중시켰으며 중앙권력이 약화되자 군진軍鎭을 근거로 한 해상세력이 발호했다. 군진은 당나라와 신라 해적이 날뛰면서 이에 대처하고자 설치한 것으로 청해진완도, 당성진남양, 혈구진강화, 패강진재령강 유역 은율로 추측이 대표적이다. 신라 군진들은 당나라 번진 및 일본, 발해 등과의 교역을 통해 부富와 세력을 함께 키웠다. 828년 당나라군에 복무한 적 있는 청해진 대사大使 장보고弓福는 1만여 군사를 거느리고, 완도의 청해진을 중심으로 서해와 동중국해 일대 제해권을 장악했다. 대규모 사략선단私掠船團 지휘관 장보고는 중앙 정계에도 진출하여 민애왕을 시해하고 신무왕을 즉위시키는 등 영향력을 과시했다. 846년 장보고가 암살당하고 난 5년 뒤 청해진은 폐쇄되었지만, 신라 조정이 후원하는 해적 사략선단은 계속 일본 큐슈와 중국 해안 등을 조직적으로 약탈했다. 사략선단을 지휘한 대표적 인물이 '현춘'인데, 현춘은 894년진성여왕 8년 선박 100척에 2500명의 병력을 태워 큐슈 지역을 약탈했다.

해상세력이 세운 고려

/

중앙권력이 계속 약화되는 상황에서 지방군벌 진훤甄萱·견훤은 900년 한반도 서남부에 후백제를 세웠으며, 신라왕실 출신 김궁예金弓裔는 901년 경기도, 황해도, 강원도와 충청도 일부 등을 묶어 후고구려를 세웠다. 후백제는 후당, 오월, 남당과 통교했으며 후고구려는 후주

後周 등 화북 국가들과 통교했다. 918년 김궁예의 부장 호족 출신 왕건王建이 김궁예를 몰아내고 고려를 세웠다. 사략선단私掠船團을 운용한 고구려계 해상세력으로 추정되는 왕건 일족은 강화 혈구진과 은율 패강진을 포함한 해상세력과 긴밀한 연계를 갖고 있었다. 왕건이 후백제의 배후지 나주와 목포, 신안 등을 점령할 수 있었던 데는 이러한 해상세력 배경이 있었기 때문이다. 혈구진과 패강진 세력은 이렇듯 고려 건국과 후삼국 통일 과정에서 중요한 역할을 수행했다.

진훤 역시 장보고의 청해진 잔여 세력을 흡수한 것으로 추정된다. 후백제는 해군력을 앞세워 926년경 부산 앞바다의 절영도絶影島도 점령했다. 932년에는 고려 수도 개경의 외항外港인 예성강 하구는 물론 황해도 연안 일대까지 공략했다. 경주 외곽으로 지배 영역이 축소된 신라의 경순왕은 935년 고려에 투항했다. 고려는 936년 진훤과 장남 진신검甄神劍 세력 간 갈등으로 내란 상태에 처한 후백제마저 멸망시키고 후삼국을 통일했다. 고려와 후백제 간 최후의 일리천경북 구미시 인동 전투에서 왕건의 부장 유검필庾黔弼 휘하 1만여 기병 부대에는 흑수말갈과 철륵부·달고부 출신 병력도 포함되어 있다. 고려가 후삼국을 통일할 수 있었던 이유 중 하나는 한반도 북부와 만주를 영역으로 하는 발해가 쇠약한 상태에서도 강력한 거란의 동진을 일정 기간 막아 주었기 때문이다.

지리에 따른 5대 10국五代十國

/

주전충朱全忠이 당 왕실을 무너뜨린 후 대 분열기인 5대 10국 시대가 열린다. 주전충이 세운 후량은 화북을 장악했으나 중국 350주 가운데 1/5분인 70주 밖에 지배하지 못하는 반쪽 정권이었다. 4세기 초 서진西晉 말기와 같이 사해四海가 삼발 솥 안의 물처럼 끓어올랐다. 거란은 시라무렌강-다링허 유역을 중심으로 나라를 세워 몽골고원과 만주, 신장新疆을 통합했으며 화북도 노렸다. 외몽골 셀렝가강 유역을 기원으로 하는 동라돌궐 사타족 이극용주야적심(朱耶赤心)의 아들 후당後唐 장종莊宗 이존욱李存勖은 후량에 이어 이무정송문통이 싼시 서부와 간쑤성 동남부를 중심으로 세운 기岐, 왕건王建이 쓰촨익주에 세운 전촉前蜀을 멸했다. 후당사타은 석경당의 후진사타에, 후진은 유지원의 후한사타에, 후한은 곽위郭威가 세운 후주한족에게 멸망당했다. 고려 광종 때 과거제 도입에 공을 세운 쌍기雙冀가 후주 출신이다. 후진後晉과 북한北漢은 거란의 속국이었다. 후당, 후진, 후한 등 사타 왕조들이 황제 직할 금군禁軍을 한족 출신으로 충원하다가 마침내 한족에 의해 축출되어 한족 왕조 후주後周가 탄생했다.

5대907~979년 왕조는 황허 유역 뤄양이나 카이펑을 수도로 삼았으며, 10국國은 지방에서 힘을 길러 중원을 노렸다. 10국은 양저우의 오吳, 난징의 남당南唐, 청두의 전촉前蜀과 후촉後蜀, 광저우의 남한南漢, 타이위안의 북한北漢, 창사長沙의 초楚, 항저우의 오월吳越, 푸저우의 민閩, 장링江陵의 남평南平·형남 등으로 남당이 오를 계승하고, 전촉이 망하고 후촉이 세워진 것에서 알 수 있듯 동일한 시기에 존재한

5대10국 시대의 동아시아

요(거란)

랴오허

고려

연운
16주

오로도스
태원부
북한

서하(탕구트)

카이펑
(개봉부)

후주

건강(강녕부)

남당

향주

오월

기

토번

촉

장릉
(강릉부)

성도부

남평

초

남창부

민

천주

창사(담주)

대리

남한

흥왕부

것은 아니다. 지리적 측면에서 볼 때 5대 왕조는 황허 유역, 10국 중 북한은 산시성山西省 중북부, 전촉과 후촉은 창장 중상류, 남평荊南과 초는 창장 중류, 오와 남당은 창장 하류, 오월과 민, 남한은 각기 연 안沿岸인 저장, 푸젠, 광둥에 위치했다.

시인 황제 이욱의 '우미인'

/

10국 중 가장 강성한 나라는 남당南唐이었다. 남당은 사가史家들이 붙인 이름으로 스스로는 당나라의 후계자라면서 당唐을 자처했다. 남당은 수隋나라 시대 이후 경제 중심지가 된 장화이江淮를 영토로 삼았기 때문에 경제력은 막강했으나 군사력은 취약했다. 남당은 945년 민, 951년 초를 병합하는 등 한때 강남을 통일하는 기세를 보 였으나 955년부터 후주 세종 시영柴榮이 종종 남쪽 정벌에 나서 수 세에 몰렸다. 시영은 자주 친정親征, 임금이 몸소 나아가 정벌하여 958년에는 화이허 유역의 중심지 양저우까지 진격해 왔다. 전쟁에 패한 남당은 창장 이북 14주를 후주에 할양할 수밖에 없었다. 남당의 역대 군주 들은 지나치게 문약文弱했다. 남당의 마지막 황제 이욱은 아버지 이 경과 함께 사詞의 명인이었다. 이욱은 975년 송나라군의 포로가 되 어 카이펑으로 끌려가 유폐당한 뒤 고국을 그리워하는 '우미인虞美 人·YuMeiRen'이라는 제목의 사를 지었다. '우미인'은 중국인들이 가장 좋아하는 사의 하나다.

春花秋月何時了
봄꽃과 가을 달은 언제 끝날까

往事知多少
눈에 삼삼하니 모두 지난 일이던가

小樓昨夜又東風
작은 누각에는 어젯밤에도 동풍이 불었다

故國不堪回首月明中
고국으로 고개를 돌리니 보이는 건 밝은 달뿐

雕欄玉砌應猶在
아름다운 난간과 옥을 깎아 만든 계단은 그대로 있겠지

只是朱顏改
어이 이리 청춘만 가 버렸는가

問君能有幾多愁
묻건대 그대 마음속 수심이 얼마더냐

恰似一江春水向東流
동쪽으로 흘러가는 봄 강물과 같아

하서회랑의 풍운

/

당나라 말기~5대 시대, 둔황燉煌을 중심으로 한 하서회랑 통치권은 한족 호족豪族 장씨와 조씨가 차례로 차지했다. 불교미술의 보고로 유명한 둔황 모가오굴莫高窟과 위린굴楡林窟이 주로 이 시기에 조성되었다. 둔황 석굴은 서하西夏 시대를 거쳐 원대元代에 마무리되었다. 당나라 말기인 850년경 둔황의 한족 호족豪族 장의조張義朝, 799~872년는 그때까지 70여 년 간 하서회랑을 지배해 온 토번 세력을 몰아내고, '당나라의 신하' 귀의군절도사歸義軍節度使를 자처했다. 장씨에 이어 920년 하서회랑을 장악한 조의금은 동쪽 장액張掖·甘州의 위구르 공주와 정략 결혼했다.

조의금은 서쪽 신장新疆의 위구르계 도시국가 호탄和田과의 우호 관계를 위해 딸을 시집보내 호탄왕과도 인척의 연을 맺었다. 조의금을 계승한 조원충 시대에 조씨 정권은 전성기를 누렸다. 조원충 역시 조의금과 마찬가지로 호탄과의 관계를 중시했다. 그는 호탄왕에게 서신을 보내 자신이 외숙이라며 숙질叔姪의 예를 내세우는 대담한 모습을 보였다. 조씨 정권의 힘이 그만큼 강력했음을 보여 준다. 조원충 시기 절정에 달했던 조씨 정권의 힘은 이후 약화 되었다. 불교에 심취한 조원충과 그의 부인이 끊임없이 불사를 일으키고 석굴을 조성하는 등 국력을 낭비하고 백성들을 부역에 동원하자 조씨 가문에 대한 불만이 커져갔다. 조씨 정권은 탕구트족 서하가 번성하기 시작한 10세기 말 이후 멸망의 길을 걸었다. 서하는 1036년경 조씨 정권을 멸망시켰다.

탕구트족 서하의 발전

/

7세기 말 이후 탕구트족黨項族·Tangut은 송첸감포 찬보의 토번제국에게 밀려나 동북쪽으로 이동하여 간쑤와 싼시陝西 서북부에 정착했다. 부족장 탁발사공은 황소의 난875~884년 때 장안 탈환을 지원해 당나라로부터 절도사에 임명되었으며 이씨李氏를 사성賜姓받았다. 5대10국 시대를 거치면서 탕구트는 하夏나라로 독립했다. 송나라 초기 하西夏와 송은 사타계 북한北漢, 거란족의 요遼, 토번吐蕃 등과의 관계에서 이해관계가 일치했다. 서하Minyak·Mjnjaa는 송나라가 북한北漢 수도 진양타이위안을 공격했을 때 지원군을 보내, 송나라를 도우기도 했다. 서하는 이계천 시대에 송나라 일변도에서 벗어나 오르도스와 간쑤, 신장 방면으로 세력을 뻗어온 요거란와도 관계를 맺었다. 이계천은 요나라의 책봉을 받아들여 하국왕夏國王에 봉해졌다. 이계천은 요나라의 후원을 배경으로 토번, 송나라와 자주 싸워 영토를 넓혔다. 이계천의 아들 이덕명은 하서회랑을 점령하고, 닝샤회족자치구의 성도 인촨에 수도 흥경성興京城을 건설했다. 요나라가 서하를 지원한 것은 송나라와의 전쟁 때문이었다. 송나라는 서하에 옆구리를 공격당할까봐 늘 불안을 느꼈다. 1004년 요遼와 송宋이 '전연澶淵의 맹맹盟'을 체결하자 토번, 송나라와의 전쟁에 지친 서하는 송나라에 접근했다.

10

거란과 송^宋의 쟁패

거란契丹이냐? 요遼냐?

/

거란 태조 야율아보기는 거란문자를 창제하는 등 거란족의 민족의
식을 고취하는 데도 힘썼다. 거란의 왕비 부족은 을실씨乙室氏와 발
리씨拔里氏였다. 을실씨와 발리씨는 스스로를 한나라 승상 소하蕭何
가문에 비겨 소씨蕭氏라 했다. 고려를 침공한 소배압소한은과 소손녕소
항덕 형제가 대표적 인물이다. 거대 부족 소씨 출신 거란 왕비는 특리
건忒里蹇으로 불리고, 누알마耨斡麼로 존칭될 정도로 막강한 힘을 갖고
있었다. 어머니 술율평의 도움으로 형 야율배를 제치고 제위를 계승
할 수 있었던 태종 야율덕광耶律堯骨은 936년 사타돌궐 출신 석경당
을 도와 후당後唐을 멸망시키고 후진後晉을 세워주었으며, 대가로 베

이징 부근 연운 16주를 할양받았다. 그는 석경당의 후계자 출제^{出帝} 석중귀가 조공국으로서의 약속을 지키지 않자 946년 카이펑을 점령하고 후진^{石晉}을 멸망시켰다. 거란에 의한 후진 수도 카이펑 포위를 전후하여 후진에서도 조선 인조 시기 청의 남한산성 포위와 유사한 일이 벌어졌다. 대거란^{對契丹} 강경파 경연광^{景延廣}과 온건파 상유한^{桑維翰} 간 극단적인 대립이 벌어진 것이다. 경연광의 강경책은 석중귀의 어리석음과 맞물려 후진의 멸망으로 이어졌다.

야율덕광 사후^{死後} 거란은 곧 내분에 빠졌다. 유목국가로 남을 것인가. 한화^{漢化}의 길을 걸을 것인가. 국가 진로와 황제 자리를 둘러싸고 벌어진 내란 와중에 세종^{야율아보기의 장남으로 후계자 싸움에 패해 후당에 투항한 야율배의 아들, 세종의 손자가 고려를 침공한 성종이다}과 목종^{태종의 아들}이 살해당했다. 유목 국수파^{國粹派}는 '거란^{契丹}'이라는 전통 국호, 농경 한화파^{漢化派}는 '요^遼'라는 한족식^{漢族式} 국호를 선호했다. 어느 쪽이 정권을 잡느냐에 따라 '거란'과 '요'를 왔다 갔다 했다. 한편, 헤이룽장성 치치하얼과 랴오닝성 다롄에도 살고 있는 다우르족은 언어, 혈통, 습관으로 미루어 거란족의 후예로 보인다. 요나라 멸망 후 거란족의 한 갈래가 헤이룽장 유역까지 이동했는데, 이들이 다우르족의 선조다. 17세기 중엽 여진족이 세운 청나라가 강성해지면서 다우르족은 청에 복속되었으며, 헤이룽장 상류에서 넌장^{嫩江} 유역으로 남하하여 만주팔기^{청나라가 17세기 초부터 설치한 씨족제에 입각한 군사·행정제도}에 편입되었다. 강희제 시기 무렵 다우르족 일부는 시보족과 함께 국경 수비를 위해 신장으로 사민^{徙民}되었으며, 그 결과 오늘날 신장위구르자치구에도 일부 거주하고 있다. 중국의 북핵 6자 회담 대표였던 우다웨이^{武大衛}

가 다우르족 출신이다.

송宋의 천하 통일

/

후주 태조 곽위郭威를 계승한 그의 처조카 세종 시영柴榮, 921~959년은 중앙군을 강화하고 지방군을 약화시킴으로써 절도사의 자립성을 줄여나가는 정책을 취했다. 그는 "공취攻取의 길은 반드시 용이한 것을 먼저 한다."는 왕박王朴의 선이후난先易後難 전략에 따라 서쪽으로는 후촉後蜀이 점거해 온 간쑤甘肅의 진주천수와 봉주봉상를 탈취하고 남쪽으로는 남당南唐을 공격하여 창장 이북 14개 주를 확보했다. 시영은 958년 창장 이남을 정복하기에 앞서 배후의 위협을 제거하고자 목종 시기 내란 상태이던 거란을 향해 북진했다. 후주군後周軍은 연운 16주에 속한 와교관, 익진관을 돌파하는 등 북진이 순조로웠다. 이때 갑자기 세종이 발병했다. 세종은 카이펑으로 회군했다가 959년 39세의 나이로 사망하고 말았다. 친위군 사령관 조광윤趙匡胤은 세종이 사망하기 직전 귀덕歸德 절도사 겸 군 총사령관에 임명되었다. 귀덕은 춘추전국시대 송宋나라가 있던 지역이다. 세종을 계승한 것은 7세에 불과한 시종훈柴宗訓이었다. 조광윤은 군부의 지지를 받아 시종훈을 밀어내고 송나라를 세웠다. 불과 53년 만에 후량後梁-후당後唐-후진後晉-후한後漢-후주後周 다섯 왕조가 역사의 무대 뒤로 사라졌다. 당시 거란은 내전 상태이던 까닭에 후주-송 교체기를 이용할 수 없었다.

태조太祖 조광윤은 따뜻하면서도 결기決氣있는 인물이었다. 조광
윤은 현대 중국인이 가장 좋아하는 인물 중 하나다. 외손자 우문천
宇文闡을 비롯한 우문씨 황족들을 학살한 수 문제 양견과는 달리, 조
광윤은 시종훈과 그의 친인척을 극진히 대우했다. 송나라의 시씨 보
호는 조광윤 당대뿐만 아니라 북송과 남송 300년간 이어졌다. 이러
한 까닭인지 시씨의 후손은 남송 최후에 벌어진 원元나라 군대와의
마카오 인근 애산도厓山島 해전에서 송나라 황실과 운명을 같이했다.
조광윤은 후주 세종 시영이 깔아 놓은 천하 통일의 길을 착실히 걸
어갔다. 송나라는 "군사력이 약한 남쪽을 먼저 치고, 군사력이 강한
북쪽은 나중에 친다."는 뜻의 선남후북先南後北 전략으로 약한 고리부
터 차례로 끊어가면서 중국을 하나로 묶어 냈다. 조광윤은 남평
963년, 후촉965년, 남한971년, 남당975년을 차례로 정복했다. 조광윤을 계
승한 동생 태종 조광의趙匡義가 979년 북한北漢을 멸하고 통일 대업을
완성했다. 송나라의 중국 통일은 △거란의 내분, △토번의 약화와
토번-서하 전쟁, △고려의 거란 견제 등 국제 정세가 송나라에 유리
하게 전개된 까닭이었다.

거란-발해 20년 전쟁
/
거란은 4세기 초 모용선비에게 멸망당한 우문선비 세력이 시라무
렌강 유역 일대에서 퉁구스계와 일부 터키계 부족을 통합하여 형성
된 민족이다. 거란은 조선고조선과 같은 8조 법금法禁을 갖고 있었다.

앞에서도 말했듯이, 668년 고구려 멸망 시 후돌궐에 투항했다가 나중 네이멍구로 이주한 고구려인 10만여 명도 거란 세력에 흡수된 것으로 보인다. 우리에게 해금奚琴을 전해 준 해족奚族, 고막해庫莫奚는 흉노-선비 계열의 종족으로 네이멍구內蒙古 쯔펑赤峰 동부 일대에 거주하고 있었다. 시라무렌강-다링허 유역의 거란족 수장 야율아보기872~926는 907년 거란을 건국하고, 곧 고막해, 습霫, 실위室韋를 정복했다.

거란은 랴오둥에 대한 지배권을 놓고 909년부터 발해와 혈전에 돌입했다. 거란은 고전 끝에 918년경 발해를 랴오허 유역의 중심도시 랴오양에서 몰아내었으며, 920년경에는 압록강 유역까지 국경을 넓혀 고려와 접경했다. 거란군은 924년 요주遼州를 습격해 온 발해군과의 전투에서 패했지만, 925년부터 다시 발해를 거세게 몰아 부쳤다. 925년경 몽골고원에서 키르키스족을 완전히 몰아내는 데 성공한 야율아보기는 그해 12월 발해 친정親征에 나섰다. 그는 시간이 많이 걸리는 남부 압록로가 아닌 중북부 부여로를 통해 발해 수도 상경헤이룽장성 닝안을 직공直攻하여 발해를 정복하기로 했다. 거란은 발해 정예군이 수비하던 부여성을 포위한 지 단 5일 만에 점령했으며, 다음 해 1월 12일 수도 상경헤이룽장성 닝안마저 함락하여 가독부발해왕의 명칭 대인선의 항복을 받았다. 야율아보기가 친정親征에 나선지 불과 20여 일 만에 대국 발해가 멸망했다. 부여성의 수장酋長이 권력 쟁탈전 참가를 위해 상경에 가 있을 정도로 심각한 내분과 외교적 고립이 원인이었다. 거란군의 발해 수도 상경忽汗城 포위 시 신라군이 거란군을 지원했다는 기록이 있다(『遼史』). 당시 몽골고원에는 위구르 제국 멸망 후 키르키스족 이외 뚜렷한 세력이 나타나지 않았고, 중국은 5대 10국 혼란기였으며, 한반도 역시 후삼국시대였던 관계로 발해는 어느 나라로부터도 제대로 군사 지원을 받지 못했다.

정안국定安國, 발해 재건 시도

/

야율아보기는 926년 1월 상경을 수도로 한 발해를 정복한 다음 발해 중심부에 '동쪽의 거란'이란 뜻의 동란국東丹國을 세우고 장남 야율배이찬화에게 통치를 맡겼다. 동란국은 2년 뒤 랴오양遼陽으로 천도했다. 발해를 정복한 직후 곧 발해 세력이 온존해 있는 발해 중심부 통치를 포기한 것이다. 그만큼 발해의 붕괴는 급작스런 일이었다. 『요사遼史』에 의하면, 동란국 이동과 함께 이주당한 발해인은 9만 4000여 호라 한다. 40~50만 명에 가까운 숫자다. 발해 멸망을 전후하여 대광현, 대화균, 신덕, 모두간을 비롯한 발해인 10여만 명이 고려로 이주했다. 발해 고토에 남은 자들은 요遼에 대항하여 부흥운동을 일으켰다. 야율아보기가 부여부지린성 창춘를 경유하여 상경을 직공直攻하는 바람에 큰 손실 없이 세력을 유지할 수 있었던 압록강 중류 지역을 기반으로 한 정안국938~986년이 대표적이다. 오열만화가 세운 정안국은 송과 고려에게 세종-목종 시기 혼란에 처한 거란에 대한 연합공격을 제의하기도 했다. 세종-목종 시기의 혼란을 극복한 거란은 성종 야율융서耶律隆緒 시기에 국력을 회복했다. 어머니 술율씨소작의 보좌를 받은 성종은 몽골을 아우르고, 서역신장의 위구르도 정벌했다. 한편, 서하는 983년 송의 종주권을 부정하고 986년 요에 귀부했다. 성종은 986년 1월 야율사알 등으로 하여금 정안국을 토멸討滅토록 하여 10만여 명의 백성을 포로로 잡았다.

초강대국 간 타협

/

성종은 993년 소손녕蕭遜寧으로 하여금 고려를 침공하게 했으며, 고려에 압록강 동안東岸 강동 6주를 분할하여 주되 요를 종주국으로 받든다는 약속을 받아냈다. 1000년 무렵 송나라는 외교적으로 고립되었다. 서하와 고려를 복종시키는 등 배후를 튼튼히 한 성종은 1004년 송나라 정벌을 위해 직접 20만 대군을 지휘하여 연운 16주를 넘어 황허 유역으로 남진했다. 송나라 조정은 혼란에 빠졌다. 쓰촨촉·익주 파천播遷 주장도 제기되었다. 문약文弱의 송나라 황제 진종은 재상 구준寇準의 건의에 따라 30만 대군을 이끌고 황허黃河를 건너 북상하여 전주澶州로 향했다. 몇몇 전투에서 거란군이 승리했으나, 전쟁은 곧 소강상태로 접어들었다. 요遼, 송宋 두 나라는 타협했다. 이는 『예정된 전쟁』의 저자 그레이엄 앨리슨 하버드대 교수가 지적한 대로, 초강대국 간 타협의 대표적 예이다. 요나라가 송나라를 형으로 부르는 대신 송은 매년 비단 20만 필, 은 10만 냥을 요나라에 조공하기로 했다.

'전연澶淵의 맹盟'이라 불리는 이 조약을 체결한 후 요·송 관계는 안정됐다. 이후 요나라는 송과 고려, 서하西夏 간 세력균형을 이용하여 관제와 세제 개편, 법률 정비, 불교 장려 등 내정에 성공해 동아시아 최강국이 됐다. 거란은 북방 유목민과 남방 농경민을 각기 북면관北面官과 남면관南面官이라는 2원제에 따라 통치했다. 농경을 장려함에 따라 농지는 늘어난 반면, 초지草地는 부족해져 대다수가 유목민인 거란족 백성은 궁핍해졌다.

동여진東女眞 해적의 고려, 일본 약탈

/

10세기 말~11세기 초 고려 서희徐熙와 강한찬姜邯贊·강감찬은 요-송-서하 적대관계를 이용하여 고려 영토를 압록강 하구까지 넓혔다이 시기 압록강은 라오허의 지류라는 주장도 있음. 거란-고려 간 전쟁이 종료되고, 화평 분위기가 무르익어 가던 1029년 랴오둥 발해공동체 출신 대조영의 17대손 대연림이 반란을 일으켜흥료국 고려와의 연결을 시도했으나 곧 거란군에 진압되었다. 한편, 발해와 정안국이 멸망하는 등 만주 혼란 시기에 발해 대씨 왕족들은 물론 고열정2품 상서우복야까지 승진과 같은 흑수말갈, 돌궐 세력 일부도 고려에 투항했다.

　　고려-거란 전쟁이 벌어지던 시기 동여진 세력은 주로 바다를 통해 고려 동해안 지역을 침공·약탈했다. 거란-발해 전쟁 시기 두만강 일대 여진계 주민은 별도 세력동여진을 형성해 갔다. 동여진 세력은 1011년 경주, 강한찬의 귀주대첩이 있던 1018년에는 울진, 영덕까지 침공했다. 고려는 동여진 해적을 막고자 동해안에 대규모 축성과 함께 상당 규모의 해군을 배치했다. 그러자 동여진 세력은 공격 목표를 일본과 우산국울릉도으로 바꾸었다. 1019년 3월 3000여 명이 탑승한 동여진 선박 50여 척이 쓰시마를 공략했다. 일본은 이들의 정체를 알 수 없어 '도이의 도적'이라 했다. '도이'란 일본어로 오랑캐를 뜻한다. 동여진 해적선단은 쓰시마를 약탈한 뒤 퇴각했다. 쓰시마를 떠난 동여진 해적은 이어 이키 섬에 상륙했다. 동여진 해적은 쓰시마와 이키섬에서 잡은 포로를 태운 채 4월 초 후쿠오카 인근을 약탈하는가 하면, 하카다만 노코섬도 공격해 주민 다수를 포로로 잡았다. 일본 정부의 지원 요청을 받은 고려 함대는 귀환하는 동여진 선단을 포착·격파하고, 일본인 포로 400여 명을 구출했다. 동여진 해적은 일본을 침공하는 과정에서 울릉도마저 약탈했다. 동여진 해적 침공으로 인해 울릉도는 황무지가 되었으며, 그때부터 사람이 거의 살지 않게 됐다.

흑수말갈의 후예 여진 완안부의 대두

/

북만주는 고구려−발해 시대에도 변경에 속해 있었다. 금나라 발상지인 하얼빈 근처 야청阿城은 흑수말갈黑水靺鞨 등 퉁구스족의 땅으로 12세기에 이르러서도 야성을 유지하고 있었다. 흑수말갈 계통 15만 완안부족完顔部族이 거주하는 삼림·호수 지역은 여름철에는 몹시 덥고 겨울철에는 몹시 추운酷暑酷寒 땅이었다. 완안부를 포함한 여진 부족은 사냥을 생업으로 했으며 뛰어난 기마 전투기술을 갖고 있었다. '여진족 1만 명이 차면 상대하지 말라.'는 말이 있을 만큼 용맹했다.

여진족은 발해가 멸망한 후 요나라에 예속돼 공물供物 납부 등 각종 부담을 졌다. 금나라를 세우는 완안부가 고려를 부모의 나라라고 한 것으로 볼 때 여진족은 상당한 동족의식을 갖고 고려를 대한 것으로 보인다. 『금사金史』에 의하면, 시조 완안 아쿠타완안민의 조상 함보函普 는 고려또는 신라 출신이라 한다.

윤관의 두만강 유역 점령

/

12세기 들어 영가, 우야소 등이 이끄는 완안부의 침입이 잦아지자 고려는 1107년 윤관을 총사령관으로 하여 여진 정벌을 시작했다. 여진 정벌에 동원된 병사는 총 20만 명에 달했다. 윤관의 대군은 무신武神으로 불린 척준경拓俊京을 선봉으로 삼아 여진군을 격파하고 함흥평야로부터 시작하여 두만강 이북 280㎞700리에 위치한 지린성 옌볜자치주 둔화敦化에 위치한 선춘령에 이르는 점령지역에 아홉 개 성동북 9성을 축조했다. 세종실록지리지 포함 사서들에 의하면 동북 9성의 성 간 거리가 너무 멀어 지키기 어려울 정도였다 한다. 고려가 20만 대군을 동원하여 좁은 함흥평야와 그 부근만을 빼앗았다는 일부 학자들의 주장은 논리적으로 맞지 않다. 고려는 '동북 9성'을 오래 지키지 못했다. 무엇보다 (장거리) 보급에 문제가 있었다. 그리고 여진 완안부 세력이 날로 강해졌기 때문이다. 완안부에는 우야소, 아쿠타, 우키마이吳乞買 등 영걸英傑이 잇달아 출현했으며, 이들은 요나라와 고려의 행정력이 제대로 미치지 않는 헤이룽장성과 지린성,

두만강 유역에 이르는 지역의 여진퉁구스계 부족을 통합해 나갔다. 거란契丹, 서하西夏, 윈난의 대리大理 등 새외민족 국가의 흥기興起로 인해 송나라 영토는 당나라 전성기에 비해 절반가량으로 축소됐다.

탕구트 민족주의자 외명낭소이원호

/

서하탕구트 민족주의자인 경종 외명낭소嵬名曩霄·이원호, 1003~1048년는 태자 시절 하서회랑을 정복하고, 즉위 후 서하문자를 창제 했으며, 1038년 송나라에 대한 조공을 중지하고 황제를 칭했다. 이에 분격한 송宋 인종은 50만 대군을 동원하여 서하西夏 정복을 시도했다. 1040년부터 3년간 서하와 송나라 간 여러 차례 전쟁이 벌어졌다. 1040년 서하는 산시성 옌안延安을 공격했으며, 싼촨커우三川口 전투에서 송군宋軍을 전멸시켰다. 인종은 범중엄范仲淹과 한기韓琦 등을 서하 전선에 파견하여 서하의 장안시안 공격을 저지하게 했다. 그러나 송군宋軍은 다음 해 벌어진 하오쉐촨好水川 전투와 이어 벌어진 딩촨定川 전투에서도 패배했다. 범중엄과 한기는 방어에 치중하는 전술을 채택해 서하의 공세를 겨우 막아 냈다. 서하도 송과의 전쟁이 계속되면서 경제교류 단절로 어려움을 겪었다. 1042년 서하가 강화를 요청했으며 송나라는 이를 받아들였다. 1044년 양국은 '경력慶曆의 조약'을 체결했다. 서하가 송에 신하의 예를 취하는 대신 송은 매년 은 7만 2000냥, 비단 15만 3000필, 차 5만 근을 서하에 바친다는 것이 요지였다. 서하는 비단길을 통한 동서교역을 중개하는 한편, 하

서회랑 너머 신장 지역으로까지 세력을 넓혔다[80만㎢]. 이에 따라, 하
서회랑의 한족 조씨 정권이 세력을 잃고, 토번과 위구르 세력이 위
축되었다. 이원호는 오아시스의 지식인으로 불린 코초투르판 위구르
인들을 등용하여 서하문화를 크게 발전시켰다. 닝샤寧夏의 인촨銀川
을 중심으로 농경과 유목 문화가 결합된 수준 높은 서하문화가 탄
생했다. 코초의 위구르 지식인들은 나중 서요西遼와 몽골제국에서도
대거 등용되었다.

왕안석 신법과 송宋의 당파싸움
/

송나라북송는 군사적으로는 취약했으나 경제적으로는 활력이 넘쳤
다. 인구는 8000여 만 명에 달했으며, 수도 카이펑에만 130만 명이
거주했다. 운송업과 요식업, 여관업, 창고업 등의 발달로 인해 '불야
성不夜城'이라는 말이 생겨났다. 참파베트남 중남부 오스트로아시아계 왕국로부터
점성도占城稻·참파쌀가 도입되어 강남 전역으로 쌀농사가 확대되었다.
수차水車가 개발되었으며, 수리시설이 확충되고 이앙법移秧法도 도입
되었다. 동전 천희통보가 수요를 따라잡지 못하자 1024년 세계 최
초로 지폐 '교자'를 발행했다. 복식부기가 도입되고 각종 상인·공인
조합 활동도 활발하여 졌다. 석탄 소비가 일반화되고 철강 생산량이
3만 5000톤에 달하는 등 송나라는 거의 산업혁명 초기 단계에 들
어섰다. 휘종徽宗이 일식, 월식을 자연현상에 불과한 것으로 규정하
는 등 과학기술도 크게 발전했다. 송北宋은 막강한 경제력에 기대어

거란과 서하에 매년 막대한 조공을 바치고 평화를 샀다. 돈으로 산 평화는 취약할 수밖에 없었다. 송나라는 조공을 바치고도 거란과의 북부전선 및 서하와의 서부전선에 많은 수의 수비병을 주둔시켜야 했다. 엄청난 액수의 조공과 군비 부담으로 인해 경제가 쇠퇴하기 시작했다. 경제를 회복시키려면 새로운 정책 도입이 필요했다. 1067년 왕안석이 도입한 신법新法은 기울어가는 송나라의 경제력과 군사력을 회복시키고자 고안된 정책이었다.

신법의 핵심은 정부가 영세민에게 저리低利로 융자하는 정책으로 청묘법靑苗法이라고 불렸다. 신법은 빈농과 소상인에게 큰 도움이 되었다. 만성 적자를 보이던 재정이 흑자로 돌아섰으며 막대한 잉여까지 축적했다. 하지만 신법은 형세호形勢戶로 불린 호족豪族에게는 타격을 주었다. 정부가 저리로 융자融資해 줌에 따라 더는 빈농과 소상인 대상 고리高利 이자놀이를 못하게 되었기 때문이다. 신법은 호족 출신이 주류를 이룬 사마광, 구양수, 소식, 정호 등 구법파舊法派 관료의 거센 저항을 받았다. 이해관계 차이와 함께 나중에는 개인 감정까지 개입되어 격심한 당파 싸움으로 변질됐다. 예술가 기질의 휘종이 행정능력은 뛰어나나 신념도 절조도 없는 인물인 재상 채경蔡京과 환관 동관童貫 등을 중용하면서 상황은 악화되었다. 채경은 구법파 고태후高太后 집권기에는 신법을 폐지했다가 휘종 등 신법파가 집권하자 이번에는 폐지된 신법을 기를 쓰고 부활시키는 등 무절조無節操의 극치를 보인 인물이다. 당대 최강대국 거란에서도 당파싸움이 벌어졌다. 거란의 당파싸움은 민족 정체성 문제에서 비롯되어 감정 대립으로 비화했는데, 국가의 활력을 크게 약화시켰다. 송나라에

휘종과 채경, 동관이 있었다면 같은 시기 요나라에는 무능한 천조제
天祚帝와 간신 야율을신耶律乙辛, 소봉선蕭奉先이 있었다.

11

여진의 굴기崛起,
한족 중심 성리학의 탄생

여진女眞, 거란遼을 멸하다

/

여진족 영웅 완안 아쿠타는 1114년 3700명의 병력으로 10만 대군이 지키던 요의 대여진對女眞 전진기지 지린성 압자하의 추허텐을 기습 공격하여 대승을 거두었다. 이어 요나라에 경제적, 군사적으로 중요한 황룡부부여성도 빼앗았다. 멸망의 위기를 느낀 요나라 천조제가 전국에서 끌어 모은 40만 대군을 이끌고 여진의 근거지 안출호수安出虎水 인근까지 진군해 오자 아쿠타는 3만 정병精兵을 거느리고 내부 갈등과 반란으로 갈팡질팡하던 요나라군을 대파했다. 이 전투를 계기로 만주 정세가 일변했다. 아쿠타는 1115년 1월 랴오둥 출신 발해인 양박楊朴의 건의를 받아들여 황제로 등극했다. 발해공동체 출신 고영창은 요나라가 혼란에 처한 1116년 반란을 일으켜 고려에 지원을 요청하는 등 발해 부흥을 시도했다. 하지만 고영창은 요나라군에 이어 금나라군과의 전투에서도 패배하고 처형당했다. 고려 예종재위 1105~1122년은 만주 정세 변화를 관망하기만 했다. 랴오둥의 발해공동체는 금나라가 몽골에 멸망한 다음에도 유지된다.

완안부는 퉁구스족 고유의 흰색을 숭상했으며 원래 거주지가 하얼빈 부근 안출호수였던 관계로 국호를 금金이라 했다. 여진어 '안출호Antʃun'는 '금金'이라는 뜻이다. 금나라는 베이징 인근 연운 16주 회복을 꾀하던 휘종徽宗, 1082~1135년 시기 송나라와 보하이만渤海灣 해상에서 '해상海上의 맹盟'이라는 공수동맹조약攻守同盟條約을 체결하여 함께 요나라를 공격했다. 고려는 그 이전 송나라에 급히 사신을 보내어 여진족과 동맹조약을 체결하지 말라고 만류했으나 송北宋은 고려의 권고를 무시했다. 소식소동파이 고려를 '맥적貊狄'이라고 표현하는 등 송나라 지식인들의 고려에 대한 시각은 '오랑캐' 그 이상도 이하도 아니었다. 금나라군은 1120년 요나라 수도 상경임황부을 점령했다. 야율순, 야율정, 야율대석1087~1143년 등 요나라 잔존 세력은 남경베이징을 근거로 '북요北遼, 1122~1123년'를 세웠다. 천조제는 서쪽으로 도주하여 네이멍구 인산陰山 기슭에 숨어 서하의 지원을 기대했다. 금나라군에 쫓기는 상황에서도 권력에 집착하던 천조제는 1125년 금나라군의 포로가 되었다.

금나라의 남진

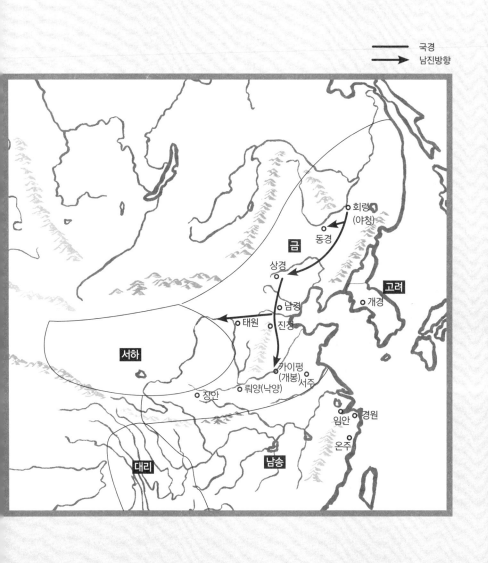

회령
(야청)

동경

금

상경

고려

남경

개경

태원

진정

서하

카이펑
(개봉)

서주

뤄양(낙양)

장안

경원

임안

온주

대리

남송

야율대석과 서요카라키타이

/

요나라가 멸망하자 왕족 야율대석은 수백~수천 기騎를 거느리고 몽골을 거쳐 서역신장의 비슈발리크北庭, 우루무치 인근로 도망하여 그곳에서 몽골 18부족을 규합했다. 그는 더 서진하여 카자흐스탄 동남부 일리강 유역을 손에 넣고, 1134년 이시크쿨 호반湖畔 동東카라한의 수도 발라사군키질 오르다을 점령하여 서요카라키타이, 1132~1218년를 세웠다. 구르칸Gur Khan 야율대석이 발라사군을 수도로 요遼를 재건했다. 야율대석은 중동의 강자 셀주크 터키의 부용국 이란계 호레즘, 돌궐 카를룩부와 동맹하여 1141년 사마르칸드 부근 콰트완 전투에서 셀주크 터키 황제 아흐마드 산자르가 이끄는 셀주크 터키–서西카라한 연합군을 격파하고, 서요西遼의 기초를 튼튼히 했다. 러시아는 중국을 키타이Cathay라 부르는데, 이는 거란과 카라키타이의 이름이 초원의 길을 따라 중앙아시아와 남부 러시아킵차크에 널리 알려졌기 때문이다. 서요는 금나라에 위협이 되었다. 금나라 서부에 거주하는 거란족이 서요와 손을 잡고 금나라의 배후를 노릴 소지가 있었기 때문이다.

'고개 처박은 타조' 송末

/

금 태조 완안 아쿠타는 군사조직인 맹안모극제猛安謀克制를 군사·행정기구로 재편하고 지방행정구획으로 로路를 설치했다. 금나라는 송나라와 체결한 '해상의 맹'에 따라 장성 이남으로 출병하지 않기로 약속했지만, 요나라의 남경, 곧 옌징^{베이징}의 요遼 망명정부北遼 군대에 밀려 패배를 거듭하던 송나라군의 요청에 따라 옌징도 점령했다. 아쿠타는 휘하 장군들과 한족을 포함한 옌징 주민의 반대에도 불구하고 '해상의 맹'을 준수하여 옌징을 송나라에 넘겨주었다. 아쿠타는 옌징 함락 직후인 1123년 북만주의 수도 회령^{아청, 하얼빈 인근}으로 회군하는 길에 붕어했다.

금나라는 '해상의 맹'을 지켰으나 송나라는 금나라를 배신하고 서하 및 요나라 천조제 세력과 연결하여 금나라 공격을 시도했다. 아쿠타를 계승한 태종 우키마이^{완안성}와 그의 막료들은 이러한 송나라를 용서하지 않았다. 1126년 초 금나라군은 다시 옌징을 점령하고 파죽지세로 남하하여 송나라 수도 카이펑^{변경}에 접근했다. 휘종은 태자에게 양위하고 강남으로 피신했다. 새 황제 흠종欽宗은 성리학자주자학자 이강, 서처인 등 주전파와 훈구관료 채경 등 주화파 간 대립 속에서 갈피를 잡지 못했다. 흠종은 남한산성에 갇힌 인조와 같은 모습을 보였다. 카이펑을 포위한 금나라는 함락이 쉽지 않아 보이자 조공 액수를 올리고 중산中山과 하간河間, 태원太原 등 3개 진鎭, 20개 주州 할양과 왕족과 대신을 볼모로 보낼 것을 요구했다. 송나라 조정은 강적을 만나 고개를 처박은 타조와 같이 눈앞의 위기에서 벗어나고자 금나라의 요구를 수용했으며 금나라 군대는 포위망을 풀고 철군했다.

금나라 군대가 철군한 후 카이펑에서는 주전파 이강과 서처인이 권력을 장악하여 할양키로 약속한 3진의 군사들에게 금나라군에 저항할 것을 명령했다. 이와 함께 흔들리던 군부를 안정시키기 위해 상황 휘종을 카이펑으로 돌아오도록 요청했다. 송나라의 거듭된 배신에 분노한 금나라는 1127년 다시 군사행동을 개시하여 카이펑을 포위했다. 40여 일간의 공방전 끝에 카이펑이 함락되었다. 금나라는 휘종과 흠종을 포함한 황족과 궁녀, 관료, 기술자 등 3000여 명을 포로로 잡아 북만주로 끌고 갔다. 이 사건을 '정강靖康의 변變'이라 한다. 정강의 변은 역대 한족 지식인들에게 심각한 트라우마Trauma로 남게 된다. 제 1차 카이펑 포위 시 금나라의 인질이 됐다가 인질 교체로 돌아온 휘종의 9남 조구趙構가 1127년 샹추商邱에서 즉위하여 송나라南宋를 이어갔다. 이듬해 금나라는 남벌군을 일으켰다. 금나라 군은 쫓아가고 남송군은 정신없이 쫓기는 상황이 양저우揚州-진장鎭江-쑤저우蘇州-항저우杭州-딩하이定海-원저우溫州까지 이어졌다.

송 휘종의 연산정燕山亭

/

흠종과 함께 금나라의 포로가 되어 북만주 야청회령으로 끌려간 휘종 조길趙佶은 정치와 행정에는 무능했지만, 시詩·서書·화畵 모두에 뛰어 났다. 아래는 그가 1128년 만주에서 지은 사詞 '연산정燕山亭'이다. 금나라는 휘종을 멍청한 군주, 즉 '혼덕공昏德公'이라고 불렀다. 흠종은 더 멍청한 군주라는 뜻의 '중혼후重昏侯'라고 호칭했다.

裁剪冰綃 輕迭數重 淡着胭脂匀注
얇고 흰 비단 마름질하여 사락사락 몇 겹을 접고, 연지로 옅게 물을 먹였네

新样觀粧 艷溢香融 羞殺蕊珠宮女
새 유행 아름다운 옷에 은은히 퍼진 향기 화사한 색깔에 녹아드니,
하늘나라 선녀조차 부끄러워 몸 둘 바 몰라 하는 구나

易得凋零 更多少無情風雨
하지만 꽃도 결국 시들겠지. 몇 번이나 모진 풍우를 겪은 다음에랴

愁苦 問院落淒凉 幾番春暮
괴롭구나! 처량한 정원에 묻노니, 얼마나 더 봄을 보내야 하는가?

憑寄离恨重重 這雙燕 何曾會人語
누구에게 이 아픈 마음 이야기 해 볼까.
저기 나는 한 쌍의 제비가 어찌 사람의 고통을 알겠는가?

天遥地遠 萬水千山 知他故宮何處
멀고 먼 하늘 저 멀리 산 넘고 강 건너 옛 궁궐 어디에 있는가?

怎不思量 除夢里有時會去
어찌 옛 생각이 나지 않으리오. 꿈에서 깨어 몇 번이나 가 보았건만

無据, 和夢也新來不做
잠 못 드는 이 밤, 어이하여 요즘은 꿈에도 나타나질 않는가?

동東의 화이허淮河와 서西의 대산관大散關

/

완안 아쿠타의 아들 완안올출完顔兀朮·완안종필이 지휘하는 금나라군은 창장을 건너 닝보寧派까지 고종 일행을 추격했으나 보급선이 지나치게 길어지고 송나라 의용병이 반격할 기미를 보이자 철군했다. 창장과 화이허 유역에서 송나라 관군의 공백을 메운 것은 악비岳飛,

한세충韓世忠, 장준張俊, 유광세劉光世 등이 거느린 의용군단이었다. 친위사병으로 이루어진 악비와 한세충 군단은 전투력에서 금나라 정규군에 밀리지 않았다. 1139년 금과 남송 두 나라는 남송이 금나라에 조공을 바치되 금나라는 점령한 영토를 남송에 반환한다는 내용의 강화조약을 체결했다. 금나라는 카이펑과 장안시안 등 점령한 영토 대부분을 일단 남송에 반환했으나 금나라 내부 의견 충돌로 인해 조약이 무효가 되었다. 금나라 강경파는 조약을 파기하고, 군대를 동원해 카이펑과 장안을 다시 점령했다. 과거와 달리 금나라는 악비와 한세충 등 군벌화된 남송南宋 의용군단의 저항으로 인해 많은 어려움을 겪었다. 금나라는 만주 다싱안링 방면 거란족 동태도 감안해야 했다. 1142년 금나라 완안올출과 남송 진회秦檜 사이에 화의가 성립되어 동東의 화이허淮河와 서西의 대산관大散關을 국경선으로 정했다. 금나라와의 화의에 반대한 악비가 희생되었다. 남송이 매년 금나라에 조공을 바치기로 한 것은 물론이다. 금나라는 38맹안, 즉 약 100만 명을 화북으로 이주시켜 점령한 영토를 지배해 나갔다.

부조父祖의 나라 고려

/

서하는 금나라가 강성해지자 살아남기 위해 금나라에 칭신稱臣했다. 이에 대한 대가로 서하는 인산 이남의 땅을 할양받았다. 서하는 이제 더 이상 송나라와 국경을 접하지 않게 되었으며, 몽골의 침략을 받기 전까지 80여 년간 안정을 유지할 수 있었다. 금나라가 고려를 부조父祖의 나라라고 생각한 데다 고려가 금에 칭신하고, 금을 자극하지 않은 까닭에 금과 고려 간에는 충돌이 거의 없었다. 1170년 이후 무신정권이 들어서도 마찬가지였다. 이 시기 고려인들은 점차 압록강을 넘어가 압록강 서안의 랴오둥 지역에 거주하기 시작했다. 원나라 시대인 14세기에는 랴오둥 주민 절반이 고려인이었다.

황제 독재체제

/

금나라 3대 희종熙宗 완안단완안합라과 4대 해릉왕海陵王 완안량완안적고내 시대에 대규모 살육이 벌어졌다. 희종은 집권 말기 황족과 중신을 대거 살육하고, 재상 완안량과 결탁하고 있다는 이유로 황후 배만씨裴滿氏도 죽였다. 완안량은 1149년 궁정 쿠데타를 일으켜 희종을 살해했다. 대씨大氏를 어머니로 둔 해릉왕은 즉위 후 희종보다 한 술 더 떠 태종의 아들 완안종본을 포함한 수백 명의 황족과 중신을 죽였다. 해릉왕은 4세기 갈족羯族이 세운 후조後趙 천왕天王 석호石虎 이상으로 살인을 자행하고, 근친상간을 범하는 등 음란 또한 심했다. 끝없는 일탈로 해릉왕은 점차 금나라 지도층 내부에서 소외당했다. 거란요, 여진금, 만주청와 같이 북방에서 기원한 나라의 경우 건국 초기에는 유목 전통에 따라 장로합의제로 국정을 운영한다. 태조 아쿠타의 유훈遺訓을 어겼다는 이유로 태종 우키마이가 종친 신하들에게 곤장을 맞았다는 말이 있을 정도다. 유목민족 국가의 경우 장로합의제에서 황제 독재체제로 전환하는 과정에서 희종이나 해릉왕과 같이 과격한 성격의 황제와 여타 권력자 간 권력투쟁이 발생하면 대규모 희생이 따르곤 했다.

정치통합과 경제통합

/

해릉왕은 1153년 하얼빈 부근 회령야청에서 남쪽의 옌징베이징으로 천도했다. 해릉왕은 남송을 정복하여 중국을 통일하려 했다. 수·당 이후 중국의 경제중심지는 화이허淮河 이남이었다. 금나라가 남쪽으로 팽창해 화이허를 남송과의 국경선으로 정했다고는 하나, 경제 중심지는 남송 영역 내에 있었다. 이에 따라 금나라는 남송과의 교역에서 언제나 수입초과를 보였다. 금나라는 남송의 쌀과 차茶, 향료에 의존하는 상태가 됐다. 해릉왕이 남정南征을 감행하려 한 데는 이와 같은 경제적 이유도 있었다. 1161년 해릉왕은 카이펑에 입성해 여진족, 거란족, 발해인 등으로 구성된 대규모 남벌군南伐軍을 일으켰다. 거란족은 몽골족과 싸워왔으나, 장정이 남벌군에 대거 징집당하는 바람에 더 이상 몽골족을 막아 낼 수 없었다. 거란족은 이래 죽으나 저래 죽으나 마찬가지라는 심정으로 서북 변경 도처에서 반란을 일으켰다.

요양 유수 완안포完顏褒가 옛 수도 회령야청에서 반란을 일으켜 일부 황족과 장군들의 추대를 받아 황제세종로 즉위했다. 이러한 상황에서도 해릉왕은 남벌전南伐戰을 멈추려 하지 않았다. 해로로 진출한 2군이 하이저우장쑤성 롄윈강 해전에서 남송군에 패배하고, 육로의 본진도 창장 남쪽 채석기에서 화포火砲를 사용한 남송군에 패했다. 세종이 즉위했다는 소식을 전해들은 장군들이 반란을 일으켰으며, 야율원의耶律元宜·完顔元宜가 해릉왕을 시해했다. 금나라군이 철수하자 남송군은 금나라군의 뒤를 쫓아 화이허 이북까지 군사를 보냈다. 세종은 우선 거란족의 반란을 진압하는 데 힘을 쏟았다. 거란족 내부에서 카라키타이서요로 도망하자는 파와 금나라 영토 내에서 계속 싸우자는 파 간 갈등도 벌어져 곧 반란을 진압할 수 있었다. 거란족 반란을 진압한 세종은 주력군을 화이허 방면으로 이동시켜 남송군을 화이허 이남으로 몰아냈다.

빙탄불상용氷炭不相容 여진과 거란

/

1161년 남송 고종은 대금對金 주전파와 화평파 간 당쟁에 시달리다 태조 조광윤의 7세손인 조신孝宗에게 양위했다. 이후 남송 황제는 모두 (태종 조광의계가 아닌) 태조 조광윤계가 차지했다. 효종은 주전론자인 장준張浚을 총사령관으로 기용하여 북벌을 시도했다. 남송군은 처음엔 전쟁을 유리하게 이끌어 나가 화이허 이북까지 진출하는 데 성공했다. 하지만 서북전선에 나가 있던 금나라 명장 복산충의僕散忠宜가 화이허 전선에 복귀하자 전세는 곧 혼전양상으로 변했다. 1165년 두 나라는 새로 조약을 체결해 동東의 화이허, 서西의 대산관선을 국경선으로 재확인했다.

남송과의 관계를 안정시킨 금 세종은 희종과 해릉왕이 강압적으로 실시해 온 한화정책漢化政策을 수정하여 여진족 고유의 야성을 회복하려 했다. 세종은 여진 귀족들에게 일정 기간 네이멍구 초원에 텐트를 치고, 기마술과 궁술弓術을 연마하도록 했다. 여진어와 여진문자 사용도 장려했다. 하지만 금나라 4400만 인구 중 여진족은 620만 명에 불과했다. 세종의 노력에도 불구하고 야성을 상실해 가는 중원 거주 여진족의 한화漢化 경향을 되돌려 놓을 수 없었다. 세종은 중원에 거주하는 빈곤해진 여진족을 구제하고자 한족이 경작하던 관유지官有地를 몰수해 여진족에게 분배했다. 토지경작권을 빼앗긴 한족은 금나라 조정에 불만을 가졌다. 세종은 거란족을 감시하고자 거란족만으로 이뤄진 맹안·모극금나라 때 군사 및 부족 조직에 대한 제도을 해체하여 여진족의 맹안·모극 안에 분산, 편입시켰다. 여진족과 거란족 간 혼인을 장려하기도 했다. 이는 중앙아시아의 카라키타이와 연락을 끊는 방법이기도 했다. 세종을 계승한 손자 장종章宗은 거란문자 사용마저 금했으나 거란족은 결코 여진족에 동화되지 않았다. 거란족과의 갈등은 금나라가 쇠퇴하게 된 최대 원인 중 하나이다. 수렵과 어로漁撈로 정착 생활을 하던 여진족과 유목遊牧으로 늘 이동하는 생활 습관을 가진 거란족은 기질적으로 서로 맞지 않았다.

카마쿠라 바쿠후幕府와 고케닌사무라이의 등장

/

헤이안 시대 후기1068~1192년부터 외척 후지와라씨의 간섭을 배제하려는 목적으로 덴노가 양위하여 조우고上皇로서 인세이院政를 실시했다. 후지와라씨의 피가 섞이지 않은 고산조 덴노재위 1068~1073년가 즉위하면서 상황이 달라졌다. 고산조는 장원을 대거 정리하여 국가로 귀속시켰으며, 유능한 중하급 귀족과 지방관들을 대거 등용하는 등 국정을 안정시켰다. 이를 '엔큐의 선정'으로 부른다. 후지와라씨 셋칸의 경제기반이 약화되었다. 고산조는 자기 자손으로 하여금 황통을 잇게 하고자 양위를 하는 도중 40세로 사망했다. 시라카와 덴노재위 1073~1086년, 조우고 1086~1129년는 아들 호리카와재위 1086~1107년, 손자 도바재위 1107~1123년, 증손자 스토쿠재위 1123~1142년까지 3대 42년을 조우고로 있으면서 사망할 때까지 권력을 휘둘렀다. 시라카와와 도바 시대에는 후지와라가에 내분이 발생한 데다 후계자가 무능하여 후지와라가의 권력을 꺾을 수 있었다. 스토쿠 덴노도 어렸기 때문에 조우고의 인院이 권력을 장악했다. 도바 덴노 역시 시라카와가 죽은 1129년부터 1156년까지 27년간 실권을 장악했다. 도바의 인은 자체 장원 확대에 몰두하여 개혁을 무위로 돌렸으며, 지방세력 강화라는 봉건화를 촉진했다. 이 시기 고케닌사무라이 출신 다이라平 일족은 송, 금, 고려와 교역하여 막대한 부를 쌓았다. 도바 사망 직후인 1156년 도바의 아들 고시라카와 덴노와 스토쿠 조우고 간 권력 다툼인 '호겐의 난'이 일어났다. 고시라카와 덴노가 승리했지만, 헤이안의 군권은 신흥 가문 다이라 기요모리平淸盛 일족에게 집중되었다. 다이라 일족은 수도 헤이안 인근 사무라이들과 봉건적 주종관계를 맺었다. 다이라 일족은 덴노나 후지와라 가문을 능가하는 힘을 갖게 되었다. 기요모리는 나중 자신의 외손자 안토쿠를 덴노로 옹립할 정도로 위세를 떨쳤다.

겐페이 전쟁源平合戰과 카마쿠라 바쿠후

/

3년 뒤인 1159년 니조 덴노와 고시라카와 조우고 세력 간 헤이지의 난이 발발하여 다이라씨와 다이라씨에 반대하는 겐지미나모토씨가 교토에서 격돌했다. 겐지 가문의 적자 요리토모는 아버지 요시토모와 함께 출전하지만 패배했다. 겐지 일족이 흩어져서 도망하는 와중 요시토모는 부하의 배반으로 인해 죽음을 당했다. 요리토모는 포로로 잡혀 형제들과 함께 이즈 반도로 유배되었다. 다이라 일족은 바쿠후와 유사한 수준의 권력을 장악했다. 다이라 일족이 권력을 독점하는 지배구조 속에서 지방 호족 다수가 불만을 느꼈으며, 수도 교토에서는 불교사원 승려의 무장봉기나 도적 떼의 창궐, 기근이 끊이지 않았다. 시시가타니의 반란 모의, 모치히토 황자의 거병 등 여러 사건이 일어나는데, 모치히토 황자는 방계 겐지인 미나모토 유키이에를 시켜 각지의 겐지에게 거병을 명령했다. 요리토모에게도 이 명령이 전달되었으나, 그는 사태를 방관했다. 모치히토 황자의 거병은 순식간에 진압되었다.

다이라씨는 거병에 동참한 겐지 잔당들을 처벌하기 시작했다. 위협을 느낀 요리토모는 다이라씨의 권력 독점에 불만을 갖고 있던 호조씨 등 지방 호족들을 끌어들여 1180년 거병했다. 요리토모는 초기 이시바시야마 전투에서는 참패했으나 간토 일대의 호족세력을 흡수하며 세를 불리고, 마침내 다이라씨와 정면대결을 하게 되는데 이를 겐페이 전쟁源平合戰이라 한다. 한편, 겐페이 전쟁 발발 10년 전인 1170년 고려에서는 정중부, 이의방, 이고 등이 주도하는 무신의 난이 일어나 의종이 폐위당하고 명종이 즉위했다. 이 무렵 고려와 일본은 유사한 정치 상황으로 빠져 들어갔다. 요리토모가 거병했다는 소식을 듣고 달려온 동생 요시츠네, 친척 요시나카 연합군이 다이라씨와의 이치노타니 전투, 야시마 전투, 단노우라 해전 등에서 연전연승을 거두었다. 다이라씨와 안토쿠 덴노는 최후의 단노우라 해전에서 패배하고 자결했다. 미나모토 요리토모가 1185년에도 서쪽 카마쿠라에 바쿠후幕府를 수립하면서 헤이안 시대는 막을 내렸다. 요리토모는 위나라 조비曹丕와 같이 일족인 겐지 가문 인사들을 대거 제거했기 때문에 요리토모 사후 권력은 겐지 자손이 아니라 처가 호조氏北條氏에게로 돌아갔다. 카마쿠라 바쿠후는 미나모토가 아니라 사실상 호조 정권이 되었다.

성리학과 화이관華夷觀

/

북송北宋 정호程顥·정이程頤 형제가 시작해 남송南宋 주희1130~1200년가 완성한 성리학性理學은 우주 만물이 기氣라는 물질로 구성됐다고 본다. 주희는 인간 본성은 본디 맑으나 끝없는 욕망으로 인해 뒤틀리므로 학문을 통해 본성, 즉 리理를 규명해야 한다고 주장했다. 이러한 점에서 볼 때 성리학은 선불교禪佛敎 영향을 받았다고 볼 수 있다. 주희의 이론을 심화시킨 이이, 송익필, 김장생, 삼학사윤집, 오달제, 홍익한, 송시열, 권상하 등 조선 중기 이후 서인·노론 사대부는 주자학성리학 교조주의자였다. 광해군의 실각失脚, 김상헌과 삼학사의 청나라에 대한 무조건적 저항과 예송禮訟을 둘러싼 당쟁은 그들의 주자학적 신념에 기초했다. 조선 후기 실학자 정약용丁若鏞마저 일본 주자학자의 글을 읽고 "이제 왜인倭人도 성인의 길을 배우니 다시는 난을 일으키지 않을 것"이라고 평했다. 주자학적 중화 숭배 인식체계를 고수한 이들의 숭배 대상은 명明에서 개화에 성공한 일본으로 바뀌었으며, 1945년 광복 이후 한국에선 미국, 북한에선 소련으로 다시 바뀌었다. 미국 성조기星條旗, 심지어 이스라엘기다비드의 별를 동원한 최근 시위에서 보듯 이러한 인식체계는 지금도 변함없이 유지 된다.

성리학은 한족북송·남송이 거란요, 여진금, 서하탕구트, 몽골원 등 새외 민족에 시달려 위축되었을 때 등장한 한족 중심 보수적 철학체계이다. 성리학에 따르면 우주 질서는 리理에 따라 정해진다. 리는 삼강오륜三綱五倫, 예禮 등으로 나타난다. 절대선의 우주 질서인 '리'를 어지럽히는 것은 허용되지 않는다. 성리학에서 명분을 숭상하는 것은 이렇듯 보수적 철학에 기반을 두었기 때문이다. 성리학은 기존 질서를 존중하고 그것을 절대시하는 학문이므로 권력자에 의해 종종 관학官學으로 채택됐다. 성리학은 절개節槪가 강한 이를 문명인으로 봤으며 중원 밖 오랑캐는 멸시받아야 마땅한 비문명적 존재로 여겼다. 이에 따라 성리학은 중국 중심 화이론華夷論의 기초가 되었다. 고려 말 이후 성리학자들은 소중화주의小中華主義 입장에서 고려, 또는 이후의 조선을 오랑캐 몽골, 여진, 왜 등과는 다른, 즉 명明과 유사한 나라로 만들기 위한 노력을 지속했다. 주희는 금나라와 화평조약을 맺는 것을 맹렬히 반대했다. 오랑캐 여진족이 세운 금나라는 우주질서를 어지럽히는 존재라고 보았기 때문이다. 몽골 또한 예禮와는 거리가 먼 오랑캐이므로 대화 상대가 될 수 없었다. 그들의 눈에는 고려 역시 오랑캐 맥적貊狄이었다.

12

몽골제국,
유라시아를 관통하다

칭기즈칸의 말발굽 소리

/

남송은 1206년 재상 한탁주韓侂冑 주도로 동부 화이허와 서부 싼시陝西 2개 전선으로 북벌을 감행했다. 한탁주는 1203년 대금對金 주전파 신기질辛棄疾과 엽괄葉适을 등용하고, 악비岳飛를 악왕鄂王으로 추봉했다. 이미 죽은 진회秦檜 등 주화파는 매국노로 단죄했다. 준비가 덜 된 상태에서 관중 방향으로 북진하던 오희吳曦는 전황이 불리해지자 금나라에 항복했다. 금나라는 화이허 방면으로 군사를 돌려 남송군을 창장 유역으로 밀어붙였다. 금나라 장종은 칭기즈칸의 등장으로 위협을 느낀 외에 산둥에서 민란 움직임도 파악했기 때문에 조속한 화평을 바랐다. 남송도 금나라군이 창장 유역으로 접근해 오자 위협을 느꼈다. 양국은 1207년 남송의 조공 액수를 조금 올리는 선에서 타협했다. 칭기즈칸 군대의 말발굽 소리가 국경에 육박하는 상황에서 금나라는 남송 내부 상황을 정확하게 파악하여 유리한 상황에서 전쟁을 마무리한 것이다.

실위몽올室韋蒙兀과 몽골

/

몽골고원에는 6세기 유연柔然 멸망 이후 한때 터키계와 몽골계 민족이 동시에 거주했으나 9세기 위구르, 바스밀, 카를룩을 포함한 터키계는 대부분 서역과 중앙아시아로 이주했다. 터키계가 서쪽으로 옮겨간 후 북만주를 원주지로 하는 북선비北鮮卑 실위몽올室韋蒙兀이 몽골고원 전역으로 퍼져 나갔다. 이후 몽골고원은 '몽골의 땅'으로 불렸다. 몽골고원은 매우 한랭·건조하여 생산성이 낮다. 이에 따라 몽골고원 주민들은 기후 불순 등으로 인한 기근 발생 시 식량 포함 필요한 물품을 농경지대로부터 확보할 수밖에 없었다. 유목민과 농경민 간 전쟁은 주로 이런 이유로 인해 발생했다. 고대 이래 몽골고원 전체가 부양할 수 있는 인구는 120여 만 명에 불과하여 칭기즈칸이 초창기 거느린 몽골 병사 수는 10만 명을 넘지 못했다. 금나라는 거란족으로 하여금 몽골족을 방어케 하는 이이제이以夷制夷 정책을 활용했으며 몽골 부족 내 분열과 대립을 이용하여 몽골고원을 통제해왔으나 칭기즈칸은 순식간에 몽골고원을 통합하면서 금나라가 쳐놓은 촘촘한 통제의 그물을 벗어던졌다. 칭기즈칸은 신장 코초투르판의 지식인들을 등용하고, 위구르 문자를 채용했으며 행정조직과 군사조직을 겸하는 십호·백호·천호·만호제를 도입했다. 칭기즈칸은 1205년, 1206년, 1209년 3차례에 걸쳐 닝샤의 서하西夏를 침공했다. 1211년부터는 금나라도 공격하기 시작했다. 산시山西와 허베이가 주요 공격 루트였다.

제천 박달재의 거란장

/

칭기즈칸군이 금나라를 공격하자 북만주 싱안링興安嶺 산록山麓에 거주하던 거란족은 1216년 금나라의 통치에 반대하여 왕족 야율유가耶律留哥 지휘 아래 봉기했다. 하지만 봉기 세력이 미약하다고 판단한 야율유가는 몽골에 투항하기로 했다. 야율유가의 동생 야율시불은 투항에 반대하고 후요後遼·대요수국를 세웠다. 금나라 조정이 파견한 포선만노 부대가 공격해 오고, 몽골군도 후요에 적대적 태도를 보였다. 후요 세력은 1216년 겨울 압록강을 건너 고려에 침입했다. 이때 특히 강원도와 충청북도 지역이 큰 피해를 입었다. 철원과 춘천, 횡성, 원주, 제천, 충주 등에서 전투가 벌어졌는데, 원주에서는 무려 9차례나 전투가 벌어졌다. 식량과 군사 부족으로 인해 고려의 산성들이 함락되어 큰 피해를 입었다. 한때 수도 개경마저 위협하다가 고려군에 밀려난 후요 세력은 1219년 평안도 강동성에서 고려군, 몽골군, 포선만노의 동진군東眞軍에 포위당한 끝에 5~6만 명이 생포되었다. 고려군 지휘자는 조충과 김취려, 1만여 몽골군 지휘자는 카치운얌眞과 살리타이였다. 생포된 거란인 중 일부는 제천, 원주, 충주 등으로 집단 이주되었다. 제천 박달재 근처에 거란족 집단촌 거란장契丹場 흔적이 남아 있다.

금나라의 카이펑 천도

/

본거지인 만주 전역이 혼란에 빠진 상황에서 금나라 병권을 장악한 흘석렬집중紇石烈執中은 1213년, 무능하다는 이유로 위소왕 완안영제를 살해했다. 몽골군은 금나라의 병란兵亂을 틈타 산둥까지 유린했다. 1214년 칭기즈칸과 그의 아들 주치, 차가타이, 오고타이, 동생 카사르와 카치운, 벨구테이, 부하 무카리와 제베, 보르추 등이 지휘한 몽골군이 산시와 허베이를 유린하고, 금나라의 수도 옌징燕京을 포위할 태세를 취했다. 금나라의 간청으로 화의가 성립되어 몽골군은 일단 회군했다. 몽골군의 대공세에 겁먹은 금나라는 황허 이남 카이펑開封 천도를 결정했다. 군호軍戶 가족 100만여 명도 허난으로 이주시켰다. 허베이, 산시, 싼시 등 황허 이북 지역 관민 모두가 공황에 빠졌다.

금나라와 서하 멸망

/

금나라 조정이 카이펑으로 도주하자 칭기즈칸군은 다시 남진했으며, 1215년 옌징을 점령했다. 금나라는 남천南遷하기 전 포선만노蒲鮮萬奴를 북만주로 파견해 여진의 본거지를 확보하게 했다. 포선만노는 거란 봉기군 제압에 실패하자 1217년 아직 몽골의 힘이 미치지 않던 두만강 하류에 동진국東眞國을 세웠다. 칭기즈칸은 옌징에서 금나라 관리로 일하던 야율초재1190~1244년라는 거란족 출신 천재를 얻었다. 칭기즈칸은 친형제나 다름없이 신임하던 무카리를 왕으로 봉해 연경을 다스리게 했다. 무카리는 옌징에 막부幕府를 설치하고 사방으로 군대를 보냈다. 황허 이북은 모두 몽골군에게 점령당했다. 금나라가 위기에 처하자 남송은 조공을 중단했다. 서하도 금나라로부터 이탈하여 남송과 손을 잡았다. 이러한 상황에서 칭기즈칸은 중앙아시아의 호레즘, 호라산아프가니스탄 원정을 떠났다. 서하와 금나라, 고려 등 동아시아 국가에 잠깐이나마 숨 쉴 틈이 주어진 것이다. 칭기즈칸의 서정군은 오트라르, 부하라, 사마르칸드, 우르겐치 등 호레즘 도시들을 모두 점령하고, 아프가니스탄과 코카서스도 정복했다. 서하는 이안전李安全 시기에 몽골에 복속되었다가 칭기즈칸의 호레즘 정벌전 동참을 거부하여 1226년 다시 몽골의 침공을 받아 1227년 멸망했다. 수도 흥경인촨이 함락되고 서하가 멸망한 후 많은 수의 주민이 몽골군에게 살해됐으며, 일부만 네이멍구內蒙古 에치나강 유역 카라호토黑水城와 오르도스에 남고, 대부분은 남쪽의 윈난, 미얀마, 부탄, 동쪽의 중국 안휘성, 서쪽의 티베트 등 사방으로 흩어졌다.

카라호토에서 명맥을 이어나가던 서하인들은 1372년 카라호토를 침공한 풍승馮勝의 명나라군에 멸망당했다.

　1232년 몽골군은 남송으로부터 길을 빌려 금나라 말기 수도 카이펑으로 쳐들어갔다. 금나라는 남송에 사신을 보내 금나라가 멸망하고 나면 다음 차례는 남송이니 지원해 달라고 애원했으나 뜻을 이루지 못했다. 남송은 금-남송이 순망치한 관계라는 것을 이해하지 못했다. 남송은 북송의 수도 카이펑이 함락되고 황제 휘종과 흠종이 잡혀간 100여 년 전의 '정강의 변' 원한만 생각했다. 금나라 애종哀宗은 남쪽 채주蔡州로 달아나고, 카이펑은 함락되었다. 남송 조정은 금나라의 애원과 다수 신료의 반대에도 불구하고 맹공孟珙에게 2만 명의 병사를 주어 몽골군과 함께 채주를 포위하게 했다. 남송은 몽골에 군량도 제공했다. 1234년 1월 몽골군과 남송군의 합동 공격으로 채주성은 함락되고 애종哀宗은 자결했다. 애종의 죽음은 나라의 군주로서 부끄럽지 않은 최후였다. 조선 인조와 고종을 필두로 고구려 보장왕, 백제 의자왕, 신라 경순왕 등 모두가 망국의 책임을 지고 자결하지 않았다는 점에서 금나라 애종은 망한 나라의 군주로서 최소한의 책임을 다한 것이다.

금金-남송南宋 순망치한脣亡齒寒

/

금나라 멸망 과정에서 재상 사숭지史嵩之를 비롯한 남송 지도부의 무책략無策略은 눈뜨고 볼 수 없을目不忍見 정도였다. 남송은 조상의 원수를 갚는다는 명분으로 자국 내 길을 빌려주면서까지 몽골을 도와 금나라를 멸망시켰다. 서하가 망하자 금나라도 망했으며, 금나라 다음은 남송 차례가 될 것이 명명백백한 순망치한脣亡齒寒의 상황인데도 불구하고 남송 지도부는 무뇌아無腦兒와 같은 결정을 내렸다. 금나라가 망하자 남송 조정에는 고도古都 카이펑과 뤄양을 수복해야 한다는 주장이 비등했다. 재상인 정청지鄭淸之가 조범趙范·조규趙葵 형제의 출병론을 지지하여 20만의 남송군이 북진하여 황허 유역 허난으로 들어갔다. 북진은 매우 순조로웠다. 남송군은 폐허 상태의 카이펑과 뤄양을 손쉽게 점령했다. 뤄양성안에는 수십 가구밖에 남아 있지 않았다. 몽골군은 남송군의 북진 소식을 접하자 북부와 서부에서 밀물과 같이 공격해 왔다. 남송군은 상호 연락도 취하지 못하고 무질서하게 남쪽으로 패주했다. 이듬해인 1235년에도 몽골군이 대거 남하했다. 2만 명의 잘 훈련된 사병私兵을 거느린 맹공의 활약으로 몽골군의 남하는 일단 저지되었다. 고승高僧과 같은 풍모를 지녔다는 맹공은 장군으로서, 그리고 정치가로서도 탁월한 인물이었다. 맹공은 1239년 고향이자 한장漢江 중류의 군사 요충지 샹양襄陽을 몽골군으로부터 탈환했다.

오랑캐의 탄생
/

이런 가운데 친형 몽케 대칸大汗에 의해 중원 총독으로 임명된 쿠빌라이1215~1294년는 러허熱河 금련천개평부에 성곽을 쌓고, 유병충·요추·

허형·사천택·장홍범 등 화북 한인漢人을 대거 기용하여 허베이와 산둥을 통치하기 시작했다. 1252년 몽케는 쿠빌라이에게 윈난雲南의 대리大理 정벌을 명했다. 최종 목표인 남송 점령책의 일환이었다. 쿠빌라이는 대리大理를 정복한 후 티베트까지 진출했다. 몽골군의 윈난 진출로 인해 타이족, 라오족, 샨족 등이 메콩강 등 하천을 따라 동남아로 이주했다. 쿠빌라이의 부장 우량하타이몽골 우량하 또는 여진 올량합에서 오랑캐라는 말이 나오는 쿠빌라이와 별도로 북베트남 홍하SongCoi·大河 유역으로 진격했다. 최종 목표는 풍요로운 들판을 가진 남송 정복이었다. 실력자 사미원史彌遠에 의해 옹립되었으며, 성리학에 경도된 남송 리종理宗은 금나라가 멸망한 1234년 사대부들로부터 광범위한 지지를 받던 위료옹魏了翁, 진덕수眞德秀 같은 성리학자들을 중용했다. 하지만 그들은 현실 정치에는 거의 도움이 되지 못했다. 북송 흠종 시기 이강, 서처인과 비슷하게 위료옹이나 진덕수도 무능하기는 마찬가지였다. 성리학적 명분론에 입각하여 감행된 조범·조규 형제의 허난 출병은 참담한 실패로 끝났다. 리종은 허난 출병 실패 이후 가사도賈似道라는 정반대 성격을 가진 현실주의자를 기용했다.

몽골 쿠빌라이군의 남진과 후퇴

/

대칸 몽케의 몽골군은 서쪽과 남쪽으로 우회하여 남송을 공략하는 전략을 수립했다. 몽케는 본대本隊를 이끌고 싼시陝西와 쓰촨을 거쳐 창장의 흐름을 따라 동쪽으로 진격하고, 쿠빌라이는 옌징 북방 금련천개평부에서 출발하여 허베이와 허난을 거쳐 창장의 북쪽 지류 한장漢江을 따라 남하하고, 그의 부장 우량하타이는 광시에서 후난을 거쳐 북상한 후 창장 중류 위에저우鄂州에서 3부대가 합류, 창장의 흐름을 타고 내려가 남송의 수도 린안항저우을 공격한다는 계획이었다. 우창武昌은 위에저우의 중심도시로 삼국시대 오나라 초기 수도이자 동진東晉의 2대 군사요충지 중 하나인 서부西府가 위치한 곳이기도 했다. 몽케의 본대가 선택한 진격로는 위나라 종회鍾會의 촉한 공격 루트와 거의 같았으며, 쿠빌라이가 선택한 루트는 조조가 유비·손권 연합군을 치기 위해 남하한 길이었다. 몽케는 1257년 대군을 이끌고 수도 카라코룸외몽골 오르콘강 유역을 출발하여 싼시와 한중을 거쳐 쓰촨분지로 들어갔다. 몽케는 1259년 충칭重慶을 공격하다가 조어산釣魚山에서 이질에 걸려 사망했다. 전全 몽골제국 지도자 몽케 대칸의 후계대칸 자리를 놓고 둘째 쿠빌라이와 수도 카라코룸에서 감국監國을 맡고 있던 막내 아리크부카 사이에 긴장이 조성되었다. 몽케와 쿠빌라이, 훌라구, 아리크부카 모두 칭기즈칸의 막내 툴루이의 아들이다. 몽골족 포함 유목민들은 일반적으로 막내 상속을 원칙으로 한다.

쿠빌라이는 포위하고 있던 우창으로부터 철군하여 대칸 지위를 다투어야 했으나 북베트남에서 출발하여 북상하던 부하 우량하타이로 인해 우창을 떠날 수 없었다. 우량하타이가 후난을 거쳐 본대에 합류하자 쿠빌라이는 후퇴를 결정했다. 전황은 몹시 불리했다. 쿠빌라이군은 남송의 우창 주둔군과 한장漢江 상류 샹양襄陽 주둔군 양쪽으로부터 합동 공격을 받을 공산이 컸다. 더구나 우창에는 남송군 총사령관 가사도가 증원 부대를 이끌고 도착해 있었다. 쿠빌라이는 동진의 화가 고개지顧愷之의 여사잠도女史箴圖 등 그동안 모아 왔던 진귀한 예술품으로 가사도를 매수하여 난국을 풀어냈다는 말이 있다. 쿠빌라이군과 우량하타이군은 남송군을 눈앞에 두고 창장의 한 지점인 대도하大渡河에 부교를 설치해 큰 손실을 입지 않고 후퇴했다. 그로부터 600년 후 청나라 말기에 일어난 태평천국군의 익왕翼王 석달개와 옌안장정延安長征 때 홍군이 창장을 건넌 지점도 쿠빌라이군이 건넌 지점대도하과 같다.

삼별초, 가마쿠라 바쿠후와 통교
/

중국 대륙이 몽골의 대두로 요동치던 때 최씨 무신정권 주도로 30여 년간 몽골 침략군에 대항하던 고려가 쿠빌라이에게 항복했다. 고려왕 왕철고종이 파견한 세자 왕전원종이 네이멍구 금련천개평부 방향으로 후퇴하던 쿠빌라이를 샹양에서 만나 고개를 숙였다. 고려가 아리크부카가 아닌 쿠빌라이에게 항복한 것이 쿠빌라이가 대칸으로 등극하는데 일정한 명분을 제공해 주었다. 이에 따라, 쿠빌라이는 대칸에 즉위한지 2개월 후인 1260년 3월 몽골군의 고려 철수를 명령했다. 그리고 고려의 풍습도 존중해 주었다. 1260년 1월 스스로 개평부상도에서 주최한 쿠릴타이몽골어로 집회를 의미에서 훌라구 가문 등의 지지를 받아 대칸에 등극한 쿠빌라이는 중원漢地에서 육성한 대군을 동원, 하서회랑과 몽골 등에서 4년간의 치열한 전투 끝에

1264년경 차가타이칸국 영지로 도피해 있던 아리크부카를 굴복시켰다. 만주를 근거로 한 테무게 옷치긴칭기즈칸의 막내 동생으로 '불씨를 지키는 자'라는 뜻 가문 포함 동방 3가카사르·카치운·테무게의 지지도 쿠빌라이에게 큰 도움이 되었다. '막내'라는 정통성 측면에서 쿠빌라이에 앞선 아리크부카는 1260년 3월 몽골제국 수도 카라코룸오르콘강 유역 카라발가순(Ordu-Baliq) 인근에서 개최된 쿠릴타이에서 차가타이, 오고타이 가문 등의 지지를 받아 대칸에 올랐지만, 중원의 광대한 생산력을 배경으로 한 쿠빌라이에게 힘에서 밀려 굴복할 수밖에 없었다. 쿠빌라이세조는 1271년 수도를 카라코룸에서 대도베이징로 옮기고 국명을 원元이라 했다. 1270년 왕이 된원종 왕전이 개경 환도還都를 단행하자 왕족 왕온과 장군 배중손 등이 이끄는 삼별초군은 환도를 반대하고 강화도에서 반란을 일으켜 진도珍島로 남하했다. 삼별초는 전라, 경상 해안지방을 중심으로 세력을 넓혀 나갔다. 삼별초군은 일본 가마쿠라 바쿠후와 수호修好했다. 당시 일본은 덴노는 물론 바쿠후의 쇼군도 권력을 갖고 있지 못했으며 싯켄執權 호조 도키무네北条時宗가 권력을 행사했다. 쿠빌라이는 1272년 8월 고려에 사신을 보내 진도를 빼앗기고 제주도로 옮겨가 있던 삼별초군의 조속한 처리를 촉구했다. 1273년 2월 1만 명으로 증강된 고려-몽골 연합군은 제주도를 공격하여 김통정이 이끌던 마지막 삼별초군을 전멸시켰다.

요충 중의 요충, 샹양 함락

/

금나라가 멸망하면서 몽골과 직접 국경을 접한 남송은 전쟁이 일상사가 되었다. 거듭된 전쟁 비용으로 인해 남송의 경제 상황은 날로 악화되었으며, 농민 반란이 일어날 조짐을 보였다. 우창에서 몽골군을 격퇴한 것으로 알려진 가사도는 수도 린안^{항저우}에 귀환하여 재상에 임명되었다. 가사도는 농민에게 과도한 부담으로 작용한 쌀의 저가低價 강제매입 제도를 철폐하고 공전법公田法을 실시하여 재정난을 타개했다. 그 결과 가사도는 대지주와 관료들로부터 미움을 받게 되었다. 대지주와 관료들에게는 눈앞의 이익이 더 중요했다. 내부를 정비한 쿠빌라이는 창장의 북쪽 지류인 한장漢江의 흐름을 따라 남송 정벌에 나섰다. 남송 최대 요충지는 후베이성 샹양과 판청樊城이 될 수밖에 없었다. 화북의 한족이 포함된 몽골군은 1268년 초 샹양과 판청을 포위했다. 샹양東과 판청西은 한장을 마주 보고 있는 한장 유역 최대 성시城市들로 삼국시대 관우와 조인이 각각 촉한과 위나라의 운명을 걸고 싸운 곳이다. 남송南宋도 샹양을 사활의 땅으로 인식하여 하귀夏貴 등이 이끄는 수군을 통해 전력을 다해 샹양 수비군을 지원했다. 남송군의 5년에 걸친 끈질긴 저항은 신무기 사라센 대포回回砲로 말미암아 끝장났다. 원元의 위구르인 지휘관 아리하이야는 1272년 3월 일칸국汗國이 파견한 기술자 이스마일이 제작한 사라센 대포를 사용해 5년간이나 버텨 오던 판청과 샹양의 성벽을 부수는 데 성공했다. 사령관 여문환呂文煥은 원나라에 항복하기 전 구원군을 기다리느라 수도 항저우린안가 있는 동남쪽만 바라보았다 한다.

샹양이 함락됨으로써 남송의 명운은 경각을 다투게 됐다. 한장을 거쳐 창장을 따라 내려가면 남송의 요지를 쉽게 공략할 수 있기 때문이다.

몽골의 일본 침공과 가미카제神風

/

몽골은 고려를 통해 1268년부터 3차례에 걸쳐 일본에 사신을 파견하여, 항복을 요구하는 메시지를 전달했다. 고려는 몽골의 일본 정복전에 동원되는 것을 피해 보고자 카마쿠라 바쿠후측에 형식적이나마 몽골에 항복할 것을 권유했다. 하지만, 카마쿠라 바쿠후는 고려의 제안에 따르지 않았다. 카마쿠라 바쿠후의 실력자 호조 도키무네싯켄는 몽골 사신을 추방했다. 그리고 1271년에는 몽골의 침공에 대비하여 고케닌사무라이에게 큐슈의 하카다만博多灣 방위를 명령했다. 고토바 조우고上皇가 가마쿠라 막부鎌倉幕府를 토벌하려다 실패한 '조큐承久의 난1221년' 이후 50년이 지나 대다수 고케닌사무라이은 전투를 제대로 할 줄 몰랐고, 경제상황 역시 좋지 않았다. 요충지 샹양 점령 2년 뒤인 1274년 10월 원나라는 일본 침공을 시작했다. 고려군 5600명을 포함한 3만여 명의 병력과 900여 척의 함선을 동원한 여·몽 연합군은 쓰시마와 이키壹岐를 점령하고, 큐슈섬 하카다만 해안에 상륙했다. 일본군은 여·몽 연합군을 맞아 선전했지만 여·몽 연합군의 집단전법과 화약을 이용한 신병기 때문에 고전했다. 일본군은 해안에서 20여㎞ 떨어진 다자이후大宰府까지 후퇴했다. 그런데 다음 날 하카다만에 정박해 있던 여·몽 연합군 함선은 흔적도 없이 사라졌다. 태풍 때문에 대다수 함선이 침몰하고 살아남은 이들은 고려로 퇴각한 것이다. 몽골은 1만 대군을 동원하여 1264년과 1284년, 1285년, 1286년 네 차례나 타타르 해협을 건너 아이누족이 살던 사할린을 침공했다. 몽골은 사할린이 홋카이도를 거쳐 혼슈와 연결되어 있다는 것은 모르고 있었다. 몽골이 일본을 점령하려 한 것에는 남송 정벌전에 일본군을 동원하려는 목적도 있었다. 고려군이 일본을 침공한 것에 분노한 호조씨의 카마쿠라 바쿠후는 1276년 고려 침공 계획을 세웠다. 호조 가문은 몽골의 재침에 대비하여 큐슈의 고케닌들로 하여금 하카타만 해안선을 따라 석축^{방어성}을 쌓고 병력도 증강하게 했다.

원나라는 1279년 남송을 멸망시킨 후 다시 일본 원정을 계획했다. 원나라는 1281년 김방경金方慶이 이끄는 고려군 4만 명과 남송의 항장降將 범문호范文虎가 지휘하는 강남군 10만 명 등 총 14만 명의 대병력을 4400여 척의 함선에 나누어 태우고 2차 일본 침공을 감행했다. 일본군은 석축과 방벽에 의지하여 2개월간 공방전을 계속했는데, 연합군은 이번에도 큐슈 본토 상륙을 눈앞에 둔 상황에서 태풍을 만나 괴멸적 타격을 입고 퇴각했다. 연합군 14만 명 중 11~12만 명이 포로가 되거나 큐슈 앞바다에 빠져 죽었다. 주로 남송 출신 3~4만 명은 노예로 팔렸다. 원나라가 2차 일본 정벌전에 남송군을 대거 동원한 것은 반란을 일으킬 만한 남송의 군사 자원을 처분하려는 목적도 갖고 있었다. 원나라는 이후에도 수차례 더 일본 정벌을 추진했으나, 광둥과 푸젠, 참파^{베트남 중남부 오스트로아시아계 국가}의 저항으로 인해 중단했다. 원나라는 1293년 2만여 명의 강남군 위주로 자바섬의 싱고사리 왕국 원정을 감행했으나, 나중 자바섬을 중심으로 마자파히트 왕국1293~1520년을 세우는 라덴 비자야에게 배신당하고 몬순열대성 장마이 다가와 큰 성과 없이 철수해야 했다. 이 원정으로 인해 남중국해-자바해-인도양으로 향하는 해로가 열렸다.

남송南宋의 마지막

/

원의 1차 일본 침공 이듬해인 1275년 샹양에 이어 커다란 희생 끝에 요충지 우창을 점령한 원나라군은 창장의 흐름을 타고 동진하다가 반격을 가해 온 가사도의 남송군 10만을 난징 근처 우후蕪湖에서 대파했다. 바얀이 지휘하는 원나라군은 속공하여 바로 난징을 점령하고, 곧이어 수도 린안항저우으로 향했다. 1276년 린안이 함락되고, 남송은 멸망했다. 문천상文天祥, 장세걸張世傑, 육수부陸秀夫 등이 마지막까지 충절을 다해 조시趙昰, 조병趙昺 등 소년 황제와 함께 저항을 계속했다. 장홍범의 원나라군은 남송 망명정부군을 추격하여 1279년 마카오 근처 애산도厓山島에서 따라잡았다. 남송 망명정부군은 함선艦船 수의 압도적 우위에도 불구하고 치열한 전투 끝에 패배했으며, 임시 황제 조병과 장세걸, 육수부 등 주요 인물들은 모두 바다에 뛰어들어 자결했다.

몽골, 유라시아 관통

/

흉노匈奴, 저氐, 선비鮮卑 등 새외민족들은 화북을 장악하는 데는 성공했으나, 강남으로 내려오지는 못했다. 새외민족들이 강남까지 지배한 것은 한화漢化된 선비족 왕조 수隋·당唐대에 이르러서였다. 5대 10국 시대에 활약한 사타돌궐도 화북만 지배했으며, 거란요과 탕구트서하는 중원에 발만 담그는 데 그쳤다. 여진이 화이허淮河 이북을 지배한 데 이어 몽골은 중국과 주변부 모두를 장악했다. 몽골제국의 유라시아 지배를 통해 동아시아와 중앙아시아, 중동, 유럽 간 교류가 촉진되었다. 주치·바투·훌라구·야율초재와 같은 동아시아인이 중앙아시아와 그 너머로 가고, 마르코 폴로·사두라薩都剌·알라딘·이스마일·정학년과 같은 유럽인 또는 중동인이 중국으로 왔다. 칭기즈칸의 호레즘 원정에 종군한 몽골제국의 재상 야율초재는 1222년 하중河中에서 '임오서역하중유춘壬午西域河中游春'이라는 긴 제목의 시詩를 지었다. 하중은 중앙아시아의 2대 하천인 아무다리야와 시르다리야 사이에 위치한 트랜스옥수스우즈베키스탄이며, 다리야는 터키어로 강을 의미한다.

異域春郊草又青
타향 땅 봄, 교외에 나오니 풀이 푸른데

故圓東望遠千程
고향 그리워 저 멀리 동쪽을 바라보니 아득한 천리

臨池嫩柳千絲碧
연못가 버드나무 가지마다 푸르고

倚檻妖桃幾點明
난간에 기대니 흐드러진 복사꽃 아름답기도 해라

丹杏笑風眞有意
살구나무는 살며시 미소 짓는데 무슨 뜻으로 그러는지

白雲送雨大無情
비 내리는 흰 구름 무정도 해라

歸來不識河中道
내린 비가 강을 이룬 우즈베키스탄 길 돌아갈 수 있을지 모르겠네

春水潺潺滿路平
봄비가 길을 덮어 겉으로는 평탄해 보이지만

무로마치 바쿠후막부와 남·북조南北朝

/

호조 가문이 지배한 카마쿠라 바쿠후는 2차례에 걸친 몽골의 대공세를 막아 내느라 소요된 재정 결핍 등의 영향으로 인해 지방은 물론 중앙에 대한 통제도 잃어 갔다. 호조 가문 부인을 맞은 사무라이 출신 아시카가 다카우지足利尊氏가 1336년 카마쿠라 바쿠후를 토멸하고 무로마치 바쿠후를 개창했다. 그는 처음 고다이고 텐노와 카마쿠라 바쿠후 간 싸움에서 바쿠후 측에 섰으나, 유배지를 탈출한 고다이고가 전국에 바쿠후 토벌 명령을 내리자 성리학적 대의명분론을 주장한 고다이고 측으로 돌아서 카마쿠라 바쿠후를 타도하는 데 결정적 공헌을 했다. 하지만 그는 논공행상 결과에 대한 불만과 함

께 스스로의 야심을 달성하기 위해 고다이고에 반대하여 거병했다. 아시카가 다카우지는 고다이고 덴노를 추방하고, 고묘 덴노를 옹립하여 북조北朝를 수립한 뒤 교토에 무로마치 바쿠후를 개창했다. 고묘에 반대한 고다이고는 남쪽 요시노吉野에 남조南朝를 수립했다. 이에 따라 일본 왕조는 둘로 분열되었다. 북조는 약 60년 뒤인 1392년 무로마치 바쿠후 제3대 쇼군 아시카가 요시미쓰 대에 이르러서야 남조를 멸망시킬 수 있었다. 남·북조 시대는 무로마치 바쿠후 초기에 해당한다. 남·북조 혼란기에 정권에서 배제된 사무라이들이 대거 왜구화倭寇化하여 일부 중국인, 탐라인 등과 함께 원, 명과 고려 해안을 약탈했다.

13

몽골제국의 팽창膨脹과 위축萎縮,
명나라 건국

원나라가 중국 왕조라고?

/

이성계 일가는 만주의 몽골 군벌 테무게 옷치긴 왕가의 가신家臣으로 천호장 겸 다루가치 지위를 세습하면서 두만강 유역 일대의 고려인과 여진인을 지배했다. 1364년 초 고려의 북청, 함흥을 침공한 삼선, 삼개는 여진족으로 이성계의 고종사촌 형제들이다. 이성계 일가에 여진족의 피가 섞여 있다는 것을 알 수 있다. 1392년 조선 건국은 원나라 지방군벌과 고려 성리학자의 합작품인 동시에 명나라와 만주의 몽골세력이 새로운 세력관계를 형성한 결과물의 하나이다. 원元이라는 거대 세력의 빠른 붕괴는 유라시아 곳곳에 파편破片을 떨어뜨려 놓았다. 민족과 집단이 이합집산을 거듭하는 새로운 시대가 열렸다.

몽골족이 세운 원의 중국 지배를 어떻게 볼 것인가. 중국은 원나라를 중국 왕조의 하나로 보나, 몽골은 원을 유라시아 대부분을 지배한 칭기즈칸 제국의 일부로 본다. 칭기즈칸 제국에는 원나라 외에도 △남부 러시아 중심 킵차크칸국, △이란-이라크 중심 일칸국, △중앙아시아와 신장 대부분을 포함한 차가타이칸국, △신장 북서부 이르티시강 유역의 오고타이칸국도 포함되어 있다. 몽골족이 세운 여러 나라 중 원나라만 하더라도 중국 본토뿐만 아니라 몽골과 만주, 티베트, 베트남, 고려 등을 직·간접 지배했다. 청말淸末 황싱, 장빙린, 주룽 등 많은 한족 출신 혁명가는 만주족이 세운 청나라를 중국 왕조로 인정하지 않았다. 중국은 아전인수我田引水에서 벗어나 원과 요遼의 역사 해석을 몽골에 맡겨야 할 것이다. 현재 중국 영토에서 일어난 일은 모두 중국 역사라는 중국 정부의 논리대로라면 우리도 거란족의 요나라나 여진족의 금나라, 몽골족의 원나라에 대해 역사적 권리 일부를 주장할 수 있다. 요遼, 금金, 원元은 함경도와 평안도 일부를 영역으로 삼았기 때문이다.

몽골의 인종 차별

/

원나라 이전 화북을 정복한 흉노, 선비, 저·강 등과 달리 몽골인은 중국과 비슷하거나 더 높은 수준에 도달한 중앙아시아 문명국 호레즘의 사마르칸드, 부하라, 우르겐치 같은 도시들을 보고 온 후 중국에 진입한 까닭에 중국에 대한 문화적 열등감을 갖지 않았다. 몽골족은 오히려 '땅에 엎드려 밭이나 가는' 한족을 경멸했다. 4세기 모용선비 전연前燕 황제 모용준이 생포한 염위冉魏의 한족 황제 염민석민을 노복하재奴僕下材라고 경멸했듯이 몽골족도 한족을 멸시했다. 쿠빌라이1215~1294년는 몽골인을 1등급, 서역인을 2등급, 한인거란, 여진, 금나라 치하 한족을 3등급, 남인남송 치하 한족을 4등급으로 구분하는 등 민족차별 정책을 실시했다. 장관에는 몽골인이 임명되고, 차관에는 서역인이 임명되었으며, 한인이나 남인에게는 말단직만 주어졌다. 유교儒敎의 정치·사회적 지위도 격하되었다. 한화파漢化派가 권력을 잡았을 때만 겨우 몇 번 과거가 치러졌다. 전원발은 고려인을 대상으로 치러진 과거에 합격하여 원나라의 병부상서까지 승진했다. 이처럼 민족차별 정책은 소수 몽골인이 다수 한족을 통치하기 위한 몽골판 이이제이以夷制夷 수단이었다. 한인漢人과 남인南人 간 차별도 심했는데, 이는 남인의 수가 한인의 7~8배에 달했기 때문이다.

몽골어로 말한 칭기즈칸의 자손 고려왕

/

칭기즈칸의 명령으로 옌징베이징에 막부幕府를 차린 무칼리는 같은 부족 출신인 잘라이르부의 살레타이에게 고려 공략을 맡겼다. 몽골은 이후 약 30년 간 총 8차례나 고려를 침공했다. 살레타이는 제2차 고려 침공 시 용인처인성 전투에서 김윤후에게 사살射殺되었다. 무칼리는 칭기즈칸과 '발주나 호수'의 흙탕물을 함께 마신 사구四狗, 사준四駿

중 하나로 칭기즈칸에게는 형제나 다름없는 인물이다. 사구, 사준은 충견 넷과 준마 넷을 뜻하는 말로, 칭기즈칸을 도와 몽골제국을 이룬 무칼리와 보르추, 수부타이, 제베 포함 8명의 장수들을 가리킨다.

고려는 30여 년간의 대몽對蒙 항쟁 끝에 결국 몽골에 항복해 쿠빌라이가 세운 원에 복속되었다. 쿠빌라이는 만주 일대를 영지領地로 받은 칭기즈칸의 동생 카사르·카치운·테무게 옷치긴의 동방 3왕가를 견제하고자 남쪽의 고려를 이용했다. 몽골 지배기 고려의 왕대내적으로는 황제 호칭은 제후왕諸侯王으로 격이 낮아졌다. 제후왕으로 전락하여 조祖, 종宗을 붙여 묘호廟號를 지을 수 없었다. 원나라에 충성한다는 뜻으로 '충렬왕' '충선왕' '충혜왕'처럼 왕호에 '충忠'을 덧붙였다. 원종의 아들 충렬왕 이후 고려왕들은 원나라 공주를 정비正妃로 맞이했으며, 원칙적으로 정비에게서 난 아들을 왕세자로 봉했다. 고려왕들은 세자 시절 원나라 수도 대도베이징에서 인질로 체류하다가 즉위했다. 몽골 혼혈의 고려왕들은 몽골식 이름을 갖고, 몽골식 변발에다 주로 몽골어를 사용했다. 충렬왕의 아들이자 쿠빌라이의 외손자인 이지리부카충선왕 등은 원나라 내부 권력투쟁에도 가담했다. 그는 무종을 옹립한 1등 공신이었으며, 쿠릴타이에도 참석했다. 원은 고려 영토 내에 쌍성총관부함경도 일대, 동녕부평안도 일대, 탐라총관부제주도를 설치했다. 원나라는 남만주 일대를 관할하는 심양왕瀋陽王에 고려 왕족을 임명했다. 고려 왕족을 심양왕으로 임명한 데는 남만주 주민의 절반 이상을 차지한 고려인 통제에 편리했을 뿐 아니라 만주의 지배자인 테무게 옷치긴 등 동방 3왕가와 고려왕을 함께 견제하는 목적도 있었다. 고려왕과 심양왕은 수시로 대립했다. 이는 원나라의 이이제이以夷制夷 정책이 제대로 기능했음을 말해 준다.

몽골, 제국을 공공公共이 아니라 사업이라는 측면에서 보다
/

원나라 지배기 고려는 등뼈 꺾인 장사壯士처럼 독자성을 잃어 갔다. 원나라 말 고려 신진사대부가 성리학朱子學을 통치이념으로 수용하면서 고려와 뒤를 이은 조선의 한족 중심 소중화주의小中華主義가 심화되었다. 세계 최선진 지역이던 중동-중앙아시아로부터 선진 과학기술이 원나라를 거쳐 고려에도 도입되었다. 고려와 뒤를 이은 조선에 최무선, 장영실과 같은 뛰어난 과학자들이 나타났다. 원나라 시대에 역학曆學과 수학, 지리학에도 괄목할 만한 발전이 이루어졌다. 창장 이남 강남에서 생산된 쌀과 소금, 직물이 운하와 바다를 통해 대도베이징로 운송되었으며, 이에 따라 조선과 원나라의 항해술이 크게 발달했다. 명나라 초기 정화의 인도양 항해航海도 이때 발전한 조선과 항해술에 힘입은 바 크다. 한편 쿠빌라이를 계승한 황태손 성종재위 1294~1307년 이후 제위帝位 다툼을 둘러싼 권신權臣들의 발호로 인해 원나라 궁정은 음모의 소굴巢窟이 되었다. 몽골족이 세운 원나라 지도부는 제대로 된 통치철학을 갖지 못했다. 몽골족은 싸우고 빼앗는 데는 천재적이었으나, 1억 명에 가까운 인구를 다스리는 데는 금방 무능을 드러냈다. 원나라는 재정 담당에 압둘 라흐만, 상가, 아흐마드 등 상인 기질의 위구르인, 중앙아시아인을 주로 기용해 입도선매立稻先賣 방식으로 세금을 거뒀다. 거의 착취 수준이었다. 거듭된 침략전쟁으로 인한 경제난에 대처하기 위해 지폐教초를 남발濫發하자 하이퍼인플레이션hyper inflation 현상이 나타났다. 사회가 곧 아수라장으로 변해 갔다. 몽골인들은 원이라는 대제국을 공공public이 아니라 사업business이라는 측면에서만 보았다. 한마디로 통치철학 부재였다. 쿠빌라이 재위 기간 이미 허난과 안후이安徽를 중심으로 곳곳에서 반란이 일어났다.

홍건군의 봉기

/

수·당隋·唐 이래 화이허淮河 이남이 경제중심지가 되었으며, 인구도 강남이 화북에 비해 월등히 많아졌다. 남·북조南北朝, 수·당, 5대 10국, 송나라를 거치면서 중국의 중심이 황허 상류 시안과 뤄양에서 카이펑을 중심으로 하는 중류로 바뀌었다가 마침내 남쪽의 창장 하류로 옮겨온 것이다. 특히 린안杭州·항저우을 수도로 한 남송은 강남을 집중개발했으며, 이후 왕조 원·명·청 등은 국가 재정을 주로 강남에 의존했다. 1351년 황허 둑 쌓기 공사에 강제로 동원된 농민들이 송宋 휘종의 후손을 자처한 백련교白蓮敎 교주 한산동韓山童의 선동으로 허난에서 봉기했다. 원나라군은 백련교 농민 반란군을 공격해 초기에 격멸했으며 한산동을 붙잡아 처형했다. 백련교는 기독교, 불교, 조로아스터교拜火敎를 개혁한 마니교摩尼敎의 중국 버전으로 명교明敎로 불렸으며, 허난과 안후이를 중심으로 강력한 세력을 구축했다. 백련교도 봉기군은 머리에 붉은 두건을 하고 있어 홍건적紅巾賊이라고 불렸다.

홍건군의 봉기를 필두로 반란이 밀물처럼 일어났다. 소금 거래업자인 저장浙江의 방국진方國珍에 이어 안후이의 곽자흥郭子興과 장사성張士誠, 후베이의 서수휘徐壽輝 등이 연이어 반란을 일으켰다. 빈농 출신 걸승乞僧 주원장朱重八, 1328~1398년은 1351년 곽자흥 군단에 가담했다. 주원장은 고향 안후이성 펑양 후저우濠州에서 서달徐達, 탕화湯和와 같은 죽마고우들을 포함한 지휘관급 병사 700여 명을 모집했다. 영민한 자질에다가 우수한 장교까지 거느린 주원장은 곧 두각을 나타냈다. 원나라군의 공격에서 살아남은 백련교도 유복통은 1355년 안후이의 박주亳州에서 한산동의 아들 한림아韓林兒를 추대하여 송宋을 세웠다. 홍건군 본류에 속한 곽자흥과 서수휘, 주원장 등은 형식적으로나마 송을 받드는 모양새를 취했다. 원나라 조정은 유복통, 한림아의 반란을 원의 국기國基를 흔드는 중대사로 판단했다. 원나라 조정은 토크토아와 차칸티무르를 사령관에 임명해 반란을 진압하게 했다. 원나라 정부군과 이사제 등 한족 지주들은 연합군을 편성해 홍건군을 공격했다. 유복통은 원나라군에 정면으로 대응하기보다는 4로路로 분산해 대응하는 것이 생존에 유리하다고 잘못 판단했다. 유복통은 자신이 중로中路를 맡아 허난을 점령하는 한편, 제1로의 관선생關先生은 허베이, 제2로의 모귀毛貴는 산둥, 제3로의 대도오大刀敖와 백불신白不信은 관중으로 진격하게 했다. 관선생이나 대도오, 백불신을 비롯한 홍건군 지도자 다수는 가족에게 피해가 갈 것을 우려하여 가명을 사용했을 것으로 추측된다.

홍건군의 고려 침공과 이성계

/

유복통은 황허 중하류의 경제도시 카이펑을 수도로 삼고, 사방으로 세력을 확대해 나갔다. 그는 이런 이유로 원 조정의 목표가 되어 당대 제일의 명장 차칸티무르가 지휘하는 원나라군의 집중 공격을 받았다. 1359년 카이펑이 차칸티무르군軍에게 점령되자 유복통은 백련교 교주 한림아와 함께 벽지로 도주할 수밖에 없었다. 허베이로 진출한 관선생은 타이항 산맥을 넘어 산시성 따퉁大同을 약탈한 후 동북진하여 원나라의 하계 수도 개평부금련천를 점령했다. 관선생은 원나라군이 추격해 오자 동쪽으로 달아나 랴오양遼陽을 점령하고, 압록강을 건너 1359년과 1361년 2차례에 걸쳐 고려에 침입했다. 홍건군은 베이징 부근을 우회하여 근거지 허베이로 돌아가고자 했으나, 원나라군의 반격으로 탈출로가 막히는 바람에 압록강을 건너 고려로 남진한 것이다. 홍건군의 2차 침공 시 고려는 개경을 빼앗기고, 공민왕은 안동까지 몽진해야 했다. 고려는 정세운鄭世雲, 안우安祐, 이방실李芳實 등이 모집한 의용병의 분전에 힘입어 겨우 개경을 탈환했다. 고려 동북면함경도의 원나라 군벌 출신 이성계1335~1408년도 가별초를 이끌고 개경 탈환전에 참가하여 가장 먼저 성안으로 돌입하는 등 큰 공을 세웠다.

주원장과 진우량

/

홍건군은 4로로 분산된 끝에 봉기 10여 년 만에 소멸됐다. 홍건군
은 통일된 이념과 군율을 갖지 못했다. 홍건군이 일찍 소멸된 것은
△차칸티무르가 지휘하는 원나라군의 공격도 공격이지만 △홍건군
을 4로로 나눈 유복통의 전략적 실수와 함께 △뚜렷한 이념을 갖지
못한 홍건군 지도자들끼리 죽이고 죽는 자괴작용自壞作用 때문이었
다. 특히 산둥 지난齊南에 일시적으로 뿌리내린 모귀 군단의 자괴작
용은 목불인견이었다. 모귀는 부하인 조균용에게 살해당했으며, 조
균용은 속계조에게 죽임을 당했다. 이들은 모아 놓은 미인과 재산을
차지하고자 서로 싸운 것으로 보인다. 승상 토크토아脫脫·톡토가 이끄
는 원나라군은 안휘 지역 전투에서 장사성과 서수휘를 비롯한 한족
농민 반란군에 연전연승했다. 고려 공민왕은 급변하는 원나라 정세
를 파악하고자 1354년 최영과 최원, 인당 등에게 2000여 명의 정예
병사를 주어 토크토아의 장사성 토벌전을 지원하게 했다. 이 상황에
서 토크토아는 권신權臣 하마의 모략에 걸려들어 갑자기 실각하고,
한족 반란군은 별다른 저항 없이 세를 불려나갔다. 원 최후의 명장
으로 비슈발리크 출신 차칸티무르는 토크토아의 실각으로 인해 유
복통의 홍건군이 다시 득세하던 바로 그때 등장했다.

　1356년 허난, 안후이, 양저우 등에 극심한 흉년이 들었다. 장사
성 군단은 원나라군의 공격에다가 기근도 겹쳐 강남으로 탈주했다.
운 좋게도 그는 쑤저우蘇州와 항저우杭州 등 강남의 경제중심지를 모
두 확보할 수 있었다. 장사성과 저장의 방국진은 나중 유사시에 대

비해 고려와 통교했다. 쑤저우와 항저우는 곡창지대이자 상공업도 발달한 '천하 2개의 과실'이었다. 곽자흥이 죽은 후 그의 군단을 이어받은 주원장도 남쪽으로 탈주하여 장쑤성의 중심지 집경난징으로 들어갔다. 유기劉基와 이선장李善長 등 명망 있는 지식인을 거느리게 된 주원장의 위세는 집경 입성 후 한층 더 높아졌다. 1360년 서파西派 홍건군의 수장이던 서수휘의 부장 진우량陳友諒이 우창武昌과 주장九江을 중심으로 후베이와 후난, 장시江西를 포함한 창장 중상류 지역에서 한漢을 건국하고, 창장의 흐름을 따라 동진하기 시작했다. 중국 통일의 야망을 드러낸 것이다. 이제 천하는 ①창장 중상류의 진우량, ②중하류의 주원장, ③하류의 장사성 등 3자 대결로 판가름 나게 됐다.

건곤일척乾坤一擲의 포양호 수전水戰

/

원나라가 경제중심지 강남을 잃고 겨우 버티는 가운데 창장 중상류 우창武昌의 진우량과 하류 쑤저우의 장사성에게 에워싸인 중하류 난징의 주원장은 불리한 처지에 놓였다. 다행히 쑤저우와 항저우를 점령한 장사성은 당초의 기개를 잃어버리고, 향락을 추구하는 인간으로 바뀌어 있었다. 장사성이 정치를 맡긴 동생 장사신마저 부하들에게 정치를 맡기고 향락만을 추구했다. 이런 장사성에 비해 진우량은 상관 예문준倪文俊과 서수휘를 차례로 살해하고 서파西派 홍건군을 손아귀에 넣을 만큼 과감하고 의욕이 넘치는 인물이었다. 서수휘가 살해되자 그의 부하 명옥진明玉珍은 쓰촨을 배경으로 독립해 나갔다.

명옥진은 충칭을 수도로 정했다. 이 무렵 차칸티무르가 홍건군에 항복했다가 다시 원나라에 투항한 전풍에게 속아 산둥성 익도益都에서 암살당했다. 이로써 화북의 원나라 영토는 강남 지역과 마찬가지로 군웅할거 각축장으로 변했다. 강남·북 공히 동족이 동족을 죽이는 동근상전同根相煎 상황이 된 것이다. 이제 주원장은 서쪽 우창武昌의 진우량과 동쪽 쑤저우蘇州의 장사성에게만 신경 쓰면 되었다. 주원장에게 거듭 행운이 찾아왔다.

주원장은 창장 중상류로 서진하고 진우량은 창장 중하류로 동진하여 같은 홍건군 출신 2개 세력권이 겹쳤다. 중국의 패권을 목표로 한 건곤일척乾坤一擲의 대결이 눈앞에 다가왔다. 1363년 진우량은 동진하여 주원장 세력의 중심지 난징을 직공하는 대신 포양호鄱陽湖 남안南岸에 위치한 요충지 홍도洪都를 포위했으나 점령하지 못했다. 주문정과 등유 같은 주원장 휘하 장군들이 결사적으로 항전했다. 주원장은 20만 대군을 이끌고 난창 구원에 나섰다. 주원장이 직접 나섰다는 소식을 접한 진우량은 60만 대군을 동원하여 포양호 입구에 위치한 후커우湖口로 진격했다. 주원장의 20만 대군과 진우량의 60만 대군이 포양호에서 36일간에 걸쳐 수전水戰을 벌였다. 주원장과 진우량이 건곤일척의 대결전을 벌이고 있는데도 향락에 빠진 장사성은 움직일 줄 몰랐다. 주원장은 유기 등 부하들의 활약과 화공 전술에 힘입어 장거리 원정으로 인해 보급 문제에 시달리던 진우량군을 대파했다. 전투 중 함선을 바꾸어 타던 진우량이 유시流矢에 맞아 죽는 바람에 전투는 끝났다. 우창으로 도주했던 진우량의 아들 진리에 이어 명옥진의 아들 명승도 항복해 왔다.

주원장, 몽골세력을 몰아내다

/

포양호 대전 후 주원장의 패권은 확고해졌다. 포양호 전투 2년 뒤인 1365년 주원장은 20만 대군을 동원하여 창장 남북에 걸친 장사성의 영토를 삭감해 나갔다. 주원장 군단은 항저우와 후저우湖州, 우시無錫를 점령하여 장사성의 도읍으로 동양의 베네치아로 불리는 '물과 비단의 도시' 쑤저우를 고립시켰다. 쑤저우를 포위한 1366년 12월 주원장은 부하 장수 요영충을 시켜 명목상의 송나라 황제이자 백련교 교주인 한림아를 물에 빠뜨려 죽였다. 주원장의 앞길을 막는 방해물이 모두 치워졌다. 주원장은 1367년 쑤저우마저 점령하고 장사성을 포로로 잡았다. 쑤저우 함락 직후 일사천리로 서달과 상우춘이 지휘하는 25만 명의 명나라 대군이 원나라 수도 대도베이징를 향해 진격했다. 주원장은 북벌군이 대도를 향해 진격하던 1368년 1월 황제에 즉위하고 나라 이름을 명明이라 했다. 이는 주원장 자신이 명교마니교 출신인데서 연유한 것이 아닌가 한다. 3세기 이라크 서북부에서 시작된 마니교摩尼敎는 불교의 영향도 받은 조로아스터교拜火敎의 분파이다. 마니교는 중국에서는 '채소를 먹고 마귀를 섬긴다.'는 뜻의 끽채사마喫菜事魔로 불리기도 했으며, '광명의 신빛의 사도'을 숭배한다는 점 등에서 앗시리아인들이 믿는 예지디교와 유사한 점이 있다. 한국에도 마니교 전래의 흔적으로 보이는 강화도의 마니산摩尼山이 있다. 주원장의 명나라는 중국 역사상 창장 이남을 근거로 한 세력이 중국을 통일한 전무후무前無後無한 사례이다.

명나라의 건국

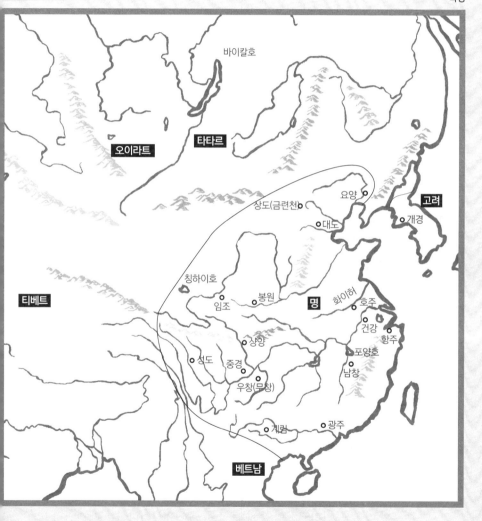

국경

바이칼호

오이라트

타타르

고려

상도(금련천)

요양

대도

개경

칭하이호

봉원

명

화이허

임조

호주

티베트

건강

샹양

항주

성도

중경

포양호

우창(무창)

남창

계림

광주

베트남

고려 공민왕 바얀티무르와 북원北元 소종 아이유시리다라

/

명나라 대군이 다가오는 상황에서도 원나라는 우유부단한 황제 토곤티무르순제와 그의 아들 아이유시리다라가 권력투쟁을 벌이고 있었다. 순제는 왕자 시절 고려의 서해 대청도에 유배된 적이 있으며, 고려 출신 기씨奇氏를 황후로 맞이하는 등 고려와 깊은 인연을 맺었다. 당시 원나라 조정은 몽골 지상주의자국수파 바얀伯顔과 한화파 토크토아톡토 간 대립에다가 황제파 볼로드티무르와 황태자파 코케티무르차칸티무르의 양자 간 대립도 격화되어 온갖 난맥상을 다 연출하고 있었다. 세조 쿠빌라이 이래 일본, 베트남, 참파점성·베트남 중남부, 버마미얀마, 자바 등으로 해외 원정이 계속되어 국가 재정도 붕괴된 지 오래였다. 강남으로부터 쌀과 소금이 오지 않을 경우 더 이상 나라를 지탱할 수 없는 상태였다. 서달과 상우춘이 지휘하는 25만 명나라 대군이 북진해 오는데도 군벌 간 대립이 계속되었다. 이제 명나라군을 막을 세력은 어디에도 없었다. 서달은 1368년 8월 대도베이징를 점령했다. 일체의 저항 없이 대도를 내준 순제 토곤티무르는 북쪽으로 도망하다가 네이멍구 응창부에서 병사했다. 하지만 고려 출신 기황후의 아들 아이유시리다라는 몽골로 도피하는 데 성공하여 원나라北元를 이어갔다. 쿠릴타이를 통해 추대된 소종昭宗 아이유시리다라는 수도를 대도베이징에서 카라코룸으로 옮기고, 1372년 코케티무르로 하여금 추격해 온 서달의 명나라군을 격파하고, 산시山西 북부를 회복하게 했다. 원나라는 멸망한 것이 아니라 크게 팽창했다가 다시 수축된 것이다. 카라코람의 북원北元 소종 아이유시리다라는 개경의

고려 공민왕 바얀티무르에게 사신을 보내어 같은 칭기즈칸의 자손
으로서 함께 명나라에 함께 맞설 것을 제의했다.

14

몽골 세력의 재등장,
일본의 부상^{浮上}

고려, 랴오둥을 점령

/

홍건군 봉기로 인해 원나라가 곤경에 처한 1355년 공민왕은 최영과 인당에게 압록강 서안^{西岸} 원나라 8개 역참^{驛站}을 공격하게 했다. 1368년 명나라 건국 후 공민왕은 난징으로 축하 사신을 보내는 등 중국 정세 변화를 날카롭게 관찰했다. 1370년 겨울, 공민왕의 명을 받은 지용수, 이성계, 임견미 등이 1만 5000여 명의 병력을 이끌고 동북면함경도 지역을 출발하여 평안북도 강계를 지나 압록강을 도하하여 혼란에 처한 랴오둥에 진입했다. 고려군은 랴오둥의 중심도시 랴오양요동성을 점령했으나 보급 부족으로 인해 후퇴할 수밖에 없었다. 1374년 최영 등은 탐라의 원元 잔존세력목호·牧胡을 섬멸했다.

이성계와 몽골제국 동방3가

/

이성계의 선조들은 테무게 옷치긴 왕가 영역 내에서 실력을 길렀다. 카사르·카치운 왕가와 함께 만주 일대를 지배한 테무게 왕가는 나얀乃顏 시기인 1287년 몽골 대칸이 되기 위해 쿠빌라이에 대항하는 쿠데타를 감행했을 뿐만 아니라, 쿠데타에 실패한 뒤에도 제후왕 자리를 유지했다. 그만큼 테무게 왕가는 세력과 권위를 함께 갖고 있었다. 나얀은 대도베이징 조정이 1285년 랴오양에 동경행성東京行省을 설치하는 등 만주지역에 대한 통제를 강화하려는 데 반발했다. 나얀 직속군은 카사르·카치운 가문 군대와 함께 랴오허 유역까지 밀고 내려왔다. 몽골제국의 종주권을 놓고 쿠빌라이와 30여 년간 항쟁을 벌여온 오고타이의 손자 카이두와 북몽골의 쿨겐부칭기즈칸의 애첩 쿨란의 자손도 나얀을 지지하고 나섰다. 노령의 쿠빌라이는 직접 출정했다. 원나라 함대는 강남에서 싣고 온 막대한 양의 군수품을 랴오허 하류에 내려놓았다. 터키계 중심 쿠빌라이 친위대의 활약과 함께 코끼리 부대 투입으로 승부가 결정되었다.

불패의 명장 이성계, 조선을 개국하다

/

고려 중기 '무신란' 주역 중 하나인 이의방의 동생 이린의 손자로 알려진 이안사는 1255년 테무게 왕가로부터 천호장千戶長 겸 다루가치 직위를 하사받아 두만강 하류 일대를 지배했다. (이성계의 선조는 여진 출신 또는 여진·고려 혼혈로 보인다.) 이안사를 고조부로 하는 이성계 일가는 테무게 왕가의 가신家臣으로 천호장 겸 다루가치 지위를 세습하여 함경도 일대 고려인과 여진인을 지배했다. 1392년 조선 건국은 잔존 몽골 세력과 명나라 간 새로운 관계 정립의 한 과정으로 볼 수 있다. 원말元末·명초明初 만주의 몽골 세력을 대표하던 잘라이르부 무칼리의 후예 나하추는 1362년 고려 동북부를 침공하다가 이성계에게 패했으며, 1375년 랴오둥반도 남부 명나라 세력을 공격하다가 다시 패배했다. 주원장은 1382년 목영沐英, 부우덕, 남옥으로 하여금 30만 대군을 이끌고 몽골세력이 남아있던 윈난을 정복하게 했다. 1387년 풍승馮勝과 부우덕傅友德, 남옥藍玉이 이끄는 20만 명나라 대군이 나하추의 랴오허 유역 근거지 금산金山·선양을 압박해 오자 나하추는 명나라에 항복했다. 명나라에 항복함으로써 나하추 일가는 명나라가 주도하는 동북아 국제질서 하에서 제한된 권력이나마 유지할 수 있었다.

주원장은 곧이어 1388년 3월, 남옥에게 10만 대군을 주어 북원北元을 공격하게 했다. 남옥은 잘라이르부에게 배반당해 만주라는 옆구리를 상실한 북원군을 네이멍구 부이르호捕魚兒海 전투에서 대파하고, 북원 세력을 외몽골로 축출했다. 이로써 북원과 고려 간 연계가 끊어졌다. 왕실 포함 고려 기득권 세력은 비빌 언덕을 잃어 버렸다. 그 직전 명나라는 고려에 사신을 보내 평안도 북부 지역을 할양해 줄 것을 요구했다. 명나라의 영토 할양 요구에 대해 고려는 우왕禑王과 최영崔瑩으로 대표되는 대명對明 강경파와 이성계, 조민수, 정몽주 등으로 대표되는 온건파로 분열했다. 이성계 일파는 1388년

5월 우왕의 명에 따라 명나라를 치러 출격했다가 압록강 하류 위화도에서 회군해 대명對明 강경파를 숙청하고, 조선 개국의 정치·경제적 기초를 구축했다.

천호장 겸 다루가치 울루스부카이자춘를 계승한 이성계는 1356년 쌍성총관부 수복 전투를 시작으로 1388년 위화도 회군에 이르기까지 30여 년을 전쟁터에서 보냈지만 단 한 번도 패하지 않은 명장이었다. 이성계는 빛나는 군사 실적을 기반으로 고려의 최고 실력자로 우뚝 섰다. 이성계 군단은 평지전과 산악전 모두에 능숙했다. 오늘날의 옌벤 조선족자치주 포함 두만강 유역 출신 여진족과 고려인, 몽골인 등으로 구성된 이성계 군단은 다른 고려 군단에 비해 강력한 전투력을 발휘했다. 나세, 심덕부, 최무선 등은 1380년 일본 무로마치 바쿠후 초기 남·북조南北朝 내전에서 패배한 큐슈 출신 사무라이와 몽골 식민지였던 탐라, 중국 출신 등으로 구성된 왜구의 침공을 진포군산 인근에서 대파했다. 최영은 홍산에서 왜구를 격파했다. 이성계는 진포 등에서 도주한 왜구를 운봉남원을 비롯한 여러 곳에서 대파했다. 이성계가 전라북도 운봉황산 전투에서 몽골-탐라 혼혈로 추정되는 왜구 지휘자 아기발도어린 용사(바투르)라는 뜻를 화살로 사살한 것은 널리 알려져 있다. 이성계는 신흥 사대부의 대표 격인 정도전, 조준, 남은 등의 지지를 받아 조선을 건국했다. 즉 조선은 원나라 지방 군벌과 고려 성리학자의 합작품이었다. 조선 건국은 고려의 부패한 친원親元 기득권 세력을 밀어냈다는 의미와 함께 성리학이라는 한족 문명을 절대시하는 나약하고 폐쇄된 나라로 가는 출발점이었다.

티무르, 제2의 몽골제국 건국

/

칭기즈칸의 2남 차가타이는 1227년 카자흐스탄 동남부 일리 분지료 地 알말릭을 수도로 차가타이칸국Khanate을 세웠다. 차가타이칸국은 13세기 중엽 칭기즈칸의 3남 오고타이의 후손 카이두가 원 세조 쿠 빌라이에 대항하여 일으킨 반란에 연루되어 원과 킵차크칸국의 협 공을 받은 데다 일칸국과도 분쟁을 겪은 끝에 13세기 말부터 약화되 었다. 터키-몽골 계통 티무르는 차가타이칸국이 톈산산맥을 경계로 동부모굴리스탄·신장와 서부우즈베키스탄로 분열된 기회를 틈타 1360년 서 부에 속한 고향 샤흐리샤브즈史國·케쉬 일대를 확보한 후 1370년에는 우즈베키스탄과 아프가니스탄 대부분을 점령하고 대칸이 되었다. 티무르는 현재의 카자흐스탄, 이란, 이라크, 남부 러시아를 차례로 정복해 대제국을 세웠다.

중앙아시아-중동 핵심부를 장악한 티무르는 1398년 4월 인더 스강을 건너 힌두스탄 평원에 진입했으며 같은 해 12월 델리를 약 탈했다. 1400년 10월에는 시리아의 알레포를 점령하고 1401년 3월 다마스쿠스를 함락했다. 이로써 티무르의 적수는 전 세계를 통틀 어 오스만터키와 명나라만 남았다. 티무르는 시리아 정복을 끝낸 후 1401~1402년 겨울, 남부 코카서스에서 전열을 정비하고 1402년 6월 오스만터키 공격을 개시했다. 40만 티무르군은 1402년 7월 20일 앙카라 대회전大會戰에서 역시 40만 규모로 편성된 오스만터키군을 섬멸했다. 티무르군은 서진을 계속하여 마르마라해 연안에 자리한 오스만터키의 수도 부르사를 약탈하고 1402년 12월 성聖 요한 기사단 치하의 난공불락 에게해의 해안도시 이즈미르를 단 2주 만에 함락했다. 1405년 티무르는 70만 대군을 편성하여 숙적 명나라 정복을 시도했다. 하지만 티무르는 명나라로 진격하던 도중 카자흐스탄의 군대 숙영지宿營地 오트라르파라브 궁전에서 노환으로 사망했다.

세조·영락제 닮은꼴 정권 찬탈

/

걸승乞僧이자 명교明敎 신자 출신인 주원장은 나라가 체제를 갖춰가자 권력을 위협할 가능성이 있는 부하 이선장李善長, 호유용胡惟庸, 육중형陸仲亨, 부우덕傅友德, 풍승馮勝, 남옥藍玉, 위관魏觀 등 숱한 공신숙장功臣宿將들을 살해했다. 주원장은 신하들을 가급적 죽이지 말 것을 호소하던 황태자 주표朱標에게 가시가 붙은 탱자가지를 쥐어 주면서 "너에게 가시 없는 탱자를 남기기 위해서 이러고 있다."고 말했다 한다. 명나라 조정의 관리들은 "매일 아침 입궐 시 처자와 이별 인사를 하고 저녁에 무사히 돌아오면 서로 기뻐했다."고 할 정도로 공포 분위기 속에서 살았다. 주원장은 재상 호유용을 처형한 다음 후임 재상을 임명하지 않고 황제가 내각을 직접 통할하는 황제 독재국가를 만들었다. 주원장은 황태자 주표가 죽은 후에는 황태손 주윤문의 미래를 위해 공신들을 대거 살육했지만 건문제 주윤문은 4년간의 내전 끝에 숙부 연왕 주체朱棣에게 황제 자리를 빼앗기고 말았다.

1399년 주체가 옌징베이징에서 반란을 일으키자 조선도 명나라의 내전에 휘말렸다. 여진족 출신 건문제파 장군 임팔라실리林八剌

失里는 1만 5000여 명을 이끌고 국경을 넘어 조선 입국을 요청했다. 임팔라실리를 따르는 1만 5000여 명 중에는 최강崔康을 포함한 랴오둥 조선인이 다수 포함되어 있었다. 조선 태종 이방원은 주체와 충돌하지 않으려고 임팔라실리 등 주모자들을 주체에게 넘겨주었다. 조선은 주체가 일으킨 내란이 4년이나 지속되었는데도 관망하는 자세를 취했다. 1차 왕자의 난을 통해 요동 정벌을 주장한 정도전을 살해하고 집권한 이방원으로서는 정권 안정을 위해 명의 지원이 필요했기에 주체든, 주윤문이든 어느 한쪽 편을 들 수가 없었다. 주체의 쿠데타가 일어난 50년 뒤 조선에도 유사한 일이 일어났다. 세조 이유는 주체의 사례를 통해 정권 찬탈 방법을 배웠을 것이다. 영락제로 등극한 주체의 후궁 가운데 하나인 한씨韓氏의 조카가 세조의 며느리이자 성종 이혈의 어머니 인수대비다.

몽골의 등장

/

티무르 제국의 본격 등장에 앞서 중원으로부터 축출된 몽골도 명나라에 도전했다. 몽골의 부흥은 신속했으며 명나라의 대응도 빨랐다. 북원군北元軍이 잘라이르부의 배반으로 인해 명나라 남옥藍玉 군대에 패배한 1388년 부이르호湖 전투 이후 보르지긴씨 칭기즈칸 가문의 북원北元은 점차 약해지고, 타타르부러시아 거주 터키·슬라브 계통 타타르와는 다름 가 대두했다. 티무르제국의 지원을 받은 타타르부 추장酋長 벤야시리는 몽골고원을 통일하고 명나라에 도전했다. '정난의 변1402년'을 감행하여 조카 건문제를 축출하고 정권을 장악한 주원장의 넷째 아들 영락제는 1409년 구복丘福에게 10만 대군을 주어 벤야시리를 치게 했으나, 명나라군은 케룰렌강 전투에서 타타르군에게 전멸당했다. 이듬해 영락제는 50만 대군을 이끌고 친정하여 오논강에서 타타르군을 격파했다. 타타르부가 약화되자 몽골 서부를 근거로 하는 오이라트부가 등장했다. 1414년 영락제는 다시 24만 대군을 동원하여 몽골로 친정했으나 오이라트 세력을 뿌리 뽑지는 못했다.

정화의 대항해, 일대일로一帶一路로 부활
/

태조 주원장이 농본주의적 한족 민족국가를 목표로 한 데 반해 영락제는 세계제국을 지향했다. 영락제는 몽골 정벌을 시도하면서 환관 정화1371~1434년를 기용해 남중국해-인도양 항해에 나섰다. 정화의 아버지는 윈난雲南 출신 이슬람교도 무함마드다. 그의 가계家系는 이란 또는 터키계로 추정된다. 제1차 대항해는 1405년 창장 하구의 류자허劉家河에서 출발했다. 난징에서 건조한 300~2000t급 대형선 62척에 2만 7800명의 장병이 승선해 푸젠-베트남 중부퀴논-자바수라바야-수마트라팔렘방-스리랑카갈레-인도캘리컷 항로를 총 2년간 항해한 끝에 1407년 귀환했다. 정화의 대항해가 있은 지 60년 후인 1492년 제노아 공화국 출신 콜럼버스가 주도하고 스페인 왕실이 지원한 대서양 항해 때 승무원 88명이 250t급 산타마리아호 등 3척에 승선해 카리브해 히스파니올라섬에 도착한 것과 1497년 포르투갈 출신 바스코 다 가마의 희망봉 항해 시 120t급 선박 3척이 사용된 것에 비춰 볼 때 명나라의 조선술이 얼마나 대단했는지 알 수 있다. 정화의 대항해는 남중국해-인도양 연안 국가에 명나라를 종주국으로 인식시키는 것이 주목적이었다. '정난의 변' 와중에 행방불명된 건문제의 행방을 수색하고 후추와 각종 진귀한 물품을 입수하는 것도 항해 목적 중 하나였다. 당시 수마트라 팔렘방에는 이미 상당수 화교가 살고 있었다. 명나라에 대해 적개심을 갖고 있는 티무르 제국에 대한 정보 수집도 항해 목적 중 하나였을 것이다.

　명나라는 우월한 경제력을 바탕으로 많은 나라로부터 조공을 받았다. 조선과 몽골, 베트남, 류큐오키나와, 신장의 도시국가들, 동중국해-인도양 연안 다수 나라들로부터 조공을 받은 명나라는 성리학에 기초한 화이관華夷觀과 조공무역의 힘으로 중국 중심 아시아질서를 만들어 갔다. 7회에 걸친 정화의 대항해는 대체로 평화리에 실시됐다. 제3차 항해 시 조공을 거부하는 스리랑카 왕과의 싸움이 거의 유일한 전투였다. 3차까지는 인도의 캘리컷, 4차부터는 호르무즈 해협까지 항행航行했다. 분견대分遣隊가 예멘의 아덴, 소말리아의 모가디슈, 케냐의 마린디까지 나아갔다. 정화 함대는 기린 등 당시 기준으로 기이한 짐승들을 잡아 왔다. 1431년 제7차 항해는 영락제의 손자 선덕제 시대에 이루어져 메카까지 항행했다. 성화제 시절 환관들을 중심으로 대항해가 다시 추진되었으나, 농본주의적 민족국가를 지향하는 보수적 관료들은 정화가 남긴 보고서를 모두 파기했다. 대형 선박을 건조하는 기술이나 항해술도 이때 모두 사장死藏되었다. 유럽 국가들이 신대륙을 발견하고, 상공업 진흥정책을 추진하기 시작한 시기에 명나라는 쇄국주의鎖國主義의 어둠 속으로 빠져들어갔다. 정화의 대항해는 중국 시진핑 정부에 의해 일대일로一帶一路 정책으로 되살아났다.

몽골 오이라트 군단, 베이징 포위

/

영락제는 1421년 수도를 난징에서 베이징으로 옮겼다. 중국은 이후 몽골과 만주, 한반도의 동향에 극히 민감하게 되었다. 연왕燕王으로서 베이징옌징 지방을 다스려 본 적 있는 영락제는 몽골과 중원의 분리가 야기한 몽골 부족의 경제난이 몽골과 명나라 간 전쟁으로 이어진다는 사실을 잘 알았다. 그는 몽골 원정을 통해 원나라처럼 막남중국과 막북몽골을 다시 통일할 계획이었다. 영락제의 아들 홍희제는 여러 차례의 정벌 전쟁에도 불구하고 몽골 세력이 꺾이지 않자 주원장의 건국이념으로 돌아가 수축형 민족국가를 지향했다. 그는 난징 재천도再遷都를 시도했다. 홍희제의 재위 기간이 매우 짧았던 까닭에 재천도는 이루어지지 못했다. 홍희제를 계승한 선덕제는 주원장의 수축형 민족국가와 영락제의 확장형 세계제국 사이의 중간을 선택했다. 재천도는 중단했으나 몽골 쪽 국경수비대를 허베이성 중북부까지 후퇴시키고 반란이 잦은 베트남은 포기하기로 했다. 선덕제가 소극적인 대외정책을 취한 것이 그의 아들 영종 시대에 재앙으로 다가왔다. 영종은 사부師父인 환관 왕진王振을 중용하여 2인자로 삼았다. 왕진의 위세는 상서尚書관의 무릎을 꿇릴 정도였다.

명나라에서 영종이라는 어리석은 지도자가 등장할 때 몽골에서는 오이라트부 출신 에센이라는 뛰어난 인물이 나타났다. 그는 몽골을 통일하고 명나라를 계속 압박했다. 몽골은 마시馬市라는 조공무역을 통해 명나라에 말을 비롯한 가축을 수출하고 대가로 식량과 차 등을 수입해 살아갔다. 조공무역은 경제적으로 약자인 몽골에 유리하게 진행됐다. 조공무역이 국가재정에 과도한 부담을 주고 왕진의 사익私益에도 손해가 되기 시작하자 왕진은 몽골과의 교역량을 제한하려 했다. 에센은 1449년 랴오둥에서 간쑤까지 몽골-명 국경 전체를 대대적으로 공격하는 것으로 대응했다. 에센의 주력군이 베이징에서 멀지 않은 산시성의 요충지 따퉁大同마저 공격하자 왕진의 사주를 받은 영종은 친정親征을 결정했다. 왕진의 고향은 따퉁 부근 울주로 그는 울주에 엄청난 자산을 갖고 있었다. 에센 군단의 위력을 잘 알던 병부상서국방장관 광야鄺埜와 병부시랑차관 우겸于謙이 친정을 만류했으나 영종의 고집을 꺾을 수 없었다. 영종은 50만 대군을 이끌고 친정하기로 하고 동생 주기옥을 감국監國으로 삼아 우겸과 함께 베이징을 지키게 했다. 영종의 친정은 비극으로 끝났다. 명나라 대군은 장거리 행군 끝에 물이 없는 베이징 교외 토목보土木堡에서 오이라트 4만 기병에게 포위당하고 말았다. 포위된 명나라군 수십만 명이 학살당했다. 영종은 포로가 되었으며 왕진과 광야 등은 참살 당했다. 에센은 곧바로 베이징성을 포위했다. 우겸은 주기옥을 황제로 추대하고 22만 병력과 각종 화기火器를 곳곳에 배치하여 주야 5일간의 공방전을 승리로 이끌었다. 에센은 조선군을 포함한 명나라 지원군에 의해 퇴로가 끊어지는 것을 우려하여 몽골로 퇴각했다.

몽골 투메트 군단, 베이징 다시 포위

/

이성계와 정도전 등 조선 건국세력은 몽골제국의 수도 카라코룸이 한자로 화림和林 또는 화령和寧으로 표기된다는 것에 착안하여 명나라에 조선과 화령 중 하나를 나라 이름국호으로 선택해 줄 것을 요청함으로써 명나라로 하여금 만주를 영유한 적이 있는 '조선'이라는 국호를 수용하지 않을 수 없게 했다. 그런데, 명나라는 이른바 기자조선箕子朝鮮과 같이 이성계 정권이 명나라에 고분고분하기를 기대하여 '조선'이라는 국호를 골랐다. 시간이 흐르면서 조선 왕과 사대부들은 성리학적 화이관華夷觀에 깊이 빠져 들어갔다. 오이라트가 대명對明 동맹을 요청하고 베이징성을 포위하는 상황임에도 불구, 세종 이도의 조선은 압록강이나 두만강 건너편 어느 한 곳도 건드리지 않으려 했다. 몽골의 침공으로 망국의 위기에 처한 명나라가 △조선군의 랴오둥 주둔과 함께 △여진족 준동 억제를 요구한 기회마저 활용하지 못했다. 명나라는 나중 조선군의 랴오둥 주둔이 가져올 위험성을 눈치채고 이 요청을 취소했다. 조선은 여진 세력을 제압한 오이라트군의 압록강 도하에 대비하여 평안도 강계에 대군을 주둔시키는 정도가 고작이었다. 이에 앞선 1433년과 1435년 4군四郡·6진六鎭을 개척한 것이 조선이 얻어 낸 전부였다. 이도는 1433년 최윤덕崔閏德에게 1만 5000여 명의 병력을 주어 서북면평안북도 건주여진 부족을 토벌하도록 했다. 최윤덕은 여진족을 몰아 낸 곳에 여연閭延, 자성慈城, 무창茂昌, 우예虞芮 4군을 설치했다. 이도는 1435년 김종서金宗瑞를 동북면함경북도으로 파견해 경원慶源, 경흥慶興, 온성穩城, 종성鍾城, 회령會寧, 부령富寧

등 6진을 개척하게 했다. 두만강 하류 동북면은 윤관과 척준경이 남긴 유산이었다. 조선은 살아남기 위해서라도 오이라트와 손잡고 랴오둥을 점령했어야 했다. 베이징과 가까운 랴오둥 공략이 부담스러웠다면 6진 사령관 이징옥李澄玉으로 하여금 적어도 지린성과 연해주 일대를 점령하게 했어야 했다. 그래야만 나중에라도 조선과 명, 몽골, 일본 간 세력 균형을 유지하는 것이 가능했을 것이다.

조선의 소중화주의小中華主義, 쓰시마

/

①명을 하늘로 생각하고 명나라에 외교를 맡기다시피 한 조선의 소중화주의小中華主義와 ②세조 이유, 한명회 등이 주도한 쿠데타인 계유정난 이후 거듭된 정변과 사화士禍는 조선의 왜소화를 가져왔다. 성종 이후 김종직과 조광조, 이이 등 명나라를 세계 유일의 문명국이자 하늘로 생각한 성리학자 사림파의 정치 참여가 확대되면서 조선의 독자성은 계속 약화되어 갔다. 조선의 또 다른 문제는 왜구 출몰이었다. 고려 말부터 시작된 왜구의 침략은 조선 초기에도 이어졌다. 조선은 개국 초기부터 총포를 장착한 전함을 개발하는 등 해군력을 증강하는 한편, 왜구 활동을 통제할 수 있는 무로마치 바쿠후와 외교관계를 맺었다. 그럼에도 불구하고 왜구의 약탈이 계속되자 1419년 상왕上王 이방원의 명을 받은 이종무는 함선 227척과 군사 1만 7000여 명으로 왜구의 소굴 쓰시마를 토벌했다. 조선군은 복병을 만나 상당한 피해를 입었으며, 쓰시마 측의 화의 요청을 받아들

여 철수했다. 일본계 주민들이 거주한 쓰시마는 19세기 중엽까지는 일본과 조선에 양속兩屬 상태를 유지했다. 조선은 류큐, 샴타이, 자바 등과도 교류했다.

만투하이 카툰과 칭기즈칸 후예

/

오이라트족 에센은 칭기즈칸 가문인 황금씨족칭기즈칸의 직계 출신이 아니었기 때문에 대칸 자리에 오를 수 없었다. 그는 칭기즈칸의 후손 톡토아부카를 타이슨 대칸으로 옹립하고, 자신은 2인자인 타이시초師 자리에 머물렀다. 에센의 매부이기도 한 톡토아부카는 1449년 에센이 베이징을 칠 때 만주와 몽골을 경계 짓는 싱안링興安嶺을 넘어 해서여진 등을 공격해 승리를 맛보았다. 톡토아부카가 에센의 꼭두각시에서 벗어나 실력을 갖추자 명나라는 두 사람을 이간시키는 작전에 들어갔다. 그 결과 톡토아부카와 에센 사이에 대립이 심화됐다. 톡토아부카는 에센의 누이가 아닌 다른 여자와의 사이에서 태어난 아들을 후계자로 세웠다. 참을 수 없게 된 에센은 1451년 톡토아부카 일족을 대거 살해하고 자립했다. 황금씨족을 죽인 데 대한 반발로 다수 몽골 부족이 에센에게서 떨어져 나갔다. 세력을 잃은 에센은 1454년 부하에게 피살되었다. 이로써 서북 만주에서 중앙아시아까지를 영역으로 하던 오이라트 제국도 붕괴하고 말았다.

　오이라트족이 약화되자 다시 칭기즈칸의 후손이 등장했다. 에센에 의한 칭기즈칸 후예보르지긴씨 학살에서 살아남은 바투멩게, 즉

다얀가한大元可汗은 카툰왕비 만투하이1448~1510년의 도움으로 북원北元을 재건했다. 그는 1493년 이후 마시馬市를 둘러싼 긴장이 발생할 때마다 산시와 허베이 등을 집중 공격함으로써 명나라가 양보하지 않을 수 없게 했다. 다얀의 후손들은 6개 부족으로 나누어졌다. 다얀의 손자로 후허하오터몽골어로 녹색도시 일대를 지배하던 투메트부 출신 알탄칸 시대에 이르러 마시를 둘러싼 명나라와 몽골 간 갈등은 도를 더해 갔다. 당시 명나라 변경에서는 군대의 반란이 자주 일어났는데 반란군 일부는 알탄에게 도피했다. 알탄은 이들에게 네이멍구의 토지를 주어 경작하게 했다. 이들은 알탄을 부추겨 명나라를 침략케 했다.

몽골부족, 야성 잃고 무력화無力化되다

/

알탄은 1542년 산시성 태원타이위안 등을 공격했으며, 가정제가 통치하던 1550년 베이징 교외 고북구와 통주를 함락하고 베이징성을 포위하기에 이르렀다. 명나라 각지로부터 지원군이 당도하자 알탄은 베이징성 포위를 풀고 후퇴했다. 조선 명종 이환李峘이 집권하던 조선은 명나라 상황을 그저 지켜보기만 할 뿐이었다. 1570년 이후 알탄은 명나라보다는 중앙아시아, 신장, 티베트에 더욱 관심을 두었다. 그는 몽골, 신장, 칭하이, 티베트, 중앙아시아 일부를 통합하여 대제국을 세웠다. 알탄은 유목사회를 통합하기 위해 티베트로부터 라마불교를 받아들였다. 유목민족이 종교의 영향을 얼마나 두려워했는지는 후돌궐後突厥 빌게 가한의 동생 퀼테긴Kültegin과 재상 톤유크의 업적을 새긴 오르콘 비문731년에 잘 나타나 있다. 톤유크 비문에는 "이질적인 종교를 받아들이지 말고 돌궐 정신을 보존하자."는 문장이 새겨졌다. 알탄의 라마불교 귀의는 톤유크가 남긴 가장 중요한 유언을 무시하는 것이었다. 할하, 차하르, 오이라트, 타타르 등 몽골부족들은 라마불교화 되었으며, 몽골족은 야성을 잃고 무력화無力化되어 갔다.

대재앙의 서곡, 후기 왜구

/

명나라는 몽골北虜에 이어 주로 일본으로부터 기원한 왜구南倭에게도 시달렸다. 전기 왜구는 원나라, 고려의 쇠퇴와 함께 남북조南北朝로 분열된 일본 무로마치 바쿠후幕府 초기 정치 혼란과도 밀접히 관련되어 있다. 전기 왜구에는 일본인과 함께 탐라인제주도인도 참가했다. 1563년 이후 발생한 후기 왜구는 일본의 상공업 발달로 인한 화폐경제의 발달과 밀접히 연관되어 있다. 후기 왜구는 일본의 조공무역 사절단이 닝보寧派에서 해적행위를 한 데 대한 보복으로 명나라가 조공무역을 중단시킨 폐관절공閉關絶貢조치 이후 창궐했다. 왜구는 임신부의 배를 가르고 태아를 끄집어낼 정도로 잔인한 행동을 다반사로 했다. 명나라 정규군마저 왜구를 무서워하게 되자 중국인 중 왜구 집단에 들어가거나 왜구를 자처하는 자가 늘어났다. 당시 왜구의 70~80%가 중국인이라는 통계가 있을 정도이다. 왜구는 산둥부터 하이난까지 중국 해안 곳곳을 약탈했다. 일부는 조선, 베트남, 타이까지 쳐들어갔다.

중국 해안지방 밀무역 업자들은 왜구와 긴밀한 관계를 유지했다. 따라서 왜구 대책은 곧 밀무역을 겸하던 지방 호족들에 대한 대책이라고도 할 수 있다. 지방 호족들은 밀무역을 철저히 단속하고, 왜구에 강경책으로 맞선 관료들을 적대시했다. 왜구에 대해 강경책을 취한 주환朱紈이나 호종헌胡宗憲 같은 관료들은 안후이安徽의 대재벌 신안상인을 비롯한 호족豪族들과 부패한 중앙정부 관료들에 의해 자살로 내몰렸다. 지방의 대재벌이 베이징 중앙정부를 흔든 것이다. 훗날 복명운동復明運動 주동자가 되는 중·일 혼혈 정성공의 집안도 푸젠에서 밀무역으로 부를 축적했다. 16세기 말 오와리尾張의 영주 오다 노부나가織田信長에 의해 전국시대가 종식될 기미를 보이는 등 일본 정세가 안정되고 유대유兪大猷, 척계광戚繼光 등 무장들의 활약으로 왜구가 줄어들기 시작했다. 후기 왜구는 임진왜란, 정유재란으로 이어지는 대재앙의 서곡에 불과했다. 동아시아의 변방이던 일본이 역사무대의 중심으로 뛰어오르는 순간이 다가왔다.

재조지은, 만절필동

/

명나라 관료들의 녹봉은 심할 정도로 적어 부패 가능성이 열려 있었다. 가정제 시기의 엄숭嚴崇, 엄세번嚴世藩 부자의 부패는 악랄 그 자체였다. 무능한 가정제와 융경제를 거쳐 융경제의 3남 주익균朱翊鈞

이 10세 나이에 만력제로 즉위했다. 만력제 때 일본의 조선 침공임진
왜란, 만주의 부상浮上 등 동아시아 역사를 바꾸는 사건이 연달아 일어
났다. 만력제는 아편 상습 복용자였다. 조선 성리학자들은 임진왜란
때 만력제가 조선에 파병해 일본군을 물리치고 나라를 다시 세우는
데再造之恩·재조지은 도움을 줬다는 이유로 그를 자자손손 숭앙崇仰했다.
1704년 송시열과 권상하 등이 만력제와 그의 손자 숭정제를 숭앙하
기 위해 충북 괴산군 화양동에 세운 만동묘명나라에 대한 충성을 뜻하게 된 만절
필동(萬折必東)에서 유래도 그중 하나다. 만절필동은, '황허는 아무리 굽이
가 많아도 반드시 동쪽으로 흘러간다.'는 뜻으로 충신의 절개는 꺾
을 수 없음을 뜻하는 말이다.

조선이 수백 년간 숭앙하게 되는 만력제 재위 초기 장거정張居正
주도로 실시된 토지개혁 결과 감춰진 토지가 환수되고 조세가 늘어
나 명나라는 상당한 재정흑자를 달성했다. 만력제는 장거정이 남겨
놓은 400만 냥의 저축 가운데 특별히 총애한 아들 복왕 주상순의 결
혼식에 30만 냥이나 썼으며, 남은 돈은 주로 자신의 무덤 조성에 사
용했다. 그의 재위 기간 중 사대부 동림당東林黨과 동림당을 반대하
는 환관당 간 대립은 한층 더 격렬해지고 만주와 일본은 나날이 강
성해졌다.

<u>15</u>

일본과 만주^淸,

동아시아의 주인공으로 등장하다

폭풍우 앞의 멱살잡이

/

미국이 혼란에 처한 아프가니스탄에서 탈레반을 키웠다가 고생한 것처럼 명나라도 몽골의 굴기崛起를 저지하고자 만주의 누르하치를 지원했다가 나라가 멸망하는 비극에 처한다. 누르하치가 이끄는 만주 팔기군의 말발굽 소리가 시시각각 베이징으로 다가오는데도 동림당과 환관당 사이의 당쟁은 더욱 격화했다. 그들은 반대 당파 사람들을 때려 죽여도 시원치 않다고 생각할 정도로 서로를 증오했다. 조선도 마찬가지였다. 바다 건너 일본과 압록강 너머 만주의 상황 변화에는 눈을 감고, 성리학 사대부들끼리 동인, 서인, 남인, 북인으로 편을 갈라 부국강병 방안을 찾기보다는 상대 진영을 물어 뜻을 궁리만 하고 있었다. 임진왜란 직전 도요토미 히데요시豐臣秀吉, 1536~1598년의 의도와 일본의 정치·군사 상황 파악을 위해 일본에 파견된 김성일동인과 황윤길서인의 판단과 보고 내용이 정반대였던 것은 그 때문이다.

일본의 조총鳥銃, 조선의 서원書院

/

무로마치 바쿠후1338~1573년 말기 지방 영주슈고 다이묘의 힘이 쇼군將軍의 힘을 능가하기 시작했다. 1467년 쇼군 아시카가 요시마사足利義政의 후계자 문제로 시작된 '오닌의 난'은 시바 가문과 하타케야마 가문 등 슈고 다이묘守護大名들의 이해관계 대립이 얽히면서 11년간이나 지속되었다. 오닌의 난과 함께 △하극상, △약육강식, △적자생존의 전국시대戰國時代가 시작되었다. 하극상의 주인공 신흥 센고쿠戰國 다이묘가 기존 슈고 다이묘를 대체해 나갔다. 중국 삼국시대, 고려 무인정권 초기와 같은 일이 벌어진 것이다. 센고쿠 다이묘들은 살아남기 위해서라도 자기 나라國의 경제력·군사력·기술력을 발전시켜야 했다.

큐슈 남단 사쓰마薩摩의 시마즈島津 가문에 속한 다네가시마種子島는 1543년 포르투갈 상인으로부터 유럽 최고 기계문명의 결과인 조총을 입수했다. 같은 해 조선은 영주 백운동에 무실務實에는 무용無用한 성리학자들을 양산하는 백운동소수 서원을 설립했다. 다네가시마가 조총을 입수한 배경에는 다네가시마가 갖고 있던 풍부한 사철砂鐵

과 함께 양질의 도검을 만들어 온 숙련된 기술자와 개방적 다네가시마 사람들의 기질이 결부되어 있다.

오와리나고야의 다이묘 오다 노부나가織田信長, 1534~1582년는 시장을 활성화하고 도량형을 통일하며, 전시 자유항 사카이를 점령하여 상업이익을 독점하는 등 영지의 경제력을 크게 신장시켰다. 오다는 상비군을 창설하고 조총을 전쟁에 본격 도입하여, 전쟁 양상을 변화시켰다. 주로 농한기에만 일어나던 전쟁이 상시화되었다. 그는 부대를 3열 횡대로 조직하여 조총을 연사連射하는 방식으로, 그동안 강세를 보여 온 다케다武田 가문의 기마전술을 무력화시켰다. 종국에는 우에스기, 모리, 시마즈 등 전통의 다이묘 가문 모두 오다에게 무릎을 꿇었다. 오다는 일본 통일을 향해 나가기 시작했다. 오다는 조총과 함께 기독교로 대표되는 신사상도 수용한 합리적 근세인으로 근세 사회로의 토대를 구축한 창조적 지도자로 인식되고 있다.

허구虛構의 10만 양병론

/

오다는 1582년 부장 아케치 미츠히데明智光秀의 반란으로 인해 교토의 혼노지에서 자결로 내몰렸다. 오다를 계승하여 전국시대를 끝장낸 도요토미 히데요시는 1592년 4월 조선 침공을 개시했다. 임진왜란을 당한 조선의 국력은 침략국 일본과 도저히 비교할 수 없을 정도로 약세였다. 미국의 동아시아 전문가 라이샤워Edwin Reischauer 교수에 의하면, 당시 일본 인구는 약 1700만 명, 조선 인구는 500~600만 명

정도였다 한다. 일본 영토는 35만㎢[현재 영토에서 홋카이도 일부와 오키나와 제외], 조선 영토는 22만㎢였다. 조선의 곡물생산량은 102억 평[170만 결]에서 나오는 74만t에 불과했다. 74만t으로는 500만 조선 인구를 부양하기에도 버거웠다. 조선의 1년 세수는 9만t 정도였다. 9만t 액수의 예산으로는 행정기구를 운영하고, 상비군 1만 명도 유지하기 어렵다. 당시 조선 인구와 곡물생산량에 비추어 볼 때 이이李珥가 주장했다는 '10만 양병론'이 허구라는 것을 금방 알 수 있다.

일본은 상업과 제조업 부문에서도 큰 발전을 보이고 있었다. 당시 세계 최강군대를 보유한 도요토미 히데요시는 부장 고니시 유키나카小西行長와 가토 키요마사加藤淸正 등이 지휘하는 15만 대군을 파견하여 조선을 거쳐 명나라 정복을 시도했다. 도요토미는 인도까지 정복할 계획이었다. 1592년 4월 13일 부산포에 상륙한 일본군은 불과 20일 만에 조선 수도 한양을 점령했다. 고니시는 평안도 평양을, 가토는 함경도 회령까지 점령했다. 고니시에게 몰린 끝에 평양을 거쳐 국경도시 의주까지 도주한 조선왕 선조 이연李昖·李鈞은 명나라에 줄기차게 사신을 보내 구원군을 요청했다. 이연은 조선을 포기하고 랴오둥에 망명하려는 계획까지 세웠다. 대항해시대 코페르니쿠스로 상징되는 서양의 과학과 일본의 군사기술, 자본이 만난 사건이 임진왜란이었다.

흑백 논리의 성리학

/

1592년 9월 조선에 파견된 명나라 사신 설번薛藩은 조선과 랴오둥만 주이 '순망치한脣亡齒寒 관계'임을 들어 명군 파병 불가피를 주장했다. 병부상서 석성도 동의했다. 일본의 조선 침공전이 명나라-일본 전쟁이 된 것이다. 당시 명나라는 북부와 서부에서 몽골과 투르판 위구르 모굴리스탄칸국가 침공하고 농민반란이 빈발하는 상황이었는데도 불구하고 조선에 파병키로 결정했다. 명나라는 한반도 계통이천년의 후손의 랴오둥 전문가 이성량1526~1615년의 장남 이여송李如松을 사령관, 낙상지駱尙志를 부사령관으로 임명하여 몽골병이 포함된 4만 3000명의 병력을 이끌고 일본군의 랴오둥 침공을 저지하게 했다. 1593년 1월 이여송은 포르투갈 대포와 화전火箭 등 신무기를 보유한 저장군浙江軍을 동원해 조선군과 함께 고니시가 점령·체류하고 있던 평양성을 탈환했다. 이여송은 이후 기병 위주의 직할 랴오둥군만을 이끌고 한양으로 남진하다가 고양 벽제관碧蹄館 전투에서 일본군에게 대패했다. 이여송은 1593년 말 명나라로 돌아가 랴오둥 총병으로 승진했으나 1598년 4월 몽골 차하르 부족과의 랴오둥 전투에서 전사했다. 전쟁은 명군 참전과 조선 해군사령관 이순신의 활약에 더해 곽재우, 정인홍, 조헌 등 사대부 출신이 주축이 된 의병의 분투로 장기전으로 접어들었다.

조선이 극도로 쇠약해진 이유는 중화華-오랑캐夷 선악 논리의 성리학이 지배 이데올로기로 확고하게 자리 잡은 것과 함께 단종端宗 이홍위李弘暐 집권 1년차인 1453년 발생한 계유정난부터 선조 집권기인 1589년부터 1591년까지 3년간 지속된 기축옥사에 이르기까지 140여 년간 사대부 엘리트들이 수천~수만 명을 서로 죽이고 죽는 자괴작용自壞作用을 일으킨 데도 있다. 성종 이후 지배층 시각의 윤리도덕을 앞세우는 성리학자들의 정계 진출이 활발해짐에 따라 조선은 공리공론空理空論과 함께 붕당을 형성하여 생각이 다른 편을 타도의 대상으로만 보는 사회로 변해 갔다. 이들은 물리적으로 크게 늘릴 수 없는 조선의 소규모 토지에 백성들을 묶어 놓고, 적은 량量의 잉여생산물에 목을 매고 있었다. 더 핵심적 문제는 조선 국왕과 성리학 사대부 포함 엘리트들이 조선인으로서의 정체성을 제대로 갖지 못한 데 있다. 조선 성리학 사대부들의 인생 최고 목표는 명나라 사대부들과 같이 되는 것이었다. 그들에게 조선 백성은 안중에 없었다. 명나라가 바로 그들의 세계였으며, 목적이었고, 하늘이었다.

조선 분할 시도

/

일본은 1596년정유년 12월 14만 2000명의 대군을 동원하여 다시 조선을 침공했다. 일본군은 남원, 천안직산, 울산, 진도명량 등 각지에서 명나라군, 조선군과 일진일퇴의 공방전을 벌였다. 이 무렵 명나라는 조선 남부 4도 일본 할양割讓과 함께 원나라 시대 정동행성과 같은 조선 직할 통치기구를 구상하기도 했다. 전쟁이 거의 끝나가던 1598년 9월 명나라군 14만 4000명과 조선군 2만 5000명, 일본군

14만 2000명6·25전쟁 때 미군, 국군·인민군, 중공군 비율과 유사은 울산, 순천, 사천 등 남부 해안을 중심으로 결전을 벌였다. 울산성 등지에서 악전고투 하던 일본군은 1598년 9월 도요토미가 병사하자 그해 11월 노량해 전을 끝으로 모두 일본으로 돌아갔다. 임진왜란은 불패의 해군제독 이순신의 전사, 그의 정치적 후원자 류성룡의 파직과 함께 끝났다. 임진왜란 이후 조선의 부녀자를 중심으로 강강수월래 놀이가 유행 했다. 강강수월래는 조선에 파병된 명나라군이 무리를 지어 "지금 막 순찰 돈다剛剛巡邏·gang gang xun luo."고 외치던 것이 전통놀이와 결합 해 발전한 것으로 보인다.

세계 최강의 일본 군대

/

일본의 조선 침공은 동아시아 국제질서에 큰 충격을 가했다. 연인원 21만 명, 은銀 883만 냥 등 국력을 쏟아 부은 명나라는 멸망을 향해 달려간 반면 일본은 130년의 전국시대戰國時代를 거치면서 강화된 군 사력과 이를 뒷받침하는 경제력, 국제정세에 대한 지식 등 명나라를 능가하는 국력을 갖게 되었다. 300년 뒤인 19세기 동아시아 격변의 기초가 이때 만들어졌다. 에도도쿄 중심의 도쿠가와 이에야스德川家康 부대까지 임진왜란에 참전했더라면 아마 전쟁의 승패가 달랐을 것 이다. 일본은 30만 정예군 가운데 절반인 15만 대군을 조선에 파병 했다. 조선 정규군은 2~3만 명에 불과했다. 일본은 당시 세계 최강 국으로 유럽대륙이 보유한 전체 총기 수를 능가하는 50만 정의 조총

鳥銃을 갖고 있었다. 임진왜란 이후 조·일 간 국력 차는 더 커졌다. 수도 에도는 18세기경 100만 인구로 세계 최대 도시였다. 당시 베이징과 파리 인구는 약 50만 명, 한양 인구는 30만 명 정도에 불과했다. 경화硬貨 역할을 하는 은銀 생산량은 세계 생산량의 1/3~4에 달했다. 19세기 말 일본이 아시아 최초로 근대화에 성공한 데는 이러한 경제·사회·군사적 배경이 자리한다.

건주여진 수장 누르하치, 만주 석권

/

일본의 조선 침공은 몽골의 동진東進이라는 명·몽골 분쟁의 그늘에 숨어 세력을 키워 온 여진 건주위建州衛에 드러내 놓고 숨 쉴 공간을 제공했다. 동아시아는 더 이상 명과 몽골, 조선이 아니라 변경의 만주여진와 일본이 주인공이 되는 세상으로 바뀌었다. 명나라는 몽골의 만주 침공을 저지하기 위해 요동 동부의 여진 건주위를 강화했다. 명나라는 랴오허 유역을 포함한 만주 일부만 직접 통치했다. 다른 지역 대부분은 자치 상태였다. 여진족은 ①초기 고구려의 중심을 이루던 랴오닝성 동부–지린성 서부 건주여진, ②부여의 고토故土이던 지린·하얼빈 지역 해서여진, ③수렵과 어로를 위주로 하던 헤이룽장성·연해주 지역의 야인여진으로 3분 되어 있었다. 명과 조선에 가까운 건주여진은 상대적으로 발달한 문화와 경제구조를 가졌다. 해서여진은 예헤부, 하다부, 호이파부, 울라부 등 4부로 구성되었는데, 모두 금나라의 후예를 자처했다. 그중 예헤부와 하다부가 해서

여진의 패권을 놓고 다투었다. 거란의 후예 예혜부는 네이멍구에서 이주해 온 부족으로 반명反明 의식이 매우 강했다. 명나라는 하다부를 지원하여 예혜부를 누르려 했다. 하다부는 명나라에 반대해 봉기한 건주여진 출신 왕고王杲가 도망쳐 오자 그를 명나라로 넘겨주는 등 친명정책親明政策으로 일관했다.

명나라는 몽골을 의식해 여진 여러 부족을 지원했으나 여진족이 지나치게 강성해지는 것은 바라지 않았다. 명 조정은 여진족 내부 상황을 잘 알던 이성량으로 하여금 여진족 정책을 총괄케 했다. 이성량은 여진 각 부족이 서로 싸워 몽골의 동진을 저지하지 못할 정도로 지나치게 약화되자 1개부를 지원해 다른 부를 적절히 통제하는 방안을 생각해 냈다. 이에 따라 선정된 것이 젊고 유능한 아이신고로 누르하치1559~1626년였다. 이성량의 지원을 배경으로 강력해진 누르하치는 곧 숙수후, 후너허, 왕안, 동오, 저천 등 5개부를 모두 장악하고 건주여진을 통일했다. 예혜부와 하다부 간 벌어진 해서여진 내란으로 인해 누르하치는 한층 더 강력해졌다. 해서여진 영향 아래 있던 만주의 국제시장 개성開城이 폐쇄되어 인삼과 모피 등 교역상품이 건주여진을 통과하게 된 것이다. 명, 조선, 몽골 각 부 상인들이 모두 건주여진에 모여들게 되어 건주여진은 한층 더 부유해졌다. 건주여진은 조선과의 직접 통상로도 확보했다.

탈레반 키운 미국처럼 누르하치 키운 명明

/

누르하치는 건주여진을 그들의 신앙 대상인 문수보살의 '문수文殊'에서 차용해 만주滿洲로 부르기로 했다. 임진왜란 중이던 1593년 6월 누르하치의 부상에 위협을 느낀 해서여진 4부가 예헤부를 중심으로 백두산 인근 부족들과 함께 몽골 코르친부도 끌어들여 건주여진 만주을 공격했다. 해서여진 예헤부와 함께 거란의 피를 받은 것으로 보이는 시보족錫伯族도 동맹군에 가담했다. 누르하치는 9개 부족 동맹군을 격퇴했을 뿐만 아니라 동맹군에 가담한 백두산 지역 주셔리부와 너옌부를 합병하는 등 만주를 통일해 나갔다. 몽골 할하부와 코르친부는 사신을 보내 누르하치에 복종을 맹세했다. 1597년 4년간의 싸움 끝에 만주와 해서여진 4부가 평화조약和約을 체결했으나 만주와 해서여진 간 균형은 오래가지 못했다. 한층 강력해진 만주는 1599년 기근에 처한 하다부를 합병했다. 상황이 이렇게 된 후에야 명나라는 만주의 팽창을 우려하기 시작했다. 만주는 1607년 호이파부를 멸망시키고, 1613년에는 울라부 중심지마저 점령했다. 이로써 예헤부를 제외한 해서여진 3부가 모두 만주의 손아귀에 들어갔다.

누르하치는 산하이관山海關을 넘어 중국 본토를 점령하고야 말겠다는 포부를 밝혔다. 미국이 혼란에 처한 아프가니스탄을 제압하기 위해 탈레반을 키웠다가 고생한 것처럼 명나라도 몽골의 강화를 저지하기 위해 누르하치를 지원했다가 나라가 멸망당하는 비극을 겪는다. 도요토미는 누르하치를 잘 몰랐겠으나 조선을 침공함으로써 누르하치의 방패막이가 되어 주었다. 명나라의 쇠퇴는 선덕제,

홍치제를 제외한 중기 이후 황제 대부분이 무능했던 것이 가장 큰 이유다. 황제 독재체제의 명나라는 어리석은 황제가 계속 집권하자 랴오둥의 한 부족部族에 불과하던 건주여진의 공격에 나라를 빼앗기고 말았다. 여기에다가 정덕제 시대 유근劉瑾, 천계제 시대 위충현魏忠賢 등 대환관들이 잇달아 등장해 나라의 멸망을 재촉했다. 철학 과잉도 문제지만, 철학이 없는 무절조無節操한 황제와 고위 관료들은 더 큰 문제였다.

다른 당파 사람들은 때려 죽여도 시원치 않다

/

명나라의 멸망은 황궁 뒷방에 틀어박혀 늘 마약에 취해 있던 만력제萬曆帝에게 가장 큰 책임이 있으며 그의 손자들인 유약한 천계제天啓帝와 의심만 많던 숭정제崇禎帝도 책임을 면할 수 없다. 공예工藝를 특히 좋아한 청소년 황제 천계제 시대 최대 권력자는 환관 위충현이다. 일자무식 위충현은 장래가 불투명하던 황손皇孫 주유교를 충직하게 모신 공로로 그가 천계제로 즉위한 다음 유모 객씨와 결탁해 비밀정보기관 동창東廠의 책임자가 됐다. 위충현은 권력을 장악하고 난 7년 동안 동한東漢의 십상시十常侍나 당나라의 이보국, 정원진 등과는 비교가 되지 않을 만큼 나라에 큰 해악을 끼쳤다. 고병겸, 위광징, 반여정, 장눌, 육만령 등 반동림당反東林黨 인사들은 당파싸움 끝에 동림당 인사들을 박멸하기 위해 일자무식인 위충현을 공자와 맞먹는 성인聖人으로 받들었다. 고헌성顧憲成이 재건한 장쑤성 우시無錫의 동림

서원을 중심으로 결집한 양련楊漣과 좌광두左光斗 등 동림당 사대부들은 위충현을 탄핵했으나, 반역 혐의를 뒤집어쓰고 숙청당했다. 누르하치가 이끄는 만주 팔기군의 말발굽 소리가 시시각각 베이징으로 다가오는데도 동림당과 환관당 간 당쟁은 더 격화했다. 그들은 '자기 당파는 항상 옳으며, 다른 당파 사람들은 때려 죽여도 시원치 않다.'고 생각할 정도였다.

도쿠가와 바쿠후1603~1867년 창설

/

에도도쿄를 근거로 한 도쿠가와 이에야쓰德川家康는 임진왜란 시 조선에 파병하지 않고 군사력을 보존하고 있었다. 도쿠가와가家는 1600년 세키가하라 전투, 1614~1615년 오사카 전투를 거쳐 일본의 패권을 장악했다. 세키가하라 전투는 도요토미 가문이 중앙집권을 강화하는 과정에서 나타난 문관 중심 온건파와 무관 중심 강경파 간 갈등이 주요 원인으로 작용했다. 온건파-강경파 간 갈등은 임진왜란 전투 과정에서 더 증폭되었다. 세키가하라 전투에서 도쿠가와 이에야쓰를 지지하게 되는 가토 키요마사와 후쿠시마 마사노리 등 강경파들은 전쟁 방법 등을 놓고 고니시 유키나가, 이시다 미츠나리 등 온건파들과 끊임없이 충돌했다. 이들 간 대립은 울산성 전투와 명나라와의 강화교섭 과정을 거치면서 더욱 심화되었다.

도요토미 히데요시 사후 그의 시동 출신 무장들로 구성된 히지혼야리七本槍를 포함한 영주들과 중앙의 문관 고부교五奉行 간 충돌이 벌어진 것이다. 고부교와 달리 히지혼야리 출신을 비롯한 무장들은 자기 고쿠다카^{영지}를 원했다. 이시다 미츠나리의 대대적 토지조사 사업은 이들의 이익을 침해하는 것이었다. 경제적 문제 외에도 전국 통일에 가까워지면서 무관보다 문관을 중요시하는 시대적 배경과 함께 시동 시절부터 도요토미를 섬겨온 히지혼야리 포함 무장들이 중앙 권력의 중심에 서게 된 이시다 포함 고부교 문관들을 껄끄럽게 생각한 것도 또 하나의 갈등 원인이었다. 두 세력은 사사건건 부딪혔다. 혼슈섬 중서부 기후현^{岐阜縣} 세키가하라에서 벌어진 강경파와 온건파 간 내전에서 도쿠가와, 가토의 동군^{東軍}이 이시다, 모리, 고니시의 서군^{西軍}에 승리했다. 도쿠가와 가문은 1603년 에도^{도쿄}에 바쿠후를 창설했다. 도쿠가와는 일본의 패권을 장악하기 위해 오사카에 고립된 도요토미 가문을 계속 압박했다. 도쿠가와는 1614년 호코사^{方廣寺} 종명^{鐘銘} 문제를 핑계로 도요토미가를 공격하여 멸망시키고 일본의 패권을 장악했다.

베이징^{北京}으로 다가온 팔기군의 말발굽 소리
/

만주족은 수렵민이었다. 포위해 공격한다는 점에서 수렵과 전쟁은 같은 패턴으로 진행된다. 만주족이 뭉치면 강해질 수밖에 없다. 누르하치는 300명을 1니르^{화살이라는 의미}로 하는 군사·행정조직을 만들었다. 5니르를 1자란으로, 5자란을 1구사^旗로 편성했다. 니르는 중대, 자란은 연대, 구사는 사단과 같은 개념이다. 누르하치는 가한^{可汗}

으로 즉위하기 전 이미 8기, 400니르를 확보했다. 즉 12만 대군을 보유한 것이다. 400니르 가운데 만주·몽골 혼성 니르가 308개, 몽골 니르가 76개, 한족 니르가 16개에 달하는 등 만주는 초창기부터 다민족적多民族的 성격을 띠고 있었다. 누르하치는 만주어 외에 몽골어와 한어도 구사할 수 있는 다언어 구사자였다. 누르하치는 경제 이치를 이해하는 탁월한 상인이기도 했다. 누르하치 세력이 통제 범위를 벗어날 정도로 커지자 명나라는 누르하치와의 교역을 중단하면서 예헤부를 지원해 누르하치에 맞서게 했다. 누르하치는 1616년 만주족의 나라를 세워 국호를 '금金'이라 하고, 수도를 고구려가 일어난 졸본의 오녀성五女城 인근 허투알라興京에 두었다. 누르하치군은 푸순撫順을 공격하여 명나라 장군 이영방의 항복을 받아 냈다. 누르하치군은 추격해 온 광녕총병廣寧總兵 장승음의 1만 군을 대파했다. 누르하치는 새로 통합한 해서여진 하다부 땅을 집중 개간하는 등 자립 태세를 갖추어 나갔다.

조선군 명나라 파병

/

누르하치는 1618년 자기 가족을 포함한 만주에 대한 명나라의 탄압 사례를 일일이 열거한 '칠대한七大恨'을 발표하여 명나라의 군사력에 힘으로 맞설 것임을 공언했다. 누르하치에게 공포를 느낀 명나라는 1619년 병부시랑 양호楊鎬를 랴오둥경략, 즉 총사령관에 임명했다. 양호는 선양瀋陽에 주재하면서 누르하치군에 대처했다. 명나라 조정의 명령에 따라 양호는 1619년 12만에 달하는 명나라-해서여진 예헤부-조선 연합군을 4로路로 나누어 허투알라의 누르하치군을 공격하기로 했다. 명나라 조정은 이여송의 동생 이여백李如栢을 부사령관인 랴오둥총병에 임명하는 한편, 두송杜松과 왕선王宣, 마림馬林, 유정劉綎으로 하여금 각 1로를 담당하게 했다. 양호와 유정은 조선에 출병하여 일본군과도 싸워본 경험이 있다. 해서여진 예헤부가 1만 5000의 병력을 파병했으며, 광해군 이혼李琿도 정권의 기반인 이이첨李爾瞻 등 북인을 포함한 성리학 사대부들의 억지 때문에 어쩔 수 없이 강홍립姜弘立의 지휘 아래 2만여 병력을 파병했다.

1619년 사르허 전투, 동북아의 지도를 바꾸다
/

4로 장군들 가운데 누르하치를 경시한 두송은 무공武功을 독점하기 위해 총사령관 양호가 내린 명령을 어기고 약속한 날짜보다 하루 먼저 훈허渾河를 건넜다. 누르하치는 아들 홍타이지, 도르곤 등과 함께 대군을 거느리고 선허瀋河 하안河岸 사르허에서 시커먼 흙비霾·매를 정면으로 마주한 두송 군단을 대파했다. 두송의 명나라군 3만은 전멸했다. 사르허 전투는 명과 만주후금의 세력관계를 근본적으로 바꿔놓았다. 패전 소식을 접한 양호는 이를 이여백과 나머지 3로군 장수들에게 일제히 통지했다. 이는 명나라군의 사기만 떨어뜨렸다. 마림은 도주하고, 유정은 전사했으며, 부사령관 이여백은 휘하 병력이 함몰된 데 책임을 지고 자결했다. 만주군은 명나라군을 분산·고립시킨 후 각개 격파했다. 명나라군은 군율 이완에다가 지나치게 분산되어 있던 관계로 만주군을 당해 낼 수 없었다. 조선군은 일부 피해는 입었지만 사령관 강홍립의 지휘 아래 일사불란하게 만주에 항복했다. 랴오둥 사령관경략 양호는 참형을 당했다. 누르하치는 승세를 타고 예혜부를 평정했다. 이어 할하-코르친-자루드 부족의 몽골연합군도 격파했다. 만주에 투항하는 몽골부족이 늘어났다.

만주청나라가 명을 멸망시켰다기보다는 명이 자멸의 길을 걸었다. 천계제 재위 7년간 명나라는 남은 활력을 모두 갉아먹고, 멸망의 저편으로 급히 달려갔다. 마지막 황제 숭정제는 의심이 많고, 감정의 기복이 매우 심한 인물이었다. 나라가 기울고 있다는 것을 잘 알던 그는 조급하게 행동했다. 그는 조속히 성과를 낼 것을 원하였으며, 잘 안 되면 신하들을 파면하고 처형했다. 숭정제가 집권하던 17세기는 소빙하기小氷河期로 북반구 대부분의 기온이 지금보다 1.5~2.0도 낮았다. 이에 따른 기후 불순과 한발로 인해 기근이 심했다. 명 태조 주원장이 봉기한 안후이는 물론, 허난과 싼시陝西 등에서 발생한 대기근으로 인해 민란이 빈발했다. 숭정제는 후금청나라과의 전쟁비용을 염출하고자 비용이 많이 들어가는 관영 역참제도를 폐지했다. 이에 따라 수많은 역졸들이 실업자로 전락했다. 전국 네트워크를 갖고 있던 실직한 역졸들이 농민군에 가세했다.

멸망의 저편으로 달려간 대명천지大明天地

/

유민流民 지도자 중 틈왕闖王 이자성李自成, 1606~1645년과 장헌충張獻忠이 가장 유력했다. 만주의 공세와 농민봉기로 인해 명나라는 질풍노도의 태풍 속으로 휩쓸려 들어갔다. 명나라 조정은 만주의 공세에 대항하고자 군사력 증강을 꾀했다. 군사력을 증강하기 위해서는 군자금이 필요했으며, 이는 증세로 이어졌다. 여기에다가 왕가윤王嘉胤을 우두머리로 고영상高迎祥과 장헌충 등이 가담한 유민군流民軍 봉기를 진압하기 위해서도 자금이 필요했다. 반란에 대처하기 위해서는 자금이 필요하고, 자금을 확보하기 위해서는 증세를 해야 한다. 그런데 증세는 민심 이반을 가져와 봉기군의 세력을 키우는 악순환을 야기한다. 순順나라를 세우는 이자성은 싼시陝西 옌안延安 출신으로 고영상의 부장이자 처조카이다. 왕가윤의 농민군은 1630년 싼시성 부곡현을 함락시켜 명나라 조정의 주목을 받았다. 긴장한 명 조정은 홍승주와 조문조 등을 파견해 왕가윤 집단을 진압케 했다.

왕가윤이 전사했는데도 불구 봉기군 수는 늘어만 갔다. 1637년 재상 양사창의 전략에 따라 홍승주, 웅문찬, 손전정 등의 명나라 장군들이 싼시와 허난 등에서 고영상과 장헌충 등이 거느린 유민군단을 집중 공격해 일패도지一敗塗地시키고 고영상 등을 생포하는 데 성공했다. 이 무렵 정성공의 아버지 정지룽도 푸젠에서 반란을 일으켰으나 명 조정으로부터 관작官爵을 받고 항복했다. 고영상이 생포되어 처형되자 이자성은 기근이 격심하던 허난으로 이동해 유민들을 흡수한 끝에 다시 강력한 세력을 갖게 됐다. 이때 흡수한 우금성牛金

星 부자와 이암李巖, 송헌책 등 지식인들의 지도로 이자성 집단은 조직력까지 갖추었다. 이자성은 후베이의 우창을 점령하고, 쓰촨으로 이동했다가 다시 허난으로 들어가 1641년 뤄양을 함락했다. 이자성은 그곳에서 만력제의 아들 복왕 주상순朱常洵을 생포했다. 이자성의 부하들은 주상순을 죽여 사슴고기와 함께 삶아 먹었다. 봉기군은 주원장의 고향 안휘성 펑양을 점령하여 주원장의 조상 무덤을 도굴하고, 사당을 지키던 주씨 일족을 학살했다. 그만큼 부패로 이름난 주상순을 포함한 명나라 황실에 대한 봉기군의 증오심은 격렬했다.

이자성1606~1645년의 순나라군

/

이자성의 뤄양 함락에 부응하여 장헌충은 명나라 서부 군사기지 샹양襄陽을 점령했다. 이자성은 1642년 황하 중하류 카이펑開封을 점령한 후 샹양으로 이동하여 그곳에서 신순국新順國을 세웠다. 이자성이 정권 수립을 공표하자 숭정제는 봉기군 진압 실패에 책임이 있다고 판단되는 신하들을 처형하는 등 극도로 신경질적인 모습을 보였다. 병부상서 진신갑은 숭정제의 뜻에 반해 청과의 화의를 주장하다가 처형당했다. 1644년 1월 1일 이자성은 점령한 시안西安에서 즉위식을 열고 순順 건국을 선언했다. 그리고는 명나라 정벌을 시작했다. 이자성군은 싼시陝西→허난→허베이 루트가 아닌 싼시陝西→산시山西→네이멍구→허베이 루트로 베이징을 탈취하기로 했다. 이자성은 먼저 산시성 타이위안太原을 점령하여 석탄의 베이징 반출을 막았다. 당시 명나라 조정은 식량은 주로 강남에, 석탄은 주로 산시山西에 의존했다. 이자성의 타이위안 점령이 명나라 정부에 주는 타격은 매우 컸다. 그는 이어 따퉁, 양화, 선부, 거용 등 베이징 북쪽 산시와 허베이 군사요충지에 주둔하던 명나라 장군들의 항복을 받아냈다. 이로써 이자성의 순나라군을 막을 군대는 베이징 부근 어디에도 없게 되었다. 쓸 만한 부대는 모두 산하이관을 지키는 오삼계 휘하로 들어갔기 때문이다.

16

만주족^淸,
동아시아의 패자가 되다

이자성의 베이징 점령

/

1644년 3월 틈왕 이자성의 농민반란군은 선부를 거쳐 베이징에 육박했다. 명 조정에서는 난징 천도론도 제기되었으나 이자성군의 진격 속도가 너무 빨라 엄두조차 낼 수 없었다. 숭정제도 천도를 반대했다. 이자성군은 3월 18일 명나라 관료와 환관들의 환영을 받으며 베이징에 입성했다. 숭정제는 태자 등 어린 세 아들을 황족 주순신朱純臣에게 맡겨 도피하게 한 후 자금성 뒤편 매산경산에서 목을 매어 자결했다. 주순신과 숭정제의 장인 주규, 대학사 위조덕 등은 이자성에게 항복해 숭정제에 대한 험담을 늘어놓으면서 자신들을 기용해 줄 것을 요청했다. 이자성은 이들의 뻔뻔함에 화를 내고 유민집단으로 이뤄진 유종민劉宗敏 군단에 넘겨 모두를 살해케 했다. 이자성이 베이징을 점령하자 지방 곳곳이 항복해 왔다.

오삼계의 향방, 중국과 한국의 운명을 바꾸다
/

산하이관의 랴오둥 방위사령관 오삼계吳三桂는 장병과 주민 50여만 명을 거느리고 베이징 방어를 위해 오다가 롼저우灤州에서 베이징 함락과 숭정제의 자결 소식을 전해 들었다. 순나라와 만주 쪽에서 사절이 오고간 끝에 오삼계는 순나라가 아닌 만주를 택했다. 1642년 송산-금주 전투에서 패전하고 만주에 투항해 있던 그의 외삼촌 조대수가 만주에 투항하기를 권했다. 오삼계가 만주에 투항한 데는 이자성의 부하 유종민이 오삼계의 아름다운 첩 진원陳沅을 탈취했기 때문이라는 설도 있다. 오삼계가 대군을 이끌고 청나라에 항복함으로써 청나라의 중국 본토 점령이 용이해졌다. 누르하치와 홍타이지가 염원하던 입관入關이 피 한 방울 흘리지 않고 이루어졌다. 만약 오삼계가 만주족 아이신고로 도르곤이 아닌 한족 이자성에게 항복했다면 순順과 청淸이 병립해 중국과 만주는 완전 분리되었을 가능성이 크다. 퇴락하는 명나라와 달리 새로 들어선 순나라는 호락호락하지 않았을 것이다. 또한 조선과 몽골은 만주의 속국이 되었을 것이다. 세월이 흘러가면서 인구가 적은 만주120여만 명는 조선500~600만 명을 제대로 제어하지 못했을 것이고 만주는 결국 조선에 동화되고 말았을 것이다. 오삼계의 청나라 투항과 청나라의 산하이관 돌파가 한국을 포함한 동아시아 역사에 미친 영향은 실로 크다.

이자성 무너지다

/

홍타이지의 뒤를 이은 그의 동생이자 실력자 도르곤도얼곤, 1612~1650년은 산하이관 너머 중국 정복을 시도했다. 도르곤은 오삼계로 하여금 산하이관에서 출격해 이자성군순나라군을 공격하게 했다. 사르허에서와 마찬가지로 이때도 흙비霾와 돌풍이 청군 쪽에서 순군順軍 쪽으로 불어 순군은 극도의 혼란에 빠졌다. 오삼계군의 뒤를 이어 청나라군이 돌격했으며 순나라군은 대패하고, 무질서하게 서쪽으로 패주했다. 1644년 4월 도르곤에게 투항한 오삼계는 2만 대군을 동원하여 베이징 방향으로 도주하는 이자성의 순군順軍 추격에 나섰다. 이자성은 4월 29일 베이징에서 다시 한 번 황제 즉위식을 치른 후 베이징을 탈주했다. 청나라군은 5월 1일 베이징에 입성했다. 병자호란1636~1637년 이후 청나라의 인질이 된 조선 소현세자는 청군-오삼계 연합군과 이자성군 간 벌어진 산하이관 전투를 참관하고 청군을 따라 베이징에 입성했다. 청군에게 격파당한 이자성은 부하들과 함께 산시山西를 출발해 싼시陝西, 후베이, 후난을 거쳐 창장 중하류 장시성江西省 주장九江까지 도주했으며, 1645년 5월 그곳에서 살해당했다. 얼굴을 숨기고 민간으로 도피하여 일반 백성으로 살았다는 설도 있다.

언론이 전략가 웅정필의 군략 비난

/

명나라 말기 사르후 전투 이후로 돌아가 보자. 명-예혜부-조선연합군이 1619년 사르후 전투에서 누르하치군에게 대패하자 만력제는 전략가 웅정필1569~1625년을 랴오둥경략에 임명했다. 웅정필은 부임에 앞서 만력제에게 상소하여 언관言官이 자신의 전략戰略을 방해하지 못하게 해줄 것을 간청했다. 속보를 생명으로 하는 언론은 그날그날 일어나는 일에 대한 보도와 논평에 중점을 두는 경향이 있다. 중장기적 시각에서 정책을 세우고 집행해야 하는 관료들은 보도에 민감해질 수밖에 없다. 황제 독재국가 명나라에서 황제가 보호해주지 않으면 전선의 장군들은 언관들에 휘둘려 제대로 전쟁을 치를 수 없는 상황으로 몰리게 된다. 랴오둥의 중심도시 랴오양遼陽에 부임한 웅정필은 어렵게 모은 18만 명의 병사를 철저히 훈련시켜 철저한 방어시스템을 갖춘 강군을 만들었다. 그는 지키고 싸우지 않는 것을 원칙으로 삼았으나 때로는 누르하치의 소부대小部隊를 습격하고, 농사일을 방해하는 등 만주후금를 압박했다. 누르하치도 웅정필군이 두려워 1년 넘게 명나라군을 공격하지 못했다. 1620년 만력제가 죽은 후 단 29일간 재위한 태창제에 이어 유약한 천계제가 즉위했다.

천계제 즉위 후 대환관 위충현魏忠賢이 권력을 잡자 고조와 요종문 등 언관들은 랴오둥경략 웅정필이 만주군이 두려워 성안에만 틀어박혀 있다고 비난했다. 베이징의 닦달에 진저리를 낸 웅정필은 사직했으며 후임에는 원응태가 임명됐다. 원응태는 유능한 행정관리였으나 군략軍略은 모르는 인물이었다. 1621년 초 네이멍구에서 기근이 발생하여 많은 유민流民이 랴오양과 선양으로 흘러들었다. 원응태는 이들을 모두 수용했는데, 네이멍구 유민 속에 밀정이 섞여 있었다. 1621년 3월 누르하치가 랴오양과 선양을 공격하자 이들이 호응하여 두 성 모두 쉽게 함락되었다. 누르하치는 허투알라興京에서 랴오양으로 수도를 옮겼다.

당파싸움이 웅정필을 죽이다

/

랴오양과 선양 함락에 놀란 명나라 조정은 그해 6월 웅정필을 다시 랴오둥 방위사령관경략으로 기용했다. 웅정필은 랴오시遼西로 줄어든 방어선을 지키게 되었다. 웅정필은 조정에 ①산하이관 주둔군 포함 랴오시의 명나라 육군, ②보하이만과 서해의 명나라 해군, ③측방의 조선군을 활용하여 후금의 공격을 저지하는 삼방포치책三方布置策을 건의했다. 이는 나중 만주가 조선을 침공하는 이유 중 하나로 작용한다. 위충현은 부사령관 격인 광닝순무廣寧巡撫에 왕화정을 기용하여 경략 웅정필을 보좌하게 했다. 왕화정 역시 사르후 전투 때의 두송과 같이 이번 전쟁의 성격을 이해하지 못하는 인물이었다. 그는 누르하치를 얕잡아 보았다. 왕화정은 1622년 만주에 투항한 이영방군과 조선 평안도 앞 가도椵島에 주둔한 모문룡군毛文龍軍, 몽골군 등 40~50만 대군의 지원을 확보했다고 호언장담하면서 손득공과 함께 16만 대군을 이끌고 다링허大凌河 서안西岸 광닝에서 출격하여 후금군이 주둔한 서평보를 공격했다. 웅정필이 말려도 소용없었다. 후금에 투항해 있던 손득공은 도주하고 광닝 전투는 명나라군의 참패로 끝났다. 광닝을 차지한 후금군은 베이징의 관문 산하이관까지 육박해 들어왔다. 웅정필과 왕화정 두 사람 모두 체포되어 사형선고를 받았으나, 웅정필만 1625년 사형에 처해졌다. 왕화정은 숭정제 즉위 후인 1632년이 되어서야 처형되었다.

원숭환, 누르하치 격파

/

누르하치는 수도를 랴오양에서 선양으로 옮겼다. 누르하치군이 랴오시에서 활동했으나 베이징의 관문 산하이관 80㎞ 전방에는 영원성寧遠城이 버티고 있었다. 광닝 전투 패전 후 재상급 고위관료인 대학사 손승종孫承宗의 추천으로 산하이관 진장鎭將으로 기용된 원숭환1584~1630년이 부하장수 조대수祖大壽, 1579~1656년를 독려하여 개축한 성이다. 원숭환은 지방의 중하급 관리에서 최고위 장군으로 파격 승진했다. 이 무렵 이탈리아 출신 예수회 선교사 마테오 리치Matteo Ricci와 교류한 대학사 서광계1562~1633년가 아담 샬을 통해 포르투갈제 대포홍이대포를 도입하여 베이징성에 19문, 산하이관성에 11문 배치했다. 위충현은 손승종을 미워하여 원숭환 대신 자신의 측근 고제를 산하이관 진장으로 기용했다. 산하이관 방어 방법을 놓고 고제와 의견충돌을 빚은 원숭환은 만계滿桂, 조대수, 하가강 등과 함께 영원성을 철저히 수비했다. 그는 1626년 초 홍이대포를 영원성 성곽에 이전 배치하여 밀집대형으로 돌격해 들어오는 누르하치군을 집중 포격했다. 누르하치는 생애 처음으로 패전했다. 패전을 당해 낙심한 누르하치는 8개월 후 사망했다. 영원성 승전에 고무된 위충현은 원숭환을 병부시랑차관 겸 랴오둥순무로 승진시켰다. 군수 지원도 아끼지 않았다. 이는 숭정제 즉위 후 원숭환에게 재앙으로 돌아왔다. 숭정제는 조선 선조宣祖와 같이 늘 초조해 하고, 의심과 시기심이 많은 인물이었다.

만주 최고 명문으로 인정받은 예혜부 출신 어머니를 둔 8번째 아들 홍타이지皇太極, 1592~1643년가 누르하치를 계승했다. 후금은 홍타이지를 수장으로 하는 집단지도체제를 만들었다. 홍타이지태종, 다이샨, 망구얼타이 등 누르하치의 아들들과 조카 아민누르하치의 친동생 슈르하치의 아들 등 4명이 주요 정책을 결정했다. 홍타이지는 범문정范文程 등 랴오둥 한족漢族을 중용해 행정체제를 정비하는 한편 산하이관 돌파 의지를 분명히 했다.

"광해는 명明의 은덕을 저버렸다"

/

1621년 후금이 랴오양과 선양을 포함한 랴오둥의 수십 개 성을 점령하자 명나라 장수 모문룡은 200여 명의 부하를 거느리고 조선으로 도피해 왔다. 광해군 이혼李琿은 모문룡을 화근으로 생각했다. 모문룡이 '랴오둥 수복'을 주장하며 후금을 자극했기 때문이다. 광해군은 명과 후금 모두를 자극하지 않기 위해 모문룡을 평안도 앞 가도椵島로 보냈다. 그런데 1623년 4월 김류와 이귀, 김자점, 최명길을 포함한, 율곡 이이李珥를 조선 성리학의 비조鼻祖로 추종하는 서인 세력이 무력을 동원하여 광해군 이혼 정권을 무너뜨렸다. 인조반정仁祖反正이 일어난 것이다. 인조반정은 국왕 교체 정도의 사건이 아니었다. 이는 이혼이 집권 북인北人들의 반발까지 무릅쓰면서 추진한 명-후금 간 균형외교의 종말을 의미했다. 광해군 폐위를 명령한 인목대비의 교서敎書는 서인 성리학자들의 중화숭배주의가 얼마나 뼛속 깊이 박혔는지를 생생히 보여준다. "우리가 명나라를 섬긴 지 200여 년이 지났으니, 의리로는 군신 사이요, 은혜로는 부자 사이다. 임진년의 재조지은再造之恩은 영원히 잊을 수 없다. 선조께서는 42년간 보위에 계시면서 지성으로 명나라를 섬겨 한 번도 서쪽을 등지고 앉지 않았다. 그런데 광해는 명明의 은덕을 저버리고, 오랑캐와 화친했다." 명나라의 조선왕 책봉冊封 문제로 전전긍긍하던 인조 이종李倧은 가도의 모문룡을 지원하여 후금을 치는 데 앞장서겠다고 말하는 등 명 조정, 특히 위충현의 환심을 사려 했다. 위충현 역시 이종의 약점을 이용해 조선을 후금과의 전쟁에 끌어들이려 했다. 이종이 모문룡 송덕비까지 세우는 등 저자세를 보이자, 모문룡은 조선에 군량과 군마, 조총, 병선 등을 요구했다. 랴오둥 한족이 계속 가도로 모여들자, 후금은 모문룡을 비호하는 조선에 분노했다.

이괄李适의 난

/

선두에 서서 반정군을 지휘한 이괄은 좌포도대장에 임명되어 한성부 치안을 담당했다. 반정 정권의 핵심 김류와 김자점 등은 이괄을 배척했다. 김류 주도의 논공행상에서 이괄은 김류, 이귀, 김자점보다 한 등급 아래인 정사공신靖社功臣 2등에 봉해지는 데 그쳤다. 그는 반정 후 2개월 만에 도원수 장만張晩 추천 형식으로 평안병사 겸 부원수에 임명되어 평안도 영변으로 떠났다. 이괄은 영변에 주둔하면서 후금의 침략에 대비했다. 공신들 간 권력다툼 와중에 문회와 이우, 권진 등이 평안병사 이괄, 구성부사 한명련, 안주목사 정충신 등이 함께 역모를 꾀하고 있다고 고변하면서 문제가 발생했다. 이귀가 이괄을 잡아다 문초할 것을 극력 주장했다. 이종은 타협책으로 이괄 대신 그의 아들 이전을 잡아 오게 했다. 이괄은 1624년 3월 13일 금부도사 고덕률과 심대림을 죽이고 반기를 들었다. 이괄은 한명련과 함께 항왜降倭: 임진왜란·정유재란 때 투항한 왜병으로 1만여 명으로 추산 100여 명을 앞세워 개천, 순천, 중화, 황주, 개성을 잇달아 점령하고 한양을 향해 남진했다. 3월 26일 이괄의 군대가 예성강을 건넜다는 급보가 올라오자 인조는 명明에 원군을 요청하고 공주로 피난했다. 반란을 일으킨 지 불과 16일 만인 3월 29일 한양에 입성한 이괄은 이어진 한양 시내 길마재 전투에서 장만이 이끄는 토벌군에게 패했다. 이괄은 남은 병력을 이끌고 이천 방면으로 도주했다. 4월 1일 이괄의 부하 이수백, 기익헌이 이괄과 한명련을 살해했다. 이종은 4월 5일 한양으로 돌아왔다. 이괄의 난으로 인해 평안도-황해도 방어체제가 완전히 무너졌다. 한명련의 아들 한윤과 사촌 한택^{한이}은 후금으로 도망쳤다. 한윤과 한이^{한니}는 나중 만주 팔기 정홍기 지휘관으로 무공을 세워 청나라에서 고관으로 승진했다.

정묘호란 발발

/

조선군과 모문룡군이 합세하여 배후를 공격할까 두려워하던 홍타이지는 한윤으로부터 조선 정세를 정확하게 파악하고, 정묘년인 1627년 1월 대페이러大貝勒 아민으로 하여금 한윤과 한니 등 조선인 팔기가 포함된 3만 대군을 인솔하여 조선군과 모문룡군을 치게 했다. 홍타이지의 첫 번째 조선 침공정묘호란은 극도의 경제위기 타파를 위한 목적도 있었다. 당시 만주는 명明의 경제 제재로 인해 식량난 등 전국적인 경제위기를 겪고 있었다. 아민은 철산에서 모문룡군을 격파하고, 의주와 정주, 안주 등 여러 성과 평양을 점령한 다음 대동강을 건너 한양을 향해 진격했다. 이종은 신하들과 함께 강화도로 도피했으며, 소현세자는 분조分朝를 이끌고 전주로 내려갔다. 이괄의 난 이후 다시 반란이 일어날까 두려워하던 인조 이종은 습진習陣 등 군사훈련을 하지 못하게 했다. 후금의 기병에 맞설 조선군 주력은 조총부대였는데 연습을 제대로 못했기 때문에 조총의 이점을 살릴 기회를 잃었다.

조선-만주 '형제의 약조'를 맺다

/

산하이관의 원숭환과 조선군의 합동 공격을 우려한 후금군이 먼저 화친을 요청했다. 1619년 사르후 전투 이후 후금에 투항해 있던 강홍립이 후금과 조선 사이를 중재했으며, 온건한 내용의 조약이 체결되었다. ①후금군은 즉시 철병하며, ②후금군은 철병 후 압록강을 다시 건너지 않고, ③후금-조선 관계는 형제국으로 하며, ④조선은 후금과 조약을 맺되 명나라와는 적대하지 않는다는 것이 요지였다.

동아시아 정세가 급변하는데도 조선 사회는 중화존숭주의 틀을 벗어나지 못했다. 백성들도 후금을 오랑캐로 여겨 멸시했다. 조선이 본받아야 할 문명국가로 한족의 명나라를 지목한 『동몽선습童蒙先習』을 필수 교과서로 지정한 조선 서당은 물론 서원書院 교육도 중화숭배론으로 점철되었기 때문이다. 당시 조선사회에는 '호운불백년胡運不百年', 즉 '만주족 후금도 몽골족 원나라와 같이 100년을 못 갈 것이다.'라는 기대 섞인 주장이 횡행했다. 두 차례의 호란 이후 나온 『박씨전』과 『유충렬전』, 『조웅전』, 『신유복전』 등에는 조선인들의 후금에 대한 적개심과 명나라 존숭사상이 잘 나타나 있다. 조선 백성들은 후금의 만주족이 인종적·언어적으로 조선인과 매우 가까운 사이라는 것을 알지 못했다. 정묘호란 후 서인 정권은 "조선 군의 배신으로 인해 명군이 사르후 전투1619년에서 패배했으며, 강홍립이 호란胡亂을 야기했다"고 강변했다. 내부에 책임을 돌리는 행태는 병자호란 이후에도 똑같이 되풀이되었다.

원숭환, 스스로의 판단으로 모문룡의 목을 베다

/

명나라 장수 모문룡은 가도를 중심으로 해상밀수 활동을 하는 한편, 이따금 압록강 수로를 따라 올라가 후금군 진지를 기습했다. 모문룡은 위충현에게 뇌물을 상납하여 총병에 이어 사령관급인 좌도독으로 승진했다. 그는 명과 조선으로부터 군자금도 받았다. 인조는 그를 위해 특별세 모세毛稅를 신설했다. 랴오둥 방위사령관 원숭환은 숭정제 즉위 1년 후인 1629년 6월 모문룡을 쌍도로 유인하여 황제에 대한 기망欺罔 등을 죄목으로 목을 잘랐다. 조정의 재가를 받지 않고 단행된 원숭환의 모문룡 처단은 두고두고 문제가 되었다. 숭정제가 즉위 후 가장 먼저 한 일은 위충현 타도였다. 숭정제가 원숭환을 위충현 일당으로 의심하고 있다는 것을 알아챈 홍타이지는 반간계를 이용하여 원숭환을 제거하기로 결심했다. 홍타이지는 숭정제로 하여금 '원숭환이 만주와 내통內通해 왔다.'고 의심하게 만들었다. 원숭환이 직무상 누르하치의 상喪을 조문하고, 홍타이지의 즉위를 축하한 것을 모두 내통으로 본 것이다. 이와 함께 후금은 극심한 경제난을 타개하고자 네이멍구 코르친부의 협조를 받아 러허청더를 통한 샛길로 장성을 넘어 베이징 인근과 산둥성을 집중 공격해 약탈했다. 이는 산하이관을 지키던 원숭환에 대한 숭정제의 의심을 한층 키웠다.

병자년, 조선의 운명이 남한산성에 갇혔다

/

1629년 12월 원숭환이 만계, 조대수 등과 함께 산하이관 병력을 동원하여 베이징까지 진출한 청나라군을 물리쳤는데도 불구하고 숭정제는 그를 베이징성 안으로 소환하여 투옥했다. 숭정제는 다음 해, 원숭환을 청나라 첩자 혐의로 사지를 찢고 살을 발라 죽이는 책형磔刑에 처했다. 랴오둥 방위사령관경략에는 손승종이 임명되었다. 그는 조대수 등과 함께 산하이관 전방의 금주진저우, 송산, 행주, 탑산 등 4개 성을 겨우 확보했다. 조대수는 1631년 10월 살아 있는 병사가 전사한 병사들의 시신을 잘라 먹을 정도로 참혹했던 다링허성大陵河城 공방전 끝에 1만 1000기를 거느리고 홍타이지에게 투항했다. 부장 하가강은 투항을 거부하고 자결했다. 조대수는 홍타이지에게 아들을 인질로 보낸 후 진저우성에 들어가 항복을 권유하겠다고 말하고, 진저우성에 들어간 다음 농성에 들어갔다.

원숭환이 처형된 후 제대로 통제할 장군이 없게 되자 모문룡의 옛 부하들은 제멋대로 행동했다. 그중 공유덕과 경중명은 1631년 반란을 일으켜 산둥성 덩저우와 라이저우를 점령한 후 그곳에 진을 쳤다. 그들은 명나라 총병 조대필에게 패해 서해 도서 여기저기를 도망 다니다가 1633년 5월 랴오둥반도 근해 장쯔다오獐子島로 들어갔다. 가도의 명나라 장군 심세괴와 조선 해군이 협공해 오자 궁지에 몰린 그들은 1만 명이 넘는 병력과 전함戰艦, 30문門의 홍이대포를 갖고 후금에 투항했다. 홍타이지는 이들의 투항에 몹시 흥분하여 선양성 밖까지 나와 그들을 포옹할 정도로 환대했다. 조선은 명나라의 요구에 따라 해군을 동원하여 공유덕, 경중명군을 추격하고 이들을 호위한 후금군과도 전투를 감행했다. 이는 만주와 형제의 약조를 맺은 정묘화약의 파기를 의미했다. 함선과 홍이대포를 확보한 만주後金는 다음 달인 6월 누르하치의 손자 악탁요토이 지휘하는 1만 병력을 보내 랴오둥반도 남단의 명나라 군항 뤼순을 점령하는데 성공했다. 공유덕과 경중명도 이 전투에 동행했다. 뤼순 함락은 가도의 심세괴와 조선 조정에 큰 충격을 주었다. 조선 조정이 강화도로 들어가도 안전하지 않게 되었다. 모문룡의 부하였던 상가희尙可喜도 1634년 요동반도 근해의 섬 광루다오廣鹿島에서 만주에 투항했다.

청사淸史 전문가 멍싼孟森의 말과 같이 조선인, 일본인과 함께 퉁구스계에 속하는 만주족은 영민한 종족이었다. 양질의 해군과 대포를 확보한 후금은 산하이관을 돌파할 수 있다는 자신감을 갖게 되었다. 홍타이지는 1635년 이복동생 도르곤으로 하여금 칭기즈칸의 후손 알탄칸1507~1582년이 도읍했던 네이멍구 후허하오터까지 원정케 했다. 후금은 몽골 대칸 지위를 차지하고 있던 차하르부링단칸는 물론, 투메트부와 오르도스부도 복속시켰다. 차하르부, 할하부, 투메트부, 오이라트부, 오르도스부, 코르친부 등으로 분열된 몽골은 홍타이지의 공세 앞에 무기력했다. 몽골을 평정한 홍타이지는 다음 해병자년 국호를 청淸으로 고쳤다. 홍타이지는 조선에 사신을 보내 자신을 황제로 섬길 것을 요구했다. 조선은 청의 요구를 거부했다. 그해 12월 1일 홍타이지가 지휘하는 청나라 7만 대군이 얼어붙은 압록강을 건너 조선을 침공했다. 요토의 선봉부대 6000기는 압록강을 건넌 지 열흘도 되지 않은 12월 9일 한양에 입성했다. 병자호란이 발발했다. 사르후 전투와 이괄의 난 이후 포로 또는 투항한 조선인 팔기를 앞세운 청군은 인조를 남한산성에 몰아넣었다.

한국 근현대사 4대 패전 중 하나 쌍령전투

/

조선은 명나라에 구원을 요청했다. 농민반란에 시달리던 명나라는 구원군을 보낼 수 없었다. 남한산성에 포위된 인조를 지원하고자 경상 좌·우병사 허완許完과 민영閔㭎이 군사를 모집하여 북상했다. 모집된 조선군속오군 숫자는 4만여 명이었다. 남한산성으로 향하던 경상도 병력 중 선발대 8000명이 1637년 1월 광주廣州 쌍령雙嶺에 도착했으며, 쌍령 양쪽 길가에 진을 치고 청군의 공격에 대비했다. 요토가 지휘하는 6000기의 청군은 곤지암을 점령한 뒤 조선군의 동태를 살피고자 33기騎로 구성된 척후대를 쌍령으로 보냈다. 밤새 조용히 이동하여 산 위쪽에 진을 친 청나라군이 새벽녘 산을 타고 내려와 허완 부대 목책에 다다르자 놀란 조선군은 무질서하게 발포했다. 대부분의 병사들이 조총으로 무장했으나 아직 사격에 익숙하지 못한 병사가 다수였던 조선군은 첫 발포에서 소지하고 있던 탄환을 거의 다 소진해 버렸다. 조선군 진영은 탄환 보급을 요구하는 병사들로 인해 혼란에 빠졌다. 이 모습을 지켜보던 30여 기騎의 청군이 조선군의 목책을 넘어 급습했으며, 조선군은 조총을 내던지고 어지럽게 도주했다. 허완은 난전 중 죽었다. 반대쪽 고개에 진을 친 민영 부대는 청군의 공격에 그런대로 잘 대응하고 있었으나, 분배를 위해

진영 한가운데 모아 놓았던 화약이 조총의 불꽃에 닿아 폭발하고 말았다. 탄약을 보급하던 지휘관 2명과 군사 수십 명이 폭사했다. 갑작스러운 폭음에 놀란 조선군은 우왕좌왕했다. 청나라군 300여 기騎가 돌진하여 조선군을 짓뭉갰다. 이 전투에서 선발대 포함 8000여 명의 조선 병사가 전사한 것으로 추산된다. 조선군 지휘부가 완전히 무너졌다. 이것이 바로 임진왜란 때의 ①칠천량 해전, ②광교용인전투, ③6·25전쟁 때의 현리전투와 함께 한국 근·현대사 4대 패전의 하나인 '쌍령 전투'이다. 쌍령 전투에 앞서 평안도, 함경도, 충청도, 강원도, 전라도 근왕 병력 역시 모두 무너졌다. 쌍령 전투에서 조선군이 패배함으로써 남한산성에 포위된 인조를 지원할 병력은 조선 어디에도 없게 되었다. 쌍령 전투 직후 봉림대군 등이 도피해 있던 강화도가 공유덕과 경중명 등이 이끄는 한족 위주 청나라 해군에게 함락되었다.

조선과 건주여진, 200년 만에 정반대로 입장이 바뀌다
/

남한산성에서는 최명길 주도 주화파와 김상헌 주도 척화파가 소모전을 벌였다. 혹독한 추위와 식량 부족 속에 40여 일을 버티던 인조 이종은 한강 가 송파의 삼전도三田渡에 나가 홍타이지 앞에 무릎을 꿇었다. 이로써 조선은 청나라의 속국이 됐다. 나라 자체를 빼앗긴 한족의 명나라보다는 나은 처지라고 할까. 중화주의의 미몽에 사로잡힌 조선 성리학자들의 어리석음이 조선의 속국화를 가져왔다.

500여만 인구의 조선이 무능한 지배층으로 인해 120여만 인구의 만주에 속절없이 당하고 만 것이다. 만주의 핵심을 이룬 건주위 오도리부는 15세기까지만 해도 김종서, 이징옥, 남이 등에게 힘없이 굴복하던 여진 1개 부족에 불과했다. 병자호란의 결과 소현세자와 봉림대군을 포함해 30~40만 명의 포로가 청나라로 끌려가고, 인조 이종의 권위는 땅에 떨어졌다. 청나라는 조선의 풍습을 존중해 변발辮髮을 요구하지는 않았다.

병자호란 발생 원인은 다양하다. 첫째, 모문룡의 부하 공유덕, 경중명, 상가희가 해군 함선과 함께 홍이대포를 갖고 만주에 투항함으로써 동북아 군사균형이 만주에 크게 유리하게 변했다. 둘째, 정묘조약에서 형제의 맹약을 맺은 만주가 조선에 군림하면서 반발을 샀다. 그리고 조선은 맹약을 수시로 어겼다. 정묘조약은 병자호란을 향한 시한폭탄이었다. 셋째, 모문룡의 가도 주둔과 웅정필의 삼방포치책에서도 알 수 있듯 명나라는 조선을 랴오둥 수복 전쟁에 끌어들이려 했다. 모문룡의 경우 랴오둥 한족을 끌어 모으고 '조선과 함께 랴오둥을 수복한다.'는 격문을 돌리는 등 만주를 자극했다. 넷째, 홍타이지가 칭기즈칸의 직계 후예인 몽골 차하르부 릭단칸링단칸으로부터 대원옥새大元玉璽를 확보함으로써 황제인 동시에 대칸으로 등극해 제국을 건설할 수 있는 정치적 명분을 얻었다. 다섯째, 가장 핵심적으로 군사·정치적 힘에 기대어 황제를 칭한 청나라의 세계관과 무기력한 명나라를 종주국으로 받드는 조선의 세계관은 양립할 수 없었다.

조선, 명나라의 정신적·문화적 식민지라는 것을 자부

/

병자호란 이후에도 권력을 유지한 서인 세력은 중화 숭배를 고집했다. 청나라에 대한 철저한 항전을 주장한 것으로 잘 알려진 윤집, 오달제, 홍익한 등 삼학사 가운데 특히 윤집은 척화론斥和論으로 유명하다. 그런데 그가 생각한 조국은 조선이 아니라 명나라였다. 그는 "명明은 우리의 부모이나, 만주는 명의 원수이니 곧 부모의 원수입니다. 신하로서 부모의 원수와 형제가 되어 부모를 버리겠습니까. 나라가 없어질지언정 명과의 의리는 버릴 수 없습니다."라고 했다. 북학파의 대표적 인물이자 『열하일기』, 『허생전』 등으로 유명한 박지원1737~1805년조차 출신 가문인 노론의 당론黨論에 따라 "효종孝宗의 임금은 명나라 천자이며, (노론의 영수) 송시열은 효종에게 하듯이 명나라 천자에게 충성을 다했고, 우리는 명나라의 유민이다."라는 내용의 시를 지었다. 서인·노론 사대부들은 나라가 망하더라도 명과의 의리는 지켜야 한다고 생각했다. 명나라에 대한 '재조지은'은 국왕 포함 그 누구도 부정할 수 없는 절대 가치이자 가장 중요한 이데올로기였다.

사대부 성리학자들은 조선이 명나라의 정신적·문화적 식민지라는 것을 자부했다. 그들은 조선이 명나라의 정신적·문화적 아바타Puppet임을 자처했다. 명·청 교체기 명明과의 의리 고수는 조선의 국익과 배치되는데도 불구하고 어떻게 하는 것이 국가와 백성을 위하는 길인지 몰랐다. 명에 대한 사대事大만이 유일한 외교이던 조선 앞에 만주와 일본이라는 신흥세력이 나타났으며 조선은 그 틈새에서 다시 줄을 타야 하는 운명에 처했다. 조선 중기 이후 심화된 중화 숭배주의는 자주의식을 소멸시켰으며 변화에 대한 대응력을 떨어 뜨려 나라를 멸망으로 이끌었다. 노론 성리학자들은 명나라가 망한 지 1갑자60년가 되는 1704년 충북 괴산에 명나라의 재조지은再造之恩을 이유로 만력제를 숭앙하는 만동묘를 세웠다. 노론의 골수 중화주의는 1865년 대원군에 의해 철거된 만동묘를 10년 후인 1875년 다시 세우는 방식으로 표출됐다. 1942년 일제日帝가 철거한 만동묘가 2004년경 일부 복원되었다. 중화사상이 중화제국中華帝國 개념으로 발전해 가는 21세기 현 국면에서 한국 사회 일각에 뿌리박힌 중화주의는 치유 불가능한 고질병으로 보인다.

정묘호란, 병자호란과 일본

/

임진왜란을 일으켜 '불구대천不俱戴天의 원수'가 된 일본은 정묘호란·병자호란을 계기로 발 빠른 행보를 보였다. 도쿠가와 바쿠후는 쓰시마를 통해 조선에 조총과 화약 등 군사원조를 제공하겠다고 접근하는가 하면 조선의 곤경을 활용하여 정치·경제적 이익을 얻으려 했다. 병자호란 직후인 1637년 일본의 재침 가능성이 회자膾炙되자 무기력해질 대로 무기력해진 조선은 자진하여 청나라의 안보 우산 하에 들어가려 했다. 조선 중기 이후 심화된 중화숭배주의는 자주의식을 약화시켰으며, 변화에 대한 대응능력을 떨어뜨려 나라와 민족을 멸망으로 이끌었다. 조선은 110년 전 멸망했으나 한국 사회 일각에는 중화주의가 여러 가지 변형된 형식으로 살아 숨 쉰다. 1962년 발표된 전광용의 소설 『꺼삐딴 리』의 주인공 리인국의 처세가 말해 주듯 숭배 대상만 명明에서 청淸, 일본혹은 러시아, 미국혹은 소련, 중국으로 바뀌었을 뿐이다. 식민 조선의 인텔리 리인국은 친일파에서 친소련파, 친미파로 카멜레온같이 변신해 가면서 개인적으로 성공한 삶을 산다. 리인국은 일부 지조 없는 조선 성리학자들의 자화상과 같은 인물이다.

베이징을 지킬 병력 모두를 털어 넣다

/

몽골에 이어 조선마저 평정한 청 태종 홍타이지는 명나라에 대한 군사 압력을 강화했다. 산하이관 방면 상황이 급박해지자 숭정제는 이자성과 장헌충의 농민반란군을 토벌하던 홍승주를 1639년 초 계료총독薊遼總督으로 임명하여 산하이관에 주둔하게 했다. 1641년 초 홍타이지의 사촌 지르갈랑지얼하랑의 4만 대군이 조대수가 농성하고 있던 산하이관 전방의 금주진저우성을 포위·공격했다. 신속히 청군을 격멸하라는 숭정제의 독촉을 받은 홍승주는 산하이관을 나와 오삼계, 구민앙, 조변교 등과 함께 13만 대군을 지휘하여 지르갈랑의 청군을 공격했다. 홍승주는 초전에서는 승리했으나 태종이 친정親征한 청군에 보급기지를 빼앗기는 등 대패하고, 금주성 남쪽의 송산성으로 후퇴했다. 오삼계가 이끄는 3만여 명 만이 청군의 포위망을 탈출하여 산하이관으로 후퇴할 수 있었다. 청군은 1642년 2월 송산성을 점령하고 홍승주를 포로로 잡았다. 고립무원이 된 금주성의 조대수도 11년 만에 다시 청나라에 항복했다. 행산과 탑산도 함락되었다. 산하이관 바깥 명나라 보루 관외 4성 모두가 무너졌다. 병자호란 시 포로가 되어 선양으로 끌려갔던 소현세자와 봉림대군이 송산-금주 전투를 참관했다. 평안도 병마절도사를 지낸 유림柳琳이 이끄는 조선군 조총수들이 청군에 가담하여 공을 세웠다. 송-금 전투 패전으로 인해 명나라 본토의 정예 병력은 사라졌다. 이자성과 장헌충 무리가 세력을 확장했다. 명나라의 운명은 백척간두에 처했다.

17

일본의 데지마와 난가쿠^{蘭學},

러시아의 동진^{東進}

청淸, 중국 전체를 장악하다

/

이자성의 농민군에 의해 베이징이 함락되고, 숭정제가 자결한지 3개월 후인 1644년 6월 명나라 유신遺臣들은 제2의 수도 난징에서 만력제의 손자 주유숭을 임시황제로 옹립하고 남명南明 정권을 세웠다. 난징에서도 베이징 시절처럼 동림당과 환관당 간 정쟁과 함께 부패가 일상화되었다. 남명 정권의 실력자 펑양鳳陽 총독 마사영과 휘하의 고걸, 황득공, 그리고 환관당 소속 완대성은 사가법史可法과 전겸익錢鎌益 등 동림당 인사들의 격심한 반대에도 불구하고 주유숭을 임시황제를 뜻하는 감국監國으로 세웠다. 홍광제로 옹립된 주유숭은 문제아로 소문난 인물이었다. 환관당과의 정쟁에서 패한 사가법은 창장 이북에 위치한 난징의 울타리 양저우揚州를 방어하고자 북상했다. 청나라군이 난징을 향해 내려오는데도 주유숭은 미녀를 선발하고 매관매직을 자행했다. 청淸 실권자 아이신고로 도르곤은 금金나라가 그랬듯 화이허淮河 이북만 차지할 생각이었으나, 남명 정권이 뿌리째 썩은 것을 알아채고는 중국 전체를 장악하는 쪽으로 마음을 바꾸었다.

남명南明 정벌전에 참전한 조선인 팔기

/

도르곤은 1644년 10월 같은 모계母系 형제들인 아지거와 도도를 총사령관으로 하는 남명 정벌군을 출정시켰다. 정벌군 주력은 홍승주, 오삼계, 경중명, 공유덕, 상가희 등이 인솔하는 한족 부대였다. 조선인 팔기도 남명 정벌군에 포함되었다. 그로부터 약 300년 뒤인 1948~1949년 후반 김무정김병희, 1904~1951년 포함 조선인들도 홍군공산군 측에서 국공내전에 참전, 황허와 창장을 건너게 된다. 남명 정부는 창장 중상류 우창武昌의 좌량옥左良玉과 강북 4진의 유택청, 고걸, 유량좌, 황득공 등으로 하여금 남하하는 청나라군에 대응하게 했다. 고걸은 이자성 부대에 소속되어 있다가 이자성의 부인 형씨와의 추문醜聞으로 인해 이탈한 인물이다. 이 5명의 장군들도 원나라 말기 장군들 같이 상호 세력 다툼에만 골몰했다. 좌량옥 부대는 남명 정권의 실세 마사영, 완대성 제거를 목표로 창장의 흐름을 따라 동진해 왔다. 홍광제 주유숭은 황득공, 유량좌 등으로 하여금 좌량옥군을 막게 했다. 이 무렵 고걸은 청나라에 투항해 있던 허난 총병 허정국 부부의 계략에 말려 희생되었다. 남명 정권이 지리멸렬하자 청나라군은 쉽게 허난河南을 평정하고 양저우揚州로 진격해 내려왔다. 주유숭은 고걸이 지휘하던 10만 대군으로 하여금 사가법의 지휘하에 들어가도록 명령했으나, 마사영은 남명南明 조정 내에서 사가법의 영향력이 강화되는 것이 두려워 고걸 군대를 흩어지게 만들었다. 그 결과 사가법 휘하에는 2만 병력밖에 남아 있지 않게 되었다. 1645년 4월 청나라군의 맹공으로 양저우가 함락되고, 주민 수십만 명이 학살당했다. 이어 난징도 무너졌으며, 전겸익은 항복하고 주유숭과 마사영은 도주했다. 주유숭은 난징 근처 우후蕪湖에서 청나라군에 사로잡혀 베이징으로 끌려가 처형당했다.

노왕 주이해, 당왕 주율건, 정강왕 주형가, 영력제 계왕 주유랑朱由榔 등이 명나라 유신들의 지원을 받아 푸젠, 광둥, 광시, 윈난 등에서 각기 망명정권을 수립했으나, 이는 폭풍 앞에 놓인 마지막 안간힘일 뿐이었다. 이들은 누가 정통성 있는 후계자인지를 두고 자기들끼리도 싸웠다. 쓰촨의 지배자 장헌충은 1646년 11월 청나라군의 공격을 받아 패망했다. 장헌충 군단은 공산주의적 성격을 지녀 중소 지주와 지식인을 적으로 간주해 모두 살해한 것으로 악명 높다.

주유숭, 주율건 등을 옹립했던 푸젠의 무역 군벌 정지룡은 청나라에 항복했으나 정가鄭家 세력은 유지되고 있었다. 1650년 푸젠 앞바다 아모이섬샤먼의 대안對岸 구랑위鼓浪嶼에 주둔한 정지룡의 아들 정삼정성공, 1624~1662년은 아모이를 습격해 6촌 형제 정채, 정련을 죽이고 정가군단鄭家軍團을 장악했다.

중·일 혼혈 정성공Coxinga, '네덜란드 식민지' 타이완 점령

/

나가사키의 히라도^{平戶}에서 일본인을 어머니로 하여 태어난 정성공은 어린 시절을 일본에서 보냈다. 정성공은 아모이^{샤먼}를 중심으로 8년간 일본, 류큐, 동남아시아 여러 나라와 무역을 하면서 군사력을 키웠다. 정성공은 1658년 17만 대군을 동원하여 명나라 재건에 나섰다. 정가군단은 일본에서 수입한 장비로 무장하고 창장 하류 양산^{羊山}까지 진격했으나, 엄청난 풍랑을 만나 실패하고 원저우^{溫州}로 후퇴하여 군비를 재건했다. 1659년 정성공군은 원저우에서 함선을 넉넉하게 건조한 다음 닝보^{寧派}를 함락하고 북상했다. 정성공군은 이어 상하이 앞 주산열도^{舟山列島}와 진장^{鎭江}을 점령한 후 난징을 공략했다. 창장 하구의 큰 섬 충밍다오^{崇明島}는 지나쳤다. 청나라군 상당수가 남중국 각지에서 망명정권을 세운 영력제군과 교전 중이었기 때문에 정성공군은 창장 하류 대부분을 손쉽게 장악했다. 하지만 명나라의 부도^{副都}이던 난징 공략은 쉽지 않았다. 정가군단 장병들은 지나치게 쉽게 전공^{戰功}을 올려온 터라 무리한 작전을 펴곤 했다. 난징성 남문^{신책문}에서 청나라군이 갑자기 뛰쳐나오고, 충밍다오 주둔 청나라군도 배후를 찔러 들어오자 정성공군은 대패했다.

정성공군은 생존을 걱정하는 처지로 내몰렸다. 정성공은 푸젠성 대안^{對岸} 타이완^{臺灣} 점령을 결심했다. 당시 타이완은 스페인을 거쳐 네덜란드 식민지가 되어 있었다. 1661년 3월 정성공은 수백 척 함선에 병사 2만 5000명을 태우고 타이완으로 향했다. 정가함대는 4월 네덜란드의 제란디아 요새가 있던 타이난^{臺南} 앞바다에 상륙했다. 네덜란드인들은 식민지 인도네시아에서 보낸 지원군과 함께 제란디아성에서 농성籠城에 들어갔으나 1662년 2월 결국 항복했다. 포위된 지 6개월 만이었다. 1624년부터 38년간 이어진 네덜란드의 타이완 지배가 끝났다. 정성공은 스페인이 지배하던 필리핀 정복도 계획했으나, 타이완 상륙 불과 1년 2개월 뒤인 1662년 6월 말라리아에 걸려 사망했다. 그의 아들 정경은 20여 년간 타이완을 근거로 반청운동을 벌였다.

남명南明 영력제 주유랑의 최후

/

영력제 주유랑은 광시와 윈난 등에서 복명復明 활동을 계속했다. 장헌충의 부장이던 이정국과 이자성의 부하였던 손가망이 지휘한 한족 위주 다민족 영력제군은 1654년 광시성 구이린桂林에 주둔한 청나라 정남왕 공유덕의 8만 대군을 섬멸했다. 남명군은 북상하여 후난에 이어 후베이 일부를 점령했다. 남명군은 이후 상당기간 중국 남부 7개성을 영향력 하에 두었다. 하지만 정권은 안정되지 못했고, 이정국과 손가망, 마길상 등 유력자 간 내분은 심각해 졌다. 홍승주와 오삼계, 상가희 등의 청나라 한족 군단이 강하게 압박하자 수세에 몰린 주유랑은 로마교황청에까지 사신을 보내어 원군援軍을 요청했다.

영력제는 1659년 최후의 근거지 윈난성 쿤밍昆明이 청나라군에 점령되자 마길상의 주장에 따라 버마로 도주했다가 1661년 5월 퉁구타웅우왕조 수도 아바잉와에서 버마군에 사로잡혀 오삼계에게 인도되었다. 그는 정성공이 사망한 1662년 상반기 쿤밍에서 오삼계에게 교살되었다. 영력제 처형 소식을 들은 조선의 성리학 사대부들은 상청喪廳을 마련하고 곡哭을 했다. 한족 주력의 청나라군은 사분오열된 명나라 부흥세력을 비교적 쉽게 각개 격파했다. 영력제 정권이 패망기에 접어든 1659년 3월 조선에서는 효종 이호李淏가 산림성리학 사대부 세력의 지도자 송시열과 단독면담己亥獨對해 북벌 문제를 논의했지만 유림세력의 지지를 받지 못했다.

오삼계의 난

/

청나라 조정은 명나라 정벌에 큰 공을 세운 상가희를 광둥에, 경중명의 아들 경계무를 푸젠에, 오삼계를 윈난에 분봉分封했다. 평서왕 오삼계는 티베트토번, 버마 등과의 교역 및 광산 개발 등을 통해 영지를 발전시켰다. 상가희, 경계무, 오삼계의 삼번三藩은 독자적인 인사권과 군대를 갖고, 국방비 명목으로 청 조정으로부터 매년 2000만 냥의 보조금을 받는 등 독립국으로 행세했다. '삼번의 난'은 광둥의 평남왕 상가희가 아들 상지신과의 불화로 은퇴를 신청한 데서 비롯되었다. 1673년 3월 상가희는 랴오둥 귀향歸鄕을 요청하면서 아들 상지신에게 왕작王爵을 세습해 줄 것을 요청했다. 20세의 청년 황제 강희제1654~1722년는 상가희의 귀향은 허락했지만, 왕작 세습은 거부했다. 이에 놀란 오삼계와 경계무의 아들 경정충도 청 조정의 의

지를 시험해 보고자 철번撤藩, 번왕국을 폐지함을 신청했다. 청나라 조정은 철번을 받아들이자는 소수 강경파와 내전으로 이어질 수 있다는 다수 온건파로 나뉘었다. 강희제는 철번 신청을 받아들이기로 했다. 이에 반발한 오삼계는 1673년 반란을 일으켜 윈난-구이저우에서 북상하여 쓰촨을 장악하는 한편, 창장의 남쪽 지류 샹장湘江을 타고 올라가 우창과 장링형주도 점령했다. 오삼계가 중국의 거의 절반을 손아귀에 넣자 광시장군 손연령孫延齡이 투항하고, 싼시陝西 제독 왕보신王輔臣은 반란을 일으켰다. 일부 한족 호족豪族들도 오삼계에 동조했다. 청나라 조정은 상지신과 경정충을 오삼계로부터 떼어놓기 위해 광둥과 푸젠의 철번을 취소했다. 분할과 지배 작전을 취한 것이다.

조선, 북벌을 논하다

/

오삼계는 명나라 주씨 황실 후예 중 한 사람을 황제로 추대하려 했으나 응하는 자가 없었다. 영력제를 잔인하게 처형한 일로 인해 오삼계는 한족 민중의 지지를 잃었다. 1674년 경정충이 오삼계에 합류했다. 타이완의 정경은 해협을 건너와 푸젠성의 장저우를 공략하고, 하이징성을 점령한 다음 촨저우성을 포위했다. 1676년 초 상지신도 오삼계에 합류했다. 삼번이 모두 반란에 합류했으나, 이해관계 차이로 인해 합류 효과는 크지 못했다. 삼번의 난이 일어나자 조선에서도 다시 북벌 주장이 대두되었다. 현종 집권기인 1674년 7월 남인南人 윤휴尹鑴는 비밀 상소를 올려 "조선의 정병精兵과 강한 활솜씨는 천하에 이름이 있으며, 화포를 곁들이면 진격하기에 충분하다. 베이징으로 군대를 보내는 한편, 타이완의 정가군단과 힘을 합쳐 청나라의 중심부를 흔들어야 한다. 그리고 남중국오삼계과 일본에도 격문을 보내어 함께 떨쳐 일어나게 해야 한다."고 주청했다. 율곡 이이의 '10만 양병론' 같은 공허한 주장의 되풀이였다. 이상기후로 인해 기근이 격심한 시기였다.

중국에서 삼번이, 타이완에서 정가군단이 반청 군사 활동에 나선 상황에서 조선도 북벌을 감행해야 한다고 주장한 것이다. 윤휴의 북벌론은 남인 포함, 사대부 거의 모두로부터 비현실적 주장으로 간주되었다. 윤휴 역시 '명나라는 우리의 은인'이라는 성리학적 화이관華夷觀 틀에서 북벌을 주장한 것으로 보인다. 재조지은을 갚아야 한다는 차원에서 제기된 북벌 주장은 가능성이 아니라 이데올로기 또는 정쟁 차원에서 강한 생명력을 지녔다. 앞에서도 말했듯이, 숭정제가 자결하여 명나라가 망한지 1갑자 60년 되는 1704년숙종 이돈(李焞) 30년 권상하를 비롯한 성리학자들은 괴산 화양동에 만력제를 모시는 만동묘를 조성하고, 숙종은 왕궁 후원에 비밀리에 대보단大報壇을 세워 만력제의 제사를 지냈다. 계명군주啓明君主라는 정조1752~1800년는 '만절필동 그 정성 힘써 따라 나가리萬折餘誠志事遵'라는 시를 쓰고, 실학자 정약용은 명나라에 충성한다는 내용의 답사答辭를 썼다. 그로부터 315년이 지난 2019년 우리 국회의장은 이 시대의 대국大國미합중국 하원의장에게 한자로 직접 쓴 '만절필동萬折必東' 휘호를 전달했다.

한족 백성이 만주족 강희제를 지지하다

/

민심은 한족 오삼계가 아닌 오랑캐 만주족 강희제를 지지했다. 청나라 통치가 명나라 때보다 훨씬 더 좋았다. 오삼계는 군대를 서부 윈난→쓰촨→싼시로路와 동부 윈난→구이저우→후난로路 두 갈래로 나누어 진격하여 서북부 싼시陝西와 동남부 저장 2개의 큰 날개로 베이징의 목을 조르려 했으나, 경제 중심지 장쑤, 장시, 저장 등을 장악한 청군의 저항은 강력했다. 청군은 오삼계군의 중심부로 돌입해 양 날개를 잘라내는 전술로 나아갔다. 중심부를 돌파당한 오삼계군의 패색이 짙어졌다. 1676년 말 경정충과 상지신이 먼저 항복했다. 오삼계는 세勢를 과시하고자 1678년 장링江陵에서 주周 황제에 즉위했다. 마지막 몸부림이었다. 오삼계는 즉위 직후 죽고, 그를 계승한 손자 오세번도 1681년 쿤밍에서 자결함으로써 삼번의 난은 종식됐다. 상지신은 앞서 베이징으로 소환되어 처분 받았으며, 경정충은 살해되었다. 1683년 정성공의 손자 정극상도 펑후다오澎湖島 해전에서 청나라 해군에 대패하고, 정지룡의 부하였던 해군제독 시랑施琅에게 항복했다. 중국 사상 최초로 중원 정권이 타이완까지 차지한 것이다.

4000년 중국 역사에서 가장 융성한 시기는 1978년 개혁·개방 이후 현재의 신중국과 청淸나라 강희, 옹정, 건륭 3대 130년간이다. 건륭제 집권 시기 청나라는 세계 GDP의 33%를 차지했다. 청나라는 쓰촨성 서부·몽골·신장·타이완·티베트를 정복하고, 조선과 베트남·버마·네팔·태국·라오스·류큐 등을 위성국으로 거느렸다.

청나라는 중국 사상 유례가 없는 1150만㎢의 영토를 차지했다. 신중국은 청이 만들어 놓은 제국의 판도를 거의 그대로 이어받았다. 960만㎢^{한반도의 44배}의 영토는 한나라나 당나라 시대보다 훨씬 넓다.

압록강, 두만강이 조·중 국경으로

/

19세기 말, 20세기 초까지도 조선과 청은 두만강 유역 간도의 영유권을 두고 다투었으나, 1909년 일제가 청과 맺은 간도협약으로 인해 간도는 국제법상 중국 땅이 되었다. 압록강에서 랴오닝성 펑황鳳凰까지의 영유권 문제도 검토할 필요가 있다. 청나라가 중국 본토를 정복한 후 두만강과 압록강 북쪽 40~50㎞까지는 공한지로 설정되었다. 17세기 말, 18세기 초 조선과 청나라 간 조선인에 의한 청나라 관리 습격, 주민 살해 등 압록강과 두만강을 사이에 두고 종종 분쟁이 발생했다. 1711년 청나라 오라총관 목극등穆克登이 압록강 서안西岸 만주 지역에서 조선 관리와 함께 조선인 월경 현장을 조사한 일도 있다. 1712년^{숙종 38년} 청나라는 조선인들의 만주 월경 사건을 문제 삼아 만주족이 성지로 여긴 백두산을 청나라 영토에 포함시키려는 의도로 백두산 부근 국경 획정劃定 계획을 세웠다. 청나라에서 백두산 부근을 측량하고자 목극등을 보냈다. 조선은 접반사 박권, 함경감사 이선부 등으로 하여금 목극등과 함께 국경을 측량케 했다. 이들은 늙었다는 핑계로 백두산 등반을 거절하고 접반사 이의복, 순찰사 조태상, 거산찰방 허량, 역관 김응헌과 김경문 등 6명만 동행하여 목극

등의 요구대로 정계비의 위치를 정했다. 백두산 정상 동남쪽 약 4㎞ 지점해발 2200m에 조선과 청나라의 경계를 정하는 정계비가 세워졌다.

백두산정계비는 '서쪽으로는 압록강, 동쪽으로는 토문강으로 경계를 정해 분수령에 비를 세운다西爲鴨綠 東爲土門 故於分水嶺上 勒石爲記' 라고 기록하고 있다. 여기서 '토문강'이 두만강豆滿江을 말하는 것인지 '투먼장土們江'을 말하는 것인지 명확하지 않아 논란이 되었다. 정계비가 세워진 '위치'를 놓고 볼 때 '토문강'이 두만강을 가리킨다고도 볼 수 있으며, 이 경우 백두산과 천지天池가 우리 영토 밖에 놓인다는 해석을 낳을 여지가 있다. 1885년고종 22년과 1887년 서북경략사 어윤중의 제의로 조선과 청나라 대표가 회동하여 정계비 문제에 대해 논의했으나 합의하지 못했다. 조선은 조·청 국경선으로 두만강 상류 홍토수 선을 주장한 반면, 청은 홍단수–석을수 선을 주장했다. 1885년 토문감계사로 파견된 안변부사 이중하 역시 2차례의 회담에서 정계비 해석상 두만강과 투먼장은 다른 강이며, 홍토수 선이 조·청 국경선이라고 주장했다. 조선은 1903년 투먼장 이동, 두만강 이북 간도지역 조선인들을 보호하고자 이범윤1856~1940년을 간도관리사로 파견했다.

일본은 조선으로부터 외교권을 빼앗은 뒤인 1907년 8월 룽징龍井에 간도파출소를 설치하여 간도가 일본의 보호령인 조선의 영토라고 주장했다. 하지만 일본은 1909년 9월 청나라로부터 남만주철도뤼순·창춘 부설권을 보장받는 등의 대가로 백두산정계비에 대한 청나라 측 해석을 인정하여 간도협약을 체결했다. 간도협약 제1조는 '청·일 정부는 두만강을 조·청 경계로 하고, 정계비로부터 석을수를 잇는 선을 국경선으로 한다.'고 규정했다. 백두산정계비에 기록된 '토문강'은 쑹화장의 상류인 투먼장이며, 간도가 조선 땅이라는 우리 주장은 무시되었다. 각 1962년 10월과 1964년 3월 체결된 북한–중국 간 조·중 국경조약과 조·중 국경조약 의정서에 의거, 천지天池의 54.5%가 북한에 속하게 되었다. 백두산 부근만은 홍토수 선을 따라 중국과의 국경선이 그어졌다.

연산파절과 공유지Condominium

/

압록강 선線에서 단동시 평황鳳凰까지의 영유권 문제도 논의할 필요가 있다. 『조선왕조실록』은 '압록강 너머 180리까지 공한지다. 연산파절군부대 주둔지까지 가야 명나라 초병이 보인다.'라고 기록한다. 명나라 초기인 1480년 이전까지 만주 쪽 압록강 이서以西 180리72㎞는 명나라 영토가 아니었다는 뜻이다. 박지원의 『열하일기』에 따르면 단동시 평황 부근 책문柵門이 조·청 국경이었다 한다. 1715년숙종 41년 헤이룽장성 등을 관할하는 청나라 잉고타寧古塔 장군의 두만강 인근 군軍 막사 설치, 1731년영조 7년과 1746년영조 22년 랴오닝성 등을 관할하는 선양 장군의 검문소 설치와 함께 책문을 압록강 쪽으로 이전하려는 시도 등이 조선 정부의 끈질긴 항의로 실행되지 못했다. 조선 후기까지 조선 백성들이 압록강 서안西岸 조선–청나라 공유지Condominium에서 농사를 지었다. 압록강 서안 공유지는 19세기 들어 청나라가 조선을 압도하면서 청나라, 이어 중화민국 영토가 되었다.

16세기 이순신李舜臣이 활동한 녹둔도鹿屯島는 19세기 큰 홍수로 인해 두만강 하류 흐름이 바뀌면서 함경북도 반대쪽연해주쪽 육지에 붙어 1860년 베이징 조약에 따라 러시아령이 되고 말았다.

러시아 코사크와 시베리아
/

16세기 이후 스페인, 포르투갈, 네덜란드, 영국 등 해양강국들은 동아시아의 필리핀, 베트남, 타이완, 일본 등으로 활동 범위를 넓혔다. 러시아는 시베리아를 가로질러 태평양 연안에 도달하고, 헤이룽장과 헤이룽장의 남쪽 지류支流인 쑹화장의 흐름을 타고 북만주로 내려오기 시작했다. 청나라 정부는 만주 중·남부가 청나라의 발상지이자 만주팔기滿洲八旗 영지인 까닭에 봉금封禁하여 특별구역으로 지정했다. 헤이룽장과 그 지류인 쑹화장, 우수리장 등이 흐르는 북만주 일대는 퉁구스, 몽골, 터키 계통 여러 부족이 유목이나 수렵에 종사하며 살던 곳이다. 청나라는 그들을 수시로 징발해 전쟁에 소모된 만주팔기를 충당하면서도 자치에 맡겼다. 수렵과 어로의 땅에 갑자기 러시아인들이 나타나 원주민 사회를 혼란에 빠뜨렸다.

15세기 이후 모스크바공국이 중앙집권을 강화하자 일부 세력이 반발했다. '무장한 자유인'을 뜻하는 코사크가 반발 세력의 중심을 이루었다. 코사크는 남러시아 킵차크 평원에 거주하던 그리스 정교도正敎徒 슬라브족이 터키 계열 민족과 혈연적·문화적으로 융합되면서 형성되었다. 지도자로 두각을 나타낸 예르마크는 볼가강과 돈강 상류 지역에서 비적匪賊으로 살다가 이반 4세의 토벌을 받고 카마 강 상류 페르미의 타타르계 스트로가노프가家의 보호를 받게 됐다. 스트로가노프 가문은 예르마크에게 시베리아 정복을 맡겼다. 예르마크는 코사크 기병을 지휘, 1581년 우랄산맥을 넘어 중앙아시아로 진격하여 오비강의 지류 이르티시Irtysh강 중류의 터키-몽골계 시비르 칸국 군대를 격파했다. 예르마크는 1582년 시비르 칸국 수도 시비르Isker·토볼스크를 일시 점령하여 뇌제 이반 4세Ivan the Terrible에게 바쳤다. 시베리아라는 말은 바로 이 '시비르'에서 나온 것이다. 세력을 회복한 쿠춤Koutzum·코우트줌 가한可汗이 이끄는 시비르 칸국 군대의 공격을 받아 쫓기던 예르마크가 1584년 8월 이르티시 강물에 빠져 익사하는 바람에 러시아의 동진은 잠시 멈추었다. 쿠춤 가한은 이후 모스크바 인근으로 진격하기까지 했으나, 이반 4세의 러시아군에게 패배했다. 1598년 러시아인들은 마침내 숙적 쿠춤 가한을 죽이고, 시비르 칸국을 멸망시키는 등 터키-몽골계 주민들과 싸움을 계속하면서 동진해 나갔다. 러시아인들은 1604년 톰스크, 1632년 야쿠츠크, 1638년 오호츠크, 1648년 캄차카 기지를 차례로 건설했다. 이어 1743년 유라시아와 아메리카 대륙 사이의 좁은 바다 베링해를 건너 점차 알류트인알루티크족의 땅 알래스카를 식민화해 나갔다. 러시아인들은 알래스카로부터 태평양 연안을 따라 계속 남하하여 1799년 바라노프섬의 싯카노보아르한겔스크·미하일로프 요새를 수도로 하는 러시아령 아메리카 건립을 선언했다. 러시아는 1812년 캘리포니아 북부로스 요새까지 식민화했다.

나선러시아 정벌

/

태평양에 도달한 러시아인들은 이후 남쪽으로 방향을 바꿔 헤이룽장의 흐름을 따라 계속 동진하여, 조선군변급, 신유 지원부대가 포함된 청나라군의 반격을 물리치고, 1666년 헤이룽장 유역에 알바진 기지를 건설했다. 강희제는 러시아 정부에 항의하면서 즉시 철수할 것을 요구했다. 이에 대해 러시아는 사절을 보내 선물을 진상하고 무역 외에 다른 뜻이 없음을 천명했다. 러시아인들은 이후 쑹화장 유역까지 남하해 왔다. 강희제는 러시아가 서북몽골, 칭하이, 신장, 티베트 등을 영토로 한 오이라트 계통 중가르칸국과 연결되는 것을 두려워했다. 중가르제국의 공격을 차단하는 데 성공한 청나라는 1683년 헤이룽장 연안 아이훈愛琿·黑河에 성을 쌓고 군대를 주둔시켰다. 청나라는 1689년 7월 내정 혼란에 처해 있던 러시아로부터 알바진 기지를 탈취하고, 네르친스크 조약을 체결했다. 네르친스크 조약은 라틴어와 함께 만주어, 러시아어, 몽골어 등 4개 언어로 작성됐는데, 이는 청나라가 한족 국가가 아니라는 것을 국제적으로 확인한 구체적 사례이다. 네르친스크 조약을 통해 청·러 국경이 외싱안링야블로노이와 스타노보이 산맥으로 확정됐으며 러시아의 남하는 일단 저지되었다. 당시 러시아는 제위 쟁탈전에서 승리한 표트르 1세가 집권한 지 얼마 되지 않은 시점으로 국내 정세가 매우 불안했기 때문에 청나라의 요구를 들어줄 수밖에 없었다. 러시아의 공세를 막아 낸 청나라는 숨을 돌리고 몽골-중앙아시아의 강자 중가르제국 갈단 가한의 공격에 대비했다. 강희제는 지주의 착취로부터 소작인을 보호하고자 토지와 소작인을 묶어 매매賣買하지 못하게 했으며, 흉년기에는 소작료를 감면해 주도록 했다. 민심이 따른 것은 말할 것도 없다. 강희제를 이은 옹정제는 내치를 단단히 해 아들 건륭제가 적극적인 외치를 할 수 있는 기틀을 마련해 주었다.

데지마, 난가쿠蘭學와 일본

/

도쿠가와 바쿠후는 예수회 신부 등을 통해 전파된 기독교 신자가 75만 명으로 늘어나는 등 기독교 세력이 급속히 팽창한데 경악했다. 바쿠후는 1616년 유럽인의 기항寄港 가능 항구를 나가사키長岐와 나가사키 앞 바다에 위치한 히라도平戶 2개 항구로 제한했다. 1635년에는 일본인의 해외 도항과 재외 일본인의 귀국을 전면 금지했다. 바쿠후는 1636년 기독교를 포교하는 유럽국가들과의 통상을 제한하기 위해 나가사키 앞바다를 메워 1만 3000여㎡ 크기의 '데지마出島'란 인공섬을 건설했다. 포르투갈 상인들과만 통상하기 위해서였다. 하지만 포르투갈은 바쿠후의 거듭된 기독교 포교 금지령에도 불구하고 선교를 그만두려 하지 않았다. 바쿠후는 1637년 큐슈 남부 시마바라와 아사쿠사의 기독교도 반란이 일어나자 그 2년 뒤인 1639년 데지마에서 포르투갈인을 추방했다. 대신 선정된 나라가 히라도에 상관을 두고 있던 네덜란드이다. 네덜란드는 데지마에서 대일對日 무역을 독점하면서 막대한 이익을 얻었다. 일본의 이익도 컸다. 네덜란드로부터 세계정세 변화를 전해 들었다. 발달된 유럽

문물도 도입할 수 있었다. 나가사키 인근 사가현佐賀縣 아리타 도요지의 청화백자가 네덜란드로 대량 수출되었다. 아리타 청화백자는 유럽인들을 매료시켰다. 그런데, 조선 숙종 23년1697년 기록은 다음과 같다. '광주 분원分院에서 굶어 죽은 도공陶工이 39명이나 된다.' 중국, 베트남과 함께 첨단 백자 원천기술 보유국이었던 조선의 도자기 기술자들은 아사했고, 기술은 사라졌다. 숙종의 아들 영조는 1745년 청나라에서 전래된 태양 관찰용 망원경을 깨뜨리고, 세계지도를 파훼했다.

1867년 파리 만국박람회에 사가아리타와 사쓰마가 자기를 출품했다. 아리타 자기가 대상을 탔다. 화려한 일본 자기에 유럽시장이 문을 열었다. 유럽에 자포니즘Japonism 바람이 불었다. 일본은 네덜란드를 통해 도입한 서양 학문, 곧 '난가쿠蘭學'를 통해 개명開明했다. 의학, 천문학, 물리학, 화학 등 자연과학과 측량술, 포술, 제철 포함 과학기술은 일본 근대화의 기초가 되었다. 인력, 중력, 분자, 속력, 진공, 의사, 신경, 연골, 동맥, 혈압, 민주주의, 자본주의, 공화국, 인민 등 우리가 쓰는 자연과학과 사회과학 기본개념들은 대부분 일본이 네덜란드를 통해 서양학문을 들여오면서 만든 번역어이다. 중국의 정식 명칭 '중화인민공화국中華人民共和國'의 '인민'과 '공화국왕이 없는 정치 체제'도 일본인이 각기 'People'과 'Republic'을 번역한 것이다.

18

최후의 유목제국 **중가르,**
서세동점西勢東漸

스웨덴제 총포로 무장한 중가르

/

명나라가 혼란에 처하고, 누르하치1559~1626년의 만주가 급격히 세력을 확대하던 17세기 초 네이멍구에는 차하르, 코르친, 투메트부 등이, 외몽골에는 할하부가 자리 잡고 있었고, 서북몽골에는 다얀 가한과 그의 손자 알탄 가한에게 밀려난 에셴 계통 오이라트족이 살고 있었다. 신장新疆을 동서로 가로지르는 톈산산맥 북쪽에 중가르 초원지대가 있다. 중가르 초원 서쪽은 중국과 카자흐스탄의 국경을 이루는 이리분지伊犁盆地다. 초로스부몽골화한 터키족 출신 카라쿠라가 1634년 오이라트족초로스부, 도르베트부, 토르구트부, 호쇼트부 대부분을 묶어 이리 분지를 중심으로 중가르칸국을 세웠다. '중가르'는 몽골어로 왼

쪽이라는 뜻이다. 중가르는 카자흐스탄 지역 터키투르코–몽골계 칸
국들을 계속 공격하여 결과적으로 러시아의 시베리아 침투를 용이
하게 만들어 주었다. 중가르 세력의 강화는 카자흐 주민들에게는 재
앙이었다.

　카라쿠라의 손자 갈단도솔천이라는 뜻은 제2의 칭기즈칸 제국 건설
을 꿈꾸었다. 중가르칸국은 1682년 톈산 이남 남신장의 위구르족
을 복속시켰다. 갈단1649~1697년은 러시아 군대에 종사한 스웨덴인으
로부터 배워 제작한 총포로 무장한 군대를 거느리고, 1688년 알타
이 산맥을 넘어 동진하여 자삭투부와 투시에투부 간 내전 상태이던
외몽골 할하부를 공격했다. 투시에투칸은 청나라에 의지하고자 부
족 구성원들과 함께 네이멍구 동부로 피난했다. 강희제재위 1661~1722년
는 투시에투칸과 라마승려 잔나바자르 등 할하부 지도자들을 친견
親見했다. 당시 청나라군은 서양 선교사들이 제작한 대구경 총포로
무장하고 있었다. 강희제는 친정하여 1690년 시라무렌강 유역 쯔펑
赤峰 부근 울란부통 회전會戰에서 갈단군을 물리쳤다. 갈단이 1695년
다시 외몽골을 침공하자 강희제는 이번에도 친정하여 울란바토르
인근 차오모도에서 조우한 갈단을 격파했다. 갈단의 외몽골 원정 중
그의 조카 체왕랍탄이 일리신장 서북부 초원지대 소재 중가르 본영本營을
장악했다. 좌절한 갈단은 1697년 4월 알타이 산록에서 병사했다.
중가르가 약화된 이후 할하부는 외몽골로 되돌아갔으며 청나라는
외몽골을 이번원理藩院 관할 아래에 두었다.

새로 얻은 땅, 신장新疆

/

청은 옹정제 시기에도 계속 중가르를 공격했다. 앞에서도 말했듯이 청나라는 중가르가 시베리아를 점령한 러시아 코사크 부대와 연결될까 봐 우려했다. 그만큼 중가르는 청에 매우 위협적이었다. 중가르는 이제 카자흐스탄 지역을 두고 러시아와, 신장 등을 두고는 청나라와 경쟁해야 했다. 이는 결과적으로 중가르와 싸우는 청나라를 러시아가 도와주는 결과를 낳았다. 체왕랍탄 휘하 중가르는 재기하여 1717년 6000여 병력으로 쿤룬산맥崑崙山脈을 넘어 티베트 수도 라싸를 점령했다. 라싸를 점령한 중가르군은 라마불교 수호자를 자처하면서, 티베트에 뿌리를 내리고 있던 오이라트 호쇼트부의 마지막 칸인 라짱칸 등 반대파를 죽이고 약탈을 자행했다. 호쇼트부 구시칸은 그로부터 80여 년 전인 1636년 달라이 라마 5세의 요청으로 라싸에 출병, 티베트와 칭하이를 평정했었다. 1718년 청나라군이 티베트를 침공하여 티베트로부터 중가르군을 몰아내고자 했으나 실패했다. 2년 뒤인 1720년 청나라군은 칭하이와 쓰촨 2로路로 티베트를 공격하여, 라싸 주민들의 지원도 받아 라싸로부터 중가르군을 몰아내는 데 성공했다. 갈단체렝칸은 1731년 우루무치와 서북몽골 홉드를 놓고 청나라와 전쟁을 계속했다. 중가르는 시간이 갈수록 불리해졌다. 청나라가 압도적인 병력과 장비를 갖춘 데다 몽골병 등의 지원도 확보하고 있었기 때문이다.

갈단체렝칸과 아무르사나칸 이후 중가르는 소멸의 길을 걸었다. 오아조혜烏雅兆惠가 이끄는 청나라군은 1757년 중가르군을 격파하고, 살아남은 부족 구성원 대부분을 도륙했다. 그때까지 살아남은 중가르인 60만 명 거의 모두가 청군 병사가 옮긴 천연두와 학살의 결과 사라졌다. 할하, 오이라트, 코르친, 투메트, 오르도스 등 수많은 몽골 부족 가운데 할하부만 지금의 몽골공화국 국민으로 살아남았다. 이리 지방에 살다가 17세기 초 중가르 칸국에 밀려난 토르구트족케레이트부의 후손은 카스피해 북서부까지 이주하여 러시아연방 칼믹공화국의 기원이 되었다. 토르구트족 일부만 나중 중앙아시아와 시베리아를 가로질러 고향 북신장으로 귀환했다.

텐산산맥 북쪽이 라마불교 중가르의 세계라면, 텐산산맥 남쪽은 이슬람교 위구르의 세계였다. 텐산산맥 이남에는 9세기 중반부터 몽골고원에서 이주해 온 위구르족이 종족 단위로 오아시스 도시국가를 이루고 있었다. 중가르가 사라진 후 텐산산맥 이남에 거주하던 위구르족이 텐산산맥 이북 이리 지방으로 넘어왔다. 청군은 중가르 정복의 여세를 몰아 1758년 다시 출병하여 텐산산맥 이남 위구르족 도시국가들을 모두 정복했다. 건륭제는 텐산남북天山南北 영토를 새로 얻은 땅이라 하여 '신장新疆'이라 이름 지었다. 건륭제는 혜원伊寧·이닝 주재 이리장군伊犂將軍으로 하여금 신장을 통치하게 했다.

뿌리째 썩어가기 시작한 청제국

/

신중국新中國의 현재 영토는 강한 소수민족 만주족이 신장과 티베트, 네이멍구, 쓰촨 등에 사는 약한 소수민족들을 차례로 정복하여 한족에게 갖다 바친 결과물이다. 옹정제의 아들 건륭제는 막대한 흑자 재정을 갖고 통치에 임했다. 건륭제는 재위 중 중가르1755~1758년, 위구르1758~1759년, 대금천1747~1749년, 티베트1771~1776년, 버마1758~1769년, 베트남1788년, 타이완1788년, 네팔1791~1792년 등 인근 국가와 소수민족을 대상으로 총 10회나 원정군을 보냈다. 건륭제는 원정 기록을 십전기十全記라는 이름으로 비석에 새겨 라싸의 포탈라궁 언덕에 있는 조부 강희제의 평정서장비平定西藏碑 옆에 세웠다. 건륭제의 첫 번째 원정은 1747년 대금천 티베트족 토벌로 시작됐다. 청나라는 쓰촨 서부에 위치한 작은 땅을 얻기 위해 3년간에 걸쳐 당시 재정 2년 치에 해당하는 7000만 냥의 거금을 썼다. 대금천을 완전히 정복하기까지는 30년의 세월이 더 소요되었으며, 수많은 장병의 목숨도 바쳐야 했다.

청나라의 버마, 베트남 원정은 실패한 전쟁이었다. 국내외 문제를 안고 있는 교전 상대국이 화평을 요청하여 체면을 세운 정도였다. 1758년부터 1769년까지 이어진 버마와의 여러 차례 전투에서 청나라군은 콘파웅 왕조 신뷰쉰 왕과 마하티하투라 장군이 이끄는 버마군에게 참패했다. 버마는 1765년 서쪽과 북쪽 두 방향으로 타이아유타야 왕조를 침공하여 2년간의 전쟁 끝에 아유타야를 정복했다. 하지만 청나라군의 버마 침공으로 인해 아유타야 점령을 지속할 수 없었다. 청나라군은 1788년 북베트남 홍하SongCoi 전투에서 서산당 황제 완문혜阮文惠·응우옌반후에가 지휘하는 베트남군에 섬멸되었다. 무리에 무리를 거듭한 외정外政, 팔기군의 무능과 부패, 니오후루 허션和珅의 천문학적 부정축재, 백련교의 대두 등 청나라 내부가 뿌리째 썩어가기 시작했다.

청에서 활약한 조선인, 청-조선, 몽골, 베트남 관계
/

건륭제 시기 조선 왕은 영조 이금李昑이다. 노론의 지원을 받은 이금
은 청나라 초기 조선인 팔기를 이끌던 김여규의 손자 김상명金常明·
진창밍의 도움을 확보하여, 소론·남인이 반대했는데도 불구 세제世弟
책봉을 받을 수 있었다. 김상명은 군기대신軍機大臣 등 최고위직까지
올랐는데, 어머니가 세조 순치제의 유모였던 까닭에 순치제의 아들
강희제와 친구처럼 지냈다. 김상명의 친족 김간金簡·긴기얀은 상서上書
까지 승진했으며, 조선과의 외교에도 관여했다. 이괄과 함께 거병했
다가 살해당한 구성부사 한명련의 아들 한윤과 그의 사촌 한니의 후
손들도 대대로 만주팔기 정홍기 고위 지휘관으로 살아갔다. 한윤은
1644년 이자성군李自成軍과의 산하이관 전투에서 공을 세웠으며, 잉
굴다이용골대 보다 관직이 더 높아졌다. 한윤은 잉굴다이의 사돈이 되
었다. 조선 조정은 한윤과 잉굴다이의 자식 간 혼사 때 많은 선물을
보냈다. 한윤의 아들 한기는 남작으로 승급되었다.

한편, 서양국가들은 청 왕조를 중국 왕조로 생각하나 한국, 북
한과 몽골 등은 이에 동의하지 않는다. 정확히 말해, 만주족 청나라
가 한족 명나라를 정복했으므로 청과 조선, 몽골, 베트남 간 관계는
중국과 조선, 몽골, 베트남 간 관계가 아니라 만주와 중국, 조선, 몽
골, 베트남 간 관계로 이해해야 한다. 1897년 대한제국 건국 선포는

조선이 (중국이 아니라) 만주제국청나라으로부터 독립한다는 정치적 선언이었다. 1924년 몽골공화국 건국도 마찬가지이다. 만주제국 붕괴에 따라 몽골 부족 중 일부가 자기 길을 간 것이다. 중국의 '통일적 다민족 국가론'을 무비판적으로 수용하여 중국 시각으로 과거를 바라 보아서는 안 된다. 우리 역사학계는 요거란족·금여진족·원몽골족·청만주족에 대한 사관을 분명히 하여야 한다.

알탄 가한과 달라이 라마

/

티베트는 1911년 신해혁명武昌起義 직후의 혼란기에 독립하여 1951년 중국군에 점령당할 때까지 독립국 지위를 유지했다. 1637년 1월 청나라에 항복하여 조공국이 된 조선과 마찬가지로 18세기 말부터 청나라 주장대신駐藏大臣·총독이 주재하던 티베트의 국가정체성도 유지되고 있었다. 티베트라마 불교는 9세기 토번제국 분열 이후 쇠퇴하다가 11세기 인도 출신 승려 아티샤의 쇄신 운동으로 부흥했다. 이후 아티샤 직계 제자들을 카담파라 했으며, 기존 계열을 닝마홍모파라 했다. 카담파, 닝마파 외에 카규파와 샤카파라는 종파가 새로 생겨나 4개로 갈라졌는데, 신흥 종파들은 닝마파의 성격을 유지하면서 밀교의 성격을 혼합한 교리를 발전시켰다. 현재 티베트에서 가장 교세가 강한 겔룩황모파는 카담파 계열로 14세기 후반 새로 생긴 종파다. 13세기 원元 세조世祖 쿠빌라이 집권기 파스파로 대표되는 샤카파는 원나라의 지원을 받아 정교일치政敎一致 정권을 수립했다. 이 시기 티베트 고승과 원나라 황제 사이에 종교적 지지와 정치·군사적 원조를 교환하는 최왼檀越·단월 관계가 맺어졌다.

　　최왼 관계를 통해 몽골은 티베트를 몽골제국에 편입시켰으며, 샤카파는 티베트 정권을 획득할 수 있었다. 15세기 칭기즈칸 가계 보르지긴 가문을 부활시킨 다얀 가한과 여걸女傑 만투하이 사이의 손자 알탄 가한1507~1582년은 1578년 새 정복지 칭하이로 티베트 불교 제3대 고승 쇼남 갸초Gyacho를 초청했다. 알탄 가한은 쇼남 갸초를 '달라이 라마'로 존칭했다. 달라이는 '큰 바다'라는 뜻의 티베트어 갸초를 몽골어로 번역한 것이다. 이후 달라이 라마는 티베트의 정政·교敎 일치 통치자가 됐다. 달라이 라마 계승은 전생활불轉生活佛이라는 방법으로 이루어진다. 부처가 사람의 몸을 빌려 세상에 내려오며, 달라이 라마는 관음보살의 화신이고, 판첸 라마는 아미타불의 화신이다. 정·교政·敎 수장首長 달라이 라마는 티베트 수도 라싸의 포탈라궁, 그리고 판첸 라마는 제2의 도시 시가체 소재 타쉬룬포 사원의 수장을 겸한다. 달라이 라마와 판첸 라마의 육신이 사라지면 다른 사람의 육신으로 영혼이 옮겨간다. 17세기 라마 계승법繼承法을 두고 닝마파와 겔룩파 간 분쟁이 생겼다. 겔룩파는 중가르 칸국의 무력을 배경으로 새로 계율을 정하고 닝마파를 몰아냈다. 중국중화인민공화국은 1959년 인도로 망명한 달라이 라마 14세텐진 갸초에 의해 1995년 5월 판첸 라마 11세로 지명된 6세 소년 겐둔 초에끼 니마를 잡아 가두고, 부모가 공산당원인 기알첸 노르부를 판첸 라마 11세로 지명했다. 2020년 현재 85세에 달한 달라이 라마 14세는 자신이 죽은 후 중국 정부가 달라이 라마 15세를 지명할 가능성에 대비하여 생전 달라이 라마 15세 지명과 함께 승계를 준비하고 있다고 한다.

몽골 국가들의 정신적 지주, 달라이 라마
/

청나라는 달라이 라마를 최고 지배자로, 판첸 라마를 다음 순위 지배자로 인정했다. 그리고 이들 2대 활불活佛에게 종교와 세속을 모두 관장하게 했다. 달라이 라마는 몽골, 신장, 티베트, 칭하이, 윈난, 간쑤 등에 거주하는 몽골계 부족 사이에 중세 가톨릭 교황에 준하는 영향력을 갖게 됐다. 달라이 라마가 몽골 계통 국가들의 정신적 지주가 되자 중가르칸국 등 많은 나라가 이를 이용해 제2의 칭기즈칸 제국 건설의 꿈을 키웠다. 청나라는 몽골계 부족들의 무력과 달라이 라마가 가진 종교적 통합력이 결합하는 것을 결사적으로 막았다. 옹정제는 티베트 주재 주장대신駐藏大臣으로 하여금 달라이 라마를 감시하게 했다. 건륭제 시기 달라이 라마 후계자 문제를 두고 티베트에 내분이 일어났다. 네팔 구르카족까지 개입하여 혼란이 가중되었다. 네팔은 1788년, 1791년 2차례에 걸쳐 판첸 라마가 거주하는 티베트 제2의 도시 시가체 소재 타시룬포 사원을 공격하는 등 티베트 내정에 간섭했다. 1790년 청나라 군대가 라싸에 진입했으며, 1792년에는 히말라야를 넘어 네팔 수도 카트만두에 육박했다. 네팔은 화약 체결을 간청했다. 건륭제는 티베트 내정 불간섭 정책이 오히려 분쟁을 조장한다고 생각하여 주장대신으로 하여금 티베트의 행정·군사권을 장악하게 했다.

조선의 호락湖洛 논쟁, 일본의 데지마出島 건설

/

성리학의 나라 조선은 '15세기와 18세기 간 경계선을 그리기가 어려울 정도로 변화가 없는 나라'가 되어 버렸다모리스 쿠랑. 18세기 조선으로 가 보자. '송자宋子'라고 불린 노론의 대부 송시열의 수제자 권상하는 1709년 충청남도 보령의 한산사寒山寺에서 인성人性·물성物性 동질 여부에 대한 호락논쟁湖洛論爭을 주도했다. 호락논쟁은 훗날 노론이 인성·물성 간 차이점을 강조한 벽파송시열 계열와 인성·물성 간 동질성을 강조한 시파김상헌 계열가 갈라지는 계기가 되었다. 호락논쟁은 오랑캐 만주족도 문명을 이룩할 수 있느냐는 논쟁으로 이어졌다. 시골지역 호湖·충남를 대표한 한원진韓元震과 달리 도시지역 락洛·한강지역을 대표한 이간李柬은 오랑캐 만주족의 청나라도 문명을 이룰 수 있다고 주장했다. 과거 아메리카 대륙 백인들 간 종종 했다는 '흑인도 영혼이 있다, 없다.'와 비슷한 수준의 논쟁이었다. 이간의 주장에 영향받은 박지원, 홍대용, 박제가 등을 중심으로 청나라에서 배우자는 북학운동이 일어났으나 북학파 역시 성리학의 테두리를 뛰어넘지 못했다. 계명군주로 알려진 정조는 성리학 이외 모든 학문을 이단異端으로 통제했다. 그만큼 조선은 스스로 우물 속을 벗어날 생각을 하지 못했다. 명나라에서 주류이던 양명학조차 조선에서는 18세기에 시작되어 19세기나 되어서야 심도 있게 연구되었다. 조선은 맹목盲目의 노론 산림山林·성리학자이 국가 경영을 주도하는 가망 없는 나라가 되었다.

　일본 지식인과 권력자는 정확하게 조선 지식인, 권력자와 반대

방향으로 움직였다. 일본은 1543년 조총을 받아들였으며, 1641년 데지마出島를 통해 네덜란드 등 유럽과 교류했다. 1834년에는 태양 흑점과 달의 표면을 관찰할 수 있는 굴절 망원경을 개발했다. 19세기 중반 제국주의 시대가 시작되기 전 이미 구체제를 타도하고 근대화를 준비할 수 있는 상태에 도달했다. 조선은 에도江戶의 도쿠가와 바쿠후에 12차례나 통신사를 보냈으나 고구마 도입 이외 배워 이행한 것은 거의 없었다. 도쿠가와 바쿠후 시대 일본은 이미 근대적 상하수도 시설과 출판, 외과수술 기술을 갖고 있었다. 그런데도 조선 통신사들은 일본을 문장文章과 문명을 모르는 오랑캐夷로 간주했다. 조선 통신사들은 에도도쿄와 오사카의 발전을 '오랑캐에게 어울리지 않은 사치'라고 규정했다. 일본은 조선을 성리학과 중국밖에 모르는 나라라고 평가했다. 조선은 일본을 교화시켜야 할 오랑캐로, 일본은 조선을 △류큐, △아이누, △네덜란드와 함께 조공을 바치는 외번外藩으로 인식했다. 조선한국과 일본의 상대국에 대한 이러한 인식이 오늘날까지 한·일 관계 개선을 가로막는 장애물로 작용하고 있다.

청淸 몰락 예견한 '봄비'

/

1786년 발생한 타이완 토호 '임상문林爽文의 난'은 삼합회三合會라고도 부르는 천지회와 밀접하게 관련되어 있다. 임상문의 난은 만주팔기가 아니라 채대기·손사의가 지휘하는 한족 녹영綠營의 힘을 빌려 2년 만에 진압됐다. 임상문의 난을 진압하는 과정에서 저민浙閩·저장과 푸젠에 주둔하던 팔기군八旗軍은 무기력의 극치를 보여 주었다. 채대기는 공을 세우고도 건륭제의 총신寵臣 니오후루 허션의 중상모략으로 사형에 처해졌다. 팔기의 전력 약화는 오삼계 주도 '삼번三藩의 난亂' 때 이미 드러났다. 18세기 말, 19세기 초에 일어난 백련교도의 반란을 토벌한 것도 팔기가 아니라 향용鄕勇을 앞세운 녹영綠營이었다. 만주족의 나라가 한족 군대가 없으면 유지되지 못하는 시대가 도래하면서 자금성에서는 한어漢語만 들렸다. 만주족은 스스로를 해체했다. 건륭제는 1789년 서산당西山黨 완문악·완문혜 형제의 반란에 직면한 베트남 여씨黎氏 왕조의 지원 요청을 받고, 양광총독兩廣總督 손사의가 지휘하는 대군을 파병했다. 앞에서 말한대로 청나라 20만 대군은 홍하송코이에서 완문혜阮文惠·응우옌반후에가 지휘하는 베트남군에게 섬멸당했다. 서산당 정권을 수립한 완문혜와 그의 아들 완광찬은 해도입국海盜立國 기치 아래 해적질을 적극 지원했다.

베트남 해적과 한족 해적

/

베트남 해적은 광둥·광시·하이난뿐 아니라 푸젠과 저장에도 출몰했다. 이를 전기前期 정도艇盜·해적라 하는데, 베트남이 국가사업으로 운영한 만큼 대형 선박인 데다 탑재한 대포도 많아 청나라군은 대처에 많은 어려움을 겪었다. 청나라와 베트남의 충돌은 메콩 델타를 중심으로 세력을 뻗어온 프랑스와 짜끄리 왕조 타이의 지원을 등에 업은 안남국 왕가 출신 완복영阮福映·응우옌푹아인이 1802년 완광찬을 죽여 서산당 정권을 멸하고, 베트남 최후의 완阮왕조를 수립하면서 끝났다. 완복영이 정권 안정을 위해 청나라에 조공하는 길을 택했기 때문이다.

후기 정도艇盜는 채견蔡牽이 중심이 되어 일어났다. 채견이 단순한 해적인지 반反만주주의자였는지는 확실하지 않다. 푸젠 제독 이장경 李長庚은 1803년 동중국해 딩하이定海 해전에서 채견을 격파했다. 채 견은 선단을 재건해 타이완과 푸젠 해안을 계속 습격하는 등 맹위를 떨쳤으며 1804년 원저우溫州 해전에서 청나라 해군을 대파했다. 이 장경이 1807년 타이완 해전에서 전사하고, 채견 역시 1809년 동중 국해 위산漁山 해전에서 전사하여 '2차 정비艇匪의 난'은 막을 내렸다.

육지에서 일어난 백련교도의 난과 함께 바다에서 일어난 정비 의 난은 다가올 서양의 침공과 청나라의 몰락을 예견하는 봄비와 같 은 사건이었다. 나가사키長崎 데지마를 개항한 도쿠가와 바쿠후와 마찬가지로 청나라도 광저우廣州만 개항했다. 서양 문물 유입에 숨 통을 틔워 놓은 일본, 청나라와 달리 조선은 문을 걸어 잠그다 못해 벨테브레이Jan Weltevree·박연와 하멜Hendrik Hamel 등 17세기 조선에 표 류해 온 네덜란드인들도 제대로 활용하지 못했다. 청의 경우 외국 인 접촉은 무역 허가를 받은 민간 조직인 행行이 전담했다. 즉 외국 인↔행↔월해관을 연결하는 구조였으며, 13개 행은 민·관 사이 완 충 장치였다. 현대식으로 말하면, 상사商社가 외국인과 거래해 결과 를 관세청에 보고하고, 관세청의 지시를 외국인에게 통보하는 형태 로 무역이 진행되었다. 청나라는 상하 관계의 조공만 있을 뿐, 대등 관계의 통상은 없다는 생각을 고수했다.

백련교도의 난으로 인해 청나라가 곤경에 처한 무렵 조선에서도 반란이 일어났다. 평안도 출신 몰락 양반 홍경래 주도 반군이 1812년 1월 평안북도 가산에서 봉기하여 청천강 이북을 휩쓸었으나, 그해 5월 정주성 공방전에서 정부군에게 패배했다. 홍경래의 난에 이은 진주민란, 개령金泉민란 등을 포함한 민초들의 거센 저항에도 불구하고 대청對淸 척화파의 거두 김상헌의 후예 장동壯洞 김씨안동김씨와 구분되는 장동 김씨는 안동을 떠나 서울 서촌(西村) 장동에 대대로 살아 '장동 김씨'로 불림가 장악한 조선 조정은 망국으로 가는 열차에서 내릴 생각을 하지 않았다. 그들에게는 상국 청나라가 오랑캐南蠻 영국에게 굴복한 아편전쟁도 강 건너 남의 일이었다.

아편 문제 해결을 위한 온건론과 강경론
/

산업혁명 덕분에 국력이 증강된 영국이 청나라 진출을 노렸다. 조지 3세는 1793년 매카트니로 하여금 건륭제를 알현하게 했다. 매카트니는 베이징 북방 청더承德·열하에 머물던 건륭제를 찾아가 조지 3세의 친서를 전했다. 영국은 △상관 설치, △상하이 앞바다 주산열도舟山列島와 톈진에 상선을 정박할 권리, △기독교 포교 권리 등을 요구했으나 모두 거부당했다. 건륭제를 계승한 가경제는 1796년 아편 수입을 금지했다. 아편 수입량에 비례해 은의 유출이 극심해지자 청나라 경제의 근간이던 은본위제銀本位制가 붕괴할 조짐을 보였기 때문이다. 차茶와 도자기 수출로 유입된 은이 아편 수입 때문에 거의

다 유출되었다. 단기간에 은가銀價가 2배나 상승해 동전 가격이 급락했다. 은을 갖고 국가 전매품 소금을 사서 동전을 받고 팔던 소금 상인들이 파산하기 시작했다. 반란의 기운이 감돌았다. 살길이 없어진 백성들은 백련교 등 비밀 종교단체에 가입해 반란의 불길을 당겼다.

1796년 1월 최초로 후베이성에서 백련교도의 반란이 일어났다. 반란은 싼시성과 쓰촨성으로 번졌다. 청나라 정부는 녹영과 향용鄕勇을 앞세워 반란 발생 10년 만인 1805년에야 겨우 진압할 수 있었다. 백련교도 반란은 팔기군의 군사적 무능을 다시 한 번 폭로했다. 소금을 밀거래하던 사염私鹽 상인이 아편양귀비 진액도 거래하기 시작했다. 국가에서 엄금하는 아편을 목숨 걸고 거래한 이들은 악명 높은 갱 조직인 삼합회三合會의 전신 천지회天地會와 연결되었다. 아편 중독으로 인한 사회문제와 함께 은의 유출로 인한 경제 위기는 국가 안위를 걱정할 정도로 심각했다. 가경제를 이은 도광제가 아편에 중독된 적이 있을 만큼 아편 중독은 지위 고하를 가리지 않고 전국에 만연했다.

아편전쟁

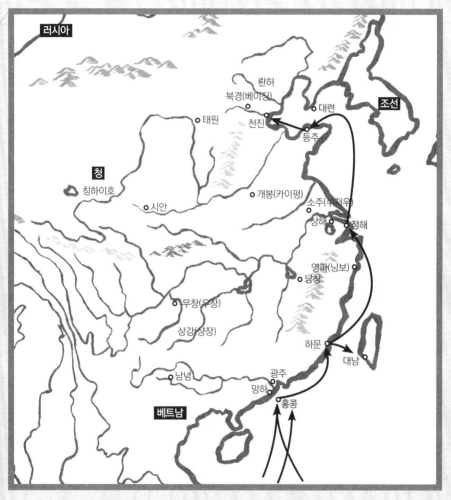

영국군의 진격로

러시아

조선

청

란허
북경(베이징)
대련
태원
천진
등주
칭하이호
시안
개봉(카이펑)
소주(쑤저우)
상해
정해
영파(닝보)
남창
무창(우창)
상강(샹장)
하문
대남
남녕
광주
망하
베트남
홍콩

19

동아시아
조공질서 해체

대청제국, 대영제국에 굴복

/

아편 문제를 해결하는 방안으로 온건론과 강경론이 제시되었다. 허내제許乃濟의 이금론弛禁論과 황작자黃爵滋의 엄금론嚴禁論이 그것이다. 후광총독湖廣總督 임칙서林則徐도 엄금론을 주장했다. 이금론은 아편을 금지할수록 밀수가 늘어나고 관리의 부패도 심해지므로 아편 수입세를 부과하는 동시에 수입량을 줄이기 위해 양귀비 재배도 허용하자는 주장이다. 오늘날 네덜란드와 캘리포니아 등 미국 일부 주州는 대마초 흡연을 허용한다. 독일은 마약중독자가 주사기를 여러 번 사용함으로써 AIDS 등 치명적 질병에 감염되는 것을 방지하기 위해 철저한 통제하에 1회용 주사기를 제공한다. 이는 이금론온건론의 일종이라고 하겠다. 아편 중독을 극복한 경험이 있는 도광제는 엄금론嚴禁論에 기울었다. 도광제는 임칙서를 흠차대신欽差大臣으로 임명하여 아편 문제에 대처하게 했다. 임칙서는 아편의 해악을 잘 알았으며 이론뿐 아니라 실무에도 능한 인물이었다. 영국 동인도회사 광저우 지사는 심지어 아편도 거래했다. 광저우에 부임한 임칙서는 1839년 영국 상인들이 보유한 아편 1425t을 몰수하여 바닷물을 끌어들여 만든 인공호수에서 소석회와 섞어 용해시켰다. 임칙서는 압수한 아편에 대해 차엽茶葉으로 보상했다. 임칙서는 아편은 엄금했으나 통상의 필요성을 인정했으며 국제법도 잘 알았다. 스위스의 저명한 국제법학자 엠리히 드 바텔Emmerich de Vattel의 『국제법』을 중국어漢語로 번역하게 하는 등 법률 논쟁에도 대비했다.

아편 상인들은 임칙서의 조치를 악의적으로 영국 정부에 보고했다. 1840년 영국 자유당 내각은 청나라 원정을 결정했다. 아편 무역의 비도덕성을 두고 비난이 제기되었으며 과연 거대한 청나라를 굴복시킬 수 있을까 하는 우려에도 불구, 의회는 내각이 제출한 군비 지출안을 찬성 271표, 반대 262표로 통과시켰다. 윈스턴 처칠과 함께 위대한 총리 중 하나로 평가되는 윌리엄 글래드스턴1809~1898년이 반대 토론을 했다. "원인이 이렇게도 부정한 전쟁, 이렇게도 불명예가 되는 전쟁을 나는 여태까지 알지 못한다. 광저우 앞바다에 휘날리는 유니언잭Union Jack은 악명 높은 아편 밀수를 보호하기 위해 펄럭이는 것이다."

전쟁은 당초 예상과 달리 영국의 일방적 승리로 진행되었다. 대형 함포를 앞세운 영국 해군함대는 상하이 앞 주산열도舟山列島를 점령하고, 동중국해와 서해황해를 거슬러 올라가 보하이만渤海灣에 진입, 톈진 앞바다까지 진격했다. 청나라 정부는 영국군의 위세에 겁먹고 임칙서를 파면했으며 베이징 부근을 관할하는 직례총독 아이신고로 기선으로 하여금 영국과 교섭하게 했다. 홍콩섬 할양 문제로 교섭이 지지부진하자 포틴저 제독은 1841년 광저우를 공격했으며, 1842년 주산열도를 다시 공격하고 대안對岸에 위치한 닝보와 진하이 등을 점령했다. 이어 창장과 강북 운하로 연결되는 요충지 진장鎭江을, 인도 식민지군이 포함된 7000명의 병력을 동원하여 점령했다. 영국군은 난징에 육박할 기세를 보였다. 청은 결국 영국군의 공세에 굴복했으며 1842년 8월 콘월리스호 함상에서 난징조약에 조인했다. 청나라는 전비戰費와 아편 몰수 대금을 배상해야 했다. 홍콩섬을 할양하고, 광저우와 샤먼아모이, 푸저우, 닝보, 상하이 등 5개 항구도 개항해야 했다.

태평천국의 씨앗

/

건륭제 중기 이후 관료와 팔기·녹영의 부패, 토지제도 붕괴로 인해 농촌 사회의 위기가 극단으로 치달았다. 토호土豪인 신사紳士, 대지주와 부상富商 등이 토지를 집적하여 4억 인구의 2/3가 한 뼘의 토지도 갖지 못한 소작농으로 전락했다. 일반 농민은 전체 농경지 중 겨우 30%만 차지했으며 생산한 곡물의 50% 이상을 지대地代로 납부했다. 90:10의 사회가 된 것이다. 농민의 몰락은 사회 불안의 근원이 되었다. 농촌 사회가 심각한 위기에 빠진 근본 원인 중 하나는 강희·옹정·건륭 3대의 성세盛世를 배경으로 급격히 늘어난 인구다. 조세 경감, 농업 기술 발달과 함께 신대륙으로부터 감자와 옥수수가 도입되어 벼 또는 밀농사가 불가능하던 땅에도 농사를 짓게 된 것도 인구 증가의 주요 원인이다. 18세기 중엽 1억 8000만 명이던 인구가 19세기 중엽에는 4억 명으로 급증한 데 반해 경작지는 5% 증가하는 데 그쳤다. 위에서도 설명했듯이 아편의 급격한 유입에 따라 은이 해외로 유출되어 은의 가치가 급상승했다. 납세 수단으로 사용되던 은과 거래 수단으로 사용되던 동전의 교환비율이 1:2에서 1:3으로 50%나 상승했다. 동전을 취급하던 중소상인을 중심으로 피해가 속출했다. 심각한 피해를 본 사람들은 반체제적이 될 수밖에 없었다.

중국 서남부 오지奧地 광시廣西에는 하카객가와 한족, 쫭족, 야오족 등 다양한 종족이 섞여 살았는데 민족 간 대립이 생겨났다. 첫째, 토착 한족과 중원에서 이주해 온 하카客家가 대립했다. 둘째, 한족에 의해 산악 지역으로 밀려난 쫭족壯族·야오족瑤族 등 소수민족은 한족을 일방적으로 옹호하는 지방 통치자들에 대해 극도로 분노했다. 태평천국 주모자 중 하나인 석달개石達開의 어머니는 쫭족 출신이다. 철제품이 대량 수입되면서 철광석 광부와 숯구이 등이 실직했다. 상당한 무력을 갖고 있던 이들의 불만은 혼란에 기름을 끼얹었다. 해산된 향용鄕勇이 각지에 방치되어 있었으며 반체제 천지회는 주장珠江 델타의 해적들과도 연계되었다. 반청복명反淸復明을 목표로 한 천지회의 반란으로 광시의 혼란은 더욱 심화되었다. 1836년 야오족 출신 백련교도 남정준의 난과 1847년 역시 야오족 출신으로 백련교 및 천지회와 연계된 뇌재호의 난이 후난, 광시, 구이저우 등지를 휩쓸었다. 명·청 시기 야오·먀오족 등 남방 소수민족 봉기는 홍콩 영화 '동방불패東方不敗'에 잘 소개되어 있다.

태평천국의 불꽃, 청나라를 태우다
/

아편전쟁 패배로 인해 상하이와 닝보 등 5개 항구가 개항되면서 무역의 중심이 광저우에서 상하이로 옮겨 갔다. 그 여파는 광시에까지 미쳤다. 태평천국 지도자 홍수전洪秀全은 1814년 광저우시 화현花縣에서 출생한 과거 낙방생이었다. 홍수전은 1840년대 고종사촌이자 친구인 풍운산馮雲山과 함께 광시성 구이핑현桂平縣에서 '배상제회拜上帝會'를 창시하고, 은광 광부들을 대상으로 포교에 나섰다. 숯구이 양수청楊秀清, 빈농 소조귀蕭朝貴, 지주 위창휘韋昌輝, 부농이자 지식인 석달개石達開 등 태평천국군 핵심 간부가 된 인물들이 모두 이 시기에 배상제회에 가입했다. 사색가형 홍수전보다 행동가형 양수청의 영향력이 강화되면서 배상제회는 반란의 색채를 나타냈으며 천지회와 결합해 파괴력을 키웠다. 구이핑현을 중심으로 반란의 불길이 번졌다. 청나라 조정도 이들의 움직임을 감지했다. 1850년 초 임칙서를 다시 흠차대신으로 임명해 배상제회 봉기 진압을 명했다. 임칙서는 광시에 도착하기도 전인 1850년 10월 사망했다. 임칙서의 후임으로 임명된 양광총독 이성원李星沅도 곧 사망하고, 후임에는 대학사

새상아賽尙阿가 임명됐다. 1850년 12월 배상제회를 중심으로 봉기한 태평천국군은 1851년 9월 광시성 영안주성永安州城을 점령한 후 통치제도를 갖췄다. 홍수전은 천왕天王을 칭했으며, 동왕 양수청, 서왕 소조귀, 남왕 풍운산, 북왕 위창휘, 익왕翼王 석달개 등 5명의 왕이 임명되었다. △성고聖庫라는 공동 소유제, △엄격한 군율과 금욕주의, △여성차별 및 전족纏足을 비롯한 악습 폐지 등 경제·사회 개혁도 단행했다. 광시성에서 봉기한 태평천국군은 창장의 남쪽 지류 샹장湘江 흐름을 타고 COVID-19 확산으로 유명해진 중국 최대의 내륙 항구 우창武昌 방향으로 북진하기 시작했다. 태평천국군은 우창武昌을 거쳐 1853년 3월 대도시 난징을 점령한 후 수도天京로 정했다. 농민 반란군이 세운 태평천국은 14년1851~1864년간 국가로 존속했다. '멸만 흥한滅滿興漢'을 슬로건으로 내건 태평군은 난징에서 100여만 명으로 불어났다.

증국번曾國藩의 향토예비군 상용湘勇

/

시랑侍郞 출신 증국번曾國藩이 향토의용군 상용湘勇을 조직하여 태평군 토벌에 나섰다. 팔기, 녹영綠營 등 정부군이 부패하여 전투력을 상실한 상황에서 청淸 정부는 상용에 기댈 수밖에 없었다. 증국번은 태평군이 토지 균분, 사당祠堂 파괴 등 중국의 기본질서에 어긋나는 주장을 한다는 점을 부각함으로써 한족 신사紳士 기득권층의 협력을 이끌어 냈다. 태평군의 약점은 면面은 확보하지 못하고 점點과 선線만 점령한 것이었다. 약점을 잘 알고 있던 태평천국 2인자 양수청은 난징 점령 직후인 1853년 5월 이개방, 임봉상, 길문원이 지휘하는 북벌군 5만 명을 난징에서 출정시켜 베이징을 곧바로 공격하게 했다. 북벌군은 5월 안후이성 자오저우鳳陽·펑양를 점령했으며 6월에는 허난성 카이펑을 확보했다. 7월에는 황허를 건너 허베이 평원에 들어섰다. 여기까지는 순조로웠다. 그해 10월 북벌군이 톈진天津을 공략했으나 몽골 코르친족 출신 셍거린천僧格林枕이 지휘하는 청군에 패배했다. 북벌군은 1855년 길문원, 임봉상, 이개방 순으로 차례로 함몰되었다. 북벌군과 거의 같은 시기 출발한 석달개의 서정군西征軍은 성공적이었다. 증국번의 상용으로부터 우창을 탈환하고 초용楚勇을 이끌던 강충원을 죽였다. 안칭安慶과 주장九江 등 난징의 울타리 도시도 점령했다.

태평천국 '왕王'들의 권력투쟁

/

하나님上帝의 뜻을 대신 전한다는 천부하범天父下凡 권력을 행사한 동왕 양수청은 태평천국 제2인자였다. 양수청이 힘을 얻으면서 제1인자 천왕天王 홍수전과의 갈등이 벌어졌다. 양수청이 홍수전을 밀어내려는 상황에서 익왕 석달개가 지휘하는 태평군은 1856년 6월 청나라군이 천경 공략 목적으로 설치한 강남대영과 강북대영을 괴멸시켰다. 청 정부가 파견한 흠차대신欽差大臣 상영은 패주 후 사망했다. 양수청의 도전에 위협을 느낀 홍수전은 북왕 위창휘를 사주해 양수청을 치게 했다. 양수청을 살해하는 데 성공한 위창휘는 세력을 강화하고자 석달개마저 숙청하려 했다. 석달개는 도피하는 데 성공했으나 그의 아내와 아들을 포함해 2~3만 명이 학살당했다. 위창휘는 1인자가 되고자 1856년 11월 홍수전의 천왕부를 공격했으나 홍수전 측의 반격을 받고 붙잡혀 극형을 당했다. 배신에 지친 홍수전은 홍인발 등 친형제를 요직에 기용했다. 1856년 12월 증국번에 의해 우창이 다시 함락되었다. 홍인발 형제에게 우창 함락 책임을 추궁당한 석달개는 20만 대군을 이끌고 난징을 떠났다. 석달개는 위창휘에게 살해된 양수청의 잔당을 흡수함으로써 세를 키웠다.

청군은 난징, 곧 천경天京을 점령하고자 다시 강남대영을 설치했다. 태평군은 나중 합류한 충왕 이수성과 영왕 진옥성에게 의존할 수밖에 없었다. 홍수전은 홍인발 형제가 뇌물을 받는 등 문제를 일으키자 그들을 해임했다. 1859년 일족 홍인간이 홍콩에서 건너와 홍수전을 보좌했다. 석달개는 1859년 자립을 선언했으나 1861년 창장 대도하大渡河에서 강을 건너 북상하는 데 실패한 후 부하들을 구하고자 스스로 청군淸軍의 포로가 되었다. 석달개는 1863년 청두에서 살을 발라 죽이는 책형剋에 처해졌다. 2차 아편전쟁이라고도 하는 애로호청·영국 간 분쟁 사건이 진행 중이던 1860년 태평군은 이수성과 진옥성의 분전 덕에 '천하의 2개 과실' 쑤저우와 항저우를 점령하는 데 성공했다. 1862년 1월 태평군은 상하이 공격에 나섰다.

영·프가 약탈한 청나라 보물 루브르·대영박물관으로

/

영국, 프랑스 등 외세는 상승군을 조직해 청군을 지원했다. 상하이가 태평군에 떨어지려는 상황에서 거꾸로 난징이 청군에 포위당했다. 홍수전의 재촉을 받은 이수성은 상하이 공격을 중지하고 쑤저우와 난징을 오가면서 난징의 포위를 풀기 위해 노력할 수밖에 없었다. 태평군은 1863년 12월 쑤저우를 잃고, 1864년 초에는 항저우마저 상실했다. 1864년 7월 난징도 함락되었다. 홍수전은 난징 함락 1개월 전 음독자살했다. 난징에 입성한 상용은 학살·약탈을 자행했다. 태평군 진압에 결정적 역할을 한 증국번, 좌종당左宗棠, 1812~1885년, 이홍장李鴻章, 1823~1901년 등 한족 출신 인사들은 무력을 배경으로 청 말기 권력구조를 크게 변화시켰다. 태평천국 후기 지도자 중 하나인 홍인간은 자정신편資政新篇에서 기독교 교리에 기초해 중앙집권과 함께 은행, 철도, 우편 제도 도입 등 서양 문물 수용을 주장했다. 그만큼 태평천국에는 혁명적 측면이 있었다. 태평천국과 동학 봉기가 종종 비교되나, 동학이 근왕勤王, 임금을 위해 나랏일에 힘씀 등 반反서구, 보수적 색채를 띠었다는 점에서 양자는 차이가 난다.

제2의 아편전쟁으로 불린 '애로Arrow호 사건'은 태평천국전쟁이 한창이던 1856년 10월 일어났다. 청나라 침략을 노리던 영국과 프랑스는 연합군을 구성하여 12월 광저우廣州를 공격했다. 영·프군은 1858년 4월 서해를 거슬러 올라가 톈진 앞바다까지 진출했다. 러시아 함선 1척도 합류했다. 애로호 사건은 톈진조약으로 이어져 외교사절의 베이징 주재까지 허용되는 등 청나라가 대폭 양보하는 것으로 결말이 났다. 톈진조약 비준 문제와 관련하여 톈진 외항外港 탕구塘沽에서 청군과 영국군 사이에 포격전이 벌어져 영국군이 패하는 바람에 다시 전쟁이 발발했다. 1860년 영국은 프랑스와 함께 군함 100여 척, 병력 1만 5000명으로 구성된 원정군을 파견했다. 영·프 연합군은 1860년 톈진을 거쳐 베이징을 점령했다. 영·불 연합군은 그해 10월 자금성의 이궁離宮 원명원圓明園에 난입했다. 병사들은 보물을 대거 약탈했다. 대영박물관과 루브르박물관의 전시실이 이때 약탈한 보물로 채워졌다. 아편전쟁을 겪은 도광제의 후계자 함풍제는 베이징 북방 러허청더로 도주했으며 영·프에 합세한 러시아는 1860년 청나라와 베이징 조약을 맺어 우수리강 이동 연해주 영유권을 확보했다.

"조선이 중화의 전통을 잇는 유일한 나라"
/

러시아는 조선과 국경을 접하게 되었다. 러시아인들이 두만강가 경흥에 나타나 통상을 요구했다. 러시아의 집요한 통상 요구는 1866년병인년 조선 정부의 천주교도 박해와 프랑스군의 강화도 침공으로 이어졌다. 1864년 고종 즉위와 더불어 권력을 장악한 고종의 아버지 흥선대원군 이하응李昰應은 집권 초기 조선 천주교도의 주선으로 프랑스의 힘을 빌려 러시아의 남진 시도를 저지하려 했다. 이하응은 천주교를 적대시한 성리학 사대부들이 '양이洋夷' 프랑스와의 결탁 시도에 반발하자 권력 유지를 위해 프랑스인 신부神父와 천주교도들을 대거 처형했다. 이는 프랑스의 군사 개입을 야기했다. 1866년 대동강을 거슬러 올라온 제너럴셔먼호가 평양에서 소각된 사건을 이유로 미국 동아시아 함대가 신미년인 1871년 강화도를 침공했다.

조선은 병인, 신미 2차례의 양요洋擾에서 군사적 패배와 함께 다량의 문화재를 약탈당하는 등 큰 피해를 입었다. 양요 이후 조선의 쇄국 및 고립은 한층 심화되었다. 조선은 프랑스군, 미군과의 전투에서는 패배했지만, '정신승리精神勝利'를 자처하고 전국 곳곳에 척화비斥和碑를 세우는 등 외국에 문을 걸어 닫았다. 아편전쟁, 태평천국 봉기, 애로호 사건, 러시아의 아무르주, 연해주 점령 등 청나라의 몰락이 가시화되고 있는데도 불구하고 조선은 외부세계 변화에 눈을 감았다. 조선은 강한 적을 등 뒤에 두고 고개만 처박은 타조駝鳥와 같은 모습을 보였다. 이항로, 기정진, 유인석, 최익현 등 성리학자들은 제비집이 매달린 초가에 불이 나고, 그 아래에서는 구렁이가 혀를 날름거리는 연작처당燕雀處堂의 위기 상황에서도 "청나라가 망하고 나면 조선이 중화의 전통을 잇는 유일한 나라가 될 것"이라고 여겼다. 그들은 조선이 멸망한 1910년에도 1644년 멸망한 명나라 연호 '숭정崇禎' 사용을 고집했다.

이홍장의 해방파와 좌종당의 새방파

/

태평천국의 난이 평정된 1864년 7월, 당시 최강의 무력 집단이던 상용을 장악한 증국번曾國藩은 동생 증국전과 부하 팽옥린 등으로부터 새 나라를 세우라는 권유를 받았으나 거절했다. 전쟁을 오래 치르는 동안 상용도 부패하여 전투력이 약화되었으며, 좌종당과 이홍장李鴻章 등 부하들의 마음도 언제든 바뀔 수 있다는 점을 간파했기 때문이었다. 증국번은 난징 점령 후 상용을 해산하고 일부 우수한 간부만 이홍장에게 넘겨주었다. 이홍장은 증국번의 유산을 기초로 회용淮勇을 만들었다. 이홍장은 회용을 배경으로 직례총독을 여러 차례 역임하는 등 청나라 말기 최고실력자로 군림했다. 이홍장 이후 허베이·허난·산둥·산시 4개성을 관할하는 직례총독이 군기대신을 대신하여 청나라 정부의 최고실력자가 되었다. 애로호 사건을 통해 청나라 인사들은 구미歐美 제국주의 세력이 영토를 노린다는 것을 뼈저리게 느꼈다. 증국번 이후 청나라 실력자들은 외세의 침입을 방어하는 방책과 관련하여 임칙서, 좌종당 중심의 새방파塞防派와 이홍장 중심의 해방파海防派로 나뉘었다. 새방파는 북쪽 육지로부터의 침략, 해방파는 동남쪽 바다로부터의 침략을 우선 저지해야 한다고 주장했다. 아편전쟁 발발 책임을 추궁당해 신장으로 좌천당한 임칙서는 러시아의 움직임을 주시하면서 영국과 미국은 영토 할양이 아니라 조차租借나 통상 이익을 원하는 정도인 반면 러시아는 영토 점령을 시도한다는 것을 알아챘다. 좌종당의 견해 또한 임칙서와 같았다. 새방파가 친미·친영적 색채를 띤 반면 해방파가 친러적 색채를 띤 것은 자연스러운 일이다. 새방론과 해방론은 지정학에 기초했으며 신중국의 외교·안보정책을 관통하는 핵심 논쟁점Key Words이다.

　우즈베키스탄 페르가나 계곡과 타쉬켄트를 중심으로 한 코칸드칸국1710~1876년은 청나라가 백련교도의 반란과 유럽 국가들의 연이은 침략으로 혼란에 처해 사실상 신장을 방기하자 신장의 국경지역을 계속 공격했다. 이에 따라 수많은 한족 상인들이 목숨을 잃었다. 청나라는 1832년 코칸드가 추가로 도발하지 않는 것을 조건으로 코칸드 상인들에게 신장에서의 치외법권 포함 특혜를 제공하는 것을 골자로 한 조약을 체결했다. 청나라 사상 최초의 불평등 조약이었다. 러시아는 1868년 우즈베키스탄 사마르칸드와 부하라 등을 영토로 한 부하라칸국1599~1868년, 1873년 아무다리야 하류를 중심으로 한 히바칸국1512~1873년에 이어 1876년 코칸드칸국을 차례로 점령했다. 코칸드칸국 장군이던 야쿠브벡은 러시아의 침공이 가시화되자 권력 공백 상태이던 신장으로 근거지를 옮겨 새 나라를 세우려했다. 영국은 러시아의 동진을 막고자 야쿠브벡을 지원했다. 신장 침투를 노리던 러시아도 군사고문단을 파견하여 야쿠브벡을 도왔다. 야쿠브벡을 동족同族으로 우대한 오스만터키도 신형 무기를 지원했다. 1872년부터 1874년까지 러시아, 영국, 오스만터키가 차례로 야쿠브벡의 예티샤르카슈가르 왕국를 승인했다. 하지만 이슬람 근본주의를 통치이념으로 내건 야쿠브벡은 통치자로서, 장군으로서 모두 무능했다. 1875년 새방파 좌종당은 흠차대신欽差大臣 자격으로 정예부대를 이끌고 야쿠브벡 군대에 맞섰다. 해방파 이홍장은 야쿠브벡 군대와의 전쟁이 임박했는데도 불구하고 프랑스와 일본 등 해양 세력과의 싸움에 대비해 증원군을 보내주지 않았다. 이홍장이 보기에 신장은 중국의 지엽말단에 불과한 땅이었다. 좌종당은 신장은 몽골을 지키기 위해 필요하고, 몽골을 유지하는 것은 수도 베이징을 방어하기 위해 필요하다는 논리로 맞섰다. 좌종당은 1877년 중국변

이 식량을 포함한 군수물자를 충분히 지원해 준 데 힘입어 야쿠브벡 군을 격파했다. 위구르족의 집단거주지면서 남신장南新疆 중심인 카슈가르, 야르칸드, 호탄 등을 보호령으로 삼으려 하던 영국이나, 북신장北新疆 이리 지방을 점령했던 러시아도 삼켰던 이권利權 대부분을 토해놓지 않을 수 없었다. 좌종당이 야쿠브벡군을 군사력으로 몰아내었기 때문이다.

청나라 중심 동아시아 조공질서의 해체
/

청나라의 시각에서 볼 때 세계 질서는 청나라의 힘이 미치는 정도에 따라 ①각 성省과 만주滿洲, ②소수민족 통치지역인 번부藩部와 쓰촨 서부, 구이저우, 윈난, 칭하이 등의 토사지역土司地域, 소수민족 자치지역, ③조선, 베트남, 류큐오키나와, 버마 등 조공국satellite, ④일본, 중앙아시아, 여타 동남아시아 국가 등 반半조공국, ⑤인도, 중동, 유럽 등 외연으로 구성되어 있었다. 1840년 아편전쟁을 통해 청나라의 무기력이 적나라하게 드러나자 청제국 중심 아시아 조공질서가 무너지기 시작했다. 유럽과 일본은 청의 적대세력이 되어 기존 동아시아 질서를 해체해 나갔다.

19세기 중엽 프랑스의 침공으로 베트남이 가장 먼저 조공국 대열에서 이탈했다. 베트남은 오랫동안 국내적으로는 외국의 조공을 받는 황제, 중국에 대해서는 제후왕으로 행동했다(외왕내제外王內帝). 식민지 개척에 적극적이던 나폴레옹 3세 치하의 프랑스는 가톨릭 선교사 살해를 구실로 1858년 필리핀 주둔 스페인군과 함께 베트남에 출병해 중남부 항구도시 다낭을 점령했다. 프랑스군은 4년간의 공방전 끝에 메콩델타코친차이나를 점령했으며, 1차 사이공 조약을 통해 베트남으로부터 메콩델타의 3개 성ㆍ을 할양받았다.

프랑스는 프로이센독일 제2제국과의 전쟁에서 패한 지 불과 2년 밖에 지나지 않은 1873년 송코이SongCoi·홍하 통항권 확보를 위해 하노이를 포함한 송코이델타통킹를 점령하고, 베트남 정부에 제2차 사이공 조약 체결을 강요했다. 이는 메콩델타 총독 뒤프레가 정부의 승인없이 독단으로 수행한 작전이었다. 프랑스는 제2차 사이공 조약을 통해 베트남의 주권과 독립을 인정하는 대신 베트남으로부터 송코이큰강이라는 뜻 통항권은 물론, 메콩델타 3개 성ㆍ을 추가로 할양받았다.

베트남, 청나라 조공국에서 프랑스 식민지로

/

프랑스는 프로이센과의 전쟁이 끝난 지 10년이 지나 국내외 상황이 안정되자 베트남 전역 식민화를 시도했다. 베트남 총독 빌레는 송코이델타 점령을 위해 군대를 북쪽으로 이동시켰다. 1882년 4월 프랑스는 송코이델타 일부가 태평천국군 잔당 유영복의 흑기군黑旗軍에 의해 장악되어 송코이 통항권을 제대로 행사할 수 없다는 것을 핑계로 리비에르 대령이 지휘하는 600명의 병력으로 하여금 하노이河內를 점령케 했다. 리비에르는 후에順化 소재 베트남 정부에 송코이델타 할양을 요구했다. 베트남 정부는 청나라에 구원을 요청했으며, 청나라는 프랑스군이 북진할 것을 우려하여 장지동張之洞을 사령관으로 베트남과 접한 국경에 부대를 파견했다. 청나라의 강경한 태도에 당황한 프랑스는 송코이SongCoi·홍하를 경계로 세력권을 분할할 것을 제안했다. 1883년 2월 새로 집권한 식민지주의자 페리 총리는 이 제안마저 취소했다. 청나라·흑기 연합군은 공세를 개시해 하노이를 점령했으며 리비에르 대령은 전사했다. 프랑스는 1884년 육·해군으로 구성된 1만 6500명의 병력을 증파하는 것으로 응수했다. 증강된 프랑스군은 송코이델타 주둔 청나라−흑기 연합군을 격파해 베트남 영외로 퇴각시켰다. 이어 수도 후에로 진격했다. 프랑스는 베트남군을 항복시킨 다음 베트남을 보호국으로 만들었다.

이홍장은 1884년 5월 프랑스와 톈진조약을 체결하여 베트남에 대한 프랑스의 권리를 인정했다. 그해 6월 프랑스군이 철군을 지체한다는 것을 이유로 송코이델타 주둔 청나라군을 공격하여 전쟁이 재발했다. 이번에는 프랑스 함대가 푸젠福建 앞바다에까지 나타났다. 조선장관船政大臣 하여장은 외교 문제로 비화할 것을 우려하여 푸젠을 지키던 청나라군에게 프랑스 함대에 저항하지 말 것을 명령했다. 프랑스 함대는 푸젠의 마웨이馬尾 군항軍港을 공격해 양무파洋務派가 건설한 조선소를 파괴했다. 마웨이 조선소가 파괴됐다는 소식을 접하고서야 청나라는 프랑스에 선전포고했다. 청나라는 강경책을 취했다. 프랑스의 쿠르베 제독은 함대를 지휘하여 창장 하구와 타이완의 탐수이항淡水港 수비대를 포격했다. 쿠르베는 평후열도澎湖列島는 점령했으나 탐수이 상륙에는 실패했다. 쿠르베는 저장성을 공격하다가 청군의 포격으로 전사했다. 탐수이 지배자는 스페인-네덜란드-정가鄭家-청나라-일본-타이완 순으로 바뀐다. 1885년 3월 청-흑기 연합군은 송코이델타 랑썬에서 프랑스군을 격파했다. '랑썬 패전'으로 인해 프랑스 페리 내각이 붕괴했다. 프랑스군은 소극적 작전을 취하지 않을 수 없었다. 청으로서도 펑후열도를 잃고, 타이완에 대한 통제도 상실한 상태에서 전쟁을 계속할 수 없었다. 청나라는 1885년 파리 조약을 통해 베트남에 대한 프랑스의 권리를 인정했다. 동아시아 조공질서의 큰 축이 무너졌다.

20

일본,
동아시아의 패자^{霸者}가 되다

강대국들의 만주 집착

/

1894년 상대국에 대한 청·일 양국의 선전포고로 한반도를 전장으로 하는 청·일 전쟁갑오전쟁이 발발했다. 청군淸軍은 아산 앞바다 풍도와 천안성환, 평양에서 처참하게 무너졌다. 일본군은 압록강을 건너단둥의 펑황鳳凰을 점령한 데 이어 뤼순도 점령했다. 북양함대는 산둥반도 앞바다에서 궤멸했다. 종전 협상은 랴오둥반도·타이완·펑후제도 할양이 핵심이었으나 3국러시아·프랑스·독일 간섭으로 일본은 랴오둥반도를 상실했다. 3국 간섭은 1904년 시작된 러·일 전쟁의 서곡이다. 러시아와 러시아의 후계국가 소련은 물론이고 미국도 한때만주에 군침을 흘렸다. 1928년 9월 소련군 기갑부대가 소·만 국경을 돌파하여 만주^{펑톈} 군벌 부대를 공격했다. 소련은 제2차 세계대전 종전 직전 뤼순 포함 남만주의 이권을 회복했다. 소련은 6·25전쟁이 끝난 지 2년 후인 1955년이 되어서야 뤼순을 포함한 다롄 지역에서 철수했다.

삿초^{사쓰마(카고시마)·초슈(야마구치)} 동맹, 도쿠가와 바쿠후 타도

/

1853년 미국 페리 흑선의 도쿄만 출현에 압도된 도쿠카와 바쿠후는 개방을 결정했다. 바쿠후는 가나가와 조약을 체결하여 혼슈섬 이즈 반도의 시모다^{下田}와 홋카이도의 남단 하코다테^{函館}를 개항했다. 바쿠후는 러시아의 남진에 대한 대처로 1855년 러시아와 시모다 조약을 체결하여 사할린^{가라후토, 면적 7만 8000㎢} 러·일 공유와 함께 에토로 후섬과 우루프섬 사이를 중간선으로 하여 쿠릴^{치시마} 열도를 분할하기로 했다. 러시아와 일본 간 사할린, 쿠릴열도 영유권 분쟁은 메이지 유신기, 2차 대전 전후를 거쳐 지금도 갈등 요인으로 남아 있다. 일본이 구미국가들에 의해 압박받는 상황은 1863년 초슈^{야마구치}번의 간몬해협^{시모노세키해협이라고도 하는 혼슈섬과 큐슈섬 사이의 좁은 바다} 봉쇄령과 이를 무시한 미국, 프랑스, 네덜란드 함선들에 대한 포격으로 나타났다. 이는 1차로 미국과 프랑스, 네덜란드 연합함대의 초슈번 포대 포격과 2차로 일본과 미·영·프·네덜란드 간 치외법권^{治外法權} 인정 포함 불평등 조약으로 이어졌다.

△사쓰마^{가고시마}, △도사^{시코쿠섬 고치}, △비젠^{오카야마}과 함께 4대 웅번

雄藩 중 하나인 초슈번은 바쿠후 타도 등 문제의 근본적 해결을 추구하는 방향으로 나갔다. 1867년 11월 초슈번 하기萩와 사쓰마번 가지야加治屋를 대표한 기도 다카요시木戶孝允와 사이고 다카모리西鄉隆盛는 도사번고치 출신 사카모토 료마坂本龍馬의 주선으로 삿초薩長·사쓰마초슈동맹을 결성했다. 삿초동맹은 1868년 에도-아이즈도쿄-후쿠시마가 주력인 바쿠후를 타도하고 왕정복고, 개혁·개방을 요체로 하는 메이지 유신을 성공시켰다. 하기의 민족주의 사상가 요시다 쇼인吉田松陰이 바쿠후 타도 등 일본 변혁의 기초이론을 제공했다. 그는 정한론征韓論과 함께 동아시아-서태평양 해안지대 점령 필요성을 강조했다. 일본 민족주의자들은 그의 사상에 따라 제국주의 행보를 보여 2차 세계대전으로까지 나간다. 다카스키 신사쿠, 이토 히로부미, 기시 노부스케, 아베 신조 등이 그의 정신적 제자들이다. 19세기 중반 일본은 △세계 은銀생산량의 1/3~4, △도시화율 세계 1위도쿄 100만 명, 오사카와 교토 30~40만 명, △구미歐美 정보 유입 등 급진적 개혁·개방을 추진할 수 있는 잠재력을 갖고 있었다. 무엇보다 중요한 것은 일본은 상하上下 모두 중국 중심 성리학적 세계관에 매달려온 조선과 달리 결코 세계를 베이징 중심으로 보지 않았다는 점이다.

일본, 류큐 열도 합병

/

오키나와, 즉 류큐琉球 열도는 일본 큐슈 남부에서 타이완까지 활 모양으로 점점이 퍼져 있는 총면적 2712㎢제주도 1.5배 크기의 열도다. 류큐는 조선, 중국, 일본과 교류하면서 발전해 1429년 오키나와섬 나하를 중심으로 통일왕국을 세웠다. 16세기에는 쇄국정책을 취한 명明과 일본, 조선 간 중계무역을 통해 전성기를 누렸다. 임진왜란 1592년, 정유재란1597년으로 이어진 명·조선과 일본의 7년 전쟁이 끝 난 지 얼마 되지 않은 1609년 사쓰마번薩摩藩·가고시마이 3000여 명의 군대를 동원해 류큐를 점령했다. 사쓰마번은 사쓰마와 가까운 아 마미奄美 제도는 직접 지배하는 대신 류큐의 명목상 독립은 유지해 주었다. 류큐는 1644년 청나라의 산하이관 입관 이후 청나라와 사 쓰마번 모두에 조공을 바치는 양속국兩屬國이 되었다. 청나라만 이 를 몰랐다. 류큐는 1847년 영국, 프랑스에 개항했으며, 미국과는 수 호조약을 체결했다. 메이지 유신維新에 성공하여 체제를 일신한 일 본은 동아시아 포함 세계정세 변화를 유심히 관찰하다가 청나라의 국력이 소진될 기미를 보이던 1879년 류큐 열도를 합병했다. 영국, 러시아, 프랑스 등 외세는 물론, 국내 반란 세력과의 싸움에 정신이 없던 청나라는 일본의 류큐 합병을 지켜보고만 있을 수밖에 없었다. 조공체계로 불린 청淸나라 중심 동아시아 질서에 금이 갔다. 이보 다 4년 앞선 1875년 일본은 오츠크해 연안 도서들에 대한 러시아와 의 이견을 조정, 상페테스부르크 조약을 체결하여 사할린섬에서는 손 떼는 대신 캄차카반도와 홋카이도 사이 1300km에 걸쳐 활처럼 펼쳐진 쿠릴치시마열도면적 1만 5600㎢ 56개 섬 모두에 대한 영유권을 확 보했다.

소장 개혁파들의 갑신 쿠데타

/

베트남과 푸젠, 저장, 타이완 등지를 무대로 한 청·프 전쟁1884~1885년 여파는 조선에도 미쳤다. 일본은 1884년갑신년 12월 프랑스와 전쟁 중이던 청나라의 허를 찔러 김옥균과 홍영식, 박영효 등 소장 개혁 파를 부추겨 친청親淸 민씨 정권에 반대하는 궁정 쿠데타를 일으키게 했다. 일본의 예상과 달리 이홍장은 프랑스와 전쟁을 치르면서도 조선 주둔 청나라군을 빼내가지 않았다. 청군은 흥선대원군 이하응과 연계된 임오군란1882년을 진압한 뒤에도 2000여 명의 병력을 조선에 주둔시키고 있었다. 이하응은 1873년 왕비 민씨에 의해 실각당한 뒤 임오군란 직후 혼란기에 잠시 권좌에 복귀했으나 청군에 의해 납치되어 3년간 베이징 인근 바오딩保定에 유폐된 바 있다. 24세의 조선 주둔 청군사령관 원세개袁世凱·위안스카이는 병력을 동원하여 정변 발생 3일 만에 조선의 개혁파 세력을 제압했다. 위안스카이는 당시 조선 여인 3명을 첩으로 들였는데, 그중 하나인 안동 김씨의 손자 위안자류袁家騮는 세계적 물리학자가 되었다.

갑신정변 이후 조선에서의 청나라 우위가 확고해졌다. 청은 일본과 톈진조약을 체결하여 조선으로부터 군대를 철수하거나 파병할 때 사전 통보를 의무화하자는데 합의했다. 일본이 조선에서 철군하기로 한 것은 당시 일본의 군사력이 청나라에 비해 약했기 때문이다. 특히 정원定遠과 진원鎭遠을 포함한 대형 함선을 보유한 청나라 해군력은 일본 해군력을 압도했다. 일본은 톈진조약을 체결한 후 청나라 정복 계획을 수립하는 등 군비 증강에 전력을 다했으나 청나라는 북양함대 증강에 사용할 예산을 실력자 시태후西太后 환갑 축하를 위한 이화원 공사비로 돌려 놓았다. 일본이 신형 함정을 발주하는 등 해군력을 크게 증강하는 동안 청나라는 10년간 단 한 척의 함정도 확보하지 못했다. 1894년 3월 조선 정부가 파견한 홍종우가 상하이에서 김옥균을 암살했다. 조선 정부는 청나라가 보내 온 김옥균의 시신에서 목을 떼어내어 양화진에 효수梟首했다. 이 사건으로 청나라에 대한 일본의 적개심이 한층 더 고조되었다.

동학혁명과 청·일 전쟁

/

1894년 2월 전라도 고부군수 조병갑의 학정에 견디다 못한 농민들이 동학의 이름으로 봉기했다. 동학군은 5월 10일 정읍의 황토현에서 이틀간에 걸친 처절한 전투 끝에 조선 정부군에 대승을 거두었다. 황토현 전투 참패는 조선 조정을 충격에 빠뜨렸다. 홍계훈이 이끄는 정부군은 5월 28일 전남 장성長城에서 동학군과 접전했으나 다시 대패했다. 5월 31일 동학군은 장날 장사꾼으로 변복하고는 순식간에 전주성을 점령했다. 낫과 쇠스랑 등 농기구로 무장한 동학군의 전주 점령은 외세가 개입하는 국제전쟁으로 비화했다. 민영준민영휘로 개명 일파는 동학군이 이하응과 연결되어 민씨 정권을 위협할 가능성이 커지자 정권 상실을 우려한 나머지 청나라에 원병을 요청했다. 이 사실을 알게 된 일본 정부가 조선 파병을 결정했으며, 일본 군부는 조선에서 청군을 몰아내기 위한 전쟁을 계획했다. 일본은 조선으로 출병할 구실을 찾기 위해 혈안이었는데 동학 봉기로 인해 기회를 잡은 것이다. 일본은 일본군과 청군이 동시에 조선에 출병하게 되면 청나라와의 전쟁을 피할 수 없다고 보고 먼저 군대를 파병했다. 조선의 처지는 바람 앞의 등불이 되었다.

청淸 실력자 북양대신 리홍장李鴻章은 민영휘의 요청도 있고 하여 1894년 6월 4일 청군의 조선 출병을 명령했다. 일본은 대본영大本營을 설치하여 전쟁을 준비했다. 정한론자 무쓰 무네미쓰陸奧宗光 외무장관과 가와카미 소로쿠川上操六 육군 중장 등 개전파가 대청정책對淸政策 주도권을 장악했다. 일본은 산둥반도와 랴오둥반도에서 인천항까지의 거리가 자국에서보다 훨씬 더 짧다는 것을 고려하여 청군이 출발하기 이틀 전 오토리 게이스케大鳥圭介 주조선駐朝鮮 공사가 지휘하는 1개 대대를 출발시켰다. 청의 녜스청녜成은 선발대 800명을 거느리고 6월 8일 아산에 상륙했다. 일본군은 6월 9일 인천에 상륙했다. 조선 정부는 조선이 전쟁터가 될 것을 우려하여 6월 11일 동학군과 전주화약全州和約을 체결했다. 동학군은 해산했다. 청·일군이 조선에 계속 주둔할 명분이 없어졌다.

일본, 호랑이 등에 올라타다

/

오토리 공사는 많은 병력이 조선에 계속 주둔하면 청나라와 군사 충돌로 이어질 것으로 보고 "필수 병력만 남기고 쓰시마대마도로 철수하자."고 건의했으나 무쓰 외무장관과 가와카미 중장은 무조건 전쟁으로 나아가려 했다. 일본은 전쟁 구실을 만들고자 일·청 공동으로 조선의 정치개혁을 추진하자고 제안했다. 청나라는 6월 21일 이를 거부했다. 일본은 한양 주둔군을 동원하여 조선 왕궁과 4대문을 장악하고는 조선 정부에 청과의 국교를 단절할 것을 요구했다. 한편, 해양강국 영국의 1차 관심은 러시아의 남진을 막는 것이었다. 러시아의 남진 저지에 도움이 된다면 청이든 일본이든 상관없었다. 영국의 2차 관심은 영국 기업들이 대거 진출한 경제 중심지 상하이를 포함한 창장 하류로 전쟁이 확대되지 않게 하는 것이었다. 7월 18일 존 킴벌리 외무장관은 청과 일본에 서울을 경계로 조선반도 북쪽은 청, 남쪽은 일본이 점령할 것을 제의했다. 300여 년 전 명나라와 일본은 임진왜란 강화조건으로 ①대동강 이남 일본 할양안, ②충청·경상·전라 3도와 경기 일부, 즉 남부 4도 일본 할양안 등에 대해 논의한 적이 있다. 청나라 군사력이 일본에 비해 열세인 현실을 잘 알던 리훙장은 킴벌리의 제안을 환영했으나 일본은 이를 거부했다. 일본은 북방의 러시아에 대해서는 크게 걱정하지 않았다. 시베리아 철도가 아직 개통되지 않아 러시아가 대군을 파병할 수 없다는 것을 알고 있었기 때문이다. 광서제는 주전론을 고수했다. 후광총독 장즈퉁張之洞과 호부상서 윙퉁허翁同龢 등 리훙장 반대파가 이에 동조했다.

북양함대는 청이라는 나라가 아니라 리훙장의 사병처럼 운용되었는데, 최근 10여 년간 신형 함정을 한 척도 구입하지 못해 일본 해군에 비해 열세였다. 포탄도 크게 부족했다. 여기에다가 청나라 해군은 각 성省에 소속되어 군령도 일원화되지 못했다. 리훙장은 7월 29일 황제에게 올린 상주문上奏文에서 청과 일본의 해군력을 비교하여 승산이 없음을 밝혔다. 리훙장은 끝까지 일본과의 전쟁에 끌려들어가지 않으려 했다. 일본은 조선에 경부전신京釜電信 가설권과 조·청朝淸 조약상민수륙무역장정 폐기 등 최후통첩을 내놓고는 조선 주재 청나라 총리공서를 공격하는 등 한양을 점령했다. 고종은 7월 24일 대원군 이하응에게 전권을 위임했다. 일본은 이하응에게 청군 격퇴를 요청한다는 요지의 국서國書를 보내 줄 것을 강요했으나 이하응은 주저했다. 청과 일본, 어느 쪽이 승리할지 판단이 서지 않은 것이다. 8월 1일 청나라와 일본은 상대국에 선전포고했다. 온건파 이토 히로부미伊藤博文, 1841~1909년 총리는 무쓰 외무장관에게 아산 공격 중지를 지시했으나 무쓰는 일본이 호랑이 등에 올라탄 기호지세騎虎之勢 상황이라고 판단하여 전쟁으로 밀고 나갔다.

흥선대원군 이하응, 동학군과 연결
/

리훙장의 생각은 평양에 청군을 집결시켜 한양의 일본군 8000명과 맞서는 것이었다1:1 전선. 리훙장은 예즈차오葉志超가 지휘하는 2000명의 아산 주둔 청군을 평양으로 이동시키려 했다. 조선 전선의 예즈차오는 리훙장의 의견에 반대하면서 평양의 청군을 증강하는 한편 아산의 청군 병력도 증원하여 한양 주둔 일본군을 남북에서 포위·협격하자고 주장했다2:1 남북 포위. 리훙장은 임차한 영국 선박에 증원 병력을 태워 아산으로 보냈다. 일본 해군은 7월 25일 아산 앞바다 풍도해상에서 청군이 탑승한 영국 선박을 기습 공격했다. 탑승한 청나라 병사 1200명 모두가 익사했다. 이에 따라 사기가 떨어진 청군은 7월 29일 벌어진 천안 성환成歡 전투에서 일본군에 패배했다. 일본은 9월 13일 대본영을 히로시마로 전진시켰다. 예즈차오는 성환 전투에서 승리했다고 거짓 보고하고는 충주, 춘천을 우회하여 평양으로 도주했다.

리훙장은 평양의 청군 지휘관들이 불화한다는 보고를 받고 성환 전투에서 승리했다는 예즈차오를 평양의 청군 사령관에 임명했다. 기존 청군 지휘부는 리훙장의 조치에 실망했다. 예즈차오는 압록강까지 후퇴하여 일본군의 보급로가 길어진 틈을 타 공격할 것을 주장했으나, 다른 장군들은 그의 주장을 받아들이지 않았다. 9월 15일 노즈 미치츠라野津道貫 중장이 지휘하는 일본군 1만 7000명이 평양의 청군 1만 4000명을 포위했다. 평양성은 쉽게 떨어지지 않았다. 일본군이 탄약이 떨어져 후퇴하려는 순간, 예즈차오의 명령에 따라 청군이 평양 성곽에 백기를 내걸었다. 평양전투에서 패배한 청군은 조선에서 퇴각했으며, 이하응이 예즈차오에게 보낸 밀서는 일본군에게 노획되었다. 예즈차오는 나중 참형을 당했다. 이하응은 경상·전라·충청 유력 양반 및 동학 지도자에게 밀사를 보내 의병 봉기를 촉구했다. 이하응은 1894년 8월 선무사를 파견하여 전봉준·김개남 등 동학군 지휘부와 접촉하여 재봉기를 논의했다. 이하응이 선무사로 보낸 이건영은 전봉준에게 "왜구가 궐내를 범하고 종사에 화가 미쳐 나라의 명맥이 조석에 달렸으니 너희들이 서울로 북상하지 않으면 나라에 화가 닥칠 것"이라는 내용의 밀서를 보여 주었다. 김개남에게는 "기병起兵하여 한양으로 올라오라. 이것이 바로 대원군의 진의"라면서 궐기를 호소했다.

동학군 전사자에서 흘러나온 지방이 눈 온 것처럼 보이다
/
전봉준은 10월 중순부터 동학 남접南接 전라도를 중심으로 의병을 조직했다. 남접의 봉기에 자극받은 손병희 등 북접北接 충청도 지도부도 전봉준을 지원하여 함께 궐기했다. 남접 지도자 중 하나인 김개남은 청주성을 공격하는 등 전봉준과는 별개로 행동했다. 11월 7일 17만 명의 동학군이 논산에 집결하여 북진을 시도했다. 일본은 9월 하순 대원군과 동학지도부 간 비밀 접촉 사실을 파악하고 철저하게 전투를 준비했다. 이하응을 두둔한 오토리 공사가 소환되고 10월 27일 이노우에 가오루井上馨 공사가 부임했다. 이노우에는 일본에서 파병된 1000여 명의 중무장 보병을 동원하여 동학군 진압에 나섰다. 전봉준이 이끄는 동학군은 12월 4~7일 간 공주 우금치 일대에서 벌어진 일본군, 정부군과의 전투에서 화력의 절대 열세로 인해 참패했다. 동학군 전사자들의 몸에서 흘러나온 지방이 산야를 덮어 멀리서 보면 산에 눈이 온 듯 했다 한다. 이하응은 퇴진을 강요당했다.

청의 북양함대 전멸

/

이에 앞선 9월 평양 전투 상황을 파악하지 못한 청나라는 뤼순항을 통해 함대를 추가 파견했다. 북양함대는 9월 17일 압록강 하구 하이 양다오海洋島 인근에서 일본 함대와 조우하여 5시간에 걸친 해전 끝에 참패했다. 패배한 북양함대는 다롄만大連灣으로 귀환했다. 일본군 제1군은 10월 압록강을 건너 평황을 점령했으며 제2군은 11월 뤼순을 점령했다. 북양함대는 산둥반도 웨이하이웨이威海衛 앞바다까지 도주했다. 이토 히로부미의 평생 라이벌 제1군 사령관 야마가타 아리토모山縣有朋는 베이징 공격을 주장했다. 강경파 야마가타의 폭주를 우려한 대본영은 야마가타를 노즈 미치츠라로 교체했다. 야마가타는 해임되기 전 선양瀋陽, 랴오양遼陽 남부 군사요충지 하이청海城 점령을 명령했으며, 일본군은 12월 하이청을 점령했다. 남방에서는 일본 해군이 타이완의 부속도서 펑후열도澎湖列島를 점령했다. 전선이 확대됨에 따라 일본의 군사력은 바닥을 드러내었다. 일본은 근위 사단과 북해도 둔전병까지 동원했다. 본토를 지킬 병력이 거의 없는 상태가 되었다. 외부의 간섭에 취약해진 일본으로서는 적절한 시점에 전쟁을 종결해야 했다. 곤궁하기는 청나라도 마찬가지였다. 청나라는 영토에 대한 이해관계가 비교적 적은 미국에 종전 협상을 주선해 줄 것을 요청했다. 일본은 군사력이 바닥나고 있었는데도 웨이하이웨이 앞바다로 도주한 북양함대를 전멸시킨 다음 전쟁을 끝내고자 했다. 이토 스케유키伊東祐亨 해군사령관은 딩루창丁汝昌 북양함대 사령관에게 항복을 권고했으나 딩루창은 이를 거부했다. 일본 해군은 1895년 2월 웨이하이웨이를 점령하고 류궁다오劉公島에서 북양 함대를 전멸시켰다. 딩루창은 자결했다.

3국 간섭과 황화Yellow Peril

/

이토와 리훙장은 미국의 주선으로 시모노세키下關에서 정전 교섭을 했다. 일본에 의한 황화黃禍·Yellow Perill: 황인종에 의한 백인종 말살를 우려한 독일은 일본이 청나라 영토 할양을 요구할 경우 이에 간섭하겠다고 선언했다. 일본이 동아시아 패권을 장악할 가능성을 우려한 것이다. 독일은 영국에 청·일 협상에 함께 간섭할 것을 제의했으나 영국은 러시아의 남진을 저지하려면 일본이 더 강력해지는 것이 유리하다고 보고 독일의 제안을 거부했다. 일본은 청나라에 톈진과 산하이관 등의 할양을 요구했으며 뤼순에 정청대도독부征淸大都督部를 설치할 의사를 표명하는 등 강경하게 나갔다.

크리미아 전쟁1853~1856년에서 영국, 프랑스, 오스만터키, 사르디니아이탈리아 연합군에 패배한 러시아는 동아시아로 눈길을 돌렸다. 러시아는 1858년 아이훈 조약과 1860년 베이징 조약을 통해 헤이룽장 이남, 우수리강 이동以東 청나라 영토 150만㎢ 이상을 차지했다. 이로써 중국은 동해 출구를 상실했다. 신중국중화인민공화국은 현재 북한의 나선항, 청진항 등을 통해 동해로 나아가려 한다. 러시아는 영·미와 연결된 해양세력 일본의 굴기를 저지하려 했다. 청나라는 열강의 움직임을 제대로 파악하지 못했다. 러시아군 3만여 명이 북만주로 이동 중이라는 첩보가 들어오자 정전을 반대하던 강경파 일본 군부도 입장을 바꾸었다. 일본은 청나라에 1882년 체결된 '조·청상민수륙무역장정조선은 청나라의 제후국' 폐기 포함 조선의 완전한 독립, 랴오둥반도와 타이완 및 펑후열도 할양, 배상금 3억 냥 지불 등을 요구했다. 협상 끝에 일본의 요구 조건이 다소 완화된 시모노세키 조약이 4월 17일 조인되었다. 일본은 캄차카반도 앞바다로부터 시작되는 쿠릴열도에서 타이완의 부속섬 펑후열도까지 약 4500㎞ 거리의 동북아시아 주요 도서를 모두 장악한 강대국으로 바뀌었다.

러시아 품에 안긴 랴오둥 반도

/

독일·프랑스·러시아 3국은 4월 23일 일본의 랴오둥반도 영유를 반대하고 나섰다. 일본 주재 3국 공사는 일본 외무부에 랴오둥반도 영유를 반대한다는 자국 정부의 뜻을 전했다. 일본은 히로시마 대본영에서 ①3국 간섭 거부, ②열국회의列國會議 개최, ③3국 간섭 수락 등 3가지 방안을 놓고 논의한 끝에 ②안으로 결론을 내렸다. 요양 중이던 무쓰 외무장관은 문병 온 이토 총리에게 열국회의가 개최되면 열강의 간섭으로 인해 시모노세키 조약 프레임 자체가 깨질 가능성이 크다고 말하면서 열국회의 개최에 반대했다. 그러면서 무쓰는 러시아를 상대할 힘이 없으면 분하더라도 3국 간섭을 받아들일 수밖에 없다고 덧붙였다. 4월 29일 메이지 덴노가 참석한 가운데 어전회의가 개최되어 랴오둥반도 반환이 결정됐다. 3국 간섭은 러·일 전쟁으로 가는 서곡이었다. 일본에 대항하려면 러시아의 지원이 필요하다는 것을 알게 된 리훙장은 1896년 니콜라이 2세 대관식에 참석하여 유효기간 15년의 청·러 비밀 군사동맹 조약을 체결했다. 일본이 청나라와 조선, 러시아를 침략할 경우 상호 지원한다는 것이 요지였다. 러시아는 청나라를 보호해 주는 대가로 서쪽에서 동쪽으로 북만주를 관통하는 동청철도^{만저우리-하얼빈-쑤이펀허, 청나라 동부 철도라는 뜻} 부설권을 획득했다. 러시아는 일본의 '랴오둥반도 할양' 요구를 무산시킨 직접 대가도 받아 냈다. 러시아는 1898년 3월 청나라로터 랴오둥반도 남단에 위치한 뤼순항^{Port Arthur}과 다롄항^{Port Dalian} 일대를 조차^{租借}했다.

21

일본의 팽창^{膨脹},
중국의 변화^{變化}

쑨원, "청조^{淸朝}를 뒤엎자"

/

동쪽의 변방 일본과의 전쟁에 대패한 청나라 조야^{朝野}는 충격에 휩싸였다. 광서제를 포함한 청나라 지도부는 물론 일반 사대부들도 패전 소식에 분노했다. 과거를 보기 위해 베이징에 모인 캉유웨이^{康有爲}와 량치차오^{梁啓超} 등은 공동상소를 통해 개혁을 청원했다. 이대로 가서는 나라^淸의 앞날이 없다는 데 조야의 의견이 일치했다. 이 같은 상황에서 두 갈래의 개혁 움직임이 일어났다. 하나는 황제가 중심이 된 위로부터의 개혁 운동이다. 다른 하나는 청조^{淸朝}를 뒤엎자는 아래로부터의 개혁 운동이다. 아래로부터의 개혁 운동은 쑨원^{孫文}과 루하오둥^{陸皓東} 등 광둥성 출신들이 주도했다. 그들은 1894년 하와

이 호놀룰루에서 흥중회興中會를 구성했다. 흥중회는 1895년 9월 광저우廣州에서 무장봉기를 시도했으나 계획이 사전에 누설되어 실패했다. 쑨원孫文, 1866~1925년은 1900년 10월 발생한 광둥성 후이저우惠州 봉기 이후 청나라 안팎에 널리 알려졌다. 후이저우 봉기에는 야마다 요시마키, 히라야마 슈를 비롯한 일본 혁명가들도 참가했다. 장빙린章炳隣, 주룽皺容 등 한족漢族 민족주의자들은 쩡궈판曾國藩·증국번, 쮀쫑탕左宗棠·좌종당, 리훙장李鴻章·이홍장 등 권력자들을, 한족漢族을 만주족에 팔아넘긴 한간漢奸이라고 비난했다. 중국 혁명은 이렇듯 한족 민족주의 색채를 강하게 띤다.

변법자강 실패

/

청나라 체제의 위기를 감지한 광서제는 1898년 6월 캉유웨이, 량치차오, 탄시퉁譚嗣同 등을 기용하여 △정치 개혁, △산업 진흥, △군제 개혁, △학교 설립을 중심으로 개혁을 시도했다. 그러나 개혁에 호의적인 인물은 호남순무 천바오전陳寶箴과 공부상서 쑨자나이孫家鼐 등 소수에 불과했다. 변법이라고 불린 이 개혁은 천바오전의 후원을 받은 후난성을 제외하고는 거의 성과를 내지 못했다. 보수파 실력자 시태후西太后, 함풍제의 후궁 출신으로 정식 명칭은 자희태후는 권력을 잃는 것이 두려워 개혁에 반대했다. 시태후는 군 지휘권을 가진 직례총독 자리에 조카 구왈기야 룽루瓜爾佳榮祿를 임명했다. 청·일 전쟁 시 보급을 담당한 위안스카이는 신건육군新建陸軍을 편성하여 훈련시켰다. 개혁을 추진하려면 군사력이 필수인데도 캉유웨이와 탄시퉁 등 개혁파는 군대를 장악하지 못했다.

광서제가 개혁파 인물을 군기대신 장경보좌관에 임명하자 시태후가 행동을 개시했다. 시태후는 자파自派 장군들에게 병력을 황궁 부근으로 이동시킬 것을 명령했다. 위기를 감지한 탄시퉁은 신건육군이라는 최강의 무력을 보유한 위안스카이와 담판했다. 탄시퉁은 위안스카이에게 휘하 군대를 동원하여 시태후가 거주하는 이화원을 포위해 줄 것을 요청했다. 수일 동안 고민한 위안스카이는 변법파의 요청을 거부한 다음 탄시퉁의 계획을 시태후의 측근 구왈기야 룽루에게 밀고密告했다. 이러한 사실을 모르는 광서제는 위안스카이의 힘을 빌리고자 9월 16일 그를 시랑侍郎에 임명했다. 상황 전개를 주시하던 시태후는 9월 17일 친위 쿠데타戊戌政變를 일으켰으며, 9월 20일 광서제를 유폐했다. 탄시퉁과 캉광런康廣仁 등 변법파들은 처형되고 캉유웨이와 량치차오는 일본으로 망명했다. 위로부터의 개혁은 실패하고 말았다.

의화단의 난

/

1897년 독일은 산둥성에서 자국 출신 가톨릭 신부神父 2명이 살해된 것을 기회로 청나라를 협박하여 자오저우만膠州灣 조차권과 함께 철도부설권을 빼앗았다. 독일 교회는 무력을 배경으로 산둥성 지역에서 포교해 중국인 신자를 다수 확보했다. 이러한 상황에서 '교안

敎案'이라고 하는 반反기독교 민중운동이 빈번히 일어났다. 배외단체인 의화단은 부청멸양扶淸滅洋을 구호로 내걸고 외국인을 습격하기 시작했다. 배외적인 만주족 출신 위시안毓賢에 이어 산둥순무山東巡撫로 부임한 위안스카이는 외세의 호의를 얻고자 철도나 학교 등 서양과 관련된 모든 것을 파괴하던 의화단을 탄압했다. 위안스카이에 의해 산둥에서 쫓겨난 의화단은 인접한 허베이로 들어갔다. 시태후는 의화단을 이용해 서양 세력을 몰아내기로 결심했다. 1900년 6월 청 정부의 지원하에 의화단원 20만 명이 베이징에 진입했다.

시태후는 무술정변 시기 광서제를 유폐하는 일에 동원된 반외세적인 동푸샹董福祥의 감군甘軍·간쑤성 군대도 불러들였다. 의화단과 감군은 배외운동을 실행에 옮겨 베이징에 거주하는 공관원과 그 가족 등 외국인을 무차별 살해했다. 청나라는 각국에 선전포고를 하고 지방관들에게는 의화단과 함께 외세를 공격할 것을 명령했다. 대부분의 지방관들은 정부 명령에 따르지 않았다. 의화단이 베이징의 외국인 거주 지역 동교민항東交民巷을 집중 공격하자 일본, 영국, 미국, 러시아, 독일, 프랑스, 이탈리아, 오스트리아로 구성된 8개국 연합군이 베이징으로 진군했다. 총병력 2만 명이었으며 일본군이 다수를 차지했다. 러시아의 반대에도 불구 영·미는 일본이 대군을 파견하는 것을 지지했다. 일본 외에 공사가 살해당한 독일이 파병에 가장 열성을 보였다. 8개국 연합군은 8월 14일 베이징에 입성했다. 시태후는 베이징이 함락되기 직전 광서제와 함께 시안西安으로 도주했다. 1901년 9월 강화조약이 체결됐다. 러시아는 의화단 운동을 이용하여 만주에 대군을 진주시켰다.

무기력한 평화를 누린 조선

/

청·일 전쟁 후 러시아는 독일·프랑스를 끌어들여 일본의 랴오둥반도 점유를 좌절시키고[3국 간섭], 러·청 비밀동맹조약을 체결했으며 동청철도東淸鐵道 부설권을 획득했다. 또한 독일의 산둥반도 자오저우만膠州灣 조차에 대항해 1898년 랴오둥반도 남단 뤼순旅順·다롄大連을 25년간 조차하는 등 만주 전역에 대한 영향력 확보를 시도했다. 청·일 전쟁이 끝난 1895년부터 러·일 전쟁이 시작된 1904년까지 조선은 영국, 미국과 일본, 러시아 간 세력 균형 아래 '무기력한 평화'를 누렸다. 주조선駐朝鮮 독일공사관 1등서기관이 이권 제공 업무를 게을리한다는 이유로 조선 외무대신대리를 공사관으로 들어오게 하여 뺨을 때렸다.

시어도어 루스벨트 미국 대통령은 고종의 특사 호러스 알렌에게 '미국은 일격도 못 날리는 (조선이라는) 나라'를 일체 지원해 줄 수 없다고 공공연히 말했다. 시어도어 루스벨트는 조선 정부와 민족을 세계에서 가장 못난 정부, 못난 민족이라고 평가했다. 외척 민씨閔氏 일파는 3국 간섭에 성공한 러시아의 힘을 과신한 나머지 친러 정책을 밀고 나갔다. 러시아 세력의 조선 침투에 초조해진 일본은 1895년 10월 미우라 고로三浦梧樓 주조선駐朝鮮 공사로 하여금 미야모토 케다로宮本竹太郞 포함 일본군과 낭인들을 동원하고, 친일장교 이주회·이두황·우범선 등을 사주해 중전 민씨를 시해케 했다. 중전 민씨가 시해당한 것은 △일본의 모험주의, △일본-러시아 간 세력경쟁, △조선 내 친일파-친러파 간 갈등, △민씨를 포함한 조선

지도부가 민심을 상실한 것이 주요 원인이다. 중전 민씨 시해에 이은 단발령斷髮令 시행 여파로 인해 유인석, 이소응, 허위許蔿 등 성리학 사대부 중심으로 근왕창의勤王倡義와 척왜斥倭를 내건 의병운동이 일어났다. 일본의 압박을 혐오하여 한양 주재 외국 공관으로 도피를 시도해 온 고종이 러시아 공사관에 망명하는 등 조선에 대한 일본의 영향력은 다소 줄어들었다.

러시아는 중전 민씨가 시해된 1895년 10월 을미사변 이후 4개월 만에 아관파천고종이 주조선 러시아 공사관에 피신한 사건을 성공시킴으로써 조선 정부를 친러화 했지만, 병력을 대규모로 실어 나를 수 있는 시베리아철도가 완성될 때까지는 일본과 타협하는 정책을 취했다. 러시아와 일본이 1896~1898년에 걸쳐 체결한 △베베르·고무라Weber·小村 각서, △로바노프·야마가타Lobanov·山縣 협정, △로젠·니시Rosen·西 협정은 두 나라가 타협한 대표적 사례. 1900년 의화단의 난이 만주까지 번지자 러시아는 동청철도를 보호한다는 구실로 만주 대부분을 점령했으며, 난이 진압된 후에도 철군하지 않았다. 일본은, 러시아의 팽창에 대항하고자 △영국과 동맹을 맺는 것과 △러시아와 협상하는 것을 놓고 고민하다가 영일동맹1902년 1월으로 방향을 잡았다. 러시아는 1902년 러·프 동맹 적용 범위를 동아시아로 확대하려 했지만 프랑스의 반대로 실패했다. 이후 러·청 철군협정露淸撤軍協定을 체결하는 등 동아시아에서의 이권 강화와 관련하여 소극적 태도를 보이는 듯했으나 제1기 만주 주둔군 철군까지만 진행했을 뿐 제2기 철군 대신, 도리어 랴오닝성 남부와 지린성 전역을 점령했다. 뤼순에 극동총독부가 신설되는 등 이른바 신新노선에 따른 강경책이 이어졌다. 러시아가 갑자기 정책을 바꾼 것은 황제 니콜라이 2세의 신임을 받게 된 알렉산드르 베조브라조프를 비롯한 강경파가 권력을 장악했기 때문이다. 베조브라조프는 니콜라이 2세에게 '한반도를 차지하면 랴오둥 반도의 뤼순과 다롄을 쉽게 지킬 수 있다.'고 말했다. 러시아는 압록강 유역으로 병력을 파견한 후 삼림 벌채권 이행을 명목으로 신의주 부근 용암포를 군사기지화 하는 등 조선 영토에 야심을 보였다. 러시아는 19세기 말에도 함경도 경흥과 원산, 부산 영도 등에 욕심을 드러낸 바 있다.

러·일 전쟁은 유라시아 전쟁
/

1904~1905년 조선과 만주 이권을 놓고 벌어진 러·일 전쟁에서 일본이 승리했다. 청·일 전쟁이 동아시아 지역 전쟁Regional War이라면 러·일 전쟁은 영국·독일·프랑스·미국 등 당시 열강 모두의 이해관계가 걸린 유라시아 전쟁Eurasian War이다. 당시 세계열강 모두 전쟁의 추이를 심각하게 관찰했다. 러·일 전쟁은 제1차 세계대전으로 가는 '과도기적 전쟁'이었다. 미국은 러시아의 태평양 방향 남하를 막기 위해 만주를 빼앗을 생각까지 했다. 영국과 미국은 러시아의 한반도 방향 남진 움직임을 극도로 경계했다. 영국과 미국은 러시아의 남진 움직임을 이른바 Great Game의 일부로 보았다. 독일은 러시아가 발칸·중동 방향으로 남진하는 것을 막아야 했기에 러시아의 동아시아 정책에 큰 불만이 없었다. 국내 반란 위기를 외부 문제로 희석

하려 한 니콜라이 2세의 책략도 러·일 전쟁 발발 원인 중 하나다.

조·만朝滿 교환론
/

총리를 지내는 야마가타 아리토모1838~1922년는 1889년 오스트리아의 수도 빈Wien 체류 시 국가학Staatswissenschaft을 전공한 로렌츠 폰 슈타인Lorenz von Stein 빈대학교 교수를 만났는데, 폰 슈타인은 러시아가 한반도로 남진하여 영흥만원산만에 군항을 건설하면, 일본은 러시아의 직접적인 위협 아래 놓이게 될 것이라고 말했다. 폰 슈타인은 야마가타에게 한 나라의 국가 주권선과 이익선에 대해서도 설명했다. 폰 슈타인으로부터 영향 받은 야마가타는 일본제국의 대외 팽창정책에 대한 이론적 기초를 제공했다. 일본은 청·일 전쟁 발발 이전부터 이미 러시아의 만주 지배 공고화 시도와 함께 한반도 방향 남진을 우려하고 있었다. 1903년 8월부터 1904년 2월 개전에 이르기까지 러시아와 일본은 여러 차례 만주와 조선 문제를 두고 교섭했다. 일본의 주장은 조선을 일본의 보호령으로 삼는 대신, 러시아의 만주 우월권은 인정하되 기회균등 원칙이 지켜져야 한다는 것이었다. 러시아는 자국의 만주 독점과 북위 39도선 이북 조선반도를 중립지대로 설정하는 등 일본이 군사적으로 조선반도를 이용해선 안 된다는 태도를 견지했다.

일본의 제1차 협상안은 ①청·조선 양국의 독립 보전, ②상업상 기회 균등, ③조선·만주에서 러·일의 상호 이익 보장이 골자다. 고

무라 주타로小村壽太郎 일본 외무장관은 10월 1차 수정안에서 조만교
환론朝滿交換論을 명백히 하면서 일본의 조선반도 파병권은 물론 조·
만 국경 중립지대 설치를 요구했다. 12월 중순에야 제시된 러시아의
수정안은 청나라에 대해서는 어떠한 언급도 없이 조선 북부의 중립
지대화 및 조선 영토의 군사적 이용 금지 등 조선 문제에 대해서만
언급했다. 12월 하순 제시된 일본의 2차 수정안과 1904년 1월 초 러
시아의 답변도 기존 태도를 되풀이함으로써 타협 여지가 사라졌다.
일본은 1892년 2월~1893년 8월 1년 6개월간 유라시아대륙을 횡단
한 적 있는 정보장교 후쿠시마 야스마사福島安政 등의 노력으로 개정
된 영일동맹 조약에 의거 영국의 지원을 확보하는 데 성공했다. 일
본은 이에 힘입어 1904년 1월 개최된 어전회의에서 러시아에 대해
강경책을 취하기로 결정했다. 일본은 자국의 최후통첩에 대한 러시
아의 답변을 확인하지도 않은 채 2월 임시각의에서 전쟁을 결정했
다. 1904년 2월 6일 큐슈의 사세보항을 출항한 도고 헤이하치로東鄉
平八郎 함대가 2월 8일 러시아 동아시아 함대 근거지 랴오둥반도 최
남단 뤼순항을 기습 공격하면서 러·일 전쟁이 시작되었다. 2월 9일
일본군은 다른 함선들을 동원하여 인천 앞바다에 정박한 러시아 군
함 2척을 격침했다. 그리곤 2월 10일에서야 정식으로 선전포고를
했다.

뤼순 203고지 전투

/

조선은 러·일 전쟁 발발 이전인 1904년 1월 전시 중립을 선언했지만 러·일 어느 쪽도 조선의 입장을 존중해 주지 않았다. 일본은 조선에 반反러시아 동맹조약조일의정서 체결을 강요했다. 도고함대가 뤼순항을 봉쇄하는 데 성공했으며 4월 말 조선반도를 거쳐 북진한 일본군 제1군은 5월 초 압록강 하구에서 러시아군을 격파했다. 제2군은 다롄의 중심 난산南山을 점령하여 러시아군의 근거지 뤼순을 고립시켰다. 블라디보스토크에 기항하던 러시아 동아시아 함대 함선이 6월 대한해협까지 남하하여 일본 육군수송선을 격침했다. 일본은 같은 달 만주 총사령부를 설치했다. 15개 사단으로 이루어진 만주 진출 일본군이 9월 랴오양을 점령했다. 구식 사무라이 스타일의 노기 마레스케乃木希典 장군 등이 지휘한 제3군은 1905년 1월 1일 1만여 명이 희생되는 대가를 치른 끝에 요충 중 요충인 뤼순 203고지를 점령했다. 일본군의 203고지 점령은 뤼순항에 갇힌 러시아 동아시아 함대의 종말을 의미했다.

오야마 이와오大山巖 육군 총사령관이 지휘한 25만 일본군은 1905년 3월 알렉세이 크로파트킨 동아시아 총사령관이 지휘한 32만 러시아군을 선양 전투에서 격파하여 육전을 마무리했다. 러·일 전쟁 당시 일본군 병력은 120만 명에 달했다. 해군은 전함 7척, 순양함 8척, 경순양함 17척, 구축함 19척, 어뢰정 28척, 포함砲艦 11척으로 이뤄졌다. 대다수 함정을 뤼순항에 기항시킨 러시아의 동아시아 함대는 전함 7척, 순양함 4척, 어뢰정 37척, 포함 7척을 보유했다. 개전 직전 러시아 동아시아군은 정규군 10만 명을 보유했으며, 철도수비대 2만 4000명은 동청철도 부근에 분산 배치되어 있었다. 만주에 진입한 일본군은 대부분 1905년 이동했으며 40여만 명의 사상자가 발생했다. 전쟁이 장기화하자 일본은 전투 여력을 상실했다. 1년 전비를 4억 5000만 엔 정도로 예상했지만, 실제로는 2년간 19억 엔이 투입되었다. 보급로가 길어져 일본군의 전술상 취약점이 노출되자 러시아는 주력 부대를 북만주 하얼빈에 집결시켜 반격 기회를 노렸다. 선양전투 이래 일본은 전쟁을 계속할 능력을 잃어 종전을 서둘러야 할 처지가 되었다. 러시아 역시 1905년 1월 발생한 반란^{피의 일요일} 탓에 전쟁을 계속할 능력을 상실했다. 두 나라 모두 강화가 불가피함을 인식했다.

대한해협 해전

/

일본은 결정적 승기를 잡은 뒤 미국에 중재를 의뢰하기로 했다. 모항母港인 발트해의 라트비아 리바우항을 떠나 아프리카 희망봉을 돌아오느라 전력이 약해진 발틱함대와 벌인 대한해협 해전에서 일본은 결정적 승기를 잡았다. 러시아 해군은 △발틱함대, △흑해함대, △극동함대로 구성되었다. 흑해함대는 오스만터키 해군을 견제해야 했기 때문에 해군력 전부를 일본과의 전쟁에 투입할 수 없었다. 1905년 5월 27일 새벽 4시 진해만 그늘에서 기다리던 도고함대가 출격하여, 24시간 계속된 대한해협 해전에서 정자전술丁字戰術을 써 러시아 함대를 대파하고 지노비 로제스트벤스키 사령관을 포로로 잡았다. 탈주한 순양함 드미트리 돈스코이호는 일본 해군에 나포당하지 않고자 울릉도 앞바다에서 자침自沈했다. 대한해협 해전이 벌어질 때까지도 만주의 러시아 육군은 완전히 손상되지 않았으며 보급도 비교적 원활하게 유지되었다. 포츠머스 강화회의에서 러시아 대표 세르게이 비테가 패전을 인정하지 않으려 한 것도 이 때문이다.

1904년 4월~1905년 5월 미국과 영국이 네 차례에 걸쳐 일본에 제공한 차관 4억 1000만 달러 중 40%가량이 전비로 충당됐다. 영국은 일본의 동맹국 역할을 충실히 이행했다. 러·일 교섭 시 제3국이 관여하지 못하도록 해달라는 일본의 요청을 받은 영국은 프랑스 외상 테오필 델카세와 러시아 외상 람스도르프의 중재 요청을 모두 거절했다. 또한 러시아 함대에 대한 제3국의 석탄 공급을 저지하는 등 일본에 대한 지원을 아끼지 않았다. 후진後進 전제국가 러시아를 경멸한 시어도어 루스벨트 대통령은 독일과 프랑스가 다시 간섭하고 나설 경우, 즉각 일본 편에 가담하겠다고 공언했다. 또한 러시아와 일본에 대해서는 전쟁터를 확대하지 말고, 북중국을 포함한 중국 영토 불가침 원칙을 지키라고 요구함으로써 러시아의 만주 기득권을 부정했다. 미국이 일본 편을 든 배경에는 개전과 동시에 루스벨트의 하버드대 동창생 가네코 겐타로金子堅太郎를 특사로 파견하여 친일 여론을 일으키게 한데도 원인이 있다.

제1차 세계대전으로 가는 '과도기 전쟁'

/

러시아의 동맹국 프랑스는 영국과 충돌을 피하고자 했다. 프랑스는 러·일 전쟁에 말려들지 않고자 중립을 선언하고 4월 8일 영·프 협상Entente Cordiale을 체결했지만, 러시아 함대에 석탄을 공급해 주는 등 동맹국으로서의 의무는 다했다. 러시아의 진출 방향을 발칸·중동이 아닌 동아시아로 돌리고자 한 독일은 러시아가 '동아시아에서 공격받을 시 독일의 지원을 기대해도 좋다.'는 뜻을 1903년 7월 이후 여러 차례 암시했다. 그러면서도 1904년 1월 일본에게는 이번 전쟁에 개입하지 않겠다고 통보했으며 실제로 개전과 함께 중립을 표명했다. 다만, 영·러 간 도거뱅크Dogger Bank 사건러시아 해군이 영국 민간 선박에 포격한 일 때 보인 독일의 노골적 러시아 지지는 여타 열강의 불신을 가중시켰다. 러·일 전쟁이 영·프 협상과 영·러 협상으로 이어지면서 대對독일 포위망이 구축된다. 대한해협 해전 직후 일본은 루스벨트 대통령에게 중재를 의뢰했다. 영국과 프랑스는 잠재적 적국 독일을 견제하려면 러시아 군사력이 지나치게 약해져서는 곤란하다고 보았다. 미국 또한 일본이 동아시아 패권 강국으로 부상하는 것을 위험시했다. 러·일 전쟁이 끝날 기미가 보이자 열강은 하나같이 자국 이익을 확보하려 들었는데 △러·독 뵈르케Koivisto 밀약, △영·일 동맹 조약 개정, △미·일 태프트·가쓰라Taft·桂 밀약 등이 모두 이런 목적에서 체결되었다.

포츠머스 강화조약

/

러시아와 일본은 각 1905년 6월 8일과 10일 루스벨트의 제의를 수락했다. 미국은 6월 12일 강화를 알선할 것임을 공표했다. 강화회담 장소 선정과 대표 선임에 어려움을 겪던 와중에 일본은 7월 7일 러시아령 사할린 점령을 결행하여 러시아를 압박했다. 일본을 대표한 고무라·다카히라小村·高平와 러시아를 대표한 비테·로젠이 8월 9일~9월 5일 진행한 강화교섭은 일본이 제시한 12개 제안을 토대로 이루어졌다. 러·일 양국은 △조선에서 일본 우위paramount, △랴오둥반도일부 조차, △남만주철도와 지선支線 관할 문제에는 쉽게 합의했으나 ①사할린 문제, ②전비 배상 문제, ③중립국에 억류된 러시아 군함 인도 문제, ④러시아의 동아시아 해군력 제한 문제에는 이견을 좁히지 못했다. 일본은 ①·②항을 합쳐 북위 50도 이북 북사할린을 러시아에 돌려주는 대가로 전비 배상금 12억 엔을 내놓으라는 새로운 요구안을 제시했다. 회의가 결렬될 위기에 놓이자 일본은 배상금 문제는 철회하고 남사할린 할양을 요구했다. 이런 과정을 거쳐 두 나라가 타결한 것이 1905년 9월 5일 체결된 포츠머스 강화조약이다. 일본은 △조선반도 관할권, △뤼순·다롄 조차권, △남만주 철도 부설권, △북위 50도 이남 남사할린 등을 획득했다. 회담을 중재한 시어도어 루스벨트 대통령은 노벨평화상을 받았다.

22

한족, 중원中原을 회복하다

우창치의武昌起義와 1912년 1월 1일 '중화민국' 건국

/

1902년 직례총독이 된 위안스카이袁世凱, 1859~1916년는 신건육군과 북양군을 통합하여 북양상비군으로 개편했다. 위안스카이는 부하 된 치루이段祺瑞, 차오쿤曹, 펑궈장馮國璋 등으로 하여금 북양상비군을 지휘케 했다. 위안스카이가 군부를 장악하자 만주족 중신들은 위협을 느꼈다. 위안스카이가 가장 두려워한 것은 시태후西太后가 일찍 사망하는 것이었다. 시태후가 사망하면 권력을 회복할 광서제가 무술정변 당시 광서제 자신을 배신한 위안스카이를 처형하려 들 것이 분명했기 때문이다. 시태후는 1908년 광서제와 거의 동시에 죽었다. 광서제의 동생 순친왕 아이신고로 자이펑載의 아들 푸이溥儀가 광서제의 뒤를 이었다. 푸이는 만 3세의 유아乳兒였으므로 자이펑이 섭정했다. 자이펑은 만주족 중심주의자였다. 그는 형 광서제의 원한도 있고 하여 위안스카이를 처형하려 했다. 자이펑은 위안스카이를 직접 죽이면 내전이 발발할 수도 있다는 장즈퉁張之洞의 충고를 받아들여 암살 전문가를 고용했다. 이를 눈치 챈 위안스카이는 도주했다. 새로운 세상을 꿈꾸는 자들이 도처에서 폭동을 일으켰다. 쑨원, 황싱, 장빙린, 숭자오런, 왕자오밍 등 한족 혁명가들은 1905년 도쿄에서 중국동맹회를 조직했다. 혁명을 향한 불꽃이 재점화한 것이다.

　황싱이 주도한 창사長沙 봉기, 류다오이가 주도한 제2차 후난사건, 위지청이 주도한 황강黃岡 봉기, 친저우欽州 봉기 등 폭동이 끝임없이 일어났다. 판촨자가 주도한 1908년 10월 안후이 신군사건新軍事件은 군대마저 청나라에 등을 돌렸음을 보여 준 대표적 사례다. 안후이 사건 이후 신군 지휘관 상당수가 혁명에 동조했다. 1911년 10월 10일 손권의 오吳나라 전기前期 수도 우창武昌 주둔 군부대에서 일어난 총성이 혁명으로 이어졌다. 혁명의 불길이 쓰촨과 후베이, 후난, 장시 등으로 번졌다. 혁명군은 사회질서를 유지하고자 리위안홍黎元洪을 반강제로 도독에 취임시켰으며 각 성은 독립을 선언했다. 혁명파는 유감스럽게도 우창치이武昌起義 이후 상황을 통제하지 못함으로써 청나라가 쪼개질 위기에 처했다. 이러한 상황에서 쑨원이 귀국해 대총통에 추대되었다. 1912년 1월 1일 난징을 수도로 하는 중화민국 건국이 선포되었다.

마지막 만주족 황제 아이신고로 푸이

/

우창치이신해혁명가 전국으로 파급된 데는 철도 국유화 반대 운동이라는 경제·사회적 배경이 있다. 자이평을 지도자로 한 청나라 조정은 외국에서 차관借款을 들여와 철도를 부설해 그곳에서 나오는 수익금으로 불만을 무마하는 방식으로 혁명을 저지할 생각이었다. 이는 장즈둥의 아이디어로 장즈둥 사후에는 성쉬안화이盛宣懷가 이어받았다. 청淸 정부의 이 같은 방침은 지방 유력자들의 이해관계와 정면 배치되었다. 1911년 6월 우전부郵傳部 장관 성쉬안화이가 전국 간선철도 국유화를 선언하자 쓰촨성 유력자들이 가장 먼저 이 조치에 반대하고 나섰다. 쓰촨 폭동은 다이너마이트 심지에 불이 붙듯 인접한 후베이로 번졌다. 쓰촨 폭동이 신해혁명의 부싯돌 구실을 한 것이다. 각 성이 독립을 선언하는 등 사태가 통제 불능 상태로 치닫자 청정부는 위안스카이를 총리로 기용했다. 섭정 아이신고로 자이평의 '자기를 벌하는 조서'도 나왔다. 이는 청 왕조의 조종弔鐘을 뜻했다.

청나라 정부가 기댈 곳은 북양상비군을 장악한 위안스카이 밖에 없었다. 위안스카이는 자기를 암살하려던 자이평에 대한 반감도 있고 하여 곧바로 베이징으로 들어오지 않고, 부하 탕샤오이를 시켜 쑨원과 협상하게 했다. 협상은 잘 이뤄지지 않았다. 위안스카이는 청나라 조정이 몸 달기를 기다린 끝에 11월이 되어서야 베이징에 들어가 총리에 취임했다. 위안스카이는 혁명군과 타협이 이뤄지지 않자 돤치루이와 차오쿤 등 부하들로 하여금 혁명군을 공격하게했다. 쑨원을 지지하는 혁명군과 위안스카이를 지지하는 군벌 사이에 내전이 발생할 가능성이 커진 상황에서 외곽 티베트, 몽골, 신장 등이 떨어져 나갈 움직임을 보였다. 중국이라는 나라 자체가 와해될지 모른다는 우려가 커지자 쑨원은 위안스카이와 타협하기로 했다. 1912년 2월 위안스카이의 강요로 선통제 푸이가 퇴위했다. 건국 294년 만에 청이 멸망했다. 청나라 멸망에 항의하여 수백 명의 만주족과 몽골족, 한족 관료가 순사殉死했다. 쑨원의 양보로 위안스카이가 총통에 취임했다. 위안스카이는 곧 독재를 강화했다. 중국동맹회를 전신前身으로 창당한 국민당은 위기를 돌파하고자 세력 확장에 나섰다. 위안스카이는 당세를 키우려고 동분서주하던 국민당 당수 쑹자오런宋敎仁·송교인을 암살하고, 군사력을 보유한 장시도독 리러쥔李烈鈞, 광동도독 후한민胡漢民, 안후이도독 바이원웨이柏文蔚를 다른 성省으로 전임시켰다.

일본, 유라시아 강대국으로 부상

/

러·일 전쟁 결과 조선반도는 물론 남만주에서도 일본의 지배력이 확고해졌다. 이후 일본은 열강으로 인정받았다. 일본은 러시아로부터 충분히 보상받지 못한 것을 취약해진 청나라에서 보상받으려 했다. 고무라·우치다─아이신고로 이쾅경친왕·위안스카이가 1905년 12월 체결한 만주에 대한 청·일 조약은 지린─창춘 및 신민툰─펑톈瀋陽 철도에 대한 비밀 합의가 포함되어 있다. 이 합의는 1930년까지 비밀에 부쳐졌다. 일본은 그간 주장해 온 문호개방과 기회균등 원칙을 파기함으로써 구미 열강 대부분을 적으로 돌렸다.

　미국·영국이 일본을 지원한 것은 동아시아에서 러·일 간 상호 견제를 통해 러시아의 남하를 저지하기 위해서였다. 러시아의 남진 위협이 사라진 지금 일본의 만주에 대한 배타적 영향력 확보 시도는 미국·영국과의 갈등을 불러일으킬 수밖에 없었다. 미국은 오렌지 작전이라는 대일對日 군사작전을 계획했다. 미국은 일본의 만주 진출 확대가 동아시아의 세력균형을 위협하고 이는 결국 미국의 국익을 저해할 것이라고 생각했다. 만주 문제 관련 미·일의 대립은 1941년 발발한 태평양전쟁으로 이어진다. 이러한 상황에서 일본은 러시아와 타협의 길을 택하는데 그것이 1907년 러·일 협상이다. 러·일 전쟁 패전으로 인해 조선반도로의 남진이 좌절된 러시아는 아프가니스탄과 발칸으로 진로를 바꿨다. 러시아의 아프가니스탄 진출 시도는 1907년 영국과 협상으로 종료되었으나 이해관계가 쉽게 조정될 수 없었던 발칸반도 남하 시도는 독일, 오스트리아–헝가리, 오스만터키와 분쟁 소지를 남겼다. 청나라는 러시아와 상호 원조조약을 체결했음에도 불구 러·일 전쟁 중 러시아를 일체 지원하지 않았다. 의화단의 난이 일어났을 때 러시아가 이를 핑계로 만주의 상당 부분을 점령했기 때문이다.

매국賣國과 애국愛國

/

미국과 화해하고 러시아와 타협하는 데 성공한 일본은 1910년 조선을 무혈 병탄했다. 1905년 9월 체결된 포츠머스Portsmouth 강화조약 결과 일본은 조선 내 러시아 세력을 완전 배제할 수 있게 되었다. '조선 식민지화'라는 국제 승인까지 받아 놓은 상황에서 1905년 11월 일본은 조선 부일 왕족·귀족들의 협조를 받아 을사조약제2차 조일협약을 체결했다. 을사조약으로 인해 조선의 외교권이 박탈되어, 영국과 청, 미국, 독일 등의 주조선駐朝鮮 공관들은 철수하고 말았다. 고종은 을사조약 무효를 선언하고 조선 주권 회복을 호소할 목적으로 1907년 6월 헤이그 만국평화회의에 이준과 이위종, 이상설 등 특사를 파견했다. 헤이그 특사 파견 사실을 안 일본은 7월 20일 통감 이토 히로부미伊藤博文로 하여금 고종을 퇴위시키고 황태자순종를 즉위하게 했다. 이어 식민지화의 최대 장애물 조선 군대를 8월 1일부터 약 한 달에 걸쳐 해산하였다. 상당수 조선 군인들은 군대 해산에 반발하여, 일본군과 교전을 벌인 뒤 의병에 합류했다. 일본 영토는 조선반도와 류큐열도, 타이완, 남사할린, 쿠릴열도, 관동주다롄, 태평양 도서 등으로 확대되었다면적 71만㎢. 일본은 1910년 조선 병탄 과정에서도 부일附日 왕족·귀족의 지원을 받았다. 조선 왕족·귀족 76명이 매국賣國 대가로 훈작과 상금을 받았다. 부일 왕족 외에 숭명崇明을 금과옥조로 여기던 성리학 사대부 중 노론老論 57명과 소론小論 6명, 북인北人 2명이 매국 대열에 가담했다.

　일본의 국권 침탈이 가속화되어 국내에서 항일운동 하는 것이

어려워지자 다수 민족주의자들은 항일운동을 지속하기 위해 만주 포함 국외로 이주했다. 연해주로 건너갔던 안중근安重根은 재러 동포 독립운동가 최재형 등의 지원을 받아 1909년 12월 하얼빈역에서 이토 히로부미를 사살했다. 그 외 많은 인사들이 만주와 중국대륙, 연해주, 몽골 등에서 독립운동을 했다. 안동의 이상룡 가문, 김동삼 가문내앞, 이육사이원록 가문, 선산의 허위許蔿 가문, 서울의 이회영·이시영 가문, 의열단의 김원봉과 김상옥, 이태준 그리고 김좌진, 홍범도, 서일, 김구, 윤봉길, 이승만, 신채호, 김무정김병희, 김두봉, 박일우, 박효삼, 남자현 등이 대표적이다. 허형식허극, 이홍광이홍규, 최용건, 김책김홍계, 강건강신태, 김일성김성주, 김일박덕산 등 코민테른의 영향 아래 있던 동북항일연군 세력도 독립운동에 가담했다. 서울의 소론과 안동의 남인 계열이 만든 조직이 '신흥무관학교'였고, '경학사'였다. 김좌진과 홍범도, 최진동 형제 등이 지휘한 독립군 부대는 체코군단으로부터 사들인 무기를 갖고 1920년 간도 허룽和龍 일대에서 벌어진 봉오동-청산리 전투에서 일본군을 격파했다. 조선 독립운동가들은 강력한 일본세력에 대항하기 위해 ①장제스상하이·충칭, ②마오쩌둥옌안, ③미국, ④소련과 어떤 식으로든 연계를 가질 수밖에 없었다. 1945년 해방 이후 한반도가 분단된 것은 미·소의 패권적 국제권력정치와 함께 독립운동 세력의 배후가 상이했던 것이 또 다른 원인이었다.

1921년 중국공산당 창당

/

위안스카이가 사망1916년하여 중국 본토가 축록전逐鹿戰 상황으로 바뀐 1917년 쑨원孫文, 1866~1925년은 망명지 도쿄에서 돌아와 광저우를 수도로 하는 광둥군정부廣東軍政府를 세웠다. 일본인 미야자키 도텐宮岐滔天과 야마다 요시마사山田良政 형제 등이 쑨원을 적극 지원했다. 쑨원이 주도한 광저우 정부와 돤치루이 등이 주도한 베이징 정부 간 대립이 격화됐다. 쑨원은 광저우 정부가 수립된 지 얼마 지나지 않아 좡족壯族 군벌 루룽팅陸榮廷의 공작으로 광저우에서 상하이로 쫓겨났다. 1917년 11월 발생한 볼셰비키 혁명은 중국 정세에 큰 영향을 미쳤다. 1919년 1월 파리 강화회의에서 일본의 21개조 요구에 대한 중국의 입장은 무시되었다. 이에 분노한 학생, 노동자, 상인 등이 5월 4일을 기점으로 중국 대도시에서 항의시위를 벌였다. 도시 노동자의 역할에 주목한 천두슈陳獨秀·陳乾生, 리다자오李大釗, 마오쩌둥1893~1976년, 동비우1886~1975년 등 15명의 지식인이 1921년 7월 상하이 프랑스 조계에서 중국공산당CCP을 창당했다. 나중 김무정과 김성숙, 김산장지락 등 조선인들도 중국공산당에 가입했다. 그해 5월 쑨원은 광저우에서 중화민국 정식정부 총통에 취임했다. 루룽팅이 베이징 정부와 모의해 광저우 정부를 붕괴시키려 했으나, 미리 정보를 입수한 쑨원은 루룽팅의 쿠데타를 저지했다. 쑨원은 광시성 구이린桂林으로 참모본부를 북상시키는 등 북벌을 시도했으나 광저우에 남아 보급을 담당하던 천중밍陳炯明이 쿠데타를 일으켰다. 쑨원은 간발의 차이로 반란군의 손아귀에서 벗어나 다시 도쿄로 망명했다.

쑨원, "혁명 계속하라"

/

러시아 혁명이 궤도를 찾아가자 쑨원은 공산주의에 관심을 보였다. 쑨원은 레닌이 파견한 네덜란드인 공산주의자 헨데리크 마링^{헨데리크 스네블리트, 1883~1942년}을 면담하여 혁명 수행 방법을 문의했다. 마링에 설득된 쑨원은 공산당원의 국민당 개별 입당을 허용하는 등 국민당을 좌경화시켰다. 공산당식의 세포조직이 만들어지고, 당 자체가 전투조직이 되었다. 리다자오와 마오쩌둥 등 공산주의자들이 국민당 간부로 선출되었다. 쑨원은 일본 육사陸士를 경험한 장제스蔣介石, 1887~1975년를 소련에 파견하여 군대조직과 훈련 방식을 배우게 하고, 샌프란시스코 화교 출신 랴오중카이廖仲愷로 하여금 광저우 교외에 황포군관학교를 세우게 했다. 프랑스에서 막 귀국한 저우언라이周恩來, 1898~1976년가 황포군관학교 주임대리로 취임했으며, 예젠잉葉劍英과 조선인 최용건 등이 교관으로 부임했다. 의병장 허위許蔿의 종질로 나중 동북항일연군 3로군 총참모장으로 활동하게 되는 허형식1909~1942년과 의열단의 김원봉1898~1958년이 입교했다. 국공내전에서 부딪히게 되는 두위밍杜聿明과 린뱌오林彪, 1907~1971년는 가장 우수한 학생이었다.

쑨원은 연소용공聯蘇容共을 통한 북벌을 추진했다. 국민당의 좌경화를 위협으로 느낀 기업가들이 별도 무장집단을 만들려 했으나 쑨원은 이를 허용하지 않았다. 쑨원은 펑위샹 포함 군벌과 담판하기 위해 베이징을 찾은 1925년 3월 간암으로 별세했다. 쑨원은 부인 쑹칭링에게 "혁명을 계속하라."라는 유언을 남겼다. 쑨원은 난징에

묻혔다. 쑨원 사후 불과 5개월 뒤 국민당 좌파 리더 재정부장 랴오 중카이가 국민당 우파에 의해 암살당했다. 이를 사주했다는 혐의를 받은 후한민과 쉬충즈 포함 우파 지도자들은 국민당에서 축출 당했다. 좌·우 갈등 속에서 군부를 장악한 장제스蔣志淸·창카이섹가 국민당 핵심으로 부상했다. 장제스는 1926년 7월 국민혁명군에 북벌을 명령했다. 국민혁명군은 예상외로 단 9개월 만에 창장 이남 9개 성省을 석권했다. 북벌 과정에서 공산당이 지도하고, 노동자·농민이 참가한 대중운동이 폭발했다. 이들은 토호土豪 타도와 토지 분배를 요구했다. 공산당 세력이 창장 중류 한커우漢口 조계 강제 회수를 시도하자 열강의 국민당에 대한 압력이 강화되었다.

군벌 농민 착취가 공산당 세력 배양

/

장제스는 1927년 4월 상하이에서 반공 쿠데타를 일으켜 공산당원을 대거 숙청했다. 이로써 1차 국공합작은 실패로 끝났다. 국민당에서 축출당한 저우언라이, 마오쩌둥, 허룽賀龍 등 공산주의자들은 코민테른의 지시에 따라 1927년 8월 장시성 난창에서 추수봉기를 일으켰으나 실패했다. 1927년 12월 예젠잉과 최용건, 김산, 김성숙 등이 주도한 광저우 봉기도 실패로 끝났다. 장제스는 1928년 제2차 북벌을 감행했다. 군벌 군대는 민족주의로 의식화된 국민혁명군의 상대가 되지 못했다. 만주펑톈 군벌 장쭤린의 아들 장쉐량張學良은 국민혁명군에 항복했다. 만주에도 국민당의 청천백일기가 나부꼈다.

1928년 정식 발족한 국민정부는 입법·사법·행정·고시·감찰 등 오원제五院制 정부를 구성하고, 경제 개발을 추진했다. 이 과정에서 장제스 중심 독재가 더욱 강화됐다. 국민정부는 1931년 5월 약법約法을 공포하여 대중운동을 억압하고, 국민당을 제외한 여타 모든 정당의 정치 행위를 금지했다. 각지의 부패한 군벌이 정권에 합류하고, 군벌 추종자들이 고위직을 차지했다. 이에 따라 국민당은 혁명성을 상실해 갔으며, 부정부패가 일상화되었다. 장제스를 맹목적으로 추종하는 백색 테러조직 남의사藍衣社에 의한 반대파 암살과 납치, 고문도 자행되었다. 그럼에도 불구하고 장제스는 권력을 확고히 장악하지 못했다. 군벌 주축의 지방정부가 토지세를 거두고, 국민당 주도 중앙정부는 상공업세와 관세를 거두는 이중구조가 되었다. 군벌의 농민 착취는 공산당 세력을 배양하는 온상溫床 구실을 했다. 그럼에도 불구 경제 분야에서는 다소 성과가 있었다. 철도와 도로 등 사회 간접자본이 확충되었다. 하지만 10년간 계속된 공업화 노력에도 불구하고, 농업 분야가 GDP의 65%나 차지했으며, 제조업 비중은 2.2%에 머물렀다. 일본, 소련 등의 외침外侵과 공산당 봉기에도 대비해야 했기 때문에 예산은 대부분 국방비로 지출되었다. 이러한 상황에서 일어난 세계경제공황1929년으로 농촌경제는 붕괴 일보 직전으로 내몰렸다.

루이진 소비에트와 옌안장정延安長征

/

중국공산당Chinese Communist Party은 장시성 루이진瑞金과 장시-후난성 경계에 위치한 징강산井岡山 등을 근거로 세력을 확장했다. 공산당은 만주사변으로 인해 국민정부군의 공격이 약화된 틈을 타 세력을 확장할 수 있었다. 공산당은 점령지에서 토지개혁을 실시하여 농민의 지지를 받았다. 1930년경 공산군紅軍은 15개 소비에트, 6만 병력으로 성장했다. 국민정부군은 여러 차례 장시성의 홍군을 공격했으나 대부분 실패했다. 이런 상황에서 1931년 11월 마오쩌둥을 수령으로 하는 중화소비에트 임시중앙정부가 루이진에 수립되고, 소련 유학파인 '28인의 볼셰비키' 리더 보구秦邦憲와 량샹쿤, 그리고 저우언라이 등의 중국공산당 임시중앙도 상하이로부터 옮겨왔다. 코민테른Comintern, Communist International이 파견한 독일인 군사고문 오토 브라운Otto Braun·李德이 상하이를 거쳐 루이진 소비에트로 잠입했다. 그는 중국공산당CCP 총서기 보구를 앞세워 군사위원회를 장악했다. 루이진 소비에트의 팽창에 위기를 느낀 국민정부군국부군은 70만 대군을 동원했다. 국부군이 대대적으로 공격해 들어오자 마오쩌둥은 유격전술을 제안했지만, 친소련파 보구와 왕밍천샤오위, 량샹쿤 등은 마오쩌둥의 제안을 거부하고 정규전을 주장하여 관철시켰다. 공산군紅軍은 대패했다. 중국공산당CCP의 일대 위기였다.

국민정부군은 독일군사고문 폰 젝트Hans von Sect 장군의 자문을 받아 압박 포위 전술인 토치카 전술을 구사하면서 루이진 소비에트를 점차 포위해 들어갔다. 장기간에 걸친 국민정부군의 압박으로 루

옌안장정

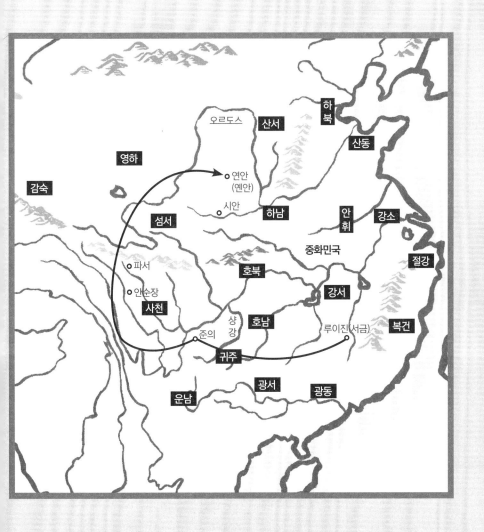

이진 소비에트는 생필품과 의약품 부족으로 고통 받게 되었다. CCP 지도부는 소련의 영향 아래 있는 몽골과 가까운 싼시성陝西省 변두리 옌안延安에 새 근거지를 마련하기로 했다. 공산군은 포위망이 약한 지역을 돌파하여 루이진을 탈출했다. 국민정부군은 1934년 10월 텅 빈 루이진을 점령했다. 8만 6000명 홍군은 추격해 오는 국민정부군과 적대적 군벌들의 공격을 물리치면서 서북쪽으로 행군했다. 마오쩌둥, 장궈타오張國燾, 보구, 왕밍, 저우언라이, 주더, 펑더화이彭德懷 등이 이끄는 홍군은 구이저우성 쭌이遵義를 경유하여 대도하大渡河를 건너 1935년 10월 목적지인 싼시성 옌안에 도착했다. 홍군이 행군한 거리는 9600㎞나 되었으며, 옌안에 도착한 인원은 출발할 때의 1/10도 못 미치는 7000여 명에 불과했다. 마오쩌둥은 구이저우성 쭌이 회의에서는 친소련파 보구와 왕밍, 그리고 나중에는 쓰촨으로 들어가자고 주장한 홍4군의 리더 장궈타오 등을 제압하고 중국공산당CCP 지도권을 확립했다.

제1차 중·소 전쟁
/

미국은 19세기 중엽 만주 유일의 개항장이던 랴오허 하구 잉커우營口에 영사관을 설치할 만큼 만주에 큰 관심을 보였다. 한편, 러시아의 만주에 대한 욕구는 소련으로 연결되었다. 볼셰비키 혁명 직후인 1919년 7월 소련은 레프 카라한 외무장관을 통해 '소련은 러시아가 중국에서 획득한 모든 권리를 포기한다.'는 이른바 '카라한 선언'을 발표했다. 당시 소련은 블라디보스토크에 상륙해 서진하던 일본, 미국, 영국, 프랑스 주도 혁명간섭군과 혁명에 반대하는 백군白軍의 공세로 고전하고 있었다. 적군이 1920년 백군을 격파하고 반혁명 국제연합군이 철병하는 등 상황이 안정되자 소련은 만주 이권 포기를 거부했다. 1928년 국민당에 의한 중국 통일 후 장제스의 지지를 확보한 장쉐량張學良의 펑톈奉天군벌은 대對소련 강경책을 취했다.

만주 일대를 장악한 펑톈군벌은 1928년 7월 중동철도동청철도에서 개칭, 중국 동쪽 철도라는 뜻를 접수하고 소련인을 추방했다. 소련은 펑톈군벌과의 교섭이 결렬되자 그해 8월 '원동군'을 조직하여 소련-만주 국경 일대에서 대규모 무력시위를 벌였다. 개전 시 소련군 병력은 8만여 명으로 확대되었다. 소련군은 1928년 9월 소·만 국경을 돌파했다. 소련군 아무르함대는 10월 공군기 엄호하에 헤이룽장-쑹화장 합류 지점에서 펑톈군벌 함대를 섬멸했다. 소련군은 10월 말 하얼빈에 접근했으며 11월에는 네이멍구 최북단의 만저우리 방면으로도 공격을 개시했다. 펑톈군벌군은 전차와 공군기를 동원한 소련군의 공세에 괴멸되고 말았다. 소련군은 만저우리를 점령한 후 일단 공격을 멈추었다. 펑톈군벌은 12월 항복과 다름없는 조건으로 휴전협정에 서명했다.

일본의 '꼭두각시' 만주국

/

만주펑톈군벌 영수이자 한족 민족주의자 장쉐량張學良은 만주의 이권을 독점하던 일본에 대항하여 새로운 만주철도 부설 계획을 수립했다. 일본은 이 계획을 좌절시키기 위해 1931년 9월 류타오후柳條湖 철도 폭파 사건을 조작하여 만주사변을 일으켰다. 장제스의 지시를 받은 펑톈군벌은 일본군에 일체 저항하지 않았다. 이에 따라 일본은 손쉽게 만주 전역을 장악하고, 청나라 마지막 황제 선통제 푸이를 내세워 괴뢰傀儡 만주국을 세웠다. 일본은 일본과 조선, 만주, 몽골, 한족 간 오족협화五族協和를 내세웠다. 1933년 국제연맹은 일본에게 만주 철수를 요구했다. 미국과 영국의 의사가 반영된 것이었다. 이 시기 가난에 시달리던 경상도와 전라도, 충청도 등 출신 조선인들이 대거 만주로 이주했다. 일본은 조선인과 한인漢人 간 이간책을 실시했다. 많은 조선인이 일본의 제국주의 정책에 이용당했다. 이에 따라, 만주의 한족은 일본인 이상으로 조선인을 증오하게 되었다. 1945년 해방 후 한국 정국에서 중요한 역할을 하는 박정희1917~1979년, 정일권, 백선엽 등은 만주국 초급장교로 근무했다. '만주 산업개발 5개년 계획'을 작성한 기시 노부스케총리와 함께 요시다 시게루총리와 사토 에이사쿠총리 등 △만철滿鐵이나 △관동군關東軍, △10여 개 이상의 주駐만주국 공관 포함 주만주 일본 통치기구에서 활동한 관리자 중 상당수가 전후 일본 지도자가 되었다.

중·일 전쟁

/

일본은 영국과 미국의 뜻에 반하여, 1937년 7월 베이징 교외에서 벌어진 일본군과 국민정부군장제스군 간 충돌, 즉 루거우차오 사건을 핑계로 중국 본토를 공격하기 시작했다. 주만駐滿 일본군관동군은 1938년 두만강 하류 장고봉하산호, 1939년 동몽골 노몽한할힌골에서 탱크와 중화기를 앞세운 소련군과의 전투에서 패배했다. 특히 주코프 장군이 지휘한 소련-몽골 연합군과의 노몽한 전투는 참패慘敗 수준이었다. 2차 대전 시 일본군이 남쪽 남태평양, 동남아, 인도 방면으로 진로進路를 택한 이유도 소련군의 강력한 전투력을 우려하여, 1941년 4월 소련과 중립조약을 체결했기 때문이다. 일본과 소련은 상대방의 종속국인 몽골과 만주에 대한 불가침 선언도 채택했다. 일본이 태평양 전쟁을 일으키지 않았거나 태평양 전쟁에서 미국에 패하지 않았더라면 조선은 물론 만주도 일본 영토 일부가 되었을 것이다.

23

국공내전과
한반도 분단

마오쩌둥의 등장

/

후난성 상탄湘潭의 부농 출신 마오쩌둥1893~1976년은 사범학교를 졸업한 독서인이었다. 마오쩌둥은 현대 게릴라 전술을 완성한 군략가이자 중국 대륙 통일을 달성한 정치가이면서 농민을 혁명의 주력으로 내세운 중국식 공산주의 이론을 창시한 사상가인 동시에 뛰어난 문장력을 자랑하는 시인이다. 마오쩌둥이 군략가인 동시에 정치가, 문인이기도 했다는 점에서 곧잘 조조曹操에 비견된다. 중국을 통일하여 새 나라를 건설했다는 점에 있어서 유방이나 주원장과 비교되기도 한다. 한漢, 명明과 신중국 건국 과정은 놀랄 정도로 비슷한데 한나라 유방 스스로도 능력이 있었지만 장량과 한신, 소하 등의 도움이 컸던데 비해 마오쩌둥의 경우에는 명나라 주원장과 같이 스스로의 정치·군사적 수완으로 통일 대업을 달성했다. 마오쩌둥은 유방, 주원장과 마찬가지로 개국 후 린뱌오, 류샤오치, 펑더화이 등 공신들을 대거 숙청했다. 마오쩌둥이 죽기 전 피해를 입지 않은 건국 멤버는 저우언라이와 동비우 정도였다. 마오쩌둥이 중국 각지를 전전하며 전투를 하면서도 사마광의 자치통감을 손에서 놓지 않은 것은 유명한 이야기다. 마오쩌둥이 1925년 32세에 지은 사詞 '심원춘, 창사長沙에서' 일부를 소개한다.

獨立寒秋	스산한 가을
湘江北去	상강이 북으로 흐르는
橘子洲頭	귤자주 어귀에 홀로 섰노라
看萬山紅遍	바라보니 온 산을 덮은 단풍
層林盡染	우거진 숲까지 물들였구나
漫江碧透	유유히 흐르는 푸른 강물엔
百爭流	오가는 배에 부딪힌 강물만 출렁이네
鷹擊長空	솔개가 하늘 높이 날아가 버린 뒤엔
魚翔淺底	물고기 떼 한가롭게 노니나니
萬類霜天競自由	만물이 이토록 다 자유로운가
廖廓	이내 가슴에 슬픔만 차오르네

1936년 말 국민정부군은 20개 사단 병력을 동원해 공산당이 따리를 튼 싼시성 옌안을 공격했다. 장제스가 추진한 '배일排日과 반공

反共 동시 수행 정책'은 한족 민족주의자들로부터 비판받았다. 싼시 성 실력자로 한족 민족주의자인 토벌군 사령관 양후청楊虎城 장군은 홍군공산군 토벌에 소극적이었다. 1931년 발생한 만주사변으로 근거지 만주를 일본군에 빼앗기고, 부사령관으로 부임해 온 만주군벌 장쉐량張學良 장군도 항일 우선을 주장하는 홍군에 동정적이었다.

장제스, 시안에서 구금되다

/

양후청과 장쉐량은 1936년 12월 12일 공산군 토벌 전쟁 독전督戰을 위해 시안西安으로 온 장제스를 체포·구금하고, 항일과 내전을 종식할 것을 강요했다. 홍군의 마오쩌둥과 저우언라이, 장제스의 부인 쑹메이링까지 협상에 참여한 결과 장제스는 양후청과 장쉐량의 요구를 받아들이는 대가로 석방될 수 있었다. 장제스는 국공내전 말기인 1949년 9월 충칭에서 양후청을 총살하고, 장쉐량은 계속 연금軟禁해 놓았다가 타이완까지 데려갔다. 옌안의 마오쩌둥은 캉성張叔平을 시켜, 국민당 스파이 침투를 막고 당내 반대파도 제거했다. 김산장지락도 이 무렵 제대로 된 증거 없이 처형당했다. 마오쩌둥은 캉성, 주더, 저우언라이 등의 도움도 있고 하여 당공산당과 군홍군을 완전 장악, 지휘와 통제의 일원화를 달성했다. 1938년 4월 공산당 창립 멤버이자 마오쩌둥의 정적 장궈타오가 우한 국민당 정부로 투항해 왔다. 그는 나중 공산당이 중국 대륙을 장악하자 홍콩을 거쳐 캐나다로 망명했다. 일본이 1937년 7월 베이징 외곽 루코우차오에서 벌어진 일본군과 국민정부군 간 충돌 사건을 이유로 중국을 공격하기 시작한 뒤 제2차 국공합작이 성사되었다. 홍군 3만 명은 국민정부군 8로군八路軍으로, 중·남부 유격대는 신사군新四軍으로 개편되었다. 장제스는 1937년 8월 장시성 루산에서 직접 기초한 대일對日 항전선언문을 발표했다. 일본은 중·일 전쟁 초기에는 파죽지세를 과시했으나 톈진, 베이징, 상하이, 난징, 우한 등 대도시와 주요 도로만 점령하는 데 성공했을 뿐 시간이 지나면서 힘의 한계를 드러냈다. 미국과 소련 등이 중국을 지원했다. 일본군은 남으로는 홍콩영국령을 거쳐 인도차이나프랑스령, 필리핀미국령, 싱가포르영국령, 인도네시아네덜란드령, 버마영국령를 점령하고 인도 동북부 아삼영국령으로 진격했다.

일본군의 대륙타통작전

/

미국이 경제봉쇄를 단행하자 일본은 힘의 압도적 열세미국 경제력의 1/5를 무시하고 1941년 12월 하와이 진주만 기습과 함께 태평양전쟁을 도발했다. 일본은 남태평양의 뉴기니섬, 솔로몬열도까지 진출했다. 1938년 일본군의 우한 점령 이후 중국군의 완강한 저항으로 인해 6년간 교착상태에 빠졌던 중·일 전쟁은 1944년 5월 일본이 50만 대군을 동원하여 대륙타통작전大陸打統作戰이라는 공세를 시도함으로써 국제적 주목을 받게 되었다. 일본군은 황허를 건너 뤄양과 창사, 헝양, 구이린을 거쳐 11월 24일 난닝을 공략하고, 12월 10일 베트남 북부에 도달함으로써 중국을 동·서 두 쪽으로 갈라놓았다

^{일본제국 면적 1100만㎢}. 중·일 전쟁 시기 김구의 상하이 임시정부도 정신 없이 이곳 저곳을 옮겨 다녀야 했다. 국민당 임시수도 충칭마저 위협받았다. 장제스는 미국의 요청도 있고 하여 홍군이 장악한 옌안延安 일대를 포위하고 있던 부대마저 빼내지 않으면 안 될 정도로 위기에 처했다. 대륙타통작전은 장제스의 국내외 위신을 크게 떨어뜨렸으며, 홍군^{공산군}이 재기할 수 있는 배경이 되었다. 일본이라는 외적外敵과 싸우면서도 만주족이 잃어버린 '중원의 사슴'을 차지하기 위한 장제스와 마오쩌둥 간 경쟁은 계속되었다. 홍군은 마오쩌둥의 농민 중시 전략·전술에 따라 일본군에 밀린 국민정부군이 후퇴한 농촌지역에 침투하여 권력 공백을 메워 나갔다. 1936년 초반 1만 명 수준이던 홍군은 1945년에는 근 100만 명을 헤아리게 됐으며, 당원 역시 4만 명에서 120만 명으로 늘어났다. 지배지역은 100만㎢, 인구는 1억 명을 넘어섰다. 일본은 태평양 전쟁에서 1942년 6월 미드웨이 해전, 1943년 8월 알류산열도 전투에서 패배한 뒤 수세로 몰렸다.

미국과 소련, 장제스와 마오쩌둥 사이에서 양다리 걸쳐
/

미국은 대일본對日本 전쟁 수행 차원에서 스틸웰^{Joseph Stilwell} 장군을 파견하여 장제스 정부를 지원했다. 무능한데다 중국과 아시아에 대한 편견까지 갖고 있던 스틸웰은 장제스와 종종 충돌했다. 미국은 1943년 12월부터 마오쩌둥과도 접촉했다. 전략첩보국^{CIA의 전신} OSS

도노반 국장이 직접 마오쩌둥을 만났다. 월레스Harry Wallace 부통령은 1944년 6월 일본군의 대공세로 위기에 처한 장제스를 충칭에서 면담하여, 마오쩌둥과의 화해를 권유했다. 미국은 그해 7월 '딕시'란 이름의 공식 사절단을 옌안으로 보내 국공합작을 촉구했다. 마오쩌둥을 만난 헐리Patrick Hurley 특사 등 미국 외교관들은 CCP의 중국 정권 장악 가능성이 있다고 판단하여 전문을 통해 마오쩌둥과의 협력을 건의했다. 마오쩌둥은 워싱턴을 방문하여 프랭클린 루스벨트 대통령과 회담하고 싶다는 의사를 밝혔다. 마오쩌둥은 중국공산당이 미국과 국교를 수립하면 소련과의 관계를 끊겠다는 의사를 밝혔지만 마오쩌둥의 워싱턴 방문은 끝내 성사되지 못했다. 스틸웰은 육군 참모총장을 지낸 마셜George Marshall, 1880~1959 원수의 지지를 받아 장제스에게 옌안 포위를 풀고 공산군과 함께 일본에 공동으로 맞설 것을 요구했다. 스틸웰의 후임 웨드마이어Albert Wedemeyer 장군은 일본군의 대륙타통작전으로 위기에 몰린 장제스에게 충칭을 포기하고, 미얀마와 접한 윈난성으로 수도를 옮길 것을 제의했다. 장제스는 이를 거절했다. 일본군도 힘의 한계에 부딪혀 충칭까지 밀어붙이지는 못했다. 장제스는 이 무렵 윈난성 등에서 미국의 협조를 얻어 미제 무기와 장비로 무장한 엘리트 병단 지식청년군과 함께 최신 기갑군인 신편 1군, 신편 6군을 창설했다. 웨드마이어는 마오쩌둥에 다소 우호적이던 헐리의 견해를 반박하고, 루스벨트 행정부의 국·공 연정 수립 지원 시도에 대해서도 반대했다.

홍군은 국민정부군國府軍과의 제2차 합의를 깨고 싼시를 벗어나 닝샤, 네이멍구, 허베이, 산둥, 칭하이 등으로 팽창해 나갔다. 헐리

특사는 1945년 4월 워싱턴에서 국·공 협상 결렬은 홍군 책임이며, 장제스 정부가 중국을 대표한다고 선언했다. 소련은 마오쩌둥과 장제스 사이에서 양다리를 걸쳤다. 소련은 중·일 전쟁 초기 장제스에게 2억 5000만 달러 상당의 군사 원조를 제공했다. 중국군이 일본군의 시베리아 진출을 저지해 줄 것을 기대해서였다. 1941년 1월 일·소 중립조약 체결 이후 소련은 갑자기 입장을 바꾸었다. 1943년에는 서북의 신장을 공격하기까지 했다. 소련은 1945년 2월 미·영·소 얄타 회의에서 소련군의 만주 포함 동아시아 지역 전쟁 개입 대가로 △일본령 남사할린과 쿠릴열도, △뤼순-다롄 조차권, △만주철도 중·소 공동관리, △외몽골 독립 인정, △제정러시아가 만주에서 확보한 권리 인정 등을 요구하여 미국의 동의를 얻어 냈다. 소련군 150만 명은 1945년 8월 9일 전투준비도 제대로 갖추지 않은 상태에서 만주와 한반도로 진격해 내려왔다. 미국은 겨우 2개 해병대 사단만 중국에 상륙시켰다. 소련은 미국의 중개로 중국^{장제스} 정부과 2차 세계대전 종전 하루 전날인 1945년 8월 14일 우호동맹조약을 체결하여 뤼순-다롄 일대와 남만주철도에 관한 권리를 회복^{30년 기한}했다. 소련과 중국이 우호동맹조약을 체결한 것은 이념^{공산주의}보다는 국익^{조차권} 확보이 우선이라는 것을 보여 준 대표적 사례이다. 미국으로서는 소련으로 하여금 국공내전에 개입할 유인誘引을 갖지 못하게 하는 것이 중요했다. 중국이 6·25전쟁 시기 한반도에 연인원 300만 명을 파병한 여러 이유 중 하나도 막강한 동북군과 소련을 등에 업고 별도 통화를 발행하는 등 '만주왕滿洲王'이 되어가던 중국공산당 동북국東北局 제1서기 가오강高崗을 제압하고 뤼순-다롄을 포함한 만주 전역에 대한 소련의 영향력을 일소하는 것이었다.

국공내전 재발

/

히로히토 덴노는 1945년 8월 15일 중국을 포함한 연합국에 무조건 항복을 선언했다. 히로히토를 대리한 오카무라 야스지 대장이 9월 9일 난징에서 △만주를 제외한 중국, △타이완, △북위 16도 이북 베트남 주둔 120만 일본군이 중국군에 항복한다는 내용의 문서에 서명했다. 충칭 시대 국민당 정부는 관료 부패 이외에도 장蔣, 안安, 쿵孔, 천陳 4대 가문으로 이뤄진 정권 핵심 세력의 전시치부戰時致富로 악명을 떨쳤다. 중국은 일본과의 전쟁 중 2100만 명의 인명을 잃었으며, 당시 기준 1000억 달러 이상의 재산상 손실을 입는 등 엄청난 인적, 물적 피해를 보았다. 일본과의 8년 전쟁으로 인해 온 나라가 폐허가 되어 국가재건은 당면과제였다. 전쟁 수행이 야기한 통화 남발로 인한 악성 인플레이션으로 국민 불만이 높아갔다. 국민당과 공산당 간 내전 재발 가능성이 보이기 시작했다. 산시성에서는 옌시산의 국부군과 덩샤오핑의 홍군이 충돌하여 국부군이 패배했다. 옌안의 홍군 지휘관 주더朱德는 1945년 8월 9일 조선 출신 김무정, 박효삼, 박일우 등에게 만주로 이동하여 활동 기지를 만들 것을 명령했다.

1945년 8월 중국 국민의 요구에 부응하여 장제스와 마오쩌둥은 국민당 임시정부가 있던 충칭重慶에서 평화회담을 개최했다. 공산당은 91만 병력과 120만 명의 당원을 확보하고 있었다. 네이멍구에서 하이난다오에 이르는 19개 해방구 거주 주민이 9500만 명이나 되는 등 공산단 세력이 급성장했다. 하지만 국민당에 비해서는 절대 열세였다. 장제스-마오쩌둥 회담 결과 10월 10일 '어떤 일이 있더라도 내전을 피하고, 독립·자유·부강의 새로운 중국을 건설한다.'는 합의가 이루어졌다. 10·10 합의에도 불구하고, 홍군은 당시 가장 중요한 수송로인 철도를 점령해 나가면서 허베이를 거쳐 만주로 이동했다. 미국 트루먼 대통령이 파견한 2차 대전의 영웅 마셜 특사는 1946년 1월 국민정부군의 우위를 인정한다는 내용의 국·공 정전을 이끌어 내었다. 하지만 국부군, 공산군 어느 측도 정전을 준수하지 않았다. 마오쩌둥은 만주로 진출한 린뱌오에게 1946년 3월 중순 시작된 소련군의 만주 철수가 이행되는 즉시 창춘, 하얼빈, 치치하얼, 무단장 등 북만주 도시들을 점령할 것을 지시했다. 열세였던 공산당은 '향북발전 향남방어'向北發展 向南防禦를 모토로 공업시설이 집중된 북방 만주에서의 승리와 황허 이남 방어를 목표로 정했다. 장제스 정부는 1945년 8월 14일 소련과 우호동맹조약을 체결하여 스탈린과의 유대를 이끌어 내었으며, 미국의 군사 지원도 확보했다. 국부군은 미국의 원조와 소련의 중립적 태도에 힘입어 홍군^공_{산군}에 대해 4:1이라는 압도적 군사력을 배경으로 '10월 10일 협정'을 파기했다. 공산당^{홍군}은 1946년 5월 만주 포함 점령지역 내 토지개혁을 실시하여 정치·군사적 기반을 확대했다. 토지개혁으로 인해 1947년 초 이후 만주의 분위기가 일거에 공산군^{홍군}에 우호적으로 바뀌었다. 공산군은 '인민민주통일전선'을 결성하여 국부군을 고립시켜 나갔다. 국민당은 부패와 민중에 대한 탄압까지 더하여 민중의

지지를 상실했다. 1947년 말부터 국민당, 공산당 간 세력관계가 역
전되었다.

만주의 중요성

/

1980년대까지도 중국에서 가장 공업화되었던 만주는 국·공 모두
에게 사활이 걸린 곳이었다. 만주에는 1930년대 이후 일본이 건설
한 상당한 규모의 공업시설이 있었다. 일본은 해방 전 만주에 42%,
조선에 23%, 중국 본토에 21%, 타이완에 7% 비율로 투자해 놓았
다. 만주의 전력, 제철, 시멘트 생산량은 본토 전체를 합한 것의 몇
배에 달했다1943년 기준 중국 전체 석탄 생산량의 49.5%, 제철 87.5%, 시멘트 66%, 전력 72%,
철도 50%. 1930~40년대 만주다롄·선양·창춘·하얼빈·치치하얼 지역는 세계에서 가
장 공업이 발달한 지역 중 하나였다. 만주에서의 승패가 국공내전의
승부를 결정할 수밖에 없었다. 웨드마이어는 1945년 후반 장제스
에게 만주로 전선을 확대하는 것에 반대하고, 만주를 미·중·소·영·
프 5대국 공동통치에 맡기는 한편, 만리장성 이남에 유능한 행정관
리와 장군들을 파견하여 국부군의 지배를 공고히 할 것을 건의했
다. 장제스는 웨드마이어의 만주 공동통치 제안을 거절했다. 웨드마
이어는 미국 정부에 7개 사단 중국 파병을 요청했으나, 미국 정부는
2개 해병사단만 파병했다. 마오쩌둥은 1945년 6월 11일 중국공산
당 제7차 전국대표자대회에서 "우리가 만주를 장악한다면 승리의
토대를 확보하는 셈이고, 승리는 결정된 것이다."라고 연설했다. 장

제스 역시 "만주가 없으면 중국도 없다.", "우리가 만주를 점령하지 않으면 중국이 근대 산업국가로 발전하기 어렵다."고 강조했다. 마오쩌둥은 만주에 린뱌오 등 20명의 공산당 중앙위원을 비롯한 고위 간부 2만여 명과 최정예 20만여 병력을 투입했다. 장제스 역시 '동북행영 정치위원회'와 '동북보안사령부'를 설치해 슝스후이를 주임, 두위밍을 총사령관, 순리런을 최강 신1군 사령관에 임명하고 베이징 북부 청더承德러허와 산하이관 등을 통해 기계화사단 병력 포함 13만 7000명을 투입했다. 장남 장징궈도 만주에 파견했다. 슝스후이는 만주의 실정을 잘 몰랐으며, 무능한데다가 부패하기까지 했다. 국부군은 조선인 포함 만주 주민들의 마음에서 멀어졌다. 내전시기 만주의 조선인들은 선양, 창춘, 하얼빈, 다롄, 잉커우 등 대도시로 탈출하여 국부군 측 한족들의 위협으로부터 생명을 구했다.

한반도를 점령하려 한 장제스
소련, 북간도 포함 북한에 인접한 만주 상당 부분을 북한에 넘겨주려 하다

/

미군 해병대는 톈진항, 다롄항 등을 통한 국부군의 만주 이동 배치를 적극 지원했다. 소련은 미국의 동의 하에 만주를 중국과 소련 간 완충지대로 만들려고 했다. 소련군은 일본 관동군으로부터 압수한 소총 30만 정, 기관총 5000여 정, 야포 1200문, 전차 350대, 차량 2300대, 항공기 1000여 대, 군마 17000필을 홍군에 넘겨주었다. 이는 1945년 8월 14일 체결된 '중소우호동맹조약' 위반이었다. 소

련은 다른 한편, 장제스의 항의를 받고 1946년 3월 중순 만주로부터 철수하면서 국부군의 선양, 창춘 등 대도시 진주를 지원하기도 했다. 소련은 국부군이나 공산군 어느 한쪽이 타방을 압도하는 것을 원치 않았다. 미국과 소련 모두 장제스와 마오쩌둥, 그리고 중국 내 상황 진전에 대해 정확한 판단이나 결정을 하지 못했다. 한편, 제2차 세계대전이 막바지로 치닫던 1943년 11월 카이로 회담을 전후하여 장제스는 한강 이북을 국부군 통제 아래 두려 했다. 장제스 역시 영토 문제와 관련해서는 역대 중국 황제와 비슷한 생각을 가졌다. 장제스가 아예 한반도 전체를 점령re-occupation하려 했다는 미국 기록도 있다. 그만큼 만주와 한반도는 중국 입장에서 순치脣齒의 중요성을 갖고 있다. 소련은 1945년 8월 만주 점령 직후 한 때 중국이 부흥하여 소련에 위협이 될 것을 우려, 북간도옌벤조선족자치주 포함 북한에 인접한 만주의 상당 부분을 북한에 넘겨줄 생각도 했다. 만주 쟁탈전은 중국 내부 문제일 뿐만 아니라, 초강대국 미·소는 물론 남·북한 문제이기도 했다. 어느 쪽이 만주를 차지하느냐에 따라 남·북의 운명이 바뀔 수도 있었기 때문이다.

김일성, 총력 다해 중국공산당CCP 지원

/

국공내전에서 마오쩌둥의 공산당을 도와 맹활약한 이들이 북한군 중추가 됐다. 국공내전 때 조선인들은 주로 홍군 제4야전군에 소속되어 랴오선 전투, 화이하이淮海 청 전투, 창장 도하, 하이난다오 공략전에 투입되었다. 1936년 2월 결성된 만주의 항일 무장조직 동북항일연군은 물론 소련군과도 밀접한 연계를 가진 김일성1912~1994년의 북한 정권 장악은 외세의 영향 아래 성장한 지도자가 한반도 정권의 권력을 획득했다는 점에서 몽골 군벌 이성계의 조선조 개창과 비슷하다. 국부군이 만주를 차지하면 북한은 남북 양쪽에서 포위당하고, 공산군이 승리하면 한국의 안보 부담이 가중된다. 특히 북한은 만주에서의 승패가 정권의 사활이 걸린 문제였기 때문에 전쟁 진전 상황을 초조하게 지켜보았다. 김일성은 "조선혁명의 입장에서 만주가 장제스의 통치하에 들어가는 것을 결코 허용할 수 없다."고 말했으며, 이승만1875~1965년은 "중국이 공산주의에 굴복하는 것은 묵과할 수 없다."고 선언했다. 북한 정권 기관지 '민주주의'는 "미국이 해로海路와 공로空路를 통해 수십만 명의 국부군을 만주로 수송해 중국의 내란을 부추기고 있다."고 비난했다. 해방 후 혼란 상태이던 한국이 장제스에게 실질적 도움을 주는 것은 불가능했지만, 소련의 도움으로 정권을 공고히 한 북한은 공산군紅軍을 적극 지원했다.

국공내전과 조선, 조선인

/

만주에는 1936년 조직된 동북항일연군을 비롯해 10만 명이 넘는 한족漢族과 한민족韓民族 등 출신 사회주의 계열 무장세력이 있었다. 만주의 조선인 청년들은 대거 공산군紅軍·해방군에 가담했다. 1945년 8월 기준 2300만 조선 인구의 약 9%인 216만 명이 만주에 거주하고 있었다. 해방 후 만주 잔류 140만 조선인의 약 5%인 6만 2942명이 공산군에 입대했다. 만주 조선인들이 홍군을 지지한 주요 이유는 공산당이 1946년 5월 토지개혁을 실시한데다가 민족 차별을 하지 않아서이다. 훗날 지린성 당서기까지 승진하는 청주 출신 자오난치趙南起·조남기, 1926~2018도 이때 공산군에 가담했다. 강건, 김무정, 박일우, 김광협, 김웅, 최광, 이권무, 방호산이천부, 전우 등이 조선의용군을 지휘했다. 국공내전 초반 국부군과 북한경비대 간 충돌도 발생했다. 북한 기록에 따르면 "1946~1947년 5월간 국부군이 16차례 불법 월경을 했으며, 17차례 북한 쪽에 사격을 가했다."고 한다. 중국공산당中共·중공은 전쟁 초기 불리한 상황에서 북한을 후방기지로 활용했다. 1946년 봄 동북민주연군중국공산군의 일부 부총사령관이자 윈난 백족白族 출신 저우바오중은 옛 동지 김일성을 찾아가 지원을 요청했다. 중공은 1946년 7월 평양에 조선주재 동북국판사처사무소를 설치해 전략물자 공급, 남만주–북만주 간 교통·통신선 확보, 각종 물자 구입 업무를 수행했다. 중공은 남포와 신의주, 만포, 나진에 4개 분소도 설치했다. 신생 북한 정권에게 CCP중공를 지원하는 것은 매우 어려운 일이었으나, 중국 내전 결과에 정권의 존망이 달려 있다고 본 김일성은 총력을 기울여 공산군홍군을 지원했다.

국민정부군의 오르막과 내리막

/

국부군은 1946년 봄부터 본격적으로 만주 주요 도시 공략에 나섰다. 신1군, 신6군 등 최정예 부대가 투입되었다. 국부군은 산하이관, 진저우, 선양, 번시, 스핑四平, 창춘 등을 차례로 점령했다. 린뱌오가 지휘하는 홍군 제4야전군은 스핑과 창춘 등의 전투에서 국부군에 패배하여 쑹화장 이북으로 밀려났다. 푸줘이傅作義가 지휘하는 국부군은 1946년 가을 네룽전의 홍군 화베이 야전군을 격파하고 베이징과 네이멍구, 산시를 연결하는 요충지 장자커우를 점령했다. 홍군은 패배했지만 철도 인접지역은 장악하고 있었다. 두위밍의 국부군이 스핑, 선양, 창춘 등을 점령하고 도시와 도시를 연결하는 철도와 교통로를 장악함으로써, 린뱌오의 공산군은 남만주와 북만주로 분리된 채 고립되었다. 국부군에 속했다가 공산군에 투항한 1만 8000여 명 약 2개 사단 병력이 부상자와 함께 전쟁 물자 2만여t을 갖고 단둥과 지안에서 북한 내부를 거쳐 북만주로 이동했다. 공산군은 물자는 물론 병력 이동도 불가능하게 되어 국부군에 의해 각개격파 당할 위기에 처했는데, 북한을 교통로로 활용함으로써 패전 위기를 극복했다. 이 무렵 미국 특사 마셜은 장제스에게 정전을 요구했다. 마셜은 장제스가 중국의 부흥에 필요한 개혁에는 무관심하면서 미국의 지원만 믿고 내전에 광분하고 있다고 비난했다. 1946년 6월 6일 국·공 양측은 휴전을 선언했다. 충칭에서 국·공 협상이 재개되었다. 미국을 의식한 장제스는 국방부장 바이충시白崇喜 등의 거듭된 재촉에도 불구하고 국부군의 쑹화장 이북 진공을 명령하지 못했다. 홍군은 미국의 개입에 힘입어 시간을 벌었다. 1947년 3월 후쭝난이 지휘한 국부군에게 비워 주다시피 옌안을 빼앗긴 홍군 지도부는 허베이로 이동하여 스쟈좡 인근 시바이보西栢坡를 임시 수도로 삼았다. 시바이보는 옌안, 징강산 등과 함께 혁명의 성지로 불린다. 1947년 춘계 이후 전선은 교착 상태에 빠졌다. 보급로가 차단된 만주 주둔 국부군은 고립되기 시작했다. 린퍄오의 제4야전군은 반격을 개시하여 1947년 12월까지 선양, 창춘, 진저우를 제외한 만주 전역을 차지했다.

　1948년 들어 국민당 정부는 내전으로 인한 경제위기 극복을 위해 통화개혁을 실시했지만 실패했다. 경제는 하이퍼인플레이션 상태에 빠지고 중산층이 붕괴했다. 미국은 중국에서 서서히 발을 뺄 준비를 했다. 내전에 반대하는 폭동이 발생했다. 1948년 10~11월에 걸친 진저우, 창춘, 선양 전투에서 장제스의 측근 천청이 지휘한 국부군은 린퍄오의 홍군공산군에 차례로 무너졌다. 국부군은 그해 11월 중하순 화이하이 대회전에서도 대패했다. 지휘관 두위밍은 포로가 되고 황바이타오黃百稻는 자결했다. 다음 해 1월에는 린퍄오의 동북야전군과 네룽전 휘하 화베이 야전군의 협공을 받은 푸쭤이군도 핑진베이징·톈진에서 무너졌다. 장제스와 광시군벌 리쭝런, 바이충시 등은 창장 이남을 방어하여 강남에서라도 국민당 정부를 유지할 생각이었다. 예상을 깨고 마오쩌둥은 숨 쉴 틈을 주지 않았다. 1949년 4월 홍군 제1진 30만여 명은 급조된 바지선과 뗏목으로 구성된 1만 척이 넘는 배를 타고 창장 하류 약 600km에 걸쳐 개미떼처럼 도하했다. 항공기 230대, 군함 170척으로 구성된 국부군 해·공군은 속수

무책이었다. 전의를 상실한 국부군 수비대 역시 저항하는 시늉만 내다가 투항하거나 도주했다. 70만 육군이 지키는 거대한 방어진지도 무용지물이었다. 미국은 국공내전에서 손을 떼기로 결정했다. 상하이 함락 이틀 전인 1949년 5월 25일 산둥반도 칭다오 주둔 미국 해병대와 7함대가 철수했다. 마오쩌둥이 지휘한 공산군과 달리 군벌 연합체 성격을 가진 국부군은 지휘, 명령 계통이 분산되어 있었다. 내전 중 수많은 국부군 부대가 쉽게 공산군에 항복하여 공산군으로 편제되었다.

국공 내전과 6·25

/

북한은 일제가 남겨둔 기차 2000대 분 군수물자를 중국공산군에 제공했다. 1947년 북한-중공 간 '중국동북물자북조선통과협정'이 체결되어 1947년 10월부터 1년간 나진항 등을 통해 총 1435만t의 물자를 중국공산군에 수송했다. 북한은 국부군에 의해 고립된 만주 내 해방구에 식량, 석탄, 의약품, 소금 등을 1948년 1년간 30만t 이상 지원했다. 여기에는 화약 420t, 초산 200t, 고무신 15만 켤레가 포함되어 있다. 산둥성 등 여타 지역에도 원조 물자를 제공했다. 공산군의 북한 내 통로는 2개로, 육로는 ①단둥→신의주→투먼으로 연결되는 선, ②지안→만포→투먼을 연결하는 선이었으며, 해로는 ①다롄→남포, ②다롄→나진이었다. 김일성은 중공군홍군을 지원하는 한편, ①국내파박헌영, 이승엽, ②연안파김두봉, 최창익, 김무정, ③소련파 알렉세이 허, 남일, 박창옥와 함께 1948년 9월 조선인민공화국 정권을 세웠다. 중공은 1948년 11월 랴오선遼瀋 전투 승리 후 북한의 지원이 더는 필요 없게 되자 설치 2년 7개월 만인 1949년 2월 북한 주재 동북국사무소와 분소를 폐쇄했다. 이렇듯 북한과 만주의 조선인들은 중국공산군의 내전 승리에 크게 기여했다. 중공은 국공내전에서 승리한 직후 변경 소수민족의 땅 신장과 티베트를 유혈 점령했다.

　　마오쩌둥은 쑨원과 장제스가 깔아 놓은 중국 통일의 길을 뒤집어엎은 다음 바로 그 옆에 공산주의 통일국가라는 새 길을 깔았다. 기원전 3세기 진시황과 항우가 이루어 놓은 중원 통일을 뒤집어엎기만 하여 자기 것으로 만든 유방과 유사한 일을 행한 것이다. 또는 7세기 북주 우문태와 수나라 양견이 이루어놓은 통일의 길을 자기 것으로 만든 당나라 고조 이연, 태종 이세민과 비슷한 성취를 이루었다. 조선인들은 주로 공산 제4야전군에 소속되어 랴오선 전투에서부터 화이하이 전투, 창장 도하, 하이난다오 공략전까지 투입되었다. 하이난다오 공략 전투는 조선인 장교의 아이디어트럭 엔진 장착 보트로 초신속 접근를 활용해 쉽게 승리로 끝났다. 공산군과의 내전에서 패배한 장제스는 최후의 거점 청두가 함락된 1949년 12월 10일 300여 년 전 명나라 유신遺臣 정성공과 비슷하게 일부 병력만을 이끌고 대륙과 해양 세력의 교차점 타이완으로 도주했다.

조선인 부대의 북한 이동

/

김일성의 북한 정권 장악은 외세의 영향 아래 성장한 지도자가 한반도 정권을 장악했다는 점에서 몽골 지방군벌 이성계의 조선조 개창과 비슷한 점이 있다. 1945년 8월 15일 해방 후 건준建準의 여운형, 한독당의 김구 등에 의한 좌우 통합 움직임이 일어나기도 했으나, 각기 미국과 소련을 등에 업은 이승만과 김일성은 이를 허용하려 들지 않았다. 화북과 만주 일대에서 활동하던 조선의용군 출신 2100명이 1945년 10월 1차로 북한으로 들어갔다. 국·공 내전 말기 김책이 마오쩌둥에게 홍군 제4야전군 소속 조선인 대원의 북한 귀국을 요청한 결과, 이들은 1949년 말부터 북한으로 들어가 북한군의 중핵이 되었다. 이때 들어간 조선인 사병들은 주로 북한군 4, 5, 6, 7사단에 편입되었다. 독립운동가 김동삼의 손자 김중생도 6사단에 편입되었다. 6.25 발발 직전인 1950년 4월 18일 중공군 139, 140, 156사단 소속 조선인 사병 1만 4000여 명이 북한으로 들어갔다. 이들은 대부분 북한군 12사단에 편제 되었다. 그해 7월 마지막 17차로 하이난섬 점령 전투에 참전했던 조선인 사병 200여 명이 북한군에 합류했다. 1950년 북한군에 합류한 병력은 국공내전시기 중국 남부 최전선에서 싸운 명실상부한 주력이었다. 마오쩌둥으로서는 중국 인민해방군PLA 내에 대규모 조선인 무장 세력을 안고 갈 이유가 없었다. '불감청고소원不敢請固所願'이었다.

　김일성은 전투 경험이 풍부한 조선인 3~4개 사단북한 육군의 47% 차지과 남일, 알렉세이 허허가이, 박창옥 등의 기여로 고려인 1개 연대를 확보하고 난 다음 남침에 더욱 자신감을 갖게 되었다. 1950년 6월 25일 북한군의 남침 이후 조선인으로 구성된 4사단 18연대가 가장 먼저 서울에 입성하는 등 조선인 부대는 남침의 선봉에 섰다. 북한 군 중 최초로 한강^{하류}을 건너 김포와 영등포를 거쳐 경기 서부와 충 남, 호남, 서부 경남 지역을 석권한 북한군 6사단 주력도 국공내전 시 명성을 얻은 사단장^{나중 5군단장으로 승진} 방호산^{이천부} 휘하 만주 조선인 으로 구성되어 있었다. 중국에 잔류했던 조선인 병사들은 6·25전쟁 에 참전한 중공군^{인민지원군} 38, 39, 40, 42군에 집중 배치되어 한반도 전장에 투입되었다. 간도^{옌볜조선족자치주}는 6·25전쟁을 전후하여 전투 병은 물론 통역병과 의무병 파견 등 북한의 충실한 후방기지 역할을 수행했다. 미국은 한국군이 낙동강 전선으로 밀려나자 지원 병력을 증강했다. 김일성은 전력 거의 모두를 낙동강 전선에 투입했다. 맥 아더가 지휘하는 미군 주도 유엔군은 1950년 9월 15일 인천상륙작 전에 성공하여 군사적으로 거의 텅 빈 한강 유역을 점령하고 북한군 을 38선 이북으로 밀어 붙였다.

한반도 분단

/

마오쩌둥은 10월 13일 린뱌오 등 부하 절대 다수의 반대는 물론 중 국 통일전쟁이 아직 끝나지 않았음에도 불구하고, 한반도에 대군을 파병하기로 결정했다. 펑더화이가 지휘한 중국군 1진이 10월 19일 야음을 틈타 압록강을 도하했다. 중국군이 다시 한반도에 나타난 것은 1894년 청·일 전쟁 이후 56년 만이다. 연인원 300만 이상의 신중국 참전군인 중 30% 이상이 국부군 패잔병 출신이었다. 중국군의 참전으로 전쟁은 남한과 북한 간 싸움에서 미국과 중국^{中共} 간 싸움으로 변질되었다. 미국, 중국, 소련 등과의 태평양 전쟁 패배로 인해 일본 열도로 밀려났던 일본은 미군 주도의 국제연합군에 수로안내 팀원과 기뢰제거팀원, 수송팀원 등 연인원 2만여 명을 파병했다. 소련도 직·간접 참전했다. 스탈린이 세계전략 차원에서 사실상 전쟁을 주도했다는 말도 있다. 6·25전쟁은 전선戰線이 남으로는 낙동강, 북으로는 압록강 사이를 왔다 갔다 하다가 발발 3년 만인 1953년 7월 미군 중심 유엔군과 중국 중심 공산군 간 휴전으로 끝났다. 전쟁의 가장 큰 피해자는 남·북한과 북간도北間島의 한민족이었다. 미군은 1951년 1월 중국군에 의해 원주-금강선 이남으로 밀려날 상황에 처하자 한반도 철수를 검토했다. 휴전 후 67년이 지난 오늘 해양세력에 편입된 한국은 선진국으로 발돋움했으나, 핵무기 개발과 함께 고립을 택한 북한의 주민들은 산성에 웅크린 게릴라 부대원과 같이 무자유無自由와 극빈極貧의 구렁텅이에 빠져 살아가고 있다. 한민족의 비극이다.

24

과거, **현재**, 미래는 하나

중국 지배권을 놓고 벌인 국민당과의 축록전逐鹿戰·정권과 패권 다툼에서 승리한 공산당은 1949년 10월 1일 베이징北京 톈안먼天安門 광장에서 중화인민공화국新中國 창건을 선포했다. 중국공산당은 신중국 건국을 전후하여 신장-위구르와 티베트Great Tibet를 유혈 점령했으며, 한반도에서 벌어진 6·25전쟁에도 개입했다. 이를 통해 중국공산당은 전통 중원 왕조의 후계자임을 만천하에 과시했다. 8500만 한민족韓民族은 22.1만㎢ 면적의 한반도라는 좁은 공간Enger Lebensraum에서 고유 언어와 문화를 지키며 살아가고 있다. 한민족과 달리 한때 동아시아를 주름잡은 흉노匈奴, 저·강氐·羌, 선비鮮卑, 위구르回鶻, 거란契丹, 만주족滿洲族은 한족漢族에 동화되었거나 소멸되고 있다. 남북한과 북간도北間島에 삼분된 채 살아가는 우리 한민족이 정체성을 지킬 수 있었던 이유 중 하나는, 오랜 세월 고구려와 발해, 거란^요, 여진^금, 몽골^원, 만주^청가 만주 일대를 점령하여 한족의 사회·문화적 영향력이 한반도로 넘어오는 것을 막아준 데 있다.

신新중국의 일대일로一帶一路

/

기원전 1046년 황허 상류 '빈豳'의 유목 부족 주周가 황허 중류 '은殷·河南省 安陽'을 중심으로 형성된 동이계東夷系 상商을 정복·통합함으로써 한족의 원형Prototype인 화하족華夏族이 탄생한 이후 지금까지 한족은 마을에서 고을로, 고을에서 나라로, 나라에서 세계를 향해 끊임없이 확장되어왔다. 중국이 추진하고 있는 일대일로一帶一路 정책도 한족을 중심으로 한 중국의 정치·경제·사회적 팽창이라는 측면에서 해석할 필요가 있다. 전 세계를 공포로 몰아넣고 있는 COVID-19는 부정적 측면에서 중국이 가진 세계적 영향력을 다시 한번 보여 주었다. 주周와 춘추전국春秋戰國, 진秦의 유산을 물려받은 한나라는 한족의 정신적 고향이 되었다. 서한西漢 무제劉徹는 기원전 2세기 말 북방 흉노^{터키계}를 중심으로 몽골 일대에서 형성된 유목국가 정복을 시도했다. 서한은 대對흉노 전쟁의 일환으로 기원전 107년 흉노의 동쪽 날개인 랴오둥의 조선古朝鮮을 정복했다. 한漢과 위魏에 제압당한 흉노·갈^{이란계}, 선비·오환족^{몽골·터키계} 일부는 북만주와 톈산산맥 너머로 이주하고, 일부는 동한東漢시대부터 삼국三國–서진西晉 분열시기를 틈타 대거 한족과 북방민족 간 경계지대로 남하했다. 산시山西에 주로 거주하던 남흉노가 남하하여 뤄양낙양을 수도로 하던 서진을 정복311년 영가의 난했다.

100만여 명의 한족이 흉노·갈匈奴·羯, 선비, 저·강 등에게 쫓겨 창장長江 이남으로 이주했다. 남방으로 이주한 한족은 그곳 소수민족과 혼화混化되어 난징을 중심으로 동진東晉, 송宋, 제齊, 양梁, 진陳을 세웠다. 흉노·갈의 중원 정복은 우리 고대국가와 일본에도 큰 영향을 미쳤다. '영가의 난' 등 중원 전란의 결과 한족과 흉노, 선비족 일부가 고구려와 백제, 신라, 가야에 유입되었다. 흉노에 이어 화북을 점령한 선비족은 한족, 저·강, 흉노 등과 섞여 북위北魏와 북주北周·북제北齊, 그리고 통일왕국 수隋·당唐을 세웠다. 선비족 우문태宇文泰가 세운 북주는 같은 선비족 하륙혼賀六渾, 고환이 세운 북제를 멸해 화북을 통일했다. 선비족 보륙여씨普六茹氏 수나라는 궁정 쿠데타를 통해 북주를 대체했다. 수나라는 곧 강남의 한족–남방민족 혼혈의 진陳을 정복해 중국을 통일했다. 이와 같이 저氐와 선비를 비롯한 비한족非漢族들은 유목문화와 농경문화를 융합해 호한체제胡漢體制라는 독특한 정치·사회·문화체제를 만들어 내는 등 중국 문명을 동아시아로 확산시키는 데 기여했다.

한민족韓民族, 만주와의 연계가 약화되다

/

4세기 말 티베트계 저족 출신 전진前秦 황제 부견과 한족 출신 재상 왕맹에 의해 틀을 갖추기 시작한 호한체제는 북주의 창업자 우문태와 한족 관료 소작蘇綽에 의해 완성되어 수·당 대에 결실을 보았다.

선비계鮮卑系 수나라를 계승한 같은 선비계 당나라는 신라와 동맹하여 663년 백제-일본 연합세력을 제압하고 668년 고구려마저 멸망시켰다. 당나라는 그 직전 몽골고원의 동돌궐東突厥과 중앙아시아의 서돌궐도 제압했다. 당나라로부터 공격 받은 (통일)신라와 발해는 살아남을 수 있었는데, 이는 토번티베트이 서쪽에서 당나라를 견제해 주었기 때문이다. 토번과 돌궐, 위구르의 공세에도 불구하고, 당나라는 한때 톈산산맥을 넘어 키르기스-우즈베키스탄을 흐르는 탈라스강과 시르다리야와 아무다리야다리야는 터키어로 강을 의미 유역까지 영향력을 넓혀 세계제국으로 발전했다. 당나라 수도 시안장안은 세계의 중심이 되었다. 고구려의 멸망은 만주의 핵심 랴오허 유역과 한반도 간 제1차 분절分絕을 의미한다. 10세기 초 몽골-퉁구스계 거란이 발해를 정복한 것은 한반도와 만주 간 연계가 더욱 약화되는 계기가 됐다. 당나라는 755년 중앙아시아 출신 안록산-사사명의 봉기와 몽골고원 최후의 터키계 제국 위구르의 압박, 역시 터키계인 사타돌궐沙陀突厥의 남하, 황소黃巢의 난 등으로 인해 멸망했다. 당 멸망 뒤 중원에는 5대五代, 강남과 산시山西에는 10국十國 왕조가 세워졌다. 사타돌궐, 거란, 탕구트티베트계, 한족 등이 몽골과 만주, 중원, 하서회랑을 분할 점령했다. 사타돌궐은 화북에 후당後唐, 후진後晉, 후한後漢 3개 왕조를 세웠다. 한족 시씨柴氏의 후주後周를 계승한 조광윤趙匡胤이 세운 북송北宋은 10세기 초 중원화북을 근거로 중국을 통일했다. 북송의 중국 통일은 북방 강국 거란에서 내분이 벌어지고, 동쪽의 고려가 거란을 견제해 주었기에 가능했다. 이 무렵 티베트 계통이지만 알타이선비계 언어를 사용한 탕구트족 서하가 중국 서북부를 점령했다.

중원은 여진족 완안 아쿠타^{완안민}가 북만주에서 세운 금나라와 몽골족 칭기즈칸이 세운 원나라의 손에 차례로 넘어갔다. 주원장이 세운 명나라가 몽골을 고비사막 이북으로 축출하고 중원을 장악한 14세기 말이 돼서야 한족은 다시 중국의 주인이 될 수 있었다. 몽골의 침공으로 쇠약해진 고려는 몽골제국 제후인 테무게 옷치긴 왕가 소속 여진 혼혈 이성계가 세운 조선에 자리를 내주었다. 조선 건국의 분수령이 된 이성계의 위화도 회군^{1388년}은 한족 주도 중국 중심 동아시아 질서에 대한 조선의 철저한 신복^{臣服}을 뜻한다. 송시열과 권상하 포함 조선 성리학자 대부분은 위화도 회군을 극찬했다. 명나라의 중국 지배는 17세기 중엽 끝났다. 랴오둥에서 일어난 만주족 아이신고로 누르하치를 시조로 하는 청^淸나라가 중국 전체를 점령하여 20세기 초까지 지배했다. 일본이 굴기한 16세기와 만주가 흥기한 17세기, 명나라 중심 조공체제하에서 무기력한 평화를 누리던 조선은 차례로 일본과 만주의 침공을 받아 등뼈가 꺾이는 큰 타격을 입었다. 조선은 20세기 초 서구화에 성공하는 등 급속도로 세력을 확장한 일본에 결국 병탄당하고 말았다. 한민족은 ①7세기 수·당 교체기, ②9세기 말 당나라 혼란기, ③14세기 원·명 교체기, ④15세기와 16세기 두 차례에 걸친 몽골의 베이징 포위 시기 등 여러 차례 랴오허 너머 중원^{中原}으로 진출할 기회가 있었으나, 단 한 차례도 중원으로 나가지 못했다.

조공질서 구축 꿈꾸는 중국中國

/

20세기 이후 중국은 수백만 명이 굶어 죽은 대기근大飢饉과 전쟁 등 거듭되는 위기를 극복하고 몸집을 계속 불렸다. 한족이 탄생한 서한 西漢부터 만주족의 청淸에 이르기까지 2300년 긴 세월 동안 한족이 중국을 지배한 기간은 800년 정도밖에 안 된다. 한西·東漢, 송宋, 명明 이 장기 존속한 한족 왕조다. 한족은 20세기 초 중국에 대한 지배권 을 회복하지만 당시 중국은 19세기 초·중엽부터 시작된 영국, 러시 아, 독일, 프랑스, 일본 등 제국주의 세력imperialists의 침략을 받아 누 더기와 같은 상태였다. 19세기 말 시작된 일본의 중국 침공은 한족 이 겪은 큰 위기 중 하나다. 일본은 만주청의 부용국附庸國 조선에 이 어 타이완과 관동주뤼순·다롄를 병합하고 만주를 식민지화했다. 태평 양전쟁 발발 직전 일본이 미국과 타협했더라면 한반도와 만주 모두 일본 영토가 되었을 공산이 크다. 일본이 태평양전쟁에서 패배했기 때문에 한족이 부흥할 수 있었다. 중국은 1978년부터 개혁·개방을 추진했다. 개혁·개방 32년 만인 2010년 일본을 제치고 세계 제2위 경제대국이 되었다. 1978년 이후 지금까지의 성장 속도연평균 9.6%에 비춰볼 때 중국은 신新냉전으로 간주되는 미국과의 무역전쟁에도 불구하고, 2030년대에는 미국을 제치고 세계 1위 경제대국이 될 것 으로 보인다.

19세기 말~20세기 초 서구 열강과 일본에 의한 식민지화의 열 등감에서 벗어나 자신감을 되찾은 중국은 '중국몽中國夢'이라는, 명 나라 전성기와 같은 조공질서 구축을 꿈꾸고 있다. 1인 우위 체제를 구축한 시진핑의 '중국몽中國夢'과 '일대일로一帶一路'는 한족 중심 신新중화제국 구현을 위한 이데올로기적 프레임워크framework로 해석된다. 중국 관영 CCTV는 2006년 11월 '대국굴기大國崛起'라는 프로그램을 방영했다. 이 프로그램은 미국, 일본, 러시아, 독일, 영국, 프랑스, 오스만터키Ottoman Turkey 등이 강대국으로 성장한 원인을 객관적 시각으로 분석했다. 이는 중국이 나아가고자 하는 방향이 어디인지 말해 준다. △초대국 중국 △세계제국 미국 △군사강국 러시아 △해양강국 일본은, 좁은 공간 한반도 남쪽만을 겨우 차지한 한국의 운명에 큰 영향을 미치고 있다. 고구려가 수나라의 굴기에 대응해 돌궐과 백제, 왜倭를 적절히 활용했듯이 우리도 인근 강대국의 대외정책을 정확하게 이해하고 활용해야 한다.

중국이라는 태양太陽 중심으로 돌아간 행성行星

/

만주와 한반도 북부를 영유한 고구려가 신新, 동한東漢, 위魏, 오吳, 공손연公孫燕, 서진西晉, 연前·後燕, 북제北齊, 수·당隋·唐 등과 줄기차게 싸운 것처럼, 한반도 남쪽의 우리도 싫든 좋든 같은 민족 북한은 물론 인근 강대국과 부대끼며 살아가지 않을 수 없다. 북한 및 강대국들과 부대끼면서도 우리가 자주독립을 유지해 나갈 길은 현재의 국제정치 상황을 정확히 이해하는 동시에 변화에 효과적으로 대응하는 것이다. 『손오병법孫吳兵法』에 '지피지기知彼知己 백전불태百戰不殆'란 말이 있다. 과거를 정확히 이해하는 것은 현재를 더욱 잘 알고 미래의 변화에 대처하기 위해서다. 동아시아의 과거에 대해 잘 알아야 현재 동아시아 질서를 정확히 이해할 수 있다. 중국 중심 동아시아 질서는 19세기 말 아시아 최초로 근대화에 성공한 일본의 손에 넘어갔다. 그 이전 긴 세월 몽골, 만주, 한반도, 베트남, 일본, 티베트 등의 행성行星은 중국이라는 태양을 중심으로 돌아갔다.

중국 문명은 기본적으로 농경 문명이고, 수용적受容的이며, 내향적內向的이다. 한족이 거란요과 탕구트서하, 여진金 등에 의해 굴복을 강요당한 남송南宋 시기에 탄생한 성리학주자학은, 몽골 지배기를 거쳐 한족 국수주의적이던 명나라 시대에 크게 발전했다. 성리학은 한족 민족주의적이자 반동적反動的 성격을 띠고 있다. 이이, 김장생, 송시열, 권상하, 이항로, 최익현 등으로 대표되는 조선시대 성리학 사대부들은 명나라 중심 동아시아 국제질서에 맹목적으로 동조했다. '황허黃河는 일만 번을 굽이쳐도 동쪽으로 흘러간다.'는 뜻의 '만절필동萬折必東'으로 상징되는 조선 지배층의 명나라 맹종에 따라 자주의식은 사라졌다. 결국 이는 개화에 성공한 일본의 조선 병탄으로 이어졌다. 조선 사대부 지배층은 '그 어떤 민족도 교조적 원리에 묶여 있다면 진보할 수 없고, 생명력을 잃어 결국 사라지고 만다.'는 진리를 깨닫지 못했다. 19세기 말 청제국이 붕괴하기 시작한 것은 △체제 내적으로는 조선, 일본, 베트남 등 소중화를 자처하던 세력의 급격한 이완·이탈, △체제 외적으로는 영국, 러시아, 미국, 프랑스, 독일 등 제국주의국가들imperialists의 공격이 원인이다.

흔들리는 미국의 동아시아 지배체제

/

일본은 1592년 임진왜란을 계기로 중국 중심 동아시아 질서에 도전자로 등장했다. 임진왜란 이후에도 베트남과 더불어 중국 중심 중화체제 내에서 중층적 소중화체제를 유지하던 일본은 19세기 말 동아시아 국가 중 가장 먼저 체제 변혁에 성공했다. 일본은 1905년 영·미앵글로·색슨의 지원을 받아 러시아의 남진을 막아냄으로써 동아시아의 새로운 지배자로 부상했다. 이로써 일본의 시각은 베이징이 아닌 런던, 베를린 또는 워싱턴으로 향하게 되었다. 일본은 1931년 9월 만주 침공 이후 동아시아의 패자覇者가 됐다. 일본은 영·미의 간섭을 물리치고자 독일의 생활권Lebensraum 이론의 영향을 받은 대동아공영권大東亞共榮圈이라는 일본 주도 동아시아 건설을 시도했다. 대동아공영권은 일본이 주변국 자원을 약탈하는 천황제 이데올로기를 동아시아 차원으로 확장한 것이다.

　미국은 1853년 페리 함대를 도쿄만東京灣에 진입시킨 이후 동아시아의 주요 행위자가 되었다. 미국은 20세기 초 영국과 함께 일본을 지원해 러시아의 남진을 저지했으며, 남만주에 대한 영향력 부식을 시도 하기도 했다. 미국은 제2차 세계대전에서 승리한 후 한국, 일본, 타이완, 남베트남, 필리핀, 태국, 호주, 뉴질랜드 등 동아시아–서태평양 지역 자본주의 국가들로 구성된 위성국가군을 체제 내로 편입해 새로운 지배체제를 구축했다. 세계 최강 미제국American Empire은 새로운 지배체제를 △자유·자본주의 이데올로기 확산 △시장개방을 통한 경제이익 확보 △군사협력을 통한 동맹으로 발전시켰다. 미국은 이들 위성국에 미국식 체제 수용을 요구하는 한편, 한반도 및 인도차이나 전쟁 때에는 파병까지 했다.

미국은 1990년대 초 시작된 탈냉전 이후에도 동아시아에 대한 영향력을 포기하지 않았다. 미제국이 동아시아를 성공적으로 통제해 온 것은 압도적 우위의 군사력과 기축통화Key Currency로 상징되는 금융 지배력 외에 한국, 일본, 호주 등 위성국들의 강고한 지지와 함께 패권 유지를 위한 이데올로기도 가졌기 때문이다. 미제국은 양자 간 동맹을 통해 간접 통제하는 체제 내 통합 방식을 채택하고, 세계 3위2010년 이전 2위의 경제대국 일본을 수석위성국으로 삼아 영향력을 강화하는 전략을 추구해 왔다. 미제국은 제2차 세계대전 이전 일본이 추구하던 대동아공영권大東亞共榮圈의 경제적 연계 네트워크를 부분적으로 부활시키기도 했다. 그런데 중국이 부상하면서 미국의 동아시아 지배 체제가 경제·군사 모든 측면에서 흔들리고 있다. 'America First'라는 일관성 없는 외교의 트럼프 시대에 들어와 미국의 동아시아-서태평양 지배 체제는 한층 더 동요하고 있다. COVID-19 세계 확산 시대를 맞아 미국의 패권은 한층 더 흔들리는 모습을 보여주고 있다.

중화제국 부흥과 한반도의 위기

/

중국은 북방민족에 점령당하는 과정을 거치면서 계속 팽창해 왔다. 한족이 세운 서진西晉에 비해 선비족이 세운 수·당은 영토, 경제력 등에서 최소 2~3배로 커졌다. 흉노, 선비, 저·강, 돌궐, 거란, 여진, 몽골, 만주 등 중원을 지배한 북방새외(塞外), 만리장성 바깥 민족 국가는 중원 바깥에서 기원했지만 통치의 중심을 중원으로 옮기고, 한족 출신을 대거 기용하는 등 중원 왕조를 지향했다. 중국은 특히 북방민족 지배시기에 끊임없이 외부로 팽창했다. 탁발선비 북위北魏는 몽골고원의 유연柔然을 정복하고자 수십 차례 출격했으며, 호한체제胡漢體制의 수나라는 줄기차게 고구려와 전돌궐前突厥 정벌을 추진했다. 당나라는 동·서 돌궐과 고구려, 백제를 정복하고, 신장을 넘어 중앙아시아로 팽창했다. 몽골 지배기 중국은 북베트남과 티베트, 사할린, 바이칼호 이북까지 세력을 확장했다. 몽골족의 원나라는 자바, 수마트라, 일본 열도 등 해양으로까지 손을 뻗쳤고, 만주족의 청나라는 중국은 물론 만주, 몽골, 티베트, 신장, 타이완, 사할린 등을 영토로 삼았다. 신중국은 청나라가 만들어 준 영토 가운데 연해주 일대와 사할린, 타이완, (외)몽골, 카자흐스탄과의 국경 지역인 일리강 유역 등 변경 일부 외연外延을 제외한 핵심부를 그대로 영유하고 있다.

한족 민족주의는 청淸 멸망 이후 중화제국 개념으로 재정립되었다. 중화제국은 동으로는 만주, 서로는 타클라마칸, 남으로는 남중국해, 북으로는 고비사막내몽골 범위 내에 있는 모든 민족과 국가는 중화에 속한다는 정치·문화적 개념이다. 중국의 동북아공정Project, 랴오허문명탐원공정 역시 중화주의의 연장선상에 있다. 현재의 공식 국경과는 무관하게 역사·문화·인종적으로 만주와 네이멍구, 신장, 티베트, 타이완 등은 중국 본토와는 별개 권역에 속한다. 만주는 한민족이 포함된 퉁구스족의 땅이며, 네이멍구는 몽골족, 신장은 위구르족, 칭하이-티베트 고원은 티베트족의 땅이다. 시진핑 시대의 중국은 경제력을 활용하여 일대일로一帶一路의 이름으로 유라시아를 하나로 묶으려 한다. 2016년 사드THAAD·고고도미사일방어체계 한국 배치와 COVID-19 확산 사태, 상시화된 미세微細 먼지 문제와 우리에 대한 혼합전쟁hybrid war 시도 가능성에서도 알 수 있듯이 강력해진 중국 앞에서 한반도는 위기의 시대로 접어들었다. 중국몽과 일대일로 정책은 중국의 유라시아 헤게모니 장악을 가능하게 할 수 있다는 점에서 한민족의 위기를 한층 더 심화시킬 것이다. 서한西漢 전성기, 당唐 전성기, 몽골 팽창기 조선고조선과 고구려, 고려 등 역대 왕조들이 어떤 일을 겪었는지를 회고해 보면, 중국이 유라시아의 헤게모니를 장악할 경우 한반도가 어떤 일을 당하게 될 것인지 잘 알 수 있다. 가능성은 적지만 일본이 재기할 경우에도 20세기 전반과 같은 상황이 발생할 수 있다. 외교가 특히 중요한 이유이다.

동아시아 기존 질서의 붕괴

/

중국 기업은 1978년 개혁·개방 이후 축적한 기술·자본을 바탕으로 베트남, 라오스, 캄보디아, 말레이시아, 미얀마, 방글라데시, 스리랑카, 파키스탄, 우즈베키스탄, 이탈리아, 그리스, 헝가리, 세르비아, 에티오피아, 탄자니아, 니카라과, 베네수엘라 등 세계 각지에 진출했다. 또한 미국과 독일 등 서방 첨단기업에도 투자하여 이들이 확보한 과학기술을 흡수하려 한다. 글로벌 범위의 산업혁명 진전 단계를 분석해 볼 때 중국의 부상浮上은 필연이다. 미·중 무역전쟁에서 중국이 패해 경제가 경착륙할지라도 관리, 학자, 기업인 등 전문가가 갖고 있는 노하우는 사장되지 않는다. 중국의 기술 발전 속도가 한국의 그것을 따라잡을 때 산업구조에서 한·중 관계가 역전된다. 한국은 중국의 하청기지가 될 수 있다. 그 결과 한국 경제는 중국 경제의 한 부분처럼 운용될 것이다. 최근 심화한 원화圓貨의 위안화元貨 동조 현상이 이를 증명한다. 타이완 경제는 교역과 투자, 사회 교류 등 여러 면에서 중국 경제에 대한 의존이 심화되어 중국 경제에 통합되어 버릴 상황에 처했다. 중국에 대한 경제의존도가 높은 한국은 향후 중국의 요구에 따라 행동할 수밖에 없는 상황이 잦아질 것이다. 중국과 동아시아 간 상호 의존 심화는 중국 우위의 동아시아 경제통합으로 이어질 수 있다. 중국이 유교전통에 입각하되 민주적인 가치관 등 동아시아 국가가 받아들일 수 있는 가치 체계로 스스로를 혁신할 경우 중국의 흡인력은 한층 더 커질 것이다.

저명한 국제정치학자들과 외교관들이 중국의 분열 가능성을 이야기하지만, 긴 역사를 보건대 중국은 분열되든, 외부 세력에 정복당하든 내부에서 융합한 스스로의 에너지를 갖고 분열을 치유하고 정복 상태를 끝낼 힘을 가진 것으로 보인다. 요컨대 '중국 위협론'은 음모론이 아니라 닥쳐올 가능성이 있는 정치·경제·사회·문화 현상이다. 민족주의로 무장한 중국의 위협은 물리적 위협만을 의미하지 않는다. 군사적 점령은 단기간 내 끝날 수 있으나, 인종적 요소를 포함한 정치·경제·사회·문화적 진출은 저항할 수단이 거의 없다. 2006년 10월 완공된 칭하이-티베트칭짱 고산철도는 티베트를 중국화하고자 하는 중국의 열망이 얼마나 강렬한지 보여주는 대표 사례다. 시진핑 시대 중국은 쓰촨-티베트 고산철도도 건설하고 있다. 칭짱 고산철도를 티베트의 수도 라싸에서 제2의 도시 시가체로, 그리고 히말라야를 넘어 인도까지 연장하려 한다. 중국이 경제성장을 지속하든, 경제성장 정체에 기인한 격심한 혼란 끝에 국수주의國粹主義를 택하든 우리에게 위기로 다가올 것이다. 패권국 미국이 도전자 중국과의 무역전쟁에서 이기고 있는 것처럼 보이지만, 미국은 국가 규모 측면에서 중국에 비해 열세다. 미국이 아니라 중국과 유럽연합EU이 무역자유화를 주장하는 것은 경쟁력이 약화된 미국이 점차 내리막길을 걷고 있음을 말해 주는 대표적 사례다.

독자적 세계관과 경제력, 군사력 갖추어야

/

분단된 우리는 사면수적四面受敵 상황에 처해 있다. 중국은 본토를 잇몸으로, 만주를 이빨로, 한반도를 입술로 본다脣亡齒寒. 우리가 진정한 자주독립을 확보하려면 중국이 더 부상하기 전에 남북 공동체를 수립해야 한다. 중화 중심 체제를 복구하고 난 중국은 만주의 울타리인 한반도마저 영향 아래 두려 할 것이기 때문이다. 장제스, 마오쩌둥, 시진핑 모두 한반도에 대한 영향력 확보 의도를 버리지 않았다. 미·중 간 신냉전, 양극화bi-polarization는 한반도의 분단 고착으로 이어질 수 있다. 이런 상황에서 우리가 나아가야 할 길은 통일로 가는 구심력 회복과 함께 외교 공간을 넓히는 것이다. 대규모 전쟁만이 한 나라, 한 민족의 운명에 영향을 미치는 것이 아니다. 비커 속의 개구리가 수온水溫이 서서히 높아져 몸이 익어가는 줄 모르고 있다가 갑자기 죽는 것과 같이 장기적으로 서서히 진행되는 일이 우리의 목을 죄어 올 수 있다.

　동아시아 질서가 흔들릴 때 한반도는 항상 태풍의 눈 속에 들어갔다. 서한 무제의 대對흉노전쟁, 흉노의 서진 정복, 수·당의 중국 통일, 거란의 흥기, 몽골의 부상과 쇠퇴, 만주의 흥기, 일본의 굴기, 공산당의 중국 통일, 중국의 부상 등 큰 파도가 발생할 때마다 한반도는 피해를 입었다. 한반도가 피해를 당한 것은 베트남, 타이완과 함께 지정학적으로 대륙세력과 해양세력의 경계선상에 위치해 있기 때문이다. 우리가 중국의 긴 그늘에서 벗어나 자주독립을 유지해 나갈 방법은 태평양 너머 최강대국 미국에 사대事大하는 것이 아니며, 북한과 같은 극도 억압과 빈곤의 대외고립은 더욱 더 아니다. 미·중 신냉전 시대를 맞이해 우리가 살길은 독자적 세계관을 가지는 것과 함께 외부 침공을 방어할 군사력과 경제력을 확보하는 것이다. 무엇보다 중요한 것은 우리 내부를 통합하는 것이다. 분열된 정치·사회 상황에서는 내정과 외정 그 무엇에도 성공할 수 없다. 우리 내부를 통합해야 민족통합도 이룰 수 있다. 민족통합을 달성해야 중국, 일본 등과 진정한 균형을 이루고 안정적인 평화도 누릴 수 있다.

자강自强의 길

/

1592년 임진왜란 이후 우리나라는 해양과 대륙세력의 틈바구니에 끼이게 되었으며, 명明과 만주, 일본, 미국, 소련 등 시대별 패권국이 우리의 운명에 지대한 영향을 미쳤다. 중국의 흡인력을 크게 느끼지 못하다가 어느 날 갑자기 죽음을 앞두고 급하게 숨을 몰아쉬는 자신을 발견하고 소스라치게 놀랄 수 있다. 이런 일이 일어나지 않도록 확실하게 준비해야 한다. 우리가 자강을 이뤄낼 가능성이 없다고 말하지 말자. 고주몽이 이끌던 졸본부여인Chorbon扶餘人 수천 명이 대제국 수·당에 맞선 강국 고구려를 세웠다. 인구 100여 만에 불과한 칭기즈칸의 몽골이 유라시아를 제패했다. 인구 10여 만에 불과했던 누르하치의 건주여진이 만주를 통합하고 거대한 명나라를 쓰러뜨렸다. 아시아의 변방 섬나라 일본이 20세기 초 동아시아 대륙과 서태평양 거의 대부분을 아우르는 대제국을 세웠다. 성리학의 나라 조선과 같이 미래에 대한 비전없이 현상유지에만 집착하며, "스스로 강해지려 하지 않는 나라에게 밝은 미래는 주어지지 않는다."

참고문헌

가토 요코(양지연 역), 『왜 전쟁까지』, 사계절, 2018.

강길중, 「宋遼의 澶淵의 盟約에 관한 一研究」, 『경상사학』 6, 1990.

강철린, 『국공내전, 피로 물들었던 그날』, 부크크, 2015.

고마츠 히사오(이평래 역), 『중앙 유라시아의 역사』, 소나무, 2005.

권오중, 「樂浪郡의 설치 배경」, 『논문집』 11, 세종대학, 1984.

김광수, 「漢의 고조선 침공 시 浿水·王儉城의 위치에 대한 小考」, 『학예지』 3, 육
　　군사관학교 육군박물관, 1993.

김명기 편, 『간도연구』, 법서출판사, 1999.

김명호, 『중국인 이야기 1·2·6·7』, 한길사, 2012·2013·2017·2019.

김상기, 「백제의 요서 경략에 대하여」, 『백산학보』 3, 1967.

김장구, 『중국 역사가들의 몽골사 인식』, 고구려연구재단, 2006.

김주찬, 『고려의 개혁과 거란과의 전쟁』, 한국헤르만헤세, 2014.

김중생, 『조선의용군의 밀입북과 6.25 전쟁』, 명지출판사, 2000.

김학준·장덕준, 『러시아사, 선사시대부터 푸틴시대까지』, 단국대학교출판부,
　　2018.

김한규, 『티베트와 중국』, 소나무, 2000.

김호동, 『황하에서 천산까지』, 사계절, 1995.

노태돈, 「高句麗의 漢江流域 喪失의 원인에 대하여」, 『한국사 연구』 13, 1976.

노태돈, 『단군과 고조선사』, 사계절, 2000.

누노메 조후·구리하라 마쓰오(임대희 역), 『중국의 역사: 수당오대』, 혜안, 2001.

마르코 폴로(김호동 역), 『마르코 폴로의 동방견문록』, 사계절, 2000.

마리우스 잰슨(손일 등 역), 『사카모토 료마와 메이지 유신』, 푸른길, 2014.

모종혁, 「무너진 제국, 몽골군에 도륙당한 西夏 백성들」, 『차이나랩』, 2018.

무쓰 무네미쓰(김승일 역), 『건건록』, 범우사, 1994.

박한제, 『영웅시대의 빛과 그늘: 삼국·오호십육국 시대』, 사계절, 2003.

박한제, 『제국으로 가는 긴 여정: 북조·초당 시대』, 사계절, 2003.

박한제, 『중국 중세 도성과 호한체제』, 서울대학교출판문화원, 2019.

박한제, 『중국 중세 호한체제의 정치적 전개』, 일조각, 2019.

백범흠, 『중국, 외교관의 눈으로 보다』, 늘품플러스, 2010.

백범흠, 『통일, 외교관의 눈으로 보다』, 늘품플러스, 2019.

백산학회, 『대륙관계사 논고』, 백산자료원, 2000.

서병국, 「靺鞨의 韓半島 南下」, 『광운전자공과대학논문집』 3, 1974.

송기호, 『민족주의 사관과 발해사』, 역사비평사, 2002.

송호정, 『처음 읽는 부여사』, 사계절, 2015.

송홍근, 「나는 소망 한다 의리와 신뢰의 동양을」, 『신동아』 2015-12.

신상목, 『학교에서 가르쳐주지 않는 일본사』, 뿌리와 이파리, 2017.

심우준, 「箕子 東來 與否와 箕候에 대하여」, 『淑大史論』, 1965.

옌 총니엔(장성철 역), 『청나라, 제국의 황제들』, 산수야, 2017.

옌 총니엔(장성철 역), 『대청제국 12군주 열전 상·하』, 산수야, 2007.

와다 하루키(이웅현 역), 『러일전쟁: 기원과 개전』 1·2, 한길사, 2019.

왕단(송인재 역), 『왕단의 중국 현대사』, 동아시아, 2013.

유원재, 「三國史記 僞靺鞨考」, 『사학연구』 29, 한국사학회, 1979.

유인선, 『베트남과 그 이웃 중국』, 창비, 2016.

윤내현, 「고조선과 삼한의 관계」, 『한국학보』 52, 1988.

윤내현, 『滄海郡考, 한국의 사회와 역사』, 일지사, 1991.

이영식, 『가야 역사 기행』, 지식산업사, 2001.

이종학, 『6.25 전쟁사』, 서라벌군사연구소, 2008.

이희수, 『터키사』, 대한교과서주식회사, 2005.

일본사학회·윤병남, 『아틀라스 일본사』, 사계절, 2011.

전해종, 「中國과 外夷 – 關禁과 海禁」, 『梨花史學研究』, 1966.

정광, 알렉산더 보빈 외, 『한국어의 좌표 찾기』, 역락, 2015.

정수일 편, 『실크로드 사전』, 창비, 2013.

정수일, 『한국 속의 세계 상·하』, 창비, 2005.

정재호, 『중국의 부상과 한반도의 미래』, 서울대학교 출판문화원, 2011.

정재훈, 『돌궐 유목제국사 552-745』, 사계절, 2016.

정재훈, 『위구르 유목제국사』, 문학과 지성사, 2005.

제임스 밀워드(김찬영 등 역), 『신장의 역사』, 사계절, 2013.

조법종,「위만 조선의 붕괴 시점과 왕검성·낙랑군의 위치」,『한국사 연구』110, 2000.

지배선,『고선지 평전』, 청아출판사, 2004.

천순천(조양욱 역),『청일전쟁: 한권으로 읽는 대하실록』, 세경, 2013.

천지센(홍순도 역),『누르하치』, 돌베개, 2015.

최석원 외,『한·중·일 문헌 교류와 유통을 통해 본 지식의 영향력』, 경인문화사, 2020.

최익주,「遼의 건국과 漢人」,『史學論旨』4·5, 1977.

크리스 피어스(황보종우 역),『전쟁으로 보는 중국사』, 수막새, 2005.

피터 퍼듀(공원국 역),『중국의 서진』, 길, 2013.

하라 다케시(박이진 등 역),『여제의 일본사』, 성균관대학교출판부, 2020.

한규철,「발해사 연구의 회고와 전망」,『백산학보』, 2006.

한명기,『병자호란』, 푸른역사, 2017.

한명기,『최명길 평전』, 보리, 2019.

姜相順,「瀋陽滿族的變遷」,『東北地方史研究』, 1990-1.

橋斯達理,「滿洲舊名新釋」,『中央民族學院學報』, 1988-6.

劉謙,「遼東長城考查」,『遼寧大學學報』, 1982-5.

劉小萌,「明代女眞社會的酋長」,『中國史研究』, 1995-2.

王寶芝,「海陵王南侵的心理分析」,『蒲峪學刊』, 1997-4.

趙杰,「滿漢民族的接觸與融合」,『民族研究』, 1988-1.

陳安麗,「明代女眞族文化風俗」,『內蒙古大學學報』, 1991-4.

靑山公亮,「帶方郡巧」,『史學論旨』48, 1968.

Diamond, Jared,『Guns, Gerns, and Steel』, W. W. Norton & Company, 2017.

Fairbank, John King,『The Chinese World Order : Traditional China's Foreign Relations』, Harvard Uni. Press, 1968.

Giles, Herbert,『China and the Manchus』, Cambridge Uni. Press, 1912.

Grousset, Rene,『Empire of the Steppes, A History of Central Asia』, Rutgers Uni. Press, 1989.

Kinross, John, 『The Ottoman Centuries』, Perennial, 2002.

Packard, George R., 『Edwin O. Reischauer and the American Discovery of Japan』, Columbia Uni. Press, 2010.

Hsu, Shuhsi, 『China and Her Political Entity : A Study of China's Foreign Relations with Reference to Korea, Manchuria and Mongolia』, Oxford Uni. Press, 1926.